2012-2017

Ce que veulent les Français

Éditions d'Organisation
Groupe Eyrolles
61, bd Saint-Germain
75240 Paris Cedex 05

www.editions-organisation.com
www.editions-eyrolles.com

ISBN : 978-2-212-55254-6

CERCLE SÉSAME

Mike Burke – Sandrine Cathelat – Bernard Cathelat

Robert Ebguy – Denis Quénard

2012-2017

Ce que veulent les Français

EYROLLES

Éditions d'Organisation

Cette bouteille à la mer est dédiée à

Basile, Benjamin, Elisa, Elliott, Fleur, Gwen, Jeanne, Lucie, Mathis et Prune.

Futur(e)s électrices et électeurs des Présidentielles 2017 et 2022, ils sont les héritiers involontaires de l'actuelle conjoncture sociale, mais déjà la présidence 2012-2017 conditionnera leur vie.

Biographie des auteurs du cercle Sésame

Mike Burke

- Cofondateur du CCA en 1971 et de l'observatoire *Foreseen.*
- Initiateur en France des études de Styles de Vie, codéveloppeur des *Sociostyles.*
- Il fut au CCA directeur de recherches en charge des questions de management et relations humaines, spécialiste de la gouvernance.

Sandrine Cathelat

- DESS de marketing (1994, IAE d'Aix-en-Provence).
- Au CCA depuis 1995 : directrice de recherches, en charge des typologies de *Sociostyles*, de leurs bases de données et de leurs exploitations opérationnelles sectorielles.

Bernard Cathelat

- Docteur en psychologie sociale (Paris Sorbonne, 1966).
- Cofondateur du CCA en 1971 et de l'Observatoire *Foreseen.*
- Codéveloppeur de la méthode d'étude du *Sociostyles Système.*
- Directeur de recherches pour le CCA, en charge de *l'Observatoire des Prospectives de Vie.*
- Pendant dix-huit ans, enseignant vacataire au DESS de *Communication politique et sociale*, en troisième cycle de Sciences Politiques de Paris-I Sorbonne.
- Conseiller auprès de l'Observatoire *netexplorateur.*

Robert Ebguy

- Sémiologue (DEA des sciences du langage).
- Enseignant à Bennington College, Vermont USA.
- Au CCA depuis 1982, cofondateur de l'Observatoire *Foreseen.*
- Directeur de recherches en charge des études médias et communication.
- Auteur compositeur interprète sous le nom de *Prince Roro.*

Denis Quénard

- Docteur en sociologie.
- Après avoir enseigné à *Sciences Po,* Paris, a participé à la création de l'école de communication de *Sciences Po* (2007).
- Carrière débutée à Publicis en 1971 et poursuivie dans des agences internationales de communication, en particulier Young & Rubicam puis TBWA.
- Fondateur de *dqconseil*, cabinet spécialisé en stratégie de communication d'entreprises et de marques.

Sommaire

Avant-propos 11

Un certain regard : CCA 17

CHAPITRE 1
La France cabossée 25
Tendances 2011>2012 de la société française

PÔLE INTIMITÉ 73

CHAPITRE 2
À qui est mon corps ? 75
Les enjeux de la bioéthique

CHAPITRE 3
Vitalité obligatoire ! 89
Aliments, médicaments, drogues et autres carburants du corps et de la santé

CHAPITRE 4
Tout dire ou tout cacher ? 113
La vie privée face à la société de transparence

PÔLE FAMILLE 133

CHAPITRE 5
Famille de sang ou famille de cœur ? 135
Couple, enfants : un chantier en reconstruction

CHAPITRE 6
Mars et Vénus en balance 159
Pour une nouvelle conception du masculin et du féminin

Chapitre 7

Bien faite, bien pleine ou bien formatée ? 169

L'équation éducation, instruction, formation

PÔLE TRAVAIL 193

Chapitre 8

Travailleur jetable ou auto-entrepreneur ? 195

Le contrat de travail en miettes

Chapitre 9

Équipier ou galérien ? 207

La DRH en crise sur les navires-entreprises

Chapitre 10

World Company, et après ? 223

Le match : multinationales contre PME

PÔLE SOCIÉTÉ 235

Chapitre 11

Qui est Français en 2011 ? 237

Intégration, assimilation, communautarisme ou apartheid

Chapitre 12

Le dogme ou le tchat ? 259

Les médias du XXe siècle menacés par le web du XXIe

Chapitre 13

Démondialisation ? 279

De la planète au village

Chapitre 14

Help ! Qui va m'aider ? 293

L'urgence des médiateurs sociaux

PÔLE GOUVERNANCE 311

CHAPITRE 15
L'éducation ou le bâton ? 313
La loi et l'ordre en question

CHAPITRE 16
Le cocon ou la jungle ? 325
Le « modèle social français » en péril

CHAPITRE 17
À qui confier les clés ? 337
Quel style de Président(e) pour piloter la France ?

Publications des auteurs 363

Index 365

Table des matières 371

Avant-propos

FRANÇAIS, QUE VOULEZ-VOUS ?

Ce titre exprime l'objectif premier de ce livre, et sa véritable ambition : alimenter le débat social à l'approche d'une campagne présidentielle et d'un nouveau quinquennat.

En effet, l'élection présidentielle rythme la vie politique, sociale, économique de notre pays et même la vie privée de chacun d'entre nous. C'est désormais un rendez-vous fréquent, depuis l'avènement du quinquennat. Cette fréquence modifie le rôle du Président qui devient moins un arbitre et plus un dirigeant en prise directe sur la vie de ses concitoyens : c'est pourquoi on parle désormais de gouvernance autant que de présidence. Diriger (gouverner) est un acte quotidien, alors qu'arbitrer (présider) ne demande que des interventions choisies.

« La présidentielle » est un moment crucial de la vie politique nationale pour le remodelage de notre avenir commun :

- c'est pour les politiques LE moment de parler. Il suffit de compter le nombre de candidats pour se rendre compte que chacun, même ne représentant qu'une position marginale et une infime partie des citoyens, veut en être : 12 en 2007 ; en juin 2011 on en compte déjà 12 à 14.
- Qu'on ne s'en étonne pas. Ce rendez-vous est devenu le moment où quiconque pense la France veut dire ce qu'il estime être le bien commun. D'où la floraison de livres-programmes, le déploiement de la radio et de la télévision pour que chacun puisse se présenter, se confronter et espérer entraîner l'adhésion ;
- **nous pensons que c'est aussi un bon moment pour interroger les citoyens :** face aux livres professions de foi des candidats, notre livre de sociologues veut relayer la *vox populi* des Français : que veulent-ils qu'espèrent-ils ? que rejettent-ils ?

La majorité des Français ne s'intéresse aux grands sujets qui agitent les débats que lorsque les médias déclarent la crise aiguë et que les décideurs doivent prendre des décisions en opposition avec ce qui les avait conduits jusqu'alors. C'est le cas en cet été 2011 où la dette des États et celle de la France en particulier est devenue l'urgence. Chacun comprend que cette crise le concerne.

Mais la situation dans laquelle s'écrit ce livre est exceptionnelle et la prise en compte d'un sujet comme la dette dans la vie des Français est une anomalie dans ce qui intéresse les Français. En effet, les agences de notation, la balance du commerce extérieur, l'atonie de l'Europe, la géostratégie de la Françafrique, la fuite des cerveaux scientifiques, la présence de l'armée en Afghanistan ou celle des forces des Nations unies en Lybie intéressent les décideurs et les médias mais guère les Français. À tort bien sûr, car ces enjeux engagent leur vie ; mais c'est un fait que personne, à ce jour, n'a réussi l'exploit pédagogique de motiver une majorité de citoyens sur ces problèmes de mécanique macrosociale : bien au contraire, ils apparaissent de plus en plus lointains, peu compréhensibles, subis.

La quasi-totalité des Français s'intéresse surtout à ce qui fait leur vie quotidienne, celle de leur travail, celle de leur famille. Ils attendent des candidats de claires réponses sur **leurs sujets** : les mères porteuses seront-elles autorisées ? Le mariage gay et lesbien ? Comment va-t-on protéger la vie privée sur Internet ? Le contrat de travail va-t-il changer en enterrant le CDI ? Quelle priorité pour les professeurs à l'école : tête bien pleine ou enfants civiques ? Faudra-t-il changer d'emploi tous les cinq ans et retourner se recycler à l'école toute sa vie ? Comment éviter les médicaments qui tuent ? Faut-il subventionner la nourriture bio pour la rendre accessible à tous ? Va-t-on légaliser le cannabis ? Que faire des adolescents délinquants ? Comment améliorer la parité femmes-hommes ? Police de proximité ou commandos d'intervention musclée ? Travailler dans une PME ou une multinationale ? La protection sociale va-t-elle devenir privée ? À qui s'adresser pour résoudre nos problèmes quotidiens ? Comment intégrer combien d'immigrés et lesquels ? Faut-il limiter la liberté d'expression sur Internet ?…

Nous voulons être porte-parole de ces dizaines de questions de vie quotidienne : nous les suivons depuis longtemps dans notre activité de *sociologues des styles de vie*. Ces questions ne sont ni dérisoires, ni vulgaires au regard des enjeux planétaires macroéconomiques et géostratégiques. Au contraire, **nous pensons ces sujets authentiquement politiques**, tout aussi dignes de réponses que les polémiques sur le face à face des civilisations ou l'avenir des énergies.

Si la politique n'est pas seulement un métier d'ingénieur en maintenance de la machine sociale, si gouverner n'est pas seulement un exercice comptable, si la fonction présidentielle consiste aussi à assurer le bonheur d'un peuple dans une civilisation vivable, alors **ces questions méritent réponses.** Il en va même de la dignité du politique et des politiques de prioriser ces questions quotidiennes.

Nous avons choisi **15 thèmes** qui ont des incidences directes sur nos modes de vie, pour poser les enjeux et les choix d'avenir.

Français, quelles sont vos options ?

Pour savoir ce que l'on veut changer ou préserver, il faut savoir où l'on en est et d'où l'on vient ; pour choisir son cap, il faut faire le point : se retourner pour voir le sillage du bateau est une bonne manière de comprendre comment on en est arrivés là.

Le premier chapitre donne **un état des lieux de la société française** à travers le vécu quotidien des Français. En particulier :

- il mesure le moral de la population : majoritairement pessimiste ;
- il décrit ce qui préoccupe nos concitoyens : comment vivront demain nos enfants ?
- il diagnostique les tendances qui animent le corps social : résistances pour ceci, changements pour cela.

Dans chacun des chapitres, nous proposons un bref panorama de l'**héritage** légué par les dernières décennies, jusqu'à l'état des lieux actuel. Au lecteur de décider s'il est satisfait de cet héritage du passé récent. Aux candidats à la gouvernance et ensuite aux élus de dire s'ils assument cet héritage pour le prolonger ou s'ils veulent en prendre le contre-pied.

Ce bilan de vécu social est le point de départ pour une réflexion de réorientation.

Après le diagnostic, nous envisageons les scénarios possibles d'avenir. Continuité ou changement de cap ? Retour en arrière ou innovation ? Réforme en douceur ou rupture ?

Dans chacun des chapitres, nous décrivons une **alternative à la situation actuelle, sous forme de deux à quatre scénarios,** concrétisés en styles de vie sous forme de courtes tranches de vie romancées.

Mais au-delà de ces *romances,* ces scénarios décrivent de **véritables choix de société** : choix d'organisation et fonctionnement, choix de répartition des contraintes et bénéfices, choix d'équilibre entre liberté et conformisme, choix éthique de valeurs…

Quelle direction choisiront les élus de 2012 ? Quel scénario sur chaque thème mettront-ils en lois et décrets pendant cinq ans ?

Ces scénarios d'avenir contrastés nous semblent les plus stimulants, mais chacun peut en proposer d'autres : le *brain-storming* prospectif est ouvert.

La politique n'est certes pas (ne devrait pas être) une remorque démagogique de l'opinion publique, mais intégrer les tendances du corps social dans les choix politiques relève à la fois du respect envers les citoyens et de la prudence en vue de futures élections.

L'opinion est rarement neutre sur les sujets que nous proposons au débat : parfois le corps social se partage en deux camps presque égaux ; mais le plus souvent nous pouvons conclure chaque chapitre sur une tendance dominante : la **prospective de vie quotidienne souhaitée par les Français**.

Français, à quel leadership aspirez-vous ?

Sous la Ve République, seule compte vraiment **la personnalité du (de la) Président(e).** Nicolas Sarkozy en a délibérément hypertrophié l'importance. L'immédiateté de la télévision en est le théâtre bien maîtrisé, mais les multiples caméras cachées et le relais instantané des réseaux sociaux de l'internet peuvent transformer « l'exercice de com » en bouffonnerie : la personnalité présidentielle est de plus en plus jugée sur la forme, la petite phrase, le style verbal.

Si le choix d'un modèle de société, modèle économique, culturel et éthique, est fondamental, la manière de le mettre en œuvre peut faire la différence entre acceptation et rejet par la population. La gouvernance, *le style de pilotage social*, la relation entre Président(e) et citoyens deviennent des options aussi déterminantes que l'idéologie et le programme.

Ce livre se conclut par **un chapitre sur le style de *leadership*** :

- là aussi, nous sommes les héritiers de cinquante ans de Ve République et de ses six profils de Présidents : peut-on y trouver un modèle à imiter demain ?
- là encore, un choix est à faire : pas seulement de personnalité, mais de style de gouvernement et de méthode de mobilisation sociale ;
- l'enjeu est conséquent, non seulement pour la période électorale, mais tout autant pour le quinquennat à suivre :
  - un Président élu confortablement en 2007 se retrouve mi-2011 rejeté par 70 % de l'électorat ; une campagne habile de néocandidat saura-t-elle faire oublier les maladresses du Président, même s'il a su présidentialiser sa fonction dans la deuxième partie de son quinquennat ?
  - quel que soit le prochain locataire de l'Élysée, quel équilibre trouver entre l'omniprésidence sarkozienne à la hussarde et l'immobilisme chiraquien précédent ? Où placer le curseur entre réforme négociée et rupture en force ?

Ce qui est en cause dans *le style de leadership* est bien plus qu'un jeu de pouvoir et popularité : c'est la démocratie, du moins sa manière.

Français, que dites-vous ?

La période est propice à ce que de nombreux experts rejoignent les politiques pour affirmer *leurs* vérités et *leurs* solutions pour piloter le navire France.

Pour notre part, nous ne sommes que les météorologues de la société française. *Notre métier est d'***écouter les Français**, comprendre leur psychologie collective ; *et en témoigner.*

Nous dressons un inventaire de situation, un diagnostic du moral des troupes ; nous esquissons de possibles scénarios d'évolution ; nous posons des questions et lançons un débat.

Notre ambition est l'observation objective des études sociologiques et leur interprétation neutre. Nous espérons échapper au parti pris individuel d'auteur en écrivant cette analyse collective à cinq plumes ; nous échapperons à la subjectivité des *experts du doigt mouillé* en nous référant au capital de quarante ans de l'Observatoire socioculturel du CCA.

FRANÇAIS, EXPRIMEZ-VOUS !

L'expression démocratique ne se limite pas à une journée ou deux de vote : elle peut, elle devrait s'exercer longtemps avant et longtemps après.

Nous voulons par ce livre contribuer à un réel débat démocratique, mais il n'y a pas véritable débat tant qu'un ouvrage reste un monologue.

Ce livre se veut interactif avec ses lecteurs.

Nous vous invitons donc à poursuivre la réflexion sur notre site internet SESAME :

http://www.agorascope.com/sesame

Vous pourrez y donner votre avis sociologique sur notre état des lieux actuel de la société française, et surtout sur les scénarios d'avenir que nous avons mis en concurrence.

Nous vous invitons aussi à vous connecter au site AGORASCOPE :

http://www.agorascope.com

Pendant toute la durée de la campagne électorale présidentielle et quelque temps après l'élection encore, cette association apolitique vous proposera un sondage permanent.

Vous pourrez y exprimer, anonymement, votre opinion plus politique :
- sur la question du jour, liée à l'actualité électorale ;
- sur l'image des différent(e)s candidat(e)s ;
- sur vos intentions de vote ;
- sur vos pronostics électoraux.

Nous vous invitons aussi à suivre à partir de décembre l'actualisation de nos analyses en allant sur http://ccateam.blog.lemonde.fr

Un certain regard : CCA

La source principale de ce livre, tant pour la documentation que pour l'interprétation, est en effet l'**Observatoire des Styles et Prospectives de Vie** du CCA, la quasi-totalité des auteurs faisant partie de cette équipe et celui qui n'en est pas étant un compagnon de route et de pensée[1]. Cet essai reflète donc son approche, ses méthodes comme son esprit d'interprétation.

Créé en 1971, le CCA entretient en permanence, depuis cette date, un observatoire socioculturel des modes de vie dans leur diversité et leurs tendances[2].

C'est sur cette analyse socio-dynamique que, pour l'essentiel, repose ce livre. Il y sera fait référence tout au long de ces pages, surtout sous l'angle des **tendances sociologiques**, car l'approche d'une élection présidentielle et la perspective d'un nouveau quinquennat incitent à se projeter dans l'avenir, vers les styles de vie attractifs ou repoussoirs pour les électeurs.

Le CCA est caractérisé par *un certain regard* : un parti pris scientifique et méthodologique qui s'est affirmé depuis quarante ans et s'est validé au fil des expériences en France et dans une vingtaine d'autres pays ou régions du monde. Les principes de cette méthode ont été publiés dès 1990[3].

Parti pris

Les sciences humaines ne sont pas des sciences exactes et la sociologie n'y échappe pas. Il est donc utile de décrire brièvement les fondamentaux de ce que l'on nomme études de *socio-styles*.

Voir et comprendre pour agir

Le CCA s'est positionné à la frontière de deux mondes antagonistes :

- le jardin des recherches fondamentales sur la société, domaine réservé des chercheurs universitaires ;

---

1. Voir biographies des auteurs en début d'ouvrage.
2. Voir http://fr.wikipedia.org/wiki/CCA_%28Sociostylesociostyles_de_Vie%29, ainsi que www.lecca.com.
3. Bernard Cathelat, *Socio-Styles Système*, Éditions d'Organisation, Paris, 1990.

- le marché des enquêtes et sondages à vocation opérationnelle, à dominante commerciale.

Depuis toujours notre équipe partage son temps, à égalité, entre les études sociologiques de fond et le conseil opérationnel aux entreprises, médias, administrations ou ministères. Depuis toujours notre enquête périodique comprend environ 40 % de questions psychosociologiques dénuées de tout objectif d'exploitation commerciale. Depuis toujours, notre carte de visite définit notre métier comme un socio-marketing. Et nous assumons ce terme de marketing, indiquant la recherche d'un compromis mutuellement profitable entre une volonté institutionnelle (État ou marchand) et une psychologie collective du public concerné.

C'est une position de métissage qualifiée par les uns de trop *intello* et par les autres de mercantile, mais nous sommes assez fiers de pratiquer cette **sociologie utile aux décideurs** : ceux-ci, trop souvent, vivent *ailleurs* que dans la réalité, ignorent ou mésestiment les véritables modes de vie et motivations des populations, alors que leurs décisions vont conditionner ces existences. Toute chance d'éclairer leur réflexion, de leur exposer les vrais problèmes des *citoyens-consommateurs-travailleurs-audiences*, de leur signaler les risques de blocage et les opportunités de répondre aux vrais besoins, est à saisir.

Alors la sociologie n'est plus un simple exercice intellectuel, mais devient un outil de bonne gestion sociale.

Cette fonction de sociologues-conseils privilégie un poste de vigie qui enrichit nos analyses :

- on y observe à la fois la *vox populi* des citoyens et consommateurs, la mentalité des cercles dirigeants, le système de valeurs des patrons de tous types d'entreprises, l'attitude des décideurs politico-administratifs ;
- cette position impose l'ouverture d'esprit à **une vision du citoyen-consommateur-travailleur-« cher'zauditeur »** ;
- ce métier de conseil impose de dépasser le confort d'un diagnostic distancié et de son analyse théorique, pour s'interroger sur les conséquences, esquisser des hypothèses d'adaptation, des scénarios de créativité : cet exercice de *rebonds sur un bilan* est au cœur de chacun des chapitres de ce livre. Aussi considérons-nous la sociologie comme un tremplin pour éclairer et accompagner des choix stratégiques ;
- c'est aussi un modèle économique : le métier de conseil du CCA permet de financer les nécessaires investissements de recherche fondamentale, ce qui procure les moyens de réaliser études et sondages, dont ne disposent ni l'Université, ni le CNRS… hélas.

C'est avec cette double expérience de chercheurs et de consultants d'entreprises que le Cercle Sésame a rédigé ce panorama des enjeux sociaux pour 2012-2017.

Un regard global

Si nous assumons *un certain regard*, il se définit d'abord par un objectif : **comprendre la logique globale d'un mode de vie et les interactions entre ses différentes facettes.**

Le premier parti pris consiste à regarder la société sous l'angle du vécu de ses populations : nous pratiquons une psycho-sociologie de la vie quotidienne, dans ses détails, *au ras des pâquerettes*. Sans ignorer les macro-phénomènes qui structurent et conditionnent la machine sociale, nous privilégions le vécu subjectif de cette réalité par les personnes.

Ainsi, lorsque nous décrivons un pessimisme catastrophiste chez les Français, on peut nous rétorquer que, dans la réalité, notre situation nous classe parmi les pays les plus confortables, sûrs, protecteurs et humains ; mais la perception subjective d'une majorité de la population, fût-elle irréaliste et injuste, n'en est pas moins une réalité sociale objective, incontournable.

Notre deuxième choix consiste à prendre en compte l'individu dans sa globalité, du mieux possible, dans toutes les facettes de son style de vie : vie personnelle, familiale, sociale, professionnelle, culturelle, médiatique, commerciale et de consommations. Ces *miettes de vie* sont souvent enquêtées, mais toujours de façon séparée, dans des études distinctes, produisant un puzzle de la sociologie difficile à reconstituer. Nous avons pris le parti de les réunir dans des recherches *multithématiques*, plus lourdes et complexes, mais qui balaient tous les chapitres d'existence pour en chercher la dynamique fédératrice.

Un choix complémentaire est d'étudier simultanément la psychologie et les comportements, dans chacune des facettes de vie. Ce principe *multidimensionnel* conduit à décrire une équation d'existence où se combinent les déterminismes et conditions de vie (sexe et âge, structure familiale, habitat, études, activité et niveau de vie), les faits et gestes concrets, les appartenances et allégeances sociales (politique, religieuse), les opinions et attitudes à peu près rationnelles, les goûts et préférences plus émotionnelles, les rêves et peurs imaginaires, les valeurs sacrées de référence morale.

Nous avons créé le terme de *socio-style* pour qualifier cette synthèse de toutes ces variables, un centre de gravité autour duquel elles se coordonnent, à un moment donné de la vie.

Un regard en mouvement

À travers ce prisme des subjectivités populaires, **nous voulons saisir à la fois la dynamique et l'inertie des modes de vie.**

La société ne fonctionne que grâce à son inertie, sa pesanteur qui fixe les règles, les méthodes, les modes de vie, assez longtemps pour que s'installent des repères, des procédures, des habitudes de vie. C'est ce qu'étudie et mesure le CCA sous l'appellation de *socio-styles :* des modèles de comportements et d'attitudes actuellement stabilisés.

Mais le corps social est, en réalité, en mouvement permanent, et plus encore aujourd'hui, car le pessimisme devant un monde chaotique, la précarité ressentie, l'incertitude du lendemain incitent à se préparer à d'autres modes de vie, d'autres schémas de pensée, d'autres paradigmes. Ce sont les tendances sociologiques (ou *socio-trends,* dans notre jargon) qui se concrétisent en options de **prospectives de vie.**

Un regard segmentant

La tentation journalistique est fréquente de parler d'une tendance comme si elle affectait toute la population : mais qui surfe sur cette vague ? à quelle vitesse ? et pour remodeler quelle facette de sa vie ? Le problème est d'autant plus crucial lorsque le sondage constate que 48 % des citoyens pensent X contre 52 % qui préfèrent Y.

La tentation est tout aussi grande de réduire une population à un stéréotype unique : la génération Y des 15-20 ans est à la mode aujourd'hui, après la génération X (mais que fera-t-on après Z ?) Est-elle un tout homogène ? Personne n'y peut croire : alors comment comprendre cette jeunesse en nuances, sans nier la diversité des conditions d'existence et en respectant les choix de vie divergents ?

Dès l'origine, les études du CCA ont opté pour une **analyse typologique de la mosaïque sociale,** pour analyser opinions et comportements selon un critère de *style de vie* plus explicatif que les CSD et CSP classiques exploités (critères sociodémographiques et socioprofessionnels : âge et sexe, revenus, diplômes, habitat, famille).

Microscope, lunettes et jumelles

Pour étudier à la fois les modes de vie fixés et leur prospective d'évolution, les tendances naissantes et leur maturation, leur expression psychologique et leur concrétisation en comportements, les phénomènes majoritaires de masse et la mosaïque de modes de vie diversifiés, le CCA a fait le choix d'une panoplie méthodologique.

Nous pratiquons les sondages : ils sont indispensables pour dépasser l'observation impressionniste et mesurer si une tendance progresse, comment elle se diffuse dans la population, combien elle rassemble de *supporters* ; ils sont indispensables pour mesurer le poids des *Sociostyles* et décrire leur pénétration dans les générations, les classes socioprofessionnelles…

Le CCA produit même les plus gros sondages psycho-comportementaux existants : quelque 3 000 variables réparties en quelque 300 questions, soumises au choix de 2 à 3 000 personnes représentatives, dans nos études fondatrices ; 15 000 interviews, en partenariat avec *l'enquête Simm de Kantar* pour mesurer, deux fois par an, les *socio-styles* et leurs styles de consommations et d'information.

Mais nous n'utilisons ces sondages qu'à dose homéopathique. Ils ne sont qu'un outil de la panoplie. Nous connaissons bien les fragilités et limites de cet outil :

- le sondage ne vaut que ce que valent les questions posées : le libellé de la question conditionne des réponses, donc les pourcentages obtenus. Ainsi, nous nous efforçons de poser plusieurs fois les mêmes questions ;
- le sondage ne vaut que ce que vaut son traitement statistique : lire un pourcentage brut n'est qu'une indication, mais pour correctement l'interpréter, rien ne vaut le recoupement entre plusieurs réponses, la structuration de nombreuses données par analyses factorielles et canoniques.

Dans l'Observatoire du CCA, les **études qualitatives** pèsent autant que les enquêtes chiffrées : elles sont la source de nos hypothèses tendancielles, elles fournissent le pourquoi des courants sociaux, elles expliquent la logique interne d'un *socio-style*, elles révèlent la psychologie qui détermine les comportements, les préférences alors que les sondages mesurent sans les expliquer.

À une époque où chacun organise des babils en *focus group* de deux heures, nous sommes restés **respectueux de la psychologie des personnes dans nos méthodes de dynamique de groupe :** nos animations (*Chorum* en particulier) leur donnent une journée entière pour s'exprimer, discuter en groupe, interagir avec d'autres profils d'individus et la possibilité de s'exprimer sous différentes formes : argumentation rationnelle, débat polémique en jeu de rôle, imagerie émotionnelle des portraits-chinois, imaginaire des scénarios prospectifs, créativité…

À ces études psycho-sociologiques, s'ajoutent les observations sociales, le suivi des innovations, l'analyse socio-sémiologique des discours politiques, des grands débats de société, de la publicité et des médias.

Cette batterie de méthodologies complémentaires permet de réaliser le ***Dossier annuel de tendances et prospectives de vie* du CCA.** Toutes les *mentions CCA* qui jalonnent les textes de ce livre font référence à cet observatoire.

Actualité et prospective

L'Observatoire du CCA comprend deux volets complémentaires, alimentés par deux méthodologies, qui fournissent deux outils de travail aux décisionnaires.

La cartographie de l'archipel social

C'est une photographie statique de la population sous l'angle des modes de vie et de pensée : **l'arborescence des *socio-styles*** segmente le corps social selon la diversité des psychologies et des habitudes.

Cette classification résulte de traitements mathématiques de structuration de toutes les données (environ 3 000) recueillies en enquête de styles de vie multidimensionnelle et multithématique (voir ci-dessus). Elle est remesurée tous les ans et totalement redéfinie tous les cinq ans environ. Cette typologie décrit une douzaine de sociotypes (13 en 2011) en portraits qui détaillent leurs différences dans tous les chapitres de vie et sur tous les sujets.

La présentation cartographique de cette segmentation sociale visualise une mosaïque sociale : comment se regroupent ou s'opposent des styles de vie identiques, proches ou radicalement antagonistes

C'est un critère d'analyse pour tous sondages : il est utilisé en enquêtes d'opinion, en études de marchés et panels de consommation, en mesure d'audiences des médias.

Les courants du changement

Nous évitons le piège qui consisterait à décrire comme immuables des tempéraments personnels fondamentaux ou des archétypes culturels. Les styles de vie sont des modes d'adaptation qui doivent évoluer quand l'environnement change.

Nous étudions donc à la fois, chez les mêmes personnes, l'inertie et le dynamisme, leur mode d'installation actuelle dans la réalité :

- leur **socio-style de vie** actuel, effectivement pratiqué, figé pour un certain temps (de plus en plus court) ;
- leur **prospective de vie** : le projet préférentiel d'existence vers laquelle tend une personne, comme un idéal attractif, une prospective souhaitable.

C'est le volet complémentaire de l'Observatoire : le CCA diagnostique et mesure **les tendances socioculturelles** qui animent la psychologie collective, œuvrent à la transformation des mentalités, esquissent des schémas d'adaptation ou résistance, poussent au changement de paradigme.

Ces *vents de la météorologie sociale* agissent sur des cycles plus ou moins longs que nous accompagnons avec une panoplie de méthodes diverses : de leur naissance discrète à leur développement, leur éventuelle maturité comme pensée dominante, puis leur sénescence.

Nous étudions une batterie de variables avant de valider une tendance.

Le premier critère à étudier est leur originalité, leur **impact qualitatif** sur le système social en place et ses modes de vie : tendance déstabilisatrice révolutionnaire ou réactionnaire refondatrice ? utopiste ou pragmatique ?... avec toujours le risque de confondre une marginalité surprenante et une tendance naissante chez des précurseurs.

Une deuxième analyse porte sur leur **orientation** : *nega-trend* de résistance au changement, *adap-trend* d'évolution mesurée et réforme progressive, ou *wish-trend* d'utopie plus ambitieuse.

La troisième évaluation sera celle de leur **impact quantitatif** : notre observatoire accompagne ces *socio-trends* d'abord par des études qualitatives de compréhension, puis en sondages lorsqu'elles sont assez épanouies pour être mesurées ; mais beaucoup ne deviendront jamais majoritaires.

Une quatrième variable à observer est leur **diffusion sociale** : la tendance reste-t-elle enfermée dans un *ghetto sociologique* ou se diffuse-t-elle plus ou moins dans tous les milieux ? Le risque journalistique fréquent est de prendre une micro-tendance des *cercles branchés* pour un phénomène macrosocial.

Une cinquième dimension est la **combinaison des multiples tendances** qui agitent le corps social, car une tendance isolée est trompeuse si l'on ne tient pas compte de ses interactions avec d'autres courants.

Enfin, nous cherchons à détecter et mesurer les scénarios de nouveaux modes de vie qui résultent de ces influences. Les tendances sont multiples et se combinent pour tisser la trame du climat social. Il en résulte une autre typologie des Français, différenciés selon leurs stratégies tendancielles d'adaptation, leurs projets de styles de vie : ce sont les **prospectives de vie,** des projets préférentiels d'existence entre lesquels se répartissent les citoyens, choisissant chacun *son* idéal plus attractif, *sa* prospective souhaitable.

UNE RÉALITÉ SOCIALE VIRTUELLE

Il serait naïf de confondre la réalité sociale et l'image virtuelle qu'en donnent toutes les études sociologiques, y compris les nôtres :

- il y a un peu de caricature dans les typologies de styles de vie... mais on ne trouve pas mieux pour révéler la mosaïque sociale en respectant le pluralisme des psychologies autant que des conditions d'existence ;
- aucune personne ne peut être réduite à un *socio-style*... mais chacun de nous se rattache à l'un d'eux par une majorité de ses comportements et attitudes ;
- nos tendances ont un caractère réducteur en regard de la complexité des interactions sociales... mais le nombre et la diversité des **prospectives de vie** fournissent un indicateur utile sur la convergence ou la dispersion des citoyens autour de l'avenir social.

Nous avons déjà publié, en leur temps, des tendances et typologies issues de cet observatoire[1].

Cette année, ce sont les tendances 2011 de l'Observatoire du CCA qui nourrissent les réflexions proposées dans ce livre, complétées de sondages publics empruntés à nos confrères d'autres instituts.

Sésame remercie Jean de Nicolaÿ, directeur du CCA, moteur et *coach* de l'Observatoire des socio-styles et prospectives de vie, qui a autorisé la publication de notre principale source d'études et recherches socioculturelles.

Netexplorateur

Une autre source sera fréquemment citée dans ces pages, toutes les fois qu'il sera question de l'impact social de la **révolution de l'internet.**

L'observatoire annuel netexplorateur s'est donné pour mission la détection des innovations numériques les plus récentes et l'analyse de leur impact sur la société et les modes de vie. Cette étude est utilisée en formation par une trentaine des plus grandes entreprises françaises. Plusieurs membres de notre *Cercle Sésame* apportent leur contribution en sociologues à cet observatoire[2].

Sésame remercie Thierry Happe, co-fondateur de netexplorateur, pour son autorisation de puiser dans le capital de tendances de cet observatoire.

1. *Styles de vie*, Éditions d'Organisation, Paris, 1985.
2. www.netexplorateur.org

Chapitre 1

La France cabossée

Tendances 2011>2012 de la société française

Ce chapitre traite des grands courants de mentalités françaises actuelles, leur évolution rétrospective et leur dynamique d'avenir : des tendances transversales qui influencent tous les chapitres de vie.

Les chapitres qui suivent indiquent les **enjeux de modes de vie individuels qui sont aussi des enjeux sociaux** : on y confronte les choix politiques de société et les tendances des Français sur chacun de ces sujets. Nous avons retenu ceux qui mettent le plus en mouvement la société française.

Pour comprendre les constantes et les changements de la psychologie collective, notre référence majeure est **l'Observatoire de styles de vie du CCA** qui propose une vision originale de l'évolution sociologique de la France, à travers les mentalités et modes de vie, depuis 1972. Sauf mention contraire, les chiffres cités dans ce chapitre sont tirés des enquêtes du CCA.

Sur les dix dernières années, et surtout à cinq ans de distance, à la veille de deux élections présidentielles qui ont valeur de choix de société, **comment ont évolué les Français entre 2006-2007 et 2011-2012 ?**

Rares sont les tendances radicalement nouvelles, car la sociologie évolue avec lenteur, du fait de l'inertie des habitudes de vie et schémas de pensée. La psychologie collective majoritaire est structurée par quelques *socio-trends* en développement depuis la moitié des années 1990. Ils sont *les fils rouges* de la trame sociale.

Mais notre écosystème de vie change de façon beaucoup plus rapide qu'autrefois. Les remous de la mondialisation touchent la France en temps réel, les crises économiques et financières imposent des scénarios possibles de krachs : l'été 2011 est secoué de séismes. Au jour le jour, la présidence de Nicolas Sarkozy, volontariste pour les uns, velléitaire pour d'autres, propose des mutations de pensée, impose des changements de conditions de vie qui bousculent les références. Tout cela est accéléré et amplifié par la chambre à échos de l'internet et de ses réseaux sociaux.

Ces fils rouges de la psychologie collective sont en mutation permanente. On peut mesurer leur impact quantitatif en pourcentage d'opinion publique, mais il est tout aussi important d'analyser leur contenu.

Toile de fond

Un tsunami de pessimisme

La première constante de la sociologie française est **un paradoxe.**

Les Français, à 60 %, chiffre stable au fil du temps, se jugent **heureux** à titre personnel. On le mesure depuis longtemps et encore aujourd'hui. Nos études qualitatives explicitent le sens de cet autodiagnostic. On se sait chanceux de vivre en France par rapport au reste du monde ; et la majorité de nos concitoyens, même financièrement modestes, se savent *veinards* par rapport aux vrais exclus qu'ils voient tous les jours dans nos rues ou sur leurs écrans.

En même temps, une plus forte majorité de Français (donc en grande proportion les mêmes personnes) se déclarent *pessimistes* sur ce que propose ou impose la société. Leur écosystème de vie, tel qu'il évolue en France, les angoisse[1].

Constantes encore depuis 15 ans

Ce pessimisme est prospectif. Il est plus intense lorsque les gens pensent à l'avenir à moyen terme. Ils voient la crise comme un phénomène durable, sans sortie du tunnel prévisible.

Ce pessimisme est altruiste. Les plus de 40 ans et surtout les seniors pensent *s'en tirer* à titre personnel, mais sont pessimistes pour la prochaine génération.

L'optimisme existe, mais égocentré. On le trouve chez des adolescents et jeunes qui vivent sans penser ni au lendemain ni aux autres ; on le trouve aussi chez des actifs entreprenants, d'ambition individualiste, qui considèrent la société comme un terrain de chasse. Aujourd'hui, ce double optimisme de cigales et de prédateurs ne dépasse pas 20 % dans l'opinion.

1. Un sondage international BVA-Gallup, publié en janvier 2011, a confirmé que les Français figurent parmi les habitants les plus pessimistes de la planète.

Une réalité incontournable

Certains se moquent de ce pessimisme en l'attribuant à la tare génétique d'une « France conservatrice et frileuse », incapable d'affronter le changement. On peut le critiquer en l'attribuant à une tradition d'assistanat coupable du *modèle social français* hérité de de Gaulle. On peut dénoncer l'irréalisme de Français geignards, inconscients de leur chance de vivre dans un pays confortable. On entend mépriser même ces « peureux ». Ces jugements sont des classiques récurrents chez les politiques de droite. C'est un discours aussi entretenu par les médias : les Français se plaignent, *rouspètent*.

Ce pessimisme est pourtant une donnée sociologique ancienne et structurelle. La nier ou la mépriser est irréaliste. Il faut tenter de comprendre les racines de cette angoisse collective pour les extirper et rendre de l'espoir à une population.

Un pessimisme structurel depuis 1995

De la morosité 1990 au pessimisme paralysant 2005

Dans la seconde moitié des années 1990, ce phénomène pouvait être analysé comme **une morosité attentiste**. De façon peu dramatisée encore, environ 60 % des Français ressentaient la société en stagnation et leur propre sort suspendu à l'arlésienne d'une reprise renvoyée à plus tard.

Au début des années 2000, cette morosité s'est transformée en **pessimisme paralysant**. Nos études qualitatives expliquaient cette bascule vers une catatonie sociale par la prise de conscience que le sens du progrès était en train de s'inverser. Les années 1970 et 1980 croyaient en un progrès infini, à la fois technologique et économique, générateur de bien-être matériel et de paix sociale, de loisirs et d'épanouissement personnel. Le XXIe siècle constate que la poursuite d'un progrès économique, non garanti d'ailleurs, se paye d'une **régression de qualité de vie**, d'une **augmentation des risques sanitaires et écologiques**, d'un **stress personnel**. Ce constat s'était répandu dans les classes populaires dès les années 1995 ; à partir de 2000, cette vision pessimiste s'est diffusée dans la classe moyenne, puis chez les cadres : le succès économique se construit sur le dos de la qualité de vie du plus grand nombre.

De la paralysie à un pessimisme disponible en 2006-2007

En 2006, cette prospective négative a encore progressé jusqu'aux deux tiers de la population, mais sous la forme d'un *pessimisme disponible*. Se développe l'idée que rien ne reviendrait plus comme avant, que la crise, d'abord économique, ne serait pas temporaire mais durable et que l'on serait arrivé dans un cul-de-sac. On n'en sortirait jamais si on ne bougeait pas.

De la disponibilité déçue au pessimisme catastrophiste de 2009

Dès la fin de 2008, la bulle d'espoir optimiste placée par une majorité de citoyens dans une nouvelle gouvernance s'est effondrée comme un soufflé, laissant renaître un **pessimisme augmenté de déception.**

L'année suivante, l'étude fondamentale de *Prospectives de vie et socio-styles de vie* du CCA a mesuré et analysé ce **pessimisme catastrophiste** qui, jamais depuis la Seconde Guerre mondiale, n'avait été aussi intense ni aussi répandu chez nos concitoyens.

L'opinion publique s'attend au pire pour la dégradation des thèmes suivants :

- 75 % pour l'emploi ;
- 73 % pour le pouvoir d'achat (information complémentaire : en 2006, 43 % déclaraient « avoir de plus en plus de mal à joindre les deux bouts » ; ils sont 47 % en 2010)[1] ;
- 72 % pour le climat social ;
- 54 % pour le climat en entreprises et les conditions de travail ;
- 58 % pour le civisme ;
- 54 % pour la sécurité ;
- 66 % pensent plus réaliste de « prévoir le pire » (11 % de plus en 10 ans) ;
- 72 % estiment que ce sera pire pour la prochaine génération, celle de leurs enfants.

Il s'agit bien d'un **pessimisme prospectif.** « Rien ne reviendra comme avant », pensent 68 %, et l'on s'attend majoritairement (63 %) à une crise longue de plus de cinq ans.

Il se confirme que c'est un **pessimisme structurel.** Le crépuscule d'une époque, une fin de cycle, « le début de la fin de notre système socio-économique », selon 66 % des 1 800 Français métropolitains interviewés. La désillusion s'appuie sur deux constats majeurs :

- la disparition de l'État-providence (69 %) ;
- des services publics en cours de privatisation (56 %).

Du catastrophisme à un pessimisme interrogatif en 2010

L'étude 2010 du CCA révélait aussi que cette image dramatisée d'une *rivière sans retour* débouchait sur **un pessimisme actif** de recherche d'un nouveau modèle de société. Mais cette fenêtre d'innovation sociale fut de courte durée, et la classe dirigeante n'a pas su l'exploiter : occasion ratée.

---

1. Source complémentaire à l'enquête CCA : Ipsos, Observatoire des modes de vie et de consommation des Français, « les 4 500 », lettre *Ipsos Actu*, juin 2011.

De l'interrogation de 2010 au trou noir de 2011

En 2011, nos études qualitatives montrent une nouvelle **rechute de pessimisme**, avec un sentiment de *trou noir sociologique*, d'absence d'avenir acceptable, souhaitable pour nos enfants, donc mobilisateur.

Les sondages, toutes sources confondues, montrent que les quatre premières années du quinquennat du Président Sarkozy ont accentué le pessimisme et la désespérance alors qu'il commença son mandat porté par une majorité plus importante que celle de son élection.

2011-2012 : une dynamique d'aggravation du trou noir sociologique

Au moment où s'écrit cette analyse (été 2011) on ne peut observer que des facteurs d'aggravation de ce **pessimisme colérique**.

La perception d'un **pouvoir d'achat** stagnant ou en régression, face à une flambée des prix alimentaires de base, un coût du pétrole dont personne ne croit qu'il peut diminuer, un amoindrissement des remboursements de soins, apparaît en tête dans tous les sondages.

S'y ajoute une accentuation des écarts entre riches et classe populaire, de déclassement vers le bas de la classe moyenne, d'augmentation du nombre de pauvres (évalués aujourd'hui entre 9 et 10 millions selon les critères officiels[1] du seuil de pauvreté), donc une **fracture socio-économique** inégalitaire. La colère ne vient pas seulement de la quantité d'argent disponible dans le porte-monnaie, mais du sentiment d'iniquité dans sa distribution. Ce manque d'équité est d'abord perçu entre classes sociales en termes de revenus mais, de plus en plus, il remet en cause les « privilèges » de certaines catégories sociales, notamment les acquis de la fonction publique.

Le couple maudit emploi-chômage est la préoccupation prioritaire. Ce serait le principal critère de choix d'un candidat, pour 42 % des Français, 49 % des 18-34 ans, 54 % des ouvriers-employés[2].

Un autre sondage confirme que ce couple est le thème unanime d'angoisse, y compris chez les électeurs de droite (97 %)[3].

1. En France, l'Insee calcule également, en plus du seuil à 60 %, un seuil relatif correspondant à la moitié du revenu médian. Voir : fr.wikipedia.org/wiki/Seuil_de_pauvret%C3%A9#Seuil_de_pauvret.C3.A9_en_France.
2. Source : sondage Harris Interactive, mars 2011, portant sur un échantillon de 2 057 personnes, pour la chaîne LCP Public Sénat et *Le Parisien Aujourd'hui en France*.
3. Source : sondage Harris Interactive pour *Le Parisien Aujourd'hui en France*, avril 2011, portant sur un échantillon de 594 personnes « proches d'un parti de droite ».

Mais, là encore, une analyse plus fine révèle qu'« avoir un travail ou pas » n'est pas la seule question : **quel genre d'emploi** ? Les petits boulots, les emplois précaires, les demi-jobs, les horaires fractionnés, la catégorie B des statistiques de Pôle Emploi, les « *boulots pourris* » (pour reprendre une expression devenue courante) qui ont développé cette catégorie nouvelle de *travailleurs pauvres*, sont aussi frustrants et révoltants que le chômage. Et pour ceux qui ont la chance d'avoir du travail, la DRH sous pression et la « coopétition » (travail imposé en équipe selon le principe de la compétition entre les partenaires) génèrent un pessimisme psychologique que ne compense pas totalement le salaire.

La **gouvernance à la hussarde,** la gestion directive de tout problème, les réformes passées au galop et en force, la valse des lois, la bureaucratie tatillonne ajoutent à ces frustrations le sentiment enrageant de n'être que des pions méprisés entre les mains de marionnettistes indifférents, plus ou moins associés à des scandales politico-financiers.

Mais ces *egocrates* eux-mêmes apparaissent aux ordres de marionnettistes de rang supérieur : les commissaires de Bruxelles, les marchés et leurs fonds de pension, les banques qui spéculent contre l'économie de leur propre pays ; le pouvoir des agences de notation s'est révélé au grand public avec la crise de la dette grecque, puis avec le déclassement américain en août 2011 par l'une des agences de notation (S&P), déclassement non confirmé par une autre (Fitch)... Tout cela renforce **un sentiment d'impuissance** sur notre destin collectif et individuel. Plus grave peut-être, chacun se rend compte que la démocratie est dépassée par des décideurs qui échappent au contrôle du peuple.

Tous ces facteurs actuels seront aggravés par la promesse des économistes d'une **austérité obligée à court terme.**

Enfin, l'absence de projet d'avenir clair, de scénario de société souhaitable pour nos enfants, couronne ce bouquet de moteurs de pessimisme déprimé.

La faute de qui ?

La cause première en est **une aggravation ressentie des risques à vivre** : risque de chômage ou de précarité, risque d'appauvrissement et de déclassement, risque de fracture socio-économique, risque d'antagonismes ethniques. Quant à l'environnement, ce ne sont plus des risques, mais des certitudes : la catastrophe du nucléaire japonais démontre qu'il n'y a pas de protection, malgré tous les progrès technologiques ; la nature est et sera toujours plus forte. Le nier, c'est faire passer l'intérêt particulier de l'économie devant la sécurité des populations, avec un sentiment de disparition programmée des protections.

La seconde cause est **le décalage du Président Sarkozy avec la sociologie de sa population** sur les attentes essentielles de pouvoir d'achat et emploi. La poursuite des dérégulations, des privatisations de services publics, des baisses de dépenses sociales contredit les quelques discours et initiatives de tendance sociale dont Martin Hirsch fut le meilleur représentant au gouvernement quand il porta la loi sur le RSA, critiquée par une partie de la droite comme loi laxiste.

Le Président Sarkozy n'est en phase avec une dynamique sociale que sur **la sécurité**, mais ce thème régresse dans la hiérarchie des préoccupations, et sur **la xénodéfiance** : mais encourager cette tendance engendre autant de malaise que de réassurance.

La responsabilité doit être partagée avec l'ensemble de la classe politique dont l'image s'est dégradée au cours des dernières années, comme on le verra plus loin.

L'affaire Dominique Strauss-Kahn de mai-septembre 2011, d'une violence émotionnelle dans la médiatisation, équivalente à un séisme social, ne va pas redorer le blason collectif de l'élite dirigeante.

Mais, plus important que les actes de telle ou telle personne, la sociologie française est **en panne d'une offre politique** en réponse à ces attentes.

C'est donc dans un climat majoritaire d'extrême pessimisme que se déroule 2011 et se prépare la campagne 2012 et le quinquennat qui suivra.

Un potentiel explosif

2011. Le stade de la morosité est loin, celui du pessimisme paralysé s'estompe : on en arrive à un **quasi-désespoir** qui alimente une réelle colère intérieure. On peut trouver excessifs ces sentiments dans une des sociétés les plus sécurisées et, malgré les disparités, les plus riches du monde, mais la progression de cette rage – on dira maintenant *indignation !* – ne fait pas de doute.

Deux gisements de révolte potentielle émergent.

Un gisement de révolte populaire

Depuis 2009 déjà, le CCA a mesuré **un réservoir de colère majoritaire** qui n'exclut plus de se manifester violemment. Le sentiment de n'être ni entendus ni surtout écoutés, de manifester pour rien si l'on est trop gentils, de subir des ukases en étant traités comme des pions, d'être exclus de l'emploi par un simple calcul comptable, pousse à une conclusion que signent 74 % des Français : « Il n'y a pas d'autre issue que de se battre pour que ça change » ; il faut se préparer à « des grèves plus dures » (58 %).

Parmi notre échantillon représentatif d'interviewés, une petite majorité n'hésite pas afficher :

- « une envie de tout casser » (50 %) ;
- un espoir que « la crise permette une révolution » (52 %).

Ils sont un peu plus nombreux à réprouver par avance toute violence inutile (64 %) surtout à l'égard des personnes (68 %), mais 70 % comprennent les séquestrations de patrons et cadres.

En février 2011, un autre sondage confirme ce potentiel de révolte virtuelle :

- 58 % des Français (64 % des jeunes adultes de 25-35 ans) souhaitent que se produise une révolte aujourd'hui ;
- 49 % croient la population prête à se révolter :
  - les femmes 10 % de plus que les hommes ;
  - les 35-50 ans plus que les jeunes ;
- 57 % chez les électeurs de gauche ;
- 64 % des sympathisants du Front de Gauche.

Les causes les plus citées sont le marché de l'emploi, le coût des frais de santé, le pouvoir d'achat, les inégalités sociales, les affaires politico-financières (affaires Bettencourt-Woerth, MAM...) et le manque de perspectives de la jeunesse. Les révoltes des Grecs contre des mesures décidées par un *pouvoir mondial*, ou des jeunes *indignados* espagnols en mai 2011, sont l'expression de ce potentiel de révolte)[1].

Quel potentiel de révolte effective ?

Bien sûr, la plupart des personnes ont encore trop à perdre pour se révolter autrement qu'en intentions rageuses. Et l'histoire nous le rappelle, comme les récentes révolutions arabes du printemps 2011 : c'est le sentiment d'un plus *rien à perdre* qui fait passer de la colère virtuelle à la révolte réelle.

Il faut cependant déjà considérer que les votes (aux cantonales de 2011 par exemple) et les intentions de vote qui se portent sur l'extrême droite et les extrêmes gauches sont des manifestations de révolte qui peuvent peser d'un poids bien réel sur notre avenir (l'hypothèse de Marine Le Pen au second tour est crédible chez les politologues).

Quant au potentiel de révolte physique, il existe sans doute pour la première fois depuis longtemps. Nous le détectons aujourd'hui (en 2011) dans un petit réservoir de population (11 % de socio-style « révoltés ») : ces nouveaux pauvres déclassés et demi-travailleurs précarisés. Pour eux, seront décisives les prochaines mesures concernant les évolutions des prix alimentaires, prestations et remboursements sociaux. La grenade est petite et encore goupillée, mais sa goupille est fragile.

1. Source : Sondage online de Harris Interactive pour *L'Humanité Dimanche*, février 2011, échantillon de 1 247 individus de l'Access panel âgés de 18 ans et plus.

Ce pessimisme devenu endémique colore tous les secteurs de la vie sociale et tous les chapitres de vie privée. Selon les facettes de vie, il engendre un blocage ou une défense ou une adaptation.

Un gisement de jeunesse révoltée

2011 a vu **les révoltes du « Printemps arabe »**, portées au départ par la jeunesse, plutôt des diplômés au chômage, avec une contribution importante des internautes à travers les réseaux sociaux. Sans diminuer le rôle de ce surgissement venu de nulle part si ce n'est du peuple, la position de l'armée a décidé de la victoire populaire (Tunisie, Égypte) ou de la bascule dans la répression féroce (Syrie, Yémen).

Cette idéalisation a fait fleurir des pulsions d'indignation que Stéphane Hessel[1] avait contribué à semer fin 2010. Le mouvement des jeunes *indignés* est le signe d'un potentiel de révolte dans une jeunesse qui se sent abandonnée par la société :

- dans les pays autoritaires, l'aspiration populaire, mélange de combat contre la corruption, envie de libertés publiques et besoin de travail ;
- en Espagne, et très probablement **dans les pays ouest-européens, ce potentiel explosif n'est pas révolutionnaire**, bien loin des utopies libertaires soixante-huitardes : les jeunes chômeurs diplômés, les précaires veulent avant tout *un job* qui procure une place dans la société pour être entendus, respectés, avec une chance d'avenir vivable ;
- en Grande-Bretagne, plus émeutières qu'indignées, les banlieues britanniques ont rappelé en août 2011 que la frustration de ne pas trouver sa place dans la société était un explosif instable[2] ;
- de façon disparate, un mouvement de révolte, ici contre de la vie chère, là à propos de la difficulté d'insertion, là encore contre un chômage générateur de désespoir. Du Chili à Israël, des manifestations différentes pour une cause commune : quel avenir ?

Au-delà de la motivation d'intégration matérialiste, *les jeunes indignés* vont faire payer aux dirigeants politiques **la frustration de ne pas exister** aux yeux d'un système politique asservi à l'économie mondialisée : « Vous ne nous représentez pas ! ».

1. Stéphane Hessel, *Indignez-vous !*, éditions Indigène, 2010.
2. Voir l'impact social : www.rue89.com/2011/08/09/les-videos-des-emeutes-de-londres-le-pire-et-le-meilleur-217296 et www.rue89.com/2011/08/09/anarchy-in-the-uk-les-unes-de-la-presse-britannique-217265.

Une internationalisation des inquiétudes

Face au krach financier de l'été 2011, les Français, quelle que soit leur catégorie socio-professionnelle, se montrent très majoritairement inquiets des répercussions de la situation financière mondiale sur la France (79 %) et sur leur situation personnelle (67 %). Institutions internationales, gouvernements nationaux, acteurs de la finance, entreprises ou même citoyens : aucun acteur ne recueille la confiance d'une majorité de Français pour éviter l'éclatement d'une nouvelle crise financière et économique. Un tiers seulement de la population fait confiance dans cette situation à Nicolas Sarkozy et au gouvernement français[1].

Facettes de mode de vie

Un changement de cap et d'objectif de style de vie

Depuis l'an 2000, le repli de l'arène publique sur la niche privée n'a pas cessé de s'amplifier. Dès 2003, le rapport de *socio-trends* du CCA décrivait **une tendance de déconnexion**.

Cette stratégie de vie attractive consiste à passer le moins de temps possible dans cet environnement social et professionnel qui retourne à la jungle, lui donner le moins d'énergie possible, n'y prendre aucun risque volontaire, ne pas s'y laisser embrigader et consacrer toutes ses ressources physiques, morales et financières à sa vie privée dans un microcosme familier de confiance.

En 2006, on mesurait ces styles de vie en cours de **déconnexion**, à 48 %.

La campagne présidentielle de 2007 a modifié, mais un bref moment seulement, cette dynamique de désimplication sociale :

- d'un côté, le volontarisme dynamique du candidat puis de l'élu Sarkozy surfait sur cette tendance de déconnexion : « Ne vous occupez de rien des grands choix sociaux, je me charge de tout. » ;
- d'un autre côté, ce candidat profitait de l'inquiétude sur le pouvoir d'achat, sans lequel le *cocooning* familial est moins confortable. En faisant miroiter le « gagner plus en travaillant plus », il jouait sur deux tableaux : beaucoup de gens se sont mis à faire des heures supplémentaires, donc à se *reconnecter* un peu plus à la sphère professionnelle, tout en maintenant leur déconnexion au monde du travail. Faire travailler plus, mais sans être plus motivé : est-ce bien l'objectif de la société française ?

1. Source : sondage de Harris Interactive, sur 1 090 Français de 18 ans et plus, issus de son access panel, du 8 au 10 août 2011.

Mais **la double déception** est arrivée dès 2009 : le pouvoir d'achat ne paraît pas augmenter et 51 % des travailleurs ne croient plus au « travailler plus pour gagner plus », préférant plus de temps libre ; la délégation totale au Président n'est pas satisfaisante puisque 73 % jugent aujourd'hui (début juin 2011) son bilan critiquable.

Un bonheur au ralenti

Le CCA a souligné dès 2010 un courant socioculturel favorable à une *slow life,* une vie plus paisible, qui prend le temps de déguster les *petites gorgées de bière* des simples plaisirs quotidiens, autant que d'avancer par étapes prudentes dans le changement. Ce tempo maîtrisé s'oppose à la civilisation de la vitesse, de la réactivité réflexe, des ruptures instantanées et d'une politique menée comme une charge de cavalerie.

Un bonheur recentré

Le fait nouveau, en 2010-2011, est l'amorce d'**une mutation de philosophie du bonheur** : on peut parler d'un **krach des valeurs darwiniennes** typiques de l'ultralibéralisme, au profit d'une **tendance à l'hédonisme quotidien**, longtemps appelée *qualité de vie.*

Cette réorientation vers un autre idéal de vie réussie se traduit en chiffres significatifs depuis 2010 :

- le CCA a mesuré un net désintérêt pour les grandes ambitions à long terme, les plans de carrière : 88 % des Français disent préférer « profiter de petits bonheurs au jour le jour » ; c'est 12 % de plus qu'en 2000 ;
- les valeurs du *challenge* compétitif, de l'ambition activiste, le culte du *winner* n'ont pas pris : 11 % de plus choisissent une vie de **tranquille équilibre de vie**, jusqu'à peser 73 % ;
- la réussite statutaire, monter dans l'échelle hiérarchique, devenir (petit) chef devient moins mobilisatrice d'énergie face à d'autres critères de réussite de vie ressentis comme plus importants pour l'avenir, comme **l'estime de soi, rester soi-même** (81 %) ;
- gagner plus pour consommer plus reste important. Les revendications majeures de pouvoir d'achat le rappellent régulièrement. Être bien dans sa peau paraît plus important encore à 73 % de l'opinion publique. S'installe même dans 68 % des esprits, le slogan : « On peut être heureux en consommant moins » ;
- et si, pour gagner plus, il faut accepter une flexibilité et une mobilité professionnelles imposées qui perturbent la vie familiale et vous déracinent, alors 82 % des Français disent choisir la stabilité enracinée. C'est 9 % de plus qu'en 2000.

Un bonheur microcentré

Depuis l'élection de 2007, la doctrine officielle au pouvoir est que **le bonheur n'est plus garanti par la société** : l'État-providence se met aux abonnés absents, parti en stage de gestion. La population en a pris conscience au fil des trois dernières années et rejette cet axiome.

Depuis 2000, plus encore depuis 2008 bien sûr, **la défiance** s'est installée à l'égard des multinationales financières et industrielles, regardées comme des spéculateurs irresponsables, prédateurs et délocalisateurs cyniques ; et la confiance dans les organisations internationales est affaiblie, tant elles semblent impuissantes à résoudre les problèmes.

De même **la confiance dans l'État s'effondre**. L'État, depuis longtemps jugé trop bureaucratique, est maintenant perçu comme absent, démuni, non protecteur. Le rapport 2011 du Médiateur de la République porte un jugement très sévère sur le fonctionnement de l'État : « Le *burn out* de la société française trahit un besoin urgent de bâtir de nouvelles espérances à la hauteur des efforts fournis. La fébrilité du législateur trahit l'illusion de remplacer par la loi le recul des responsabilités individuelles et de la morale. Le maintien sous perfusion de citoyens assistés permet de soulager nos consciences mais pas de résoudre nos problèmes. Les enjeux déterminants pour notre avenir ne trouvent pas de réponse politique à la hauteur. Les débats sont minés par les discours de posture et les causes à défendre noyées parmi les calculs électoraux. Or, les ressorts citoyens sont usés par les comportements politiciens. »

Big n'est plus *beautiful,* mais *awful* (détestable). **On ne fait plus confiance aux macrostructures sociales.**

Alors, quelle est l'organisation sociale la plus attractive pour aboutir à cette sérénité équilibrée qui apparaît comme un objectif plus désirable que le statut ou la richesse (au-delà d'un confort raisonnable) ?

C'est **au microcosme** qu'une majorité de Français est prête à faire confiance. Dès 1995, le CCA pronostiquait dans un livre ce « retour des clans[1] », cette aspiration.

Entre 2000 et 2011, les **microcosmes géographiques**, le quartier, le village, le pays (une entité géoculturelle de petite taille qui a failli renaître il y a quelques années), deviennent plus crédibles, plus rassurants. Ils mobilisent plus que toute structure plus grande, appartenant à la sphère honnie de la mondialisation.

De nouvelles **communautés** de semblables, non géographiques (éventuellement même virtuelles sur internet), réunies par cooptation, fortement identitaires,

1. Bernard Cathelat (dir.), *Le retour des clans*, collection Foreseen, Denoël, 1998.

font partie de ces microcosmes mobilisateurs... au risque du communautarisme bien sûr.

2011-2012 : *small is confident* est la tendance sociologique à conjuguer avec les impératifs des macrostructures étatiques ou économiques.

Un bonheur plus psychologique

Cette réorientation des critères de bonheur et réussite de vie, même si elle est largement virtuelle, se traduit dans **la consommation**.

Depuis une dizaine d'années, la réussite n'a cessé de s'identifier de plus en plus à l'argent, aux signes extérieurs de standing ou de mode, à une consommation ostentatoire. Les marques de **luxe** continuent à surfer sur la promotion sociale ostentatoire : « qui n'a pas de Rolex à cinquante ans a raté sa vie », a édicté un « fils de pub » de renom, pour défendre le bling-bling sarkozien du début de quinquennat.

Depuis 2010 progressent des tendances qui devraient inquiéter le marketing conservateur hérité des années 1980-1990.

Au moins en paroles et pensées, **la boulimie de consommation quantitative régresse**, surtout chez les plus aisés qui ont déjà profité des joies de la consommation, mais aussi dans la classe moyenne menacée de déclassement. Bien sûr, cette tendance est beaucoup moins marquée chez ceux qui n'ont pas encore satisfait leurs besoins de plaisir et de statut social.

Pointe le nez d'une certaine **frugalité chic**, d'une simplicité sophistiquée à préférer les *basics*, d'une retenue sélective, de l'artisanat et d'un *no brand* de qualité.

Une tendance est en train de prendre de l'ampleur : *less but better* (moins mais meilleur). Il s'agit d'ajuster la consommation au pouvoir d'achat en consommant moins souvent, mais de qualité, éventuellement excellent. À chaque *sociostyle* de définir sa conception du meilleur : qualité, fonctionnalité, ergonomie, plaisir, esthétique, respect de l'environnement, image...

C'est dans cet esprit que le luxe commence à changer de signification : moins un statut social de réussite ostentatoire, mais un vrai plaisir d'exception : *small indulgence* (petite satisfaction égoïste) dans l'excellence perfectionniste.

Le nouveau wikiconsommateur

Nous arrivons en fin de cycle du marketing d'influence. Ce qui est vrai pour le marketing politique l'est aussi pour le marketing de l'information et celui des idées.

Cette stratégie reposait sur l'idée qu'un vendeur (de produits ou services, d'informations et conseils ou formation, d'idées et programmes) est en mesure de faire accepter et même désirer son offre, telle quelle, sans adaptation, pourvu qu'il s'arme de techniques de promo-communication qui influenceront à coup sûr un *public-cible* passif, purement réceptif. Les livres de recettes en publicité meublent les écoles de *business* : répéter, argumenter, séduire, influencer, faire rêver. Nous avons dénombré et décrit 60 procédés publi-promotionnels[1]. Tous concurrents, ils partagent une démarche commune : un message fabriqué, soigneusement packagé, dogmatique et non modifiable, descendant, asséné de haut en bas par des médias, à prendre tel quel.

Depuis 2007, **la révolution de l'internet** est en train de rendre insuffisants les messages des entreprises via leurs constructions publicitaires et promotionnelles. Les nouveaux consommateurs deviennent des ***wikiconsommateurs***. Ils donnent leur opinion sur les biens qu'ils achètent et leur liberté de pensée face aux publicités et argumentaires de vente.

Le marketing devra apprendre, dans les années 2011-2020, le dialogue, l'interactivité, la négociation, la personnalisation :

- les *marketers* ne peuvent laisser se développer une guerre larvée entre offre et demande. Les comparateurs de prix sur internet, les achats groupés (le site Groupon en pleine expansion) rendent du pouvoir aux clients qui condamnent les vendeurs à une course suicidaire aux prix cassés, sans la moindre garantie de reconnaissance ni de fidélité ;
- l'alternative est de **réinventer un marketing collaboratif** de co-conception, co-test, co-argumentaire, co-vente, co-communication, dans lequel le client se fidélisera et deviendra prosélyte en tant que coproducteur.

Un contre-pied à la DRH « *Kho-Lanta* »

Dans le monde du travail reviennent en force la **PME** et la filiale à taille humaine (choisies comme idéal trois fois plus que la multinationale), la notion d'équipe stable et solidaire (90 %), de travail en famille (43 %), à l'opposé du management individualisé d'électrons libres mobiles sans attache ; à l'opposé aussi de la *DRH Kho-Lanta* fondée sur l'individualisme concurrentiel en groupes de travail ; à l'opposé des principes supposés les plus modernes de gestion des ressources humaines, exemplarisés par les *world companies*.

Nous ferons souvent allusion à cette célèbre émission de télévision (sur TF1 depuis 2001, copiée sur son modèle américain *Survivors*) qui attire depuis dix ans six à huit millions de télespectateurs en moyenne. Elle est l'archétype d'un mode de gestion sociale que nous appelons « **coopétition** » : obligation de collaborer en équipes non cooptées pour survivre dans la jungle face à une tribu concurrente, mais avec l'obligation corrolaire d'éliminer ses propres coéquipers pour leur

1. Bernard Cathelat et Robert Ebguy, *Co Système, Styles de Pub : 60 manières de communiquer*, Éditions d'Organisation, Paris, 1990.

survivre et être le *winner*. Nous considérons cette émission, comme d'autres programmes de télé-réalité, comme une école « ludique » de l'ultra-libéralisme, qui popularise et banalise donc une conception concurrentielle des rapports humains. C'est en référence à ces valeurs qu'on utilisera ici le nom *Kho Lanta*.

Les années 2000 à 2006 ont été marquées, dans les milieux dirigeants nourris d'ultralibéralisme, par la promotion d'une **conception individualisée et concurrentielle du travail**, de son contrat et de son management, de sa pratique, de son évaluation et de sa rémunération. Le travailleur est censé être autonome pour assumer *un challenge* sur objectifs, mobile et nomade, en concurrence avec ses équipiers autant qu'avec l'entreprise adverse selon le principe de coopétition

Ce modèle est toujours le principe directeur d'organisation le plus fréquent dans les multinationales. Les grandes entreprises françaises l'ont copié ; les services publics en cours de privatisation ont voulu l'imposer à leurs troupes en un délai record, avec parfois des effets désastreux : chacun garde en mémoire les drames du personnel chez Orange, Renault, etc.

Depuis 2007, ce mouvement, initié il y a déjà bien longtemps par les filiales de sociétés américaines s'est accéléré : l'ultralibéralisme est devenu le principe directeur du pilotage économique, cette mobilité concurrentielle et la norme pour les non-travailleurs autant que pour les travailleurs. De cette logique découle le développement d'une **précarité instituée** des emplois, demi-emplois, faux emplois, tout comme le projet d'imposer n'importe quels emplois disponibles aux inemployés disponibles, sans trop de souci pour leurs préférences et contraintes.

Dès 2009, le CCA a pu mesurer le rejet massif de ce modèle de DRH :

- la mobilité et la flexibilité imposées sont rejetées par 92 %, au profit de la stabilité ;
- la précarité des CDD, intérims, stages et vacations est démotivante pour 71 % ;
- l'individualisation des objectifs en compétition, loin d'être stimulante, s'avère démoralisante pour 90 % qui rêvent de travail en équipe solidaire ;
- 63 % dénoncent l'inutilité du **management sous pression**, par le stress… et disent qu'ils travailleraient plus et mieux dans une « bonne ambiance ».

C'est aussi un **rejet d'une conception strictement matérialiste et financière** du « travail pour le fric » :

- 27 % seulement des Français se disent prêts à accepter « n'importe quelles conditions de travail » pour gagner de l'argent… alors que 71 % persistent à exiger « un vrai travail, durable, correctement payé » ;
- 68 % cherchent dans le travail « un épanouissement humain », intellectuel ou affectif, relationnel, et pas seulement une rémunération.

C'est pourquoi ils sont :

- 84 % à repousser l'idée d'un « travail à risque » (pour la santé notamment) mais mieux payé ;
- 78 % à rejeter un « travail immoral très bien payé » : ils aspirent à un job « utile, qui a un sens » ;
- 66 % ne semblent pas prêts à travailler « chez n'importe qui, bien payés », préférant choisir une entreprise ou un employeur dont ils pourraient « être fiers ».

Il serait dangereux de mépriser ces chiffres en les jugeant passéistes. On pourra sans doute forcer les gens à travailler selon des principes inverses, sous la pression de la nécessité financière : mais avec quel cœur à l'ouvrage ? quelle efficacité ? quelle prise de risque engagée dans la concurrence et l'innovation ?

Ce **retour au travail motivé**, contre le travail par la peur et le stress, est **profondément moderne**.

Facettes socio-économiques

Ouverture sur le monde : jeu de dupe ?

Nous vivons en France **une bascule sociologique vers une antimondialisation systématique**.

Titrer ainsi souligne que la population française juge la mondialisation plus destructrice que constructive, alors que, dans les années 1970, l'ouverture planétaire était porteuse d'espoirs, à la fois culturels et économiques, à la fois de *business* et de loisirs.

Qui a gagné ? Quelques grandes entreprises, quelques PME spécialisées, mais pour les autres, c'est *le diable* : la mondialisation est émotionnellement perçue comme **le Mal,** la cause de tous les maux, le bouc émissaire de la crise. Sur ce thème, le pessimisme engendre un blocage défensif.

« Démondialiser » devient **l'anathème à la mode**, qui dépasse les partis politiques puisque s'y retrouvent à la fois, mais pour des raisons différentes, Jean-Luc Mélenchon, Marine le Pen, et Arnaud Montebourg. Ce dernier écrit : « Le monde a fait fausse route, la mondialisation est devenue sa déroute[1]. »

1. Arnaud Montebourg, *Votez pour la démondialisation*, Flammarion, Paris, 2011. Voir aussi Jacques Sapir, *La Démondialisation*, Le Seuil, Paris, 2011.

Le désamour européen

La construction européenne a raté le coche sociologique dans les années 1970, lorsque la jeunesse vibrait d'ouverture d'esprit internationale, de fraternité universelle plutôt que de nationalisme égocentré. La construction d'une Europe politique fédérale était sociologiquement possible jusqu'en 1990.

La méfiance s'est d'abord portée sur ce qui nous influençait le plus au quotidien : l'appareil bureaucratique européen.

Il y a 20 ans déjà, le CCA révélait que l'opportunité sociologique d'un fédéralisme avait été ratée, que l'Europe des nations était déjà perçue comme une concurrence d'égoïsmes, que la bureaucratie bruxelloise était rejetée comme un parasite et que seule, peut-être, une Europe des grandes provinces économico-culturelles avait une dimension mobilisatrice.

Par la suite, l'Europe est apparue comme un carcan réglementaire, un laminoir d'identités culturelles sous la férule de bureaucrates sans légitimité démocratique. Puis l'hypothèse même d'une entité socioculturelle européenne s'est dissoute dans les élargissements successifs, non voulus par l'opinion des *vieux pays*, mal expliqués et mal compris, mal interprétés avec des relents xénodéfensifs.

L'image de l'Union européenne s'est encore dégradée au cours des dernières années. Et l'été 2011 a été celui de toutes les incertitudes. Qui gouverne, les marchés ou les États ? Le constat est brutal : pour une majorité de l'opinion publique, l'Europe concrète est un fatras d'étrangers agglomérés sans lien partagé, une horde plus qu'une famille, des gens dont on ne sait qui ils sont ni même où ils habitent (vous avez dit Kosovars ?), sauf lorsqu'ils apparaissent comme envahisseurs (les Roms). **L'Europe est perçue responsable d'un chaos :** de l'immigration sauvage incontrôlable, comme de la concurrence des cerises espagnoles, des pays mauvais gestionnaires et truqueurs (Grèce, Irlande) qu'il faut renflouer. La majorité des Français est incapable de citer un seul avantage de l'Europe, sauf les seniors qui ont conscience du bénéfice de soixante ans de paix…

Si l'on observe une **tentation de sortir de l'euro**, si la mentalité isolationniste progresse, elles ne sont pas réfléchies en termes macro-économiques : il s'agit d'une déception émotionnelle devant une communauté sans âme et ses instruments étrangers : l'Europe est tombée dans ce fourre-tout des gênes extérieures.

La détestation mondialiste

Le rejet est plus fort, plus grave et plus justifié aussi, concernant la mondialisation. En 2000 déjà, la globalisation commençait à inquiéter ; le CCA segmentait ainsi les Français en trois familles :

- des *condottieri* prêts à jouer à ce grand Monopoly planétaire pour construire un grand marché et ses styles de vie transnationaux par le biais des *world companies* ;

- des *Marco Polo* méfiants d'une mondialisation économique dominée par l'impérialisme du modèle américain, mais d'accord pour jouer l'ouverture par curiosité socioculturelle devant la caverne d'Ali Baba du vaste monde ;
- et les plus traditionnels, très méfiants par nationalisme : une minorité plutôt âgée, pauvre, peu diplômée de *recentrés* sur notre identité française, notre mode de vie, notre modèle social, mais jugés attardés par les modernistes.

Cet esprit *recentré* de **méfiance** devant la mondialisation n'a cessé de grandir et se répandre. L'observatoire social du CCA a mesuré le développement de ***socio-trends*** **de repli nationaliste** par *autoconnexion* et de **recentrage** microlocal ou communautaire par *microconnexion*. Ils pesaient respectivement 18,5 et 27 % soit 45 % dès l'année 2000.

Vers l'isolationnisme ?

De la méfiance en 2000 à la peur en 2005

De 2000 à 2005, le recentrage s'est renforcé et autojustifié dans la psychologie collective :

- le monde a été perçu de plus en plus comme **un chaos anarchique** livré à des rapports de force qui débordent l'économie pour menacer la stabilité politique (« États voyous »), notre propre sécurité (attentats de la nébuleuse Al Qaeda après le traumatisme du 11 septembre 2001), notre santé (pollutions) et notre identité même (les migrations) ;
- mais la mondialisation économique, justification première de la globalisation, est devenue suspecte d'instaurer **une jungle planétaire** dans laquelle les Français commençaient à se sentir vulnérables.

Le dernier sursis accordé à la globalisation date de 2007. Le candidat Sarkozy en faisait une nécessité incontournable de l'entrée concurrentielle dans la mondialisation en adaptant la France à sa logique : une majorité électorale le suivait encore, mais pour les deux tiers, c'était par confiance dans le *leader* plutôt que par conviction mondialiste[1].

De la peur au rejet de 2011

Ce n'est plus le cas en 2011. La plus récente enquête du CCA montre au contraire que **la mondialisation est violemment rejetée par sept à huit Français sur dix :**

- 75 % la jugent responsable de la crise économique et financière ;

1. Voir Patrick Artus et Marie-Paule Virard, *Globalisation : le pire est à venir,* La Découverte 2008.

- 72 % estiment que la mondialisation économique est dangereuse pour l'économie française, mauvaise même pour les consommateurs : des prix mais pas de qualité (68 %) ;
- 81 % pensent qu'elle est catastrophique pour l'emploi en France.

Constat de divorce

La globalisation est la norme des décideurs, mais elle n'est plus un objectif ni même un facteur de progrès pour une majorité de Français :

- la **globalisation culturelle** est la moins rejetée, mais se paye d'une déconstruction des identités, qui elle-même génère en retour une résurgence des fondamentalismes divers et un refus des institutions supranationales ;
- la **globalisation politique** est la plus majoritairement contestée dans les populations, au risque de réveiller les conflits féodaux ;
- la **globalisation économique**, pensée unique dominante dans les élites dirigeantes, se voit décrédibilisée depuis deux ans dans l'opinion française, mais sans véritable alternative claire.

Les enjeux sont multiples mais les critères ne sont pas les mêmes chez les dirigeants et chez les citoyens :

- on touche à la **richesse collective**, mais celle qui importe, au moment de l'élection, est celle qui se traduit en emplois et en pouvoir d'achat ;
- on touche à **l'autonomie nationale,** mais c'est celle qui se concrétise en capacité de défense contre la sauvagerie de la concurrence extérieure ;
- on touche au **progrès**, mais s'il ne se traduit pas en bonheur, confort, ou au moins en sécurité pour chacun, il ne sera que frustration.

Réaction de rejet

Les prochaines années 2012-2015 vont se dérouler dans un climat social antimondialiste et même isolationniste. Cette perspective est nouvelle car elle n'est plus réservée aux extrémistes, selon le plus récent sondage de l'Observatoire CCA.

La mondialisation est perçue par les Français comme une **triple agression** :

- contre leur sécurité (menaces terroristes) ;
- contre leur culture et leur mode de vie (les immigrés d'autres cultures « inassimilables ») ;
- mais surtout contre leurs emplois (délocalisations).

À ce jour, ni les politiques ni les *businessmen* n'ont réussi à rendre crédible un scénario positif acceptable de globalisation. Mais existe-t-il ? Où, en Occident, est-il gagnant ?

La réaction de rejet et de défense antimondialiste est aussi forte que la détestation.

- 82 % des citoyens-travailleurs-consommateurs voudraient imposer ou privilégier le « *made in* France », interdire les délocalisations, surtaxer les importations concurrentes ;
- 81 % souhaitent refermer les frontières aux importations ;
- quant aux immigrés, déjà en 2010, la limitation des entrées était souhaitée par 58 % de nos concitoyens ; et ce chiffre est en augmentation constante : il atteint aujourd'hui 66 %[1].

2011-2012 : l'isolationnisme, pourquoi pas ?

L'isolationnisme protectionniste a le vent en poupe. La sortie de l'euro n'est plus un tabou. *Schengen*, le symbole polémique de l'ouverture, de l'accueil, de la fluidité, de la *grande famille européenne* (d'autant plus aimée que les Anglais n'en voulaient pas) : le traité bien aimé est devenu mal aimé.

Le débat est d'ores et déjà ouvert sur un protectionnisme européen, nouvel espoir pour retrouver un dynamisme économique qui fuit l'Europe, mettant même certains pays au bord de la faillite[2].

L'ultralibéralisme en question

Au sentiment anti-globalisation s'ajoute **le rejet explicite du modèle économique capitaliste ultralibéral** par 80 % des Français, dès 2010. Il est identifié à une inégalité des efforts et sacrifices comme des partages de bénéfices, rejeté par 70 % des citoyens-travailleurs-consommateurs. Ce système est perçu comme étant en fin de cycle (66 %) dans un mécanisme d'autodestruction par ses propres excès.

Une large majorité sociale veut **un retour de l**'État pour :

- plafonner les gros salaires et bonus (82 %) ;
- imposer aux entreprises d'investir en créations d'emplois avant de distribuer des dividendes (71 %) ;
- renforcer la production française en la protégeant contre la concurrence internationale (80 %) ;
- rendre plus difficiles les licenciements (78 %) ;

---

1. Source : sondage Harris Interactive, 2011.
2. Voir les articles suivants :
webcache.googleusercontent.com/search?q=cache:Lp7_5lqzo_cJ:lexpansion.lexpress.fr/economie/pour-ou-contre-un-protectionnisme-europeen_119135.html+europe+protectionnisme&cd=3&hl=fr&ct=clnk&gl=fr&client=firefox-a&source=www.google.fr
www.marianne2.fr/Tous-protectionnistes-ou-presque_a179978.html

- limiter la concurrence des immigrés sur le marché du travail (58 %) ;
- partager les emplois (64 %) ;
- contrôler les prix (56 %) ;
- défendre et relancer plus de secteur public (47 %)[1].

Il y a douze ans, c'était scandale de dénoncer **l'horreur économique**[2] ; c'est devenu banal. Edgar Morin dénonce aussi l'impasse du tout économique libéral[3].

Toutes les études qualitatives du CCA indiquent que ce sentiment progresse des couches sociales populaires vers le milieu des cadres moyens et même supérieurs. **La loi de la jungle**, *struggle for life* individualiste qui génère trop d'inégalités et d'exclusions, **est rejetée**, en tant que mode de gestion sociale et professionnelle, par 67 % des Français.

Une autre logique économique est aujourd'hui exigée.

Rappelons que 69 % (tendanciellement en hausse) veulent changer pour autre chose que le modèle ultralibéral installé.

Cette logique se caractériserait par la notion de **partage équitable**, qu'il s'agisse des bénéfices de l'économie, des avantages matériels ou, en situation difficile, des efforts et sacrifices, taxes et impôts. Contrairement au stéréotype de Français qui voudraient toujours *le beurre et l'argent du beurre*, la plus récente enquête du CCA mesure que 82 % des Français se déclarent disposés à des efforts et sacrifices, sous condition qu'ils soient équitablement répartis dans la société. Or, le sentiment le plus répandu est que les inégalités augmentent.

L'écologie banalisée

Une autre dimension de la mutation socio-économique est la problématique environnementale.

Ce thème était resté confiné, des années 1960 à la fin des années 1990, dans une minorité sociale, à cause d'un discours radical militant, ciblé sur l'environnement naturel, systématiquement anti-technologique, imprégné d'une mystique de *Gaïa* et associé à l'imagerie hippie chevelue des communautés post-soixante-huitardes du Larzac. Il est en train de gagner **une sensibilité majoritaire** (ce qui ne veut pas encore dire une *responsabilité*).

1. Source : CCA, 2010.
2. Viviane Forrester, *L'Horreur économique*, Économie et Entreprises, 1999.
3. Edgar Morin, *La Voie. Pour l'avenir de l'humanité*, Fayard, 2010.

La récupération écolo-politique

Même si les Verts français montrent une absence de clarté, de *leadership*, des luttes internes dérisoires au regard des enjeux, leurs idées sont sorties d'un ghetto militant jusqu'à remettre en cause la pertinence d'un courant politique spécifiquement écologiste. Car l'intégration (récupération ?) de celui-ci dans les partis politiques généralistes est en cours. C'est Nicolas Sarkozy qui a voulu le *Grenelle de l'environnement.* C'est Jean-Louis Borloo qui, quittant le gouvernement en 2011, crée un parti nommé *Alliance républicaine, écologiste et sociale* : alors que l'écologie renvoyait à un activisme presque marginal, la voilà drapeau de partis notoirement conservateurs et industrialisateurs. **Banalisation ou maturité ?**

Mais les changements les plus significatifs datent des sept dernières années :

- l'opinion publique rejette une écologie trop radicale, anti-technologie et anti-croissance. Le thème de la *décroissance* n'est pas majoritairement attractif ;
- le **développement durable** réconcilie économie de croissance et écologie de gestion prudente du patrimoine de ressources et des impacts environnementaux. C'est aussi le cas avec **l'agriculture raisonnée.** Ces concepts concrétisent une atténuation des exigences écologiques, une sorte de compromis plus acceptable, au moins en image ;
- un autre thème attractif est le *green-tech,* qui réconcilie progrès technologique du génie humain et leçons éternelles de mère Nature. 69 % des citoyens-consommateurs misent sur cette synergie pour résoudre nos problèmes environnementaux. La confiance dans la technologie a progressé de nouveau, de 7 % entre 2000 et 2010, pour atteindre 56 % (CCA).

En 2011, il faut prendre en compte **trois champs d'applications** possibles de ce *développement durable green-tech.*

L'écologie de style de vie

Nos études qualitatives montrent que le principe est acquis, mais que c'est à chacun de faire les choix personnels dans sa vie privée : déchets et tris, utilisation des transports, dépenses énergétiques. Il n'y a donc pas de tendance sociale d'ensemble, mais une segmentation de sensibilités et comportements. L'écologie devient **une affaire de consommation**, un marché pour des produits, des services, des technologies.

La tendance d'une *eco-low cost* progresse. Les consommateurs veulent bien consommer *bio* et écolo, mais à la condition que cela ne coûte **pas plus cher**. C'est aux industriels d'investir et au gouvernement de subventionner ou détaxer pour l'écologie, mais « ce n'est pas à nous d'essuyer les plâtres ni de subventionner de nouvelles technologies » (73 %).

Une écologie de vie collective

Une majorité de nos concitoyens est d'accord pour que soient imposées des **mesures autoritaires** par les pouvoirs publics. La sacro-sainte liberté est-elle en train de reculer devant des impératifs de non-agressions mutuelles ?

À titre d'exemple, les mentalités évoluent concernant la voiture en milieu urbain, thème sensible entre tous :

- 73 % se disent d'accord pour taxer les automobiles pollueuses et gaspilleuses ;
- 76 % pour plafonner la puissance et la vitesse des moteurs ;
- 62 % pour limiter la circulation automobile en ville.

Mais, pour cette écologie microsociale, voire communautaire, les citoyens envisagent des réglementations différentes selon les villes et quartiers, les régions, comme cela se fait dans de nombreux pays, à l'encontre du centralisme jacobin français.

Une écologie macrosociale

Elle touche à des choix socio-techno-économiques à long terme et d'aménagement du territoire, avec des conséquences importantes pour l'indépendance nationale et le commerce extérieur. **C'est bien sûr la thématique des énergies qui prédomine, avec en vedette actuelle le nucléaire civil générateur d'électricité.**

Reste à mesurer l'impact à moyen terme de la récente catastrophe nucléaire japonaise sur cette attitude. Déjà, l'Allemagne s'engage à la suppression des centrales nucléaires pour 2020 et l'Italie aussi par référendum populaire (juin 2011).

Polémiques

La question politique et les enjeux industriels sont tels que les sondages les plus récents témoignent plus d'une **guerre des chiffres** que d'une véritable analyse de la sensibilité populaire.

Simultanément on entend dire tout et son contraire :

- 42 % des Français seraient « favorables à la demande des écologistes d'abandonner la production d'électricité nucléaire en France » et 55 % défavorables, affirme un sondage commandité par EDF et publié par le journal *Les Échos*[1]. Malgré la catastrophe nucléaire au Japon, une (courte) majorité de Français resterait donc favorable à l'énergie nucléaire ? Le quotidien économique commente à quel point on serait loin en France des 87 % d'Allemands et 77 % de Suisses qui souhaitent un arrêt progressif des centrales ;

1. Sondage TNS SOFRES pour EDF, 15-16 mars 2011, question binaire par téléphone posée à 1 000 personnes de plus de 18 ans, publié par *Les Échos* du 21 mars 2011.

de professeur émérite qui vaille l'intelligence collective (*crowd intelligence*) des forums ; il n'est pas de vieux penseur qui concurrence le bon sens de masse de l'agora numérique ; **la crédibilité surgit du *crowd sourcing*, plus que l'écoute des savants.**

Qui croire ? Une nouvelle hiérarchie des émetteurs

La conséquence première est **la remise en cause du statut des grands émetteurs** (intellectuels, éditorialistes, experts, professeurs…) et *beaux parleurs* au profit de cette agora sauvage qu'est le web, ses forums et *réseaux sociaux*, ses rumeurs et ses avis amateurs : du puits du *buzz* est censée sortir la vérité.

Ce transfert de crédibilité est alimenté par la perte de confiance dans les institutions, les *leaders* et dirigeants[1] dans leurs jeux de rôles stéréotypés, leurs discours répétitifs, leur pensée unique. Cette crise de confiance s'applique aussi aux médias traditionnels qui sont leur tribune habituelle : « les médias nous mentent et nous manipulent, concernant la crise » (78 %, source CCA)[2].

Les internautes aguerris ne sont pas dupes et connaissent **les risques et pièges de la foire numérique** aux informations et aux idées, aux conseils et aux propagandes sur le net. Ils savent (à 90 %) les risques de fausses informations sous pseudonymes. Mais ils préfèrent ce risque de butinage, confiants dans leur talent de sélection et leur chance de glaner du neuf exclusif, plutôt que de se sentir manipulés par le *storytelling* des politiques, l'imagerie des publicitaires, le parti pris des journalistes…

En fait, **le risque qui les inquiète le plus est d'être traqués et fichés** (57 %, chiffre en augmentation constante), ce que les techniques nouvelles de *tracking* numérique rendent possible, voire inévitable.

La guerre des médias

Le CCA a mesuré en 2010 l'impact de cette mutation des critères d'intérêt et de crédibilité :

- on observe **une tendance à la *désaudience* des médias traditionnels**, exprimée en intentions de passer du temps sur tel ou tel média : perte virtuelle de 36 % de public pour le cinéma, de 27 % pour la presse magazines, de 27 % pour la télévision et un peu moins (21 %) pour la radio comme pour les quotidiens ;
- à cette désaffection virtuelle, mais en train de se traduire en comportements fugueurs, répond une intention de **passer plus de temps sur le net**, chez 51 % des Français. Le web apparaît comme **le *leader* d'avenir des médias** : il

1. Voir le chapitre 17 : « À qui confier les clés ? ».
2. CCA, 2010.

n'est pas qu'un support technologique de plus, mais **le média alternatif, d'une autre nature** ;

- il est jugé le plus démocratisé, accessible à tous par 90 % de l'opinion, pratique (81 %), facilitateur de vie et gain de temps (93 %), ludique amusant pour le plaisir (89 %) et les loisirs (76 %), et enfin lien social relationnel (69 %).

Le net est déjà ***leader* sur les principales fonctions attribuées aux médias** :

- pour s'informer (90 %), même s'il est encore jugé complémentaire aux autres médias d'informations, sans les remplacer (66 %) ;
- il bénéficie d'une meilleure crédibilité qu'on ne pouvait le penser (63 %), surtout pour les investigations et les *scoops* (57 %), meilleure encore sur les sites de grands médias classiques d'informations (71 %) en particulier pour le savoir et les connaissances encyclopédiques (46 %), pour les conseils pratiques, le *coaching* de vie (52 %), pour rechercher et comparer avant d'acheter (69 %).

Enrichissement et confusion du réel : cap sur la « virtu-réalité »

Cette tendance, identifiée et décrite en 2011 par *Netexplorateur*[1], ouvre une perspective de synthèse entre les besoins contradictoires d'autonomie indépendante et de communauté, entre les besoins de mobilité et de sécurisation stabilisée, en géométrie variable flexible.

Un nouveau territoire de vie

Ce courant socioculturel est un héritage de la web-culture, et plus particulièrement de la pratique des réseaux sociaux (Facebook, LinkedIn, Viadeo, Copains d'avant, Fourquare ou Twitter). L'internaute se sent à la fois une personnalité individuelle, autonome et membre d'une communauté rassurante, toujours disponible mais sans contrainte ; il décide à chaque instant de son degré d'implication variable, sans devoirs ni contraintes.

Les clans les plus contemporains sont virtuels et flexibles, à cheval sur le monde réel matériel et l'univers numérique. **Ces réseaux sociaux représentent une double puissance,** de *leadership* innovant qui influence les plus jeunes, mais aussi une puissance effective, commerciale et populaire qui donne de nouveaux outils aux consommateurs. L'intérêt de ces *clans* électroniques, au contraire des groupes sociaux réels contraignants, est qu'ils ne demandent à leurs *e.amis* qu'une allégeance partielle, éphémère, librement variable, éventuellement anonyme.

La virtu-réalité cumule les avantages d'une autonomie libertaire et d'un communautarisme, tous les deux autocentrés.

1. Observatoire d'impacts sociaux des innovations numériques : www.netexplorateur.org/netexploratrend/etude.

La réussite des *web communautés* s'explique par une nouvelle pratique de la vie collective, plus adaptée au mode de vie contemporain de mobilité réactive et compatible avec la motivation d'indépendance et d'épanouissement égocentrique.

Traduits en vie familiale, ces *social medias* permettent à chacun de **vivre sa vie réelle en toute liberté**, loin du regard et de tout jugement de ses proches, mais en même temps ils autorisent ces électrons libres à se sentir reliés aux leurs : un lien social avec une communauté clanique sans limites, toujours disponible, à portée de clic, mais jamais envahissante. Ce mode de vie *virtu-réel* ne souffre ni de solitude angoissante, ni de dépendance conformiste imposée.

Pour la génération des moins de 35 ans, sera-t-il possible de revenir en arrière, de recréer du lien social réel, de prendre le risque de rencontres effectives et de retisser des liens de dépendance réels, ailleurs que sur l'internet, espace de tous les possibles qui n'engagent à rien d'autre qu'un clic ?

Un nouveau pouvoir

Entre l'engagement angoissant et la solitude intolérable, l'appartenance à un groupe virtuel est une solution rêvée :

- **liberté totale de connexion et de déconnexion**, à tout moment, évitant les véritables engagements ;
- **liberté de multiplier les réseaux fréquentés en parallèle**, laissant libre cours à des personnalités multifacettes qui cloisonnent leur existence ;
- **liberté de mouvement** grâce à une consultation facile, gratuite, sur de nombreux supports miniaturisés partout dans le monde, qui donne l'impression d'être en connexion permanente avec l'environnement et les autres, sans effort apparent, sans contrainte de déplacement, de prise de rendez-vous, de temps offert à l'autre ;
- **autopromotion :** *MyMedia*, la mise en scène de sa vie (blog, MMS, twitt, mur Facebook*)*, propose une nouvelle forme d'existence sociale, un exhibitionnisme numérique maîtrisé : le choix de se livrer (ou se grimer) sur le web ;
- **liberté de créativité :** très peu de censure encore et une grande tolérance entre internautes, des encouragements amicaux. S'y affiche sans crainte ses pensées ou ses œuvres, son journal intime même, loin des jugements agressifs de la jungle sociale réelle. **Tolérance et ouverture d'esprit** ne sont pas désintéressées dans ce massage généralisé des egos : chacun attend des autres *e.partenaires* un échange de bienveillance mutuelle ;
- **lieu émotionnel fort**, mais aussi lien permanent et sélectif avec les personnes de son choix, mais aussi d'être une source de lien social et de rencontres : plus jamais seul avec les *tchats* et les forums, MSN et les blogs, les sites de rencontre ;

- **moyen d'action :** la puissance des réseaux n'est plus à démontrer. Il permet d'être un individu informé et informateur à la fois. Il permet aussi d'agir, d'augmenter son pouvoir sur le terrain professionnel comme social, faisant de vous un consommateur malin et un *leader* d'opinion qui se mesure en nombre de *followers* sur Twitter, nombre d'amis sur son mur Facebook, nombre de lecteurs sur son blog, indice d'influence (le Klout) ;
- **moyen d'optimisation personnelle :** source d'information, mais aussi de *coaching*, le web devient un lieu d'entraînement, d'amélioration de ses performances et de ses pouvoirs. Toutes les solutions, méthodes et programmes s'y trouvent, font l'objet de commentaires, de notation, de comparaison ;
- **masque :** et tout cela peut être vécu à visage découvert ou masqué au choix. Libre à chacun de signer d'un pseudonyme, d'afficher un avatar, de *vivre sous alias*, et pourquoi pas plusieurs fois simultanément en un s'inventant plusieurs personnalités virtuelles.

Cette tendance n'est pas le seul fait de *geeks* perdus dans la sphère numérique, incapables de distinguer le monde réel des fantasmes virtuels. **Les nouvelles générations combinent leur soif d'indépendance flexible et leur besoin de protection collective en un individualisme clanique.**

Sans devenir un être exclusivement digital, l'internaute moderne opère des aller-retour permanents entre la réalité et le numérique, allant même jusqu'à mêler les deux dans un espace *virtu-réel* de réalité augmentée.

Demain plus jamais seul au restaurant ! Les amis de votre mur Facebook, pour la plupart jamais rencontrés en chair et en os, seront projetés en hologramme autour de votre table.

Demain plus jamais démuni ! Les ressources de votre tribu virtuelle sont illimitées et toujours ouvertes, disponibles, mobilisables.

Demain plus libre que jamais ! Alors que, pour certain, votre vie apparaît conventionnelle et pragmatique, pour d'autres elle sera aventureuse et hédoniste : tout dépend de ce que vous laissez percevoir.

Facettes sociologiques

Une radicalisation de xénodéfiance[1]

Une des manifestations de l'isolationnisme protectionniste est la fermeture aux immigrations et le rejet du multiculturalisme.

De l'ouverture à la méfiance culpabilisée

Dans les années 1970 et encore sous le premier septennat Mitterrand (1981-1988) la tendance dominante (mais jamais vraiment majoritaire) portait à l'ouverture au monde multiculturel, à l'accueil des étrangers, à la tolérance compassionnelle envers les migrants clandestins.

Une phrase de Michel Rocard nuançait cet idéalisme dès 1990 : « la France ne peut accueillir toute la misère du monde, mais elle doit savoir en prendre fidèlement sa part ». La première assertion fut d'ailleurs manipulée, sous forme tronquée, pour justifier les lois Pasqua de 1993[2].

Les années 1990 ont vu progresser la méfiance, puis le sentiment de concurrence envahissante des étrangers, enfin le rejet explicite. **Jacques Chirac** s'est alors mis en phase avec le FN pour dénoncer « l'overdose » d'immigrés, « en particulier musulmans et Noirs », ainsi que « le bruit et l'odeur » qu'il associait à des familles polygames polluant les HLM en escroquant les prestations familiales[3]. Il n'avait pas tort, démago-sociologiquement, lorsqu'il justifiait cette provocation raciste outrancière et vulgaire, mais bien calculée, en disant « avoir exprimé tout haut ce que certains pensent tout bas »[4].

Mais, avant 2006, cette **xénoméfiance** n'osait que rarement se formuler aussi brutalement et publiquement, tant elle était incorrecte, culpabilisante sur un plan humaniste.

De la méfiance à la dénonciation

En 2006-2007, le candidat Sarkozy a assumé un changement de discours, au nom d'un *parler vrai*, en surfant sur ce courant d'opinion publique, au point de ponctionner les voix au Front national, en conjuguant deux thèmes à fort

1. Sur ce thème, voir aussi le chapitre 11, « Intégration, assimilation, communautarisme ou apartheid ? Qui est Français en 2011 ? », consacré au vivre ensemble dans une société plurielle.
2. Voir le commentaire de Michel Roccard sur cette affaire : *Le Monde* du samedi 24 août 1996 (article accessible sur le blog : http://my.opera.com/pfelelep/blog/show.dml/475173).
3. Discours d'Orléans, 19 juin 1991.
4. www.youtube.com/watch?v=eERFYd1DuDE

contenu fantasmatique, qui ont joué un rôle majeur dans la campagne présidentielle :

- il énonçait que l'étranger était un problème, mais de façon plus froidement technocratique que ne l'avaient fait Chirac ou Le Pen ;
- il rattachait l'insécurité à la *caillera* des cités, évidemment *black-beur*, qu'il fallait *karchériser*. Son discours a institutionnalisé l'immigration (et ses descendants) comme une maladie sociale.

Mais, à cette époque encore, il fallait passer par **l'alibi de faits-divers délinquants** pour évoquer un risque asocial des immigrés sans être accusé de racisme. Ce discours, critiqué par la gauche humaniste, était cependant socialement audible, surtout après le providentiel renfort des émeutes de banlieues en octobre 2005.

Dès 1987, le CCA avait pronostiqué la montée des idées xénophobes et la percée du FN ; puis, en 1995, confirmé la dynamique de masse du phénomène, international.

En 2009-2010, on mesurait que :

- 55 % des Français jugeaient le problème d'intégration des étrangers mal résolu ;
- 53 % rejetaient le « trop d'étrangers » et préconisaient de fermer plus nos frontières aux immigrations ;
- et surtout aux travailleurs étrangers, concurrents de nos chômeurs (58 %).

Quant à ces étrangers ou leurs enfants de première ou deuxième génération, on mesurait la balance entre **deux conceptions** d'une société nécessairement pluriethnique et culturelle[1] :

- en 2009, 58 % de l'opinion penchait plutôt pour une forme sociale de *salad bowl* : juxtaposition de **communautés ethnoculturelles** bien visibles (49 %), bien identifiées, reconnues comme telles avec une représentation officielle. Et 38 % des Français se disaient favorables à des mesures de **discrimination positive** en leur faveur ; 25 % pensaient même possible et souhaitable d'adapter nos lois et règles à certaines communautés ;
- en contraste : 41 % des Français penchaient en faveur d'un véritable *melting pot* d'assimilation, surtout sans particularismes ostentatoires (50 %), sans privilèges spécifiques (60 %), fondé sur une loi laïque unique et impérative (74 %).

Une tradition historique d'assimilation de la France républicaine a toujours exigé que l'étranger oublie ses particularismes pour se fondre dans une identité unique, celle de « nos ancêtres les Gaulois ».

Depuis deux ans, **une xénodéfiance de principe** s'est installée. Elle ne se cache plus et associe crise économique et crise identitaire.

---

1. Source : CCA, 2010.

En 2011, les deux tiers des citoyens voient **l'intégration comme un échec** ; fait notable, cette opinion est partagée par les électeurs de gauche (67 %) et de droite républicaine (69 %). 51 % interprètent la situation actuelle comme une dégradation constante depuis dix ans, dont ils rendent responsables tous les gouvernants récents.

Le fait nouveau est que **les étrangers sont rendus responsables**, non seulement d'être là, mais aussi de leur mauvaise intégration : « ils ne font pas assez d'efforts pour s'assimiler » (76 %), alors que la société fait ce qu'il faut pour faciliter leur intégration.

Un autre fait nouveau est que les politiques, donc les gouvernants, sont déchargés par les citoyens de cette mission d'intégrer les immigrés : ce serait plutôt une affaire privée à gérer par les associations (48 %) et les citoyens eux-mêmes (41 %)[1].

L'État ne serait donc responsable que de limiter ou diminuer l'immigration, alors que les étrangers acceptés devraient se débrouiller seuls pour s'assimiler, avec l'aide, parfois, de bénévoles.

Politiquement, **le scénario majoritaire** semble une immigration réduite au compte-gouttes, à guichets fermés, très sélective, dont les heureux élus n'auraient le choix qu'entre l'assimilation complète ou la valise.

La xénodéfiance devient politiquement correcte

Car le fait nouveau et majeur de la dernière année (2010-2011) est l'acceptabilité et même le succès dans l'opinion publique des discours et initiatives xénodéfiants qui visent ouvertement les étrangers : les Roms, les musulmans, en tant que communautés dans leur ensemble, qualifiés d'inassimilables, sans qu'il soit besoin d'un alibi de délinquance ou de comportement asocial. La xénodéfiance, voire la xénophobie assumée, se banalise chez les Français.

Il n'est pas étonnant de voir, en 2011, **les partis et *leaders* politiques chevaucher le bouc émissaire étranger :** le Front national surfe sur cette vague, suivi par l'aile droite de l'UMP.

Ce qui eût encore été qualifié de *dérapages verbaux* à caractère xénophobe il y a trois ou quatre ans à peine, est devenu le quotidien banalisé de la communication politique, non seulement de la famille Le Pen, mais aussi du gouvernement (Claude Guéant en 2011[2]).

---

1. Sondage national *on-line* de Harris Interactive pour l'émission *Face aux idées* de la chaîne LCP-AN, en avril 2011.
2. Voir : http://www.liberation.fr/societe/01012338889-claude-gueant-denigre-encore-les-immigres et http://abonnes.lemonde.fr/politique/article/2011/04/06/claude-gueant-veut-reduire-l-immigration-legale-en-france_1504055_823448.html.

S'il n'y a guère de véritable racisme manifeste en France aujourd'hui (ni théorie, ni fantasme de *races inférieures*), **la xénophobie est en cours d'installation** comme l'autre face de l'isolationnisme protectionniste, en réflexe égocentré de défense contre toute présence différente qui semble menacer le clan. Et si l'on ne parle plus de race génétiquement inférieure, le fantasme de l'heure est une guerre entre civilisations et religions incompatibles et concurrentes.

Un des enjeux de la campagne 2012 sera l'attitude des politiques : vont-ils nourrir le dragon, pour s'attirer les votes d'une importante population en mal de boucs émissaires (et c'est payant) ou le combattre, que ce soit au nom d'une morale humaniste (mais elle est aujourd'hui un objet de dérision médiatique, qualifiée d'*idéalisme bisounours*) ou par simple pragmatisme de cohésion sociale et de pacification, au nom de l'efficacité productiviste ?

La surenchère xénodéfiante n'est pas sans risque, car elle génère, même chez ses partisans, un sentiment de malaise, une vision de société déchirée, une peur d'antagonisme.

La tendance au repli communautariste est en expansion, chez ceux que les médias nomment *Français de souche* (48 % : + 15 % entre 2000 et 2010) tout autant que chez les immigrés et leurs descendants[1].

Dans cet enfermement, **la paranoïa n'est pas loin** : la rupture des liens sociaux, conjuguée à l'individualisme concurrentiel, font de chacun, et pas seulement des étrangers identifiables, un *alien*, un inconnu, donc un danger potentiel.

Les boucs émissaires ne sont que des exutoires à l'angoisse de crise quand une société refuse d'en assumer la responsabilité ; et, depuis toujours et partout, les étrangers sont les premiers dénoncés.

Une nouvelle insécurité

Le sentiment d'insécurité ne cesse de progresser depuis 25 ans, selon l'Observatoire du CCA. La vague de conservatisme socioculturel de notre société se traduit par un besoin prioritaire de sécurité :

- l'écosystème des années 1970 et 1980 promettait un monde accueillant, une société assez riche pour être protectrice, un corps social pacifié par l'élévation générale du niveau de vie, une technologie de gentils robots au service de l'humain ;
- mais, dès la mi-temps des années 1980 et sans cesse depuis, s'est développée la vision d'une jungle dans laquelle rodent de multiples dangers ;
- la **délinquance ou l'incivilité** de certaines catégories de population, montrables du doigt et punissables, cristallise le sentiment d'insécurité et le désir de *loi* et d'*ordre*, avec la déclaration *tolérance* zéro.

---

1. Source : CCA.

Une peur moins prioritaire

Les sondages mesurent toujours ce souci de sécurité parmi les priorités, mais **il a évolué :**

- il se mesure **en recul relatif** dans la hiérarchie des urgences. Un sondage de mars 2011 montre que le thème de la sécurité n'a joué un rôle important que pour 26 % des électeurs (mais 69 % chez les électeurs du FN et 39 % chez les sympathisants de l'UMP) lors des cantonales[1] ;
- l'association à l'immigration prend moins bien, au moins au niveau micro-social. Le même sondage mesure son influence décisive dans le vote chez 19 % de Français seulement ;
- ce besoin sécuritaire est, **en 2011, plus généralisé et mieux partagé** dans toutes les classes sociales et générations que par le passé, notamment comparé à 2007 où la propagande politique avait visé à dramatiser un problème de délinquance auprès des classes populaires ;
- et surtout, nos études qualitatives parlent **d'un changement de nature et de cible**, ce que vient confirmer le même sondage qui hiérarchise les inquiétudes françaises[2].

Des menaces plus dispersées

Les Français apparaissent **moins obsédés par la délinquance des voyous** et divers *caillera,* malgré la même propagande politique de droite et extrême droite qui tente d'assimiler voyous et jeunes colorés des cités.

Le spectre des dangers menaçant notre vie quotidienne s'est élargi, en incluant de plus en plus de **risques macro-sociaux** devant lesquels les institutions et leur police semblent impuissantes (CCA) :

- risques économiques : emploi et chômage (angoisse n° 1 pour 42 %, et 54 % des classes populaires) et pouvoir d'achat, crise financière, augmentation de la pauvreté, augmentation des prix de produits de première nécessité) ;
- risques socioprofessionnels : formation socioprofessionnelle (n° 2 *ex aequo* : 32 %, et 48 % chez les jeunes), stress dans les entreprises ;
- risques écologiques (n° 2 *ex æquo* pour 32 %, plus encore les jeunes à 48 %), à partir de l'exemple nucléaire japonais ; dangers alimentaires, associés souvent à des menaces sanitaires (multiplication des cancers et des maladies orphelines) ;
- risques sociaux : inégalités sociales (n° 3, *ex æquo* avec 32 %), abandon de l'État-providence et des services publics) ;
- risques de *leadership*[3].

---

1. Sondage Harris Interactive pour LCP-Assemblée nationale, Public Sénat et *Le Parisien Aujourd'hui-en-France,* mars 2011, portant sur un échantillon de 2 057 personnes de 18 ans et plus.
2. *Idem.*
3. Voir le chapitre 17, consacré au *leadership* politique.

L'insécurité est plus globale et diffuse en 2011

La peur des voyous existe encore, les agressions physiques sont bien là, mais elle a été dépassée par la peur d'un monde revenu aux lois de la jungle. À cela la police ne peut rien. Le pessimisme est même augmenté par l'impression d'une justice à deux vitesses qui punit sans pitié les petits voyous mais épargne les puissants, les délinquants en col blanc, les spéculateurs, les patrons harceleurs...

FACETTE SOCIO-POLITIQUE

OÙ VA-T-ON, COMME ÇA ?

Une des causes principales de ce *tsunami* de morosité, puis de pessimisme et aujourd'hui d'une certaine désespérance, est **l'absence de scénario d'avenir**.

C'est un facteur de dépression fondamental, même s'il est largement inconscient dans l'opinion publique, les citoyens étant plus focalisés sur des préoccupations matérielles immédiates de survie (emploi, pouvoir d'achat, équité économique).

Mais l'absence de scénario de société à léguer à nos enfants, et l'absence même de débat sont ressenties comme **une absence d'avenir collectif**. Lorsque nous faisons imaginer des scénarios prospectifs à des *citoyens lambda* dans nos études qualitatives de longue durée, on entend évoquer « un troupeau aveugle marchant dans le brouillard [...] sans boussole et sans guide [...] sur des sables mouvants, [...] pour aller à tâtons, on ne sait où, sans fin... »[1].

En fil rouge depuis 1990 : l'absence de projet de société prospectif

Il faut remonter à l'élection de **François Mitterrand** en 1981 pour voir se dérouler un véritable débat sur un modèle de société. Le programme de gauche ne cachait pas son jeu : changer la vie.

Après deux septennats émaillés de cohabitations, les cartes étaient brouillées en 1995, au moment d'élire **Jacques Chirac**. Sa campagne sur le thème de gauche de la *fracture sociale* n'a évidemment rien clarifié ; la cohabitation avec le gouvernement Jospin a plus encore brouillé l'horizon. Quant à la réélection du Président Chirac face à Le Pen en 2002, la mobilisation sur une sauvegarde des valeurs républicaines a oblitéré la question : « Vers quel modèle de société conduit-il la France ? Quels styles de vie prépare-t-il aux Français ? »

1. CCA, 2010.

Pendant cette période, si le projet politique était de plus en plus flou, **les forces économiques** poussaient à une évolution, discrète mais inexorable, vers un libéralisme de plus en plus affirmé, vers une mondialisation.

Un débat escamoté en 2006-2007

Dans un contexte de crise, dans un climat sociologique pessimiste, conscient d'une impasse socio-économique… la campagne présidentielle de 2006-2007 aurait pu se transformer en véritable débat sur des scénarios alternatifs d'avenirs possibles.

Nous avions diagnostiqué, dans nos études qualitatives au CCA, que les mentalités étaient majoritairement prêtes, non sans angoisse, à se reposer la question : « Quelle France et quels modes de vie voulons-nous léguer à nos enfants ? »

Le classique face à face droite-gauche, rénové par les personnalités de Ségolène Royal et Nicolas Sarkozy, était l'occasion de mettre en scène deux options de projet de société : un **ultralibéralisme** adapté aux réalités socioculturelles françaises et un **néo-socialisme** modernisé pour l'économie de marché internationale. La concrétisation pour les électeurs eût proposé un véritable choix entre des modes de vie de compétition à risques et bénéfices individualistes orientés vers la réussite financière, et une société plus protectrice et répartitrice, privilégiant une qualité de vie collective plutôt que l'épanouissement des *winners* entreprenants et performants :

- **le candidat Sarkozy était porteur d'un projet de société**, consistant à calquer la France sur les États-Unis, à faire évoluer non seulement la législation mais les modes de vie et de relations, et encore les modes de pensée, les critères de bonheur vers les principes de l'ultralibéralisme. Depuis longtemps, un projet aussi radical n'avait pas été aussi cohérent… du moins pour qui prenait la peine de décoder et synthétiser les discours du candidat qui se vantait aux États-Unis d'être appelé dans son pays « l'Américain ». Le CCA avait fait ce travail d'analyse et souligné, début 2007, à quel point le scénario était porteur de valeurs socioculturelles et de principes de fonctionnement en profond décalage, en rupture avec la sociologie majoritaire des Français ;
- en face, la candidate Ségolène Royal n'a pas réussi à clarifier un scénario d'avenir alternatif lisible pour les citoyens (sauf sur quelques points, rares et minoritairement motivants, comme la *démocratie participative* opposée au volontarisme dirigiste sarkozien).

Ce **flou de projet alternatif** a permis au candidat de droite de ne pas décrire les modes de vie qui allaient avec son programme de rupture.

Le débat électoral s'est donc focalisé sur les personnalités des candidats, au profit du style fonceur volontariste de Nicolas Sarkozy, plutôt que du fond…

Le débat de fond sur le scénario de vie d'avenir a donc été escamoté.

Mais si la stratégie de fond ultralibérale était claire pour les analystes politiques, **le projet de styles de vie est resté implicite,** presque camouflé aux yeux des électeurs : si le candidat Sarkozy a assumé le terme de *rupture*, il a surtout parlé de rompre avec les héritages du passé (selon lui : laxisme et le cosmopolitisme soixante-huitards, l'assistanat incitant à la paresse, la déresponsabilisation des éducateurs, les privilèges des fonctionnaires). Il a listé des réformes fondées sur cette dénonciation rétrospective. Mais il n'a jamais décrit quels modes de vie prospectifs ces ruptures préparaient aux Français de 2012, et plus tard à leurs enfants et petits-enfants. **Le modèle social ultralibéral avançait masqué.**

Dans ce relatif flou de prospective, le seul projet de société retenu par l'électorat en 2007 fut matérialiste : « travailler plus pour gagner plus », formulé par Nicolas Sarkozy (« Je serai le Président du pouvoir d'achat »). Le scénario promis par le nouveau Président était **une société de consommation matérialiste** ; projet risqué, car la croissance ne se décrète pas. L'échec ressenti dans l'opinion de cette promesse a été un facteur-clé de pessimisme, boosté par non-crédibilité de la recette socio-économique sarkozienne.

Une opportunité 2009-2010 de choix de société

On a déjà décrit, ci-dessus, cette parenthèse sociologique, entre 2006 et 2010, où les Français, en majorité, étaient accessibles à un débat de fond et un choix de projet de société concrétisé en scénario de modes de vie d'avenir. La perception dramatisée d'une *rivière sans retour* débouchait sur **un pessimisme interrogatif** à la recherche d'un nouveau modèle de société.

La campagne électorale de 2006-2007 n'avait donc pas exploité cette opportunité, mais la disponibilité mentale, sinon la demande, perdurait. Les Français étaient-ils capables d'imaginer par eux-mêmes des avenirs sociaux alternatifs, que les politiques évitaient de leur proposer ?

Le sondage de styles de vie 2009 du CCA a répondu par l'affirmative. Y apparaissaient **trois scénarios de sortie de crise**, implicites dans l'opinion publique, mais très nettement en concurrence dans trois populations dont on a mesuré le poids et décrit les caractéristiques.

Un scénario de France-concurrence

Il ferait confiance aux principes et méthodes de l'ultralibéralisme américain et aux lois de la mondialisation éco-financière :

- **ses mots clés** : initiatives individualistes en **compétition**, prise de risque, mondialisation, mobilité, flexibilité, tempo rapide à court terme, **argent**, richesse, rentabilité et profit, célébrité…

- **son modèle socio-économique** : économie de marché sur le mode capitaliste ultralibéral, de libre entreprise **dérégulée** au maximum, hors emprise de l'État ;
- **sa devise** : que le meilleur gagne !
- **son citoyen modèle** : le *warrior*, un prédateur, un guerrier, compétiteur individualiste, mobile et flexible, sans peur de la jungle ;
- **son modèle relationnel** : les *e.communautés* virtuelles numériques (Facebook *& co*), les votes en télé-réalité ;
- **son modèle de style de vie** : objectifs matérialistes (gagner plus pour **consommer** plus moderne, plus luxueux, plus ostentatoire) ;
- **ses objectifs sociaux** : avoir son quart d'heure de gloire dans un media, **impressionner** les autres, comme un *alfa dog* et, dans l'idéal, entrer dans l'élite de *people happy few* par l'avant-garde, la mode, l'élitisme, le succès ;
- **son modèle de consommation** : un marketing segmenté de **différenciation** par des valeurs ajoutées psychologiques et sociales ;
- **son modèle de communication** : l'émotionnel, l'**imaginaire**, l'esthétique, l'humour décalé de la réalité, créatif, original, unique, et *people-isé*...

Depuis trente ans, ce modèle était offensif, en cours d'installation en France : pas à pas, discrètement, via le management, le marketing et la publicité des entreprises privées ; plus visiblement depuis cinq ans à travers la pédagogie médiatique des émissions de télé-réalité ; il avance en force volontariste depuis l'élection du Président dont c'était le programme initial *américain.*

Quatre ans après l'élection de Nicolas Sarkozy, on ne compte plus que **31 % de *supporters*** à ce scénario. En encore ces partisans sont-ils hétérogènes : seuls 20 % de vrais *modernistes entreprenants*, les croyants de la compétitivité tous azimuts et 11 % de *conservateurs*, simples spectateurs de la compétition, en défenseurs de leurs privilèges. La perte rapide d'attractivité de ce modèle de droite moderniste mondialiste ultralibérale, désormais en position défensive, révèle que le Président Sarkozy s'est, sociologiquement, trompé de rupture et a été élu sur un malentendu. La campagne 2012 dira si le candidat Sarkozy abandonnera ce scénario radical ou s'il saura convaincre de nouveau sous une autre forme.

Un scénario antagoniste de France-providence

Ce scénario associerait un renouveau d'État-providence et d'assistanat des victimes de la crise et de la jungle économique, à un protectionnisme défensif contre la mondialisation sauvage :

- **ses mots clés** : tranquillité, sécurité et installation, **protection**, assistance, pérennité des acquis, obéissance à une morale du bien collectif, recentrage communautaire, protectionnisme **isolationniste**, tempo calme de réformisme pas à pas...

- **son modèle socio-économique** : une économie fortement régulée par l'État-**pilote** et providence, arbitre-répartiteur des richesses dans un esprit d'égalisation par la moyenne ;
- **sa devise** : progrès équitablement **partagé** !
- **son citoyen modèle** : **l'équipier**, soumis, obéissant, fidèle, conformiste, civique, qui échange la soumission aux règles et le respect des autorités contre l'intégration sécurisante dans une communauté protectrice de partage ;
- **son modèle relationnel** : **le clan**, communautés locales d'habitat, corporations de travail, associations d'intérêts, syndicats, communautés identitaires... au risque du communautarisme générateur de xénophobie ;
- **son modèle de style de vie** : des objectifs **matérialistes** (gagner assez pour vivre confortablement, mais sans risque de chômage ni de baisse de revenus) ;
- **ses objectifs sociaux** : paix, sécurité, tranquillité, harmonie, **qualité de vie** ;
- **son modèle de consommation** : un marketing d'utilités accessibles dans un esprit de **consumérisme fonctionnaliste** ascétique ;
- **son modèle de communication** : pédagogie, information rationnelle démonstrative, sous l'autorité professorale d'**experts**.

Alors que les dernières années laissaient supposer une *ringardisation* de cette option sociopolitique, depuis vingt ans sur la défensive, en perte de vitesse partout en Europe (depuis la chute du mur de Berlin), dénoncée comme rétrograde et anti-développement par les businessmen, érodée par les réglementations européennes, le CCA a mesuré ce scénario comme **le plus attractif**, dès 2010, avec 41 %. Ce sont surtout les *victimes* et *victimes anticipées* de la crise, dont le nombre ne cesse d'augmenter dans toutes les classes d'âges, habitats, métiers. On y retrouve les quelque 21 % de « **frileux** » structurels, mais ils sont rejoints par 20 % de **nouveaux « frustrés »** conjoncturels de la crise, malmenés par la rupture socio-économique du quinquennat.

Cette population est en attente d'une solution de sortie de crise à moindre casse sociale. L'originalité de ce scénario, par rapport au socialisme des années Mitterrand et Jospin, est sa **radicalisation antimondialiste**, avec une plus forte demande de dirigisme étatique (surtout sur la finance, les banques), plus de protectionnisme isolationniste et une nette ***xénoréticence*** communautariste.

Un scénario de France-Renaissance

Il est encore peu structuré, mais réellement innovateur et le plus attractif pour de jeunes urbains cultivés. Ce nouveau modèle encore utopique combine, comme principes essentiels, l'écologie, une économie sociale équitable, la démocratie participative et le *melting-pot* social collaboratif :

- **ses mots clés : progrès partagé au même pas**, partage solidaire des richesses comme des sacrifices, selon un principe d'équité (« à chacun selon ses efforts »), tolérance et égalité, cohésion dans une société mosaïque en dialogue et débats, coopérations, humanisme, écolo-environnement, développement durable planétaire…

- **son modèle socio-économique** : une **économie partenaire** inspirée de l'économie sociale (coopérative, mutualiste) ;
- **sa devise** : le progrès n'est pas seulement financier !
- **son citoyen modèle** : un **wikicitoyen**, partenaire, actif dans une démocratie participative : *co-citoyenneté* de débats, collaborations ;
- **son modèle de style de vie** : préserver l'**autonomie** de chaque personne, sa stratégie de vie… combinée avec une coopération sociale productive. Une personnalité jalouse de sa liberté, qui veut préserver son autonomie et rester soi-même… mais **socialement responsable**, sans impact négatif sur son environnement humain et naturel ;
- **son modèle relationnel** : **coopérations à géométrie variable,** *teamsters,* équipes *ad hoc* par cooptation, en collaborations volontaires à libre géométrie variable et ponctuelles, sur des objectifs justifiés, dans la tolérance et le respect des autres et une mixité sociale multicolore ;
- **son modèle de consommation** : ***less but better*** (moins mais meilleur) associant qualité de vie et économies, authenticité et créativité, technologie et nature de produits *green-tech* ; un **wikiconsommateur**, coproducteur de sa consommation ;
- **son modèle de communication** : dialogue interactif aboutissant à une co-communication avec une **wiki-audience.**

Ce scénario attire, depuis 2010, **27 % de *supporters***, légèrement en hausse. Mais c'est une population hétérogène : 7 % de purs écologistes ; 13 % de jeunes humanistes modernistes *hi-tech* ; 7 % de moralistes plus traditionalistes.

Cette population est minoritaire, mais composée de citoyens plus éduqués et diplômés que la moyenne, plus aisés et à des postes de responsabilité, *leaders* d'opinion donc.

Une opportunité… ratée

En 2009-2010, on n'est jamais passé aussi près, depuis cinquante ans, de l'acceptation d'une révolution culturelle… même si cette perspective faisait majoritairement peur.

Mais la France est restée en panne d'embrayage politique : une disponibilité sociologique existe encore pour redéfinir un modèle social nouveau, mais elle ne perçoit aucune offre politique en réponse à ces attentes :

- à partir de la prospective d'une *France-concurrence*, majoritairement inacceptable, la droite n'a pas su développer un scénario plus acceptable, par exemple de *national-libéralisme* qui combinerait économie de marché et protectionnisme sélectif ;

- les 41 % de citoyens attirés par le scénario de *France-providence*, constituent un ensemble hétérogène où se cumulent, mais sans se retrouver ni constituer une majorité cohérente, la tradition *sociale-démocrate* d'État-providence, mais aussi l'*extrême droite* et une partie d'*extrême gauche* sur les attirances protectionnistes isolationnistes ;
- les 27 % de pionniers virtuels d'un modèle d'avenir *Renaissance* sont toujours orphelins, en attente d'un mouvement et d'une personnalité forte pour incarner leur utopie. Ce scénario, le seul innovateur, est en panne de représentation et de programme. Europe-Écologie, un instant, après son succès électoral aux élections européennes de juin 2009 représentait ce mouvement. Mais faute d'engagement plus manifeste de son *leader* (Daniel Cohn-Bendit) et surtout faute d'envie, de clarté et de crédibilité, il n'a pas su rassembler et rendre attractif un nouveau projet de société.

Les Français en majorité, à la mi-2011, se voient à l'orée d'une campagne électorale présidentielle, en position de rejet radical du modèle de société ultralibérale qu'ils ont fini par discerner dans la gouvernance du Président sortant, mais sans clair scénario de société alternatif. C'est une des sources de pessimisme inquiet.

2011 : une société éclatée

Par absence de débat sur une claire alternative, sur un scénario de progrès qui serait humain autant que financier, **les Français se dispersent**, chacun à la recherche d'une stratégie de vie, survie ou réussite, selon sa logique personnelle.

Le CCA décrit ainsi, en 2011, un éclatement de la population, une segmentation sociale en six *prospectives de vie :*

- certains assument la réalité socio-économique, s'arment pour le combat concurrentiel avec un esprit « **ego-win** » de guerrier individualiste. On en compte un peu moins de 12 %, jeunes et adultes jeunes surdiplômés, bien armés pour la mondialisation ultralibérale qui ne les effraie pas ;
- d'autres, des quadras surtout, pourtant tout autant diplômés et *employables*, dénoncent la culture *de compétion excessive*, renoncent aux grandes ambitions d'un challenge socio-professionnel qui devient meurtrier, limitent leur consommation et misent plutôt sur la qualité de vie dans une société « **wikinomics** », moins riche mais plus vivable de dialogues coopératifs ;
- d'autres encore, désarmés dès le départ dans la vie, fuient dans une « **virtu-réalité** » de jeux, rêves et transgressions, métamorphoses, communautés numériques, pour mieux oublier le cul-de-sac de leur vie réelle, leur inexistence ou leur exclusion sociale : ils sont 15 % et comptent surtout des jeunes ;

- une prospective de vie plus constructive consiste à ne plus faire confiance à l'organisation macrosociale et à se replier en « **egocooning** » sur les microcosmes de vie pour bâtir des oasis vivables dans ce *monde de brutes*. Elle réunit un peu plus de 15 % des Français, plus âgés et mieux installés que la moyenne ;
- un petit groupe de 10 % apparaît cette année, bien plus en colère que par le passé, ne supportant plus le déclassement, très proche d'une **vraie révolte** ;
- mais la famille socioculturelle la plus importante (un peu plus de 34 %), la plus populaire, « **exorcistes** », ne voit pas d'autre solution que de s'enfermer dans un protectionnisme national, économique et humain, en se rassurant par le rejet de boucs émissaires.

Les candidats à la présidentielle de 2012 doivent **rassembler 51 % de citoyens,** à partir de cette diaspora de **prospectives de vie divergentes**. Certes, cette majorité se soude autour de quelques thèmes bien démagogiques, des soucis immédiats, bien réels mais qui ne construisent rien : rejet des immigrés et étrangers, ordre sécuritaire, cadeaux financiers, repli sur les frontières, rejet des élites. Dans ce cas, on repoussera de cinq ans encore l'indispensable choix d'un modèle de société.

Peut-on espérer qu'une personnalité candidate prenne le risque de projeter pour les électeurs un scénario cohérent de modes de vie pour 2020 ?

Et l'avenir, avec qui ?

La question de **confiance en un(e) *leader***, pas seulement un dirigeant légitimement élu, mais un guide sociologiquement légitimé, est LE facteur de l'élection 2012 et du quinquennat à suivre, compte tenu de **la crise de foi qui frappe la classe politique** ; une crise qui se traduit par une augmentation grandissante des abstentions, indicateur d'une faiblesse de motivation pour la vie démocratique. Or celles-ci peuvent d'autant plus faire un succès ou un échec que la victoire se joue à quelques milliers de voix.

- Aujourd'hui, les enquêtes du CCA le mesurent, on fait plus **confiance aux cassandres :** des personnalités fortes qui tirent la sonnette d'alarme, dénoncent l'inacceptable, projettent un idéal utopique mais se refusent à prendre les commandes pour gérer la réalité ;
- on se défie, *a contrario*, des dirigeants en charge de cette réalité, en s'engageant dans un cercle vicieux : on leur refuse tout soutien, on résiste à leurs initiatives… Il ne leur reste alors que le choix entre une direction attentiste *façon Chirac* et une gouvernance impatiente, faisant feu de tout bois, à la mode Sarkozy.

En l'absence de confiance cristallisée sur une personnalité, sur un mode de gouvernement ou, mieux encore, sur un projet, quels sont **les leviers de mobili-**

sation démagogique ? On les connaît d'expérience : la mobilisation par la peur est la plus facile, la plus rapide pour des candidats *leaders* en carence de confiance.

D'où le réveil en France du Front National et la poussée des extrémismes de droite xénophobe dans beaucoup de pays européens (Pays-Bas, Autriche, Suisse, pays scandinaves, entre autres).

La France est en attente de *leader* à la fois visionnaire et pragmatique, vigoureusement dynamique et adepte de démocratie participative[1].

À LA CROISÉE DES CHEMINS

ENJEUX 2012-2020

À l'entrée dans un nouveau quinquennat présidentiel, est en question un choix de société, de système de valeur, de règles de fonctionnement : **un choix socioculturel**.

Le scénario ultralibéral

Il avait été validé en 2007. En votant pour ce Président, 53 % des Français avaient implicitement accepté de faire évoluer notre pays dans cette nouvelle direction.

Car le fait nouveau induit par la présidence Sarkozy se traduit bien en une **rupture** : même rebaptisé *réformes,* son programme veut réadapter la législation et les habitudes acquises, donc les modes de vie des Français, au **libéralisme dérégulé**, au nom d'une inévitable adaptation pragmatique à l'économie mondialisée, d'inspiration américaine.

Même si le discours présidentiel s'est infléchi à partir de 2009, dans le sens d'une nécessaire régulation des États face aux folies du monde financier, l'opinion publique perçoit avant tout, derrière les discours, une persévérance des réformes dans la même direction.

Principes directeurs de ce scénario

- **L'univers de référence est l'international :** la mondialisation comme terrain de jeu concurrentiel incontournable, l'Europe comme espace d'entraînement intermédiaire et non plus la France, moins encore ses microcosmes ;

1. Voir le chapitre 17 de ce livre, qui explore cet enjeu de *leadership* pour la prochaine décennie.

- priorité absolue à **l'économie** dans les choix stratégiques : **une économie dérégulée** pour laisser jouer les lois de la sélection naturelle par la compétition ;
- **une logique d'économie de marché appliquée à tout**, y compris aux services publics et administrations, sur le modèle du secteur privé (ne dit-on pas que les contrôleurs SNCF touchent un pourcentage sur les amendes qu'ils émettent ?), appliquées aussi bien aux organisations qu'aux individus, en privilégiant donc les récompenses réservées aux ***winners*** dont la performance chiffrable est à la poursuite d'objectifs toujours plus élevés ;
- **un objectif premier de profit financier** : l'argent est considéré comme la motivation principale, la clé de tout problème, la récompense première, le critère de réussite d'une vie, d'une carrière, d'un projet culturel autant que d'une industrie ;
- **une culture de la force qui juge improductives toutes formes de négociation et de compromis**, choisit le passage en force et préfère la chirurgie rapide à de longs soins pour traiter les inadaptés et bras cassés de la concurrence ;
- **un parler vrai**, provocateur, brutal sans précautions ni nuances ;
- **la répression plutôt que la prévention**, la mise à l'écart plutôt que la rééducation en matière de loi et d'ordre.
- **une philosophie matérialiste qui valorise une conception du bonheur par l'enrichissement et la consommation**, ainsi qu'un statut social principalement défini par le *combien on pèse en euros* ;
- **une sociologie des individualismes, qui voit dans l'ambition individuelle le levier majeur de l'énergie**, de l'initiative, de la prise de risque, de la productivité, et qui organise la concurrence sélective entre les personnes, y compris au sein d'équipes (en *coopétition*, sur le modèle de tous les jeux de téléréalité) ;
- **une morale d'inégalités sociales, jugées naturelles comme résultat normal d'un écosystème** dit darwinien. Elles seraient même utiles, comme une leçon pédagogique qui devrait inciter les *losers* à plus d'ambition et d'énergie. On laisse le soin d'en corriger les drames (exclusion, SDF, etc.) à des **organisations caritatives**, l'État n'ayant pas à financer les accidentés de la compétition, implicitement jugés responsables de leur sort ;
- **une organisation sociale communautariste qui préfère gérer les difficultés du pluralisme ethnoculturel** par la juxtaposition des différences, leur reconnaissance symbolique identitaire, sur la base d'un dénominateur commun minima légal ;
- **une culture de surfeur, de vitesse et flexibilité pour s'adapter, en pilotage à vue et en temps réel, à une conjoncture chaotique**, imprévisible, dangereuse… qui privilégie l'actualité et le court terme plutôt que la prospective et ne s'investit que sur des objectifs proches ;

- on instaure donc **la précarité**, l'éphémère, comme un mode de fonctionnement naturel des organisations et des modes de vie ;
- tout ceci piloté par une **gouvernance centralisée**, volontariste, éclairée par des experts, concentrée en peu de mains pour rester capable de réactivité conjoncturelle autant que de forcer les blocages sociaux sur des enjeux jugés fondamentaux ;
- une référence à **l'opinion publique**, incarnée dans une inflation des sondages. On y mesure non seulement la popularité (forcément aléatoire et fluctuante), mais surtout l'impact d'une omniprésence : un *buzz* envahissant qui recherche dans l'affichage un pouvoir de fascination et un statut de personnalité incontournable ;
- une communication **théâtrale** au service de cette référence, qui sature la scène des médias d'un kaléidoscope toujours renouvelé de messages flash éphémères, en confondant **le réel et le virtuel**, selon la logique tendancielle de la web-culture, pour déplacer sans cesse l'attention des observateurs et des citoyens d'un thème à un autre, sans laisser de temps à la réflexion critique de s'exercer.

Une prospective démotivante

Le Président Sarkozy a payé cher cette identification personnelle à ce modèle social de rupture et son volontarisme à le promouvoir. Non seulement sa popularité, mais sa crédibilité se sont effondrées de 2007 à 2011. En juin 2011 sa popularité était au plus bas ; les sondages d'intention de vote le situaient à 19 %, presque à égalité avec la candidate de l'extrême droite.

Il serait imprudent de projeter ces chiffres comme une prédiction électorale : **rien n'est joué** et les opinions d'un jour sur le *Président* ne présument pas l'attractivité du *candidat* un an plus tard (précision valable pour toutes mesures d'opinion citées dans ce livre), d'autant que la pugnacité électorale de Nicolas Sarkozy est légendaire : rappelons qu'il obtint 31 % au premier tour de l'élection de 2007.

Mais ces chiffres doivent être pris au sérieux **comme un signal sociologique :** ni le programme d'américanisation ultralibéral de la France, ni la gouvernance à la hussarde de Nicolas Sarkozy n'ont reçu de soutien ni même d'acceptabilité populaire majoritaire. Car il y a bien **divorce radical entre ce modèle socioculturel d'une France-concurrence et la majorité des Français** (7 sur 10, et parfois plus sur certains thèmes particuliers, selon les données du CCA). Des valeurs clés de cette culture, comme la compétition, la prise de risque, l'ambition, le *challenge*, la rentabilité comme excuse à l'austérité et la flexibilité dans le travail, la sanction à la performance en individualisme concurrentiel... sont mises au pilori.

Le scénario infralibéral

Ce système de valeurs individualistes est ressenti comme une inversion du progrès, un retour à la jungle où le choix se limite à vivre en proie ou prédateur. On voit cette conception compétitive de la société céder le pas à **des principes renaissants** de tolérance, partage, interdépendance et la réciprocité solidaire, plus attractifs et mobilisateurs.

Principes directeurs de ce scénario

Le principal est le rejet viscéral du modèle de gestion dérégulée, du *chacun pour soi*, et un **besoin redécouvert d'État plus présent et régulateur.**

Les Français s'étaient installés dans le confort d'un **État-providence** généreux en protections et prestations sociales, services publics. Ils y voyaient un système social dont on pouvait être fier. Ils voient fondre ce modèle social au soleil du libéralisme. Ils souhaitent, pour remettre au pas un monde capitaliste perçu fou, le retour de cet État contrôleur, régulateur, interventionniste, surveillant répressif des spéculateurs prédateurs sauvages.

Le modèle ultralibéral est ressenti par la plupart comme une déliquescence des liens sociaux, des règles de *fair-play* relationnel, des identités, ce à quoi répond **un réveil de concepts coopératifs et mutualistes.**

L'individualisme absolu ne semble pas viable, trop inquiétant pour une population en recherche de lien collectif pour rebâtir une niche de sécurité :

- le **communautarisme** rassure dans un premier temps, par l'étiquetage et l'éloignement des étrangers, mais ensuite il effraie par ses perspectives de ghettos, de conflits ;
- le réveil d'une **identité nationale** est un sujet trop polémique, trop marqué idéologiquement pour devenir consensuel, avec le risque d'aboutir à une identité définie par le négativisme défensif xénodéfiant et antimondialiste… Cette incapacité à projeter une identité collective positive rend difficile une mobilisation unanime du pays.

On a évoqué plus haut cette tendance de nos concitoyens, déçus de l'individualisme solitaire, à se replier vers des **microcosmes,** à la recherche à la fois d'identité partagée et de solutions de vie plus solidaires.

Chez les jeunes générations, ce sont les réseaux sociaux (97 % des 15-25 ans y sont inscrits[1]) qui servent de microcosme. À la gouvernance jacobine de masse, ultra-centralisée, s'oppose ce nouveau vecteur de pouvoir de ***micro-self-gouvernance* en microréseaux**.

1. Source : netexplorateur : www.netexplorateur.org.

La balle au centre

Voilà la réalité socioculturelle de cette année 2011, telle qu'elle est diagnostiquée et mesurée dans nos études et sondages (sociaux ou commerciaux et médiatiques) au CCA, et confirmée par d'autres sources.

Pour mobiliser les Français et les faire adhérer à un projet commun politique, est-ce autour de ces valeurs montantes que les candidats devraient s'engager ?

Notre rôle se limite ici à affirmer cette réalité sociale et **interroger les politiques sur leur réponse à cette psychologie collective** : ces angoisses et ces aspirations, ce divorce entre le système valeur *boosté* en force par les pouvoirs et celui d'une large majorité (plus des deux tiers, souvent les trois quarts des citoyens selon les thèmes).

Nous déclinerons, dans les chapitres qui suivent, les tendances sociales sur divers thèmes, débouchant sur des scénarios possibles qui sont autant de choix politiques pour, au moins, les cinq années à venir.

Les politologues se chargeront de dire aux candidats à la présidentielle que ces questions sont incontournables, et que leur réponse déterminera leur capacité de mobilisation de l'électorat flottant en particulier.

Interactivité

Voulez-vous exprimer votre opinion sur ce thème, sur les évolutions passées, sur les scénarios alternatifs et sur la tendance sociale ?

Nous vous donnons rendez-vous sur notre site internet où vous pourrez voter et comparer votre opinion à celle d'autres lecteurs : connectez-vous à http://www.agorascope.com/sesame/1sociotrends

PÔLE INTIMITÉ

CHAPITRE 2

À qui est mon corps ?

Les enjeux de la bioéthique

HÉRITAGE

LA RECONQUÊTE DU CORPS

Un territoire disputé entre la personne et la société

On tolère quelque temps que les bambins explorent leur corps et jouent avec, mais l'éducation s'en mêle vite pour installer une autodiscipline corporelle, à base d'interdits moraux autant que de dangers physiques.

Ensuite, pour les adultes éduqués, l'État, les pouvoirs sociaux et souvent encore les religions ajoutent un arsenal législatif qui définit **le corps civique** et fixe les limites de son usage par autrui, mais aussi par son légitime propriétaire.

Il n'y a pas si longtemps, en France, nos mères ou grands-mères n'avaient le droit ni de gérer leur fécondité, ni de pratiquer une libre sexualité, ni même de se dénuder sur une plage. La décence normative leur recommandait de ne sortir ni en pantalon, ni en jupe courte, ni « en cheveux », mais chapeautées. On aurait tort de moquer les femmes voilées.

La génération des *babys boomers*, les seniors de 2012, a connu dans sa jeunesse une véritable révolution socioculturelle. Depuis les années 1970, les frontières de la propriété corporelle ont plus bougé qu'en plusieurs siècles.

Parlons d'un temps que les moins de cinquante ans ne peuvent pas connaître ; parlons de droits qui paraissent évidents aux autres mais pour lesquels les cheveux blancs d'aujourd'hui se sont battus : les femmes d'abord, qui peuvent parler de lutte, de conquête pour s'approprier leur corps et leur biologie, que la société et ses religions leur avaient confisqués. Cette conquête, non finie, est celle de la dignité personnelle.

Procréer à volonté

Cette liberté, fondamentale dans le statut féminin, a été reconnue en deux temps législatifs, par les lois Neuwirth autorisant la contraception (28 décembre 1967) et Veil autorisant l'avortement (26 novembre 1974). La libre sexualité déconnectée de la procréation, induite après Mai 68, en fut l'accélérateur :

- **la contraception est passée du silence honteux d'un interdit sous tutelle à la promotion pédagogique dans les écoles.** Depuis la mise sur le marché du *Norlevo* en 1999, les mineures, sans autorisation parentale, ont droit gratuitement à la pilule du lendemain délivrée, sur simple demande d'adolescentes, par les infirmières scolaires et les pharmaciens[1] ;
- **l'avortement a basculé de l'échafaud à la responsabilité personnelle :** trente ans après que deux *faiseuses d'anges* ont été guillotinées, l'IVG devenait un droit. Jusqu'alors, il s'agissait d'un crime passible des assises depuis 1923, confirmé en 1939, passible de peine de mort depuis 1942, « crime contre l'État français ». L'avortement fut le tabou par excellence de la sexualité subie : il fut autorisé pour *motif thérapeutique* en 1955, mais les médecins gardaient tout pouvoir.
- Pour faire bouger les choses, il fallut l'électrochoc médiatique du « Manifeste des 343 salopes » publié dans *Le Nouvel Observateur* en 1971, dans lequel des personnalités du spectacle, de la littérature et de la politique déclaraient avoir avorté. Six mois après, 4 000 femmes manifestaient à Paris ; en 1973, 331 médecins se reconnaissaient publiquement *coupables*... Mais c'est Simone Veil qui entérina la révolution des mœurs en affrontant la tempête des injures pour faire dépénaliser l'IVG, dont le remboursement sera voté huit ans plus tard[2] ;
- **la procréation assistée, du destin subi au combat pour l'enfant, est l'autre versant de la liberté de maternité, tout aussi révolutionnaire.** La science contrecarre la soumission au destin ou à Dieu, quelle que soit la technique expérimentée. Le premier bébé éprouvette date de 1978. Il fallut attendre 1982 en France, une fillette suivie de 200 000 autres bébés en 25 ans. Le taux de réussite progresse : la stérilité n'est plus une irrémédiable malédiction naturelle[3] ;
- cependant la FIV (fécondation *in vitro*) reste **un sujet de débat moral :**
  - certains craignent la tentation d'eugénisme : la sélection de bébés, dès le choix des donneurs de sperme et ovules, puis au stade embryonnaire, non seulement selon des risques génétiques, mais selon le sexe de l'enfant désiré, les caractéristiques physiques ; le risque de trafic d'embryons, de sperme et ovules, de marchandisation des donneurs, s'inscrit dans la même inquiétude ;

1. fr.wikipedia.org/wiki/Contraception.
2. fr.wikipedia.org/wiki/Interruption_volontaire_de_grossesse.
3. fr.wikipedia.org/wiki/F%C3%A9condation_in_vitro

- les adversaires de l'avortement dénoncent *la réduction embryonnaire*, l'élimination de certains embryons pour n'en garder qu'un seul, comme une forme de meurtre prénatal. Sinon, que faire des embryons non implantés dans l'utérus maternel ?

- Dans une polémique plus sociale, les défenseurs d'une parentalité purement physique expriment des réticences sur la confusion des rôles entre donneurs de gamètes et mère porteuse : qui est le vrai père, la vraie mère ? Les demandes de maternité de femmes ménopausées, de veuves, à partir du sperme de leur défunt mari, posent les mêmes questions : **qu'est-ce que la vraie famille** ?[1]
- **le poids des morales traditionnelles, souvent religieuses, est considérable dans notre société présumée laïque,** et leurs *lobbies* pèsent dans les débats législatifs de bioéthique. L'Église catholique, notamment, est opposée aux méthodes de procréation médicalement assistée qui dissocient la conception d'un enfant de l'acte sexuel entre époux. D'autres religions voient les embryons comme des vies humaines, dont la manipulation sélective et l'élimination, ou même la conservation congelée de précaution, sont inacceptables ;
- **la législation reste bloquée sur le *niet*, concernant d'autres manières de répondre au *besoin d'enfant* de certains couples ou individus.** Ainsi le recours de couples, médicalement interdits de gestation, à une **mère porteuse** : cette pratique de gestation pour autrui étant illégale en France, on estime entre trois et quatre cents les couples qui vont à l'étranger sous-traiter la gestation d'un bébé. La loi française ne leur reconnaît aucun droit : l'enfant ne sera pas légalement leur fille ou fils sur livret de famille, mais simplement un enfant à charge sans droit[2]. Un projet du Sénat en vue d'une légalisation sous conditions strictes (refusée par avance aux homosexuels, notamment) a avorté en 2008.

Disposer de son corps

Le droit de ne pas (accepter de) vieillir

Le remodelage esthétique progresse comme un marché porteur plutôt que selon un choix de société explicite. Injections de *Botox*, remodelage des seins, rhinoplastie, liposuccion, lifting… la volonté de **réinventer son corps** est devenue une réalité virtuelle, une promesse de la modernité, un *business* en plein développement, offensif et à crédit. Parfois le rêve de métamorphose se termine en cauchemar, ce qui ne fait pas reculer les candidats, et maintenant des jeunes. Le tourisme chirurgical se développe, attiré vers les chirurgiens esthétiques *low cost* des pays émergeants. « Gommer des complexes, mettre son corps en valeur » ou

---

1. Voir aussi le chapitre 5 : « Famille de sang ou famille de cœur ? Couple, enfants : un chantier en reconstruction ».
2. Source : www.famili.fr.

« de beaux seins, des lèvres pulpeuses, des fesses galbées. Retoucher son corps n'est plus tabou », dit la publicité omniprésente sur internet.

La civilisation du jeunisme pousse à se fabriquer à nouveau selon des critères de sveltesse et fermeté adolescents. Il faut y ajouter la *compétition professionnelle* ultralibérale qui exige une apparence de *fitness*.

Un autre facteur de crise s'ajoute aussi, en faveur de cette nouvelle fabrication corporelle. Lorsqu'on perd prise sur son environnement, pantin manipulé, objet impuissant, **le corps devient le dernier territoire de pouvoir sur sa propre vie :** se personnaliser par un piercing ou un tatouage, se refaire les paupières ou les fesses, c'est ressentir de la liberté d'action, jouer à Faust, s'imaginer dieu ou diable capable de commander au temps, redistribuer les cartes de la beauté… même pour copier un stéréotype bien conformiste.

Bizarrement, sur ce terrain, les pouvoirs publics n'édictent pratiquement pas d'interdits ni même de remparts de précaution. Est-ce un comportement encore trop récent pour que les censeurs civils ou religieux n'aient pas encore jeté d'anathème ? Ou bien est-ce la volonté, par défaut, de ne pas freiner un *business* ?

On peut mettre en parallèle **le phénomène *Viagra***, lui aussi marché commercial porteur, qui est depuis quelques années pour les hommes ce que fut la contraception pour les femmes il y a 40 ans : au premier degré une sexualité plus facile, moins angoissée, peut-être plus épanouie ; au deuxième degré, une libre disposition de son corps.

Partager les ressources corporelles

LE DON DE VIE ENTRE VIFS : L'ANONYMAT

Une autre manière d'affirmer la propriété de son propre corps est la possibilité d'en partager les éléments vitaux avec autrui dans le besoin :

- **le don d'organe** entre vivants est lié à la fois à des compatibilités biologiques et à un don affectif, puisque dans la totale gratuité : on a donc souvent à faire au don familial ;
- **le don de sperme** est soumis à de nombreuses restrictions. Du côté du donneur, outre la gratuité et l'anonymat, la loi exige un critère d'âge, une paternité antérieure, l'autorisation de l'épouse ; du côté de la receveuse, on impose une situation de couple hétérosexuel : les célibataires et couples homosexuels, gays ou lesbiens, en sont exclus par principe, encore aujourd'hui. Il en va de même pour le **don d'ovules.**

LE DON D'ORGANE POST MORTEM *: LE CORPS CAPITAL SOCIAL*

Le sujet est moins égocentré et futile que l'esthétique, mais c'est aussi un signe qui définit à qui est mon *corps*.

Détrousser les cadavres de leurs organes pour en faire usage d'occasion était un très ancien tabou : le mythe de Frankenstein en est témoin. L'autorisation puis l'incitation officielle au don d'organes, encouragé par l'Église catholique, fait partie de cette révolution culturelle de la fin du XXe siècle, permise par la science médicale, légalisée par les politiques. Selon la législation française de 1976, chacun est présumé donneur volontaire, faute d'avoir explicitement formulé son refus. Mais, en pratique, il est toujours délicat de faire valider par la famille, au moment d'un décès, ce consentement présumé du don, anonyme et gratuit.

Dans cette régulation, le législateur présume de la volonté de l'intéressé. On peut y voir un reliquat de **l'appropriation du corps par la société**, au nom de la nécessité de générosité. Le corps du défunt est présupposé ressource collective, sauf s'il a revendiqué de son vivant son droit à l'égoïsme *post mortem*.

Le droit de vie et de mort

Sur le terrain de la **mort imposée**, l'abrogation de la peine de mort en 1981 en France, inscrite au programme socialiste de François Mitterrand, sous l'impulsion de Robert Badinter, appartient aussi à cette mutation culturelle de la fin du XXe siècle. Dans ce cas précis, la volonté politique s'est imposée à une opinion publique majoritairement réticente. L'État a abandonné son droit de mort sur ses citoyens, en rupture avec tout un passé, pour l'échanger, il est vrai, contre un droit d'enfermement à vie peu enviable. La guerre reste le seul domaine d'exception où il peut envoyer à la mort des Français.

Sur le terrain de **la mort choisie**, bien au contraire, la politique est très en retard sur ses citoyens.

La seule évolution notable est l'évolution de *l'acharnement thérapeutique* pour garder à tout prix un corps en survie le plus longtemps possible, vers une forme de *laisser mourir* qui ne choisit pas clairement ses limites. Les lois françaises de 2002 et 2005 encadrent *la fin de vie* en favorisant les soins palliatifs contre la souffrance, en interdisant *l'euthanasie active* comme *le suicide assisté* (provoquer la mort), mais en tolérant une *euthanasie passive*, à la fois par suppression des soins qui relèveraient d'une *obstination déraisonnable* et en autorisant des soins palliatifs susceptibles d'abréger la vie.

L'acceptation des corps atypiques

L'appropriation de son corps comporte une dimension psychologique : la faculté de vivre sa sexualité et de projeter librement son image corporelle, subie ou voulue, dans la société, sans encourir de répression. Cette question concerne toutes les minorités corporelles ou psychocorporelles.

- **Les divers handicaps physiques étaient regardés comme des monstruosités attractives ou répulsives par la majorité des normaux.** Jérôme Bosch (1453-1516) avec sa peinture *Le Jardin des Délices* fit de l'anormalité un chef d'œuvre. Plus proche de nous, le cinéma s'est emparé de ce sujet hautement émotionnel : *Freaks*, de Tod Browning en 1932, *Elephant Man*, de David Lynch en 1980, pour n'en citer que deux qui firent événement. Une évolution vers la tolérance est effective, mais elle a pris surtout une forme sémantique *politiquement correcte* : il ne faut plus dire « nain » mais « personne de petite taille », « aveugle » mais « malvoyant », « handicapé » mais « personne à mobilité réduite ». Ce vocabulaire de la bienséance exprime-t-il une vraie tolérance ?
- **Homosexualité : de la nef des fous au droit de cité.** Cette orientation sexuelle fut longtemps considérée, dans notre héritage judéo-chrétien, comme une monstruosité morale, une maladie mentale même, un vice de mauvais exemple en tout cas… bien que la France eût été en avance, avec la Révolution, puis Napoléon, en dépénalisant complètement l'homosexualité dès 1791. Les trente dernières années ont cependant vu s'affirmer une ***gay pride*** qui a gagné droit d'affirmation publique dans la cité… à condition que *les homos* fassent l'effort de ne pas afficher leur différence. La rue, en 2011, n'est pas devenue plus accueillante aux looks des *folles*, travestis et *drag queens* ; les transsexuels se heurtent toujours à l'ostracisme.

Notre civilisation occidentale des quarante dernières années a rendu, en partie, le libre usage de son corps à la personne qui l'habite.

On n'est plus seulement *locataire usufruitier* d'un corps social, mais *propriétaire* de son enveloppe et de certaines de ses fonctions. Les mentalités ont changé au cours du dernier demi-siècle, puis les mœurs plus ou moins clandestinement, et la politique a fini par entériner un peu de cette morale publique sous forme de lois.

Mais la dénonciation du laxisme permissif hédoniste et de la morale personnelle a de nouveau son public. Les nouvelles lois bioéthiques votées en 2011 se sont avérées moins progressistes que prévues, signe d'une résistance des groupes de pression conservateurs.

La question pour la prochaine décennie est de savoir si notre société poursuivra dans cette voie pour aller plus loin encore vers le *corps privé autonome* ou reviendra à une gestion normalisée, autoritaire des *corps civiques*.

À LA CROISÉE DES CHEMINS

QUESTION DE BIOÉTHIQUE

Enjeux de pouvoirs

Les lois de bioéthique expriment une déontologie officielle et impérative de l'État, sa morale biologique : un tracé des frontières entre la liberté individuelle et les interdits ou conditionnements sociaux concernant l'usage de nos corps. Une tendance conservatrice en fait une traduction de la morale dominante traditionnelle, adaptée aux progrès scientifiques ; un autre courant plus moderniste accepte un débat sur l'évolution des normes morales elles-mêmes.

Cette morale biologique, inscrite dans la loi, devrait être un critère de traitement objectif et équitable des enjeux corporels, indépendamment de la philosophie individuelle de chaque citoyen et des déontologies tout aussi subjectives et arbitraires des médecins.

Mais dans les faits, **la tendance des pouvoirs publics est de se défausser sur la déontologie des médecins** (supposée unique, à tort). Le pouvoir médical, souvent plus conservateur que la moyenne du corps social, reste fort. C'était déjà le cas pour la contraception dans les années 1970, et dans les années 1960 avec l'avortement thérapeutique. Aujourd'hui, les demi-mesures sur *la fin de vie* laissent aux médecins le pouvoir d'appréciation et de décision. Leurs croyances religieuses et leur morale personnelle, leur capacité de compassion, leurs relations avec les malades et leurs familles jouent un rôle majeur. Nous sommes livrés à l'arbitraire de médecins-techniciens qui sont encore investis d'un rôle moralisateur.

En conséquence, le *patient* (historiquement bien nommé comme sujet passif) reste encore considéré comme **un mineur qui n'a pas de droit décisif sur son propre corps.**

Scénario de privatisation du corps

C'est un scénario de continuité, sur la lancée de la réappropriation du corps par les individus, la loi n'intervenant plus que pour protéger les plus vulnérables de dangers majeurs.

C'est le scénario évident pour la majorité des *baby-boomers*, qui ont vécu comme une libération les légalisations de contraception et d'avortement, comme une révolution humaniste la suppression de la peine de mort, et comme une évidente équité la reconnaissance des homosexualités. Ces seniors attendent pour eux-mêmes une avancée **vers l'euthanasie** ; et pour leurs enfants et petits-enfants de nouvelles facilitations en matière de procréation.

Cette option est d'inspiration libertaire, privilégiant la morale privée sur l'éthique sociale, tant qu'on ne porte pas atteinte à autrui. Elle a tout pour satisfaire les électrons libres, citoyens qui se veulent des personnes maîtres de leur destin et non des moutons conditionnés. Elle a tout pour effrayer les tenants d'une discipline collective comme colonne vertébrale sociale, contre les narcissismes et hédonismes individualistes.

Il faut avoir conscience que **la logique de ce scénario tend vers un libéralisme économique des marchés du corps**, tel qu'ils se pratiquent dans de nombreux pays. La logique conduira à accepter une marchandisation des organes, des ovules et spermes, de la gestation déléguée à une mère porteuse. Outre les questions éthiques sur la valeur marchande de la vie, les risques mafieux ne sont pas exclus. Les marchés internationaux de la chirurgie esthétique, des adoptions et des grossesses déléguées fonctionnent déjà ainsi. Cette réalité illustre bien que, à l'époque de la mondialisation, les règles bioéthiques nationales soient des barrages percés dont se jouent les plus malins et les plus riches.

Scénario de resocialisation du corps

C'est un scénario réactionnaire au sens premier : en réaction contre les cinquante dernières années de permissivité, avec pour objectif de refonder un ordre moral impératif. Cette option de contre-pied sociologique est assez vraisemblable. Dans tous les domaines, le paradigme socioculturel s'est inversé à 180 degrés, entre 1968 et 2011, toujours dans le sens du conservatisme, de l'encadrement, de la surveillance, de la répression. Pourquoi l'éthique du corps serait-elle épargnée par ce grand courant *moralo-conservateur* qui traverse l'Occident ? Présageons que la culture occidentale judéo-chrétienne, interpellée par un islam orthodoxe ou fondamentaliste, deviendra plus rigoriste qu'elle ne le fut au cours du XXe siècle.

Les arguments mis en avant seront de nature philosophique et religieuse, à coup sûr. Mais le véritable ressort politique d'un tel retour en arrière sera une normalisation sociologique des citoyens : une lutte contre l'individualisme, l'autonomie, l'esprit libertaire. Le corps, la sexualité, la procréation, la mort sont des sujets parmi les plus intimes. Si la société parvient de nouveau à imposer ses ukases dans la sphère la plus privée, elle aura conditionné des troupiers résignés à l'obéissance.

Vers quels styles de corps en 2020 ?

Tranche de vie 2020

Naître et mourir libres

David a mal partout et ne peut bouger sans coups de poignard au ventre. Mais, dans son fauteuil en bout de table de cuisine, il se sent heureux, oui heureux : d'abord parce que s'organise pour demain une fête de famille unique ; ensuite parce qu'il leur prépare son chef d'œuvre, une mousse au chocolat humectée de whisky et nourrie de copeaux de 70 % cacao ; enfin parce qu'il va, enfin, mourir jeudi prochain. David va être l'un des premiers à profiter de la nouvelle loi bioéthique qui autorise l'euthanasie (qu'une hypocrisie législative a nommé « suicide assisté » pour dédouaner les médecins). Il n'a pas aimé du tout, mais il lui a fallu passer devant une commission et expliquer à ces gamins qu'il s'était bien battu contre la maladie, mais qu'il n'avait plus que quelques mois à vivre, qu'il n'était pas suicidaire, mais qu'il ne voulait pas finir comme un légume confit de morphine, qu'il voulait partir lucide et digne, sans imposer à ses proches une interminable agonie sans espoir. Personne n'est au courant, sauf Mathilde, sa compagne depuis quarante ans, décision prise ensemble. Elle lui tiendra la main jusqu'au bout.

David aurait dû « prendre l'envol » plus tôt, comme il dit... mais il a voulu attendre l'arrivée de sa petite fille : c'est pour elle, Ella, la fiesta familiale. Leur fille Élodie ne pouvait pas avoir d'enfant. La même nouvelle loi lui a enfin autorisé le recours à une mère porteuse ; le bébé est né il y a dix jours et arrive dans la famille. Il a fallu payer cette personne, mais David l'a fait de grand cœur : une vie qui part avec sérénité, une vie qui arrive dans la joie, une famille qui assume sa vie... une belle loi, se dit David, lui qui n'aime pourtant pas les règles.

Bon, quelqu'un peut me passer le whisky pour ma mousse ?

TRANCHE DE VIE 2020

Retour à l'ordre moral

Cathy regarde défiler les nuages sous l'avion tout en serrant la main de sa petite fille Zoé, qui somnole à côté d'elle, secouée parfois de frissons de cauchemar... Ce vol lui rappelle un autre charter, en bus celui-là, dans les années 1960 : c'était elle qui cauchemardait à la place de Zoé.

Même histoire, un début de grossesse surprise chez une grande ado, résultat d'une coucherie de hasard sans intérêt ni passion ; et l'obligation de franchir les frontières pour aller avorter dans un pays plus libéral.

De cette triste expérience, du haut de ses 17 ans à l'époque, Cathy était revenue militante, enthousiasmée par les filles du planning familial qui l'avaient accompagnée et soutenue : elle avait rejoint leurs rangs de bénévoles, avait importé des contraceptifs interdits chez nous, avait fait de la pédagogie clandestine, avait défilé ; elle avait pleuré en lisant le « Manifeste des 343 salopes » ; elle aurait embrassé Simone Veil pour son combat.

Elle est tout aussi furieuse aujourd'hui. À 17 ans, elle était tombée enceinte parce que la sexualité était taboue dans sa jeunesse. Mais pour Zoé, 16 ans, c'est autre chose. Depuis que la coalition « Refondation morale » est devenue majoritaire à l'Assemblée, il y a deux ans déjà, les cours d'éducation sexuelle et de contraception ont été supprimés dans les collèges et lycées, la « pilule du lendemain » a été retirée, les contraceptifs sont devenus payants et surtaxés, et l'IVG est redevenue hors-la-loi.

Ce sont eux, les responsables, pense Cathy. Retour en arrière, les femmes sont ramenées à l'état de poulinières... On repart à zéro. On va se battre, même si l'opinion publique est majoritairement endormie. J'espère que Zoé se battra avec moi.

VOX POPULI

CECI EST MON CORPS

Si l'on se limite aux questions les plus brûlantes, un certain nombre de sondages indiquent une orientation plus ou moins majoritaire des Français.

Oui aux mères porteuses ?

Faire porter son enfant par une autre femme n'est pas autorisé en France. Un interdit inefficace (des Françaises vont à l'étranger) et dangereux, puisqu'il engendre un trafic. Ne faudrait-il pas légiférer ? Cette question fleurit sur les sites féminins du web.

Les oppositions ne manquent pas : avis négatif de l'Académie de médecine (aurait-elle une légitimité éthique ?), militantisme d'intellectuelles très opposées à toute libéralisation (Sylviane Agacinski, qui s'insurge contre ce qu'elle appelle « le marché des utérus »), zèle répressif provocateur du gynécologue-obstétricien René Frydman qui propose « d'abolir les mères porteuses au plan mondial ». Tout simplement !

Mais l'idée progresse :

- en janvier 2007, une enquête de l'Agence de biomédecine révélait que 53 % des Français interrogés considéraient que la loi devrait autoriser la « gestation pour autrui »[1] ;
- en 2008, un sondage online sur 1 300 personnes révélait que 23,4 % s'y opposaient absolument, mais que 50,8 % accepteraient avec un encadrement législatif strict[2] ;
- en 2009, on mesure à 65 % l'acceptation de la légalisation des mères porteuses, et plus encore chez les jeunes femmes de moins de 35 ans. Et 52 % considèrent que ces femmes devraient être rémunérées[3].

Tendances internationales : interdite en France, la GPA (gestion pour autrui) est légale ou non interdite en Afrique du Sud, Argentine, Canada, États-Unis, Brésil, Grande-Bretagne, Grèce, Géorgie, Inde, Irlande, Pologne, Israël, Roumanie, Russie, Ukraine, Danemark, Belgique[4]…

---

1. Source : site Famili (www.famili.fr/,meres-porteuses-legiferer-pour-mieux-encadrer,358, 21016.asp).
2. Source : www.linternaute.com/sante/questionnaire/fiche/7451/d/f/1/
3. Sondage IPSOS, pour le *JDD* et *Zone Interdite*, octobre 2009.
4. Source : fr.wikipedia.org/wiki/Gestation_pour_autrui.

Polémique autour des « bébés médicaments »

C'est un des sujets où les polémiques idéologiques sont les plus nettes, au point que le professeur François Olivennes, spécialiste des troubles de la fertilité, a dénoncé les « *lobbies* chrétiens qui tentent d'imposer leurs vues sur l'embryon », faisant peser une menace sur la fécondation *in vitro* (FIV). L'Église catholique est opposée à cette instrumentalisation de l'être humain, relayée par Christine Boutin, dont le positionnement catholique est connu. Des chercheurs, comme le professeur René Frydman, attribuent à ce *lobby* la frilosité de la nouvelle loi bioéthique ; ils craignent même une *loi Vatican* comme celle qui, en Italie, a freiné la fécondation *in vitro*[1].

Oui à l'euthanasie[2]

Tendances internationales

Encore criminalisée par une majorité de pays, *l'euthanasie active* est autorisée dans d'autres, comme la Belgique, le Luxembourg, les Pays-Bas ou, pour ne pas dire son nom, sous forme de *suicide assisté* en Suède, Suisse et aux États-Unis dans certains États parmi les plus libéraux, Oregon et Washington.

Le droit de choisir sa mort

De nombreux sondages montrent que la morale sociale réelle a basculé en faveur de l'euthanasie, alors que la morale virtuelle légale reste bloquée sur ce thème, en décalage avec la psychologie collective :

- en 2010, 94 % des personnes interrogées attendaient une nouvelle loi sur le sujet, 58 % se limitant à « certains cas » et 36 % à « toutes personnes atteintes de maladies insupportables et incurables »[3] ;
- ceci vérifie un sondage de 2009, 86 % des Français se déclarant favorables à « la liberté des personnes atteintes de maladies douloureuses et irréversibles de mourir quand elles le désirent » ; seuls 11 % soutiennent en priorité le caractère sacré de la vie et le devoir de la médecine de maintenir le malade en survie. Sur un sujet aussi délicat, l'opinion publique n'hésite pas : seuls 3 % ne répondent pas à la question[4] ;
- des chiffres quasi identiques encore à une enquête de 2007[5].

---

1. Source : www.masantefacile.com/le-magazine-sante/bioethique-le-bebe-medicament-suscite-l-espoir-mais-ravive-les-polemiques/12515.html.
2. Au moment où s'écrit ce texte (août 2011), Jean Leonetti, actuel ministre des Affaires européennes, médecin, auteur de la loi sur la fin de vie en 2005, propose qu'un débat citoyen s'engage après l'élection de 2012 sur l'euthanasie.
3. Sondage CSA pour le journal *Sud Ouest*, octobre 2010, sur 956 personnes au téléphone.
4. Sondage BVA pour l'ADMD, avril 2009, auprès de 1 012 personnes.
5. Sondage Sofres, auprès de 1000 personnes, pour *Le Nouvel Observateur* et la Fondation Jean Jaurès, mars 2007.

Ces études confirment une attitude un peu plus favorable chez les diplômés, les électeurs les plus à gauche et les moins religieux pratiquants, les moins de 25 ans plus que les seniors. Le clivage religieux mérite examen, car on touche à un principe crucial de morale. Dans le sondage CSA (2010), les sans-religions votent à 97 % en faveur d'une mort choisie, les catholiques à 82 %, les musulmans à 58 %. Selon le sondage BVA (2009), chez les catholiques, la position de l'Église sur le sujet apparaît battue en brèche par une majorité de ses fidèles : 86 % des pratiquants occasionnels sont favorables à l'euthanasie (comme la moyenne nationale), mais aussi une majorité (56%) des pratiquants réguliers.

En 2007 aussi, 2 134 soignants avaient signé un manifeste provocateur : « Nous avons en conscience, aidé médicalement des patients à mourir avec décence », en soutien à des collègues conduits au tribunal.

Mais le décalage entre le conservatisme d'élus est bien connu. Il est responsable de la longue opposition à la contraception et l'avortement ; ce sont les mêmes qui viennent de s'opposer au mariage homosexuel (refus de l'assemblée nationale par 293 voix contre 222 en juin 2011). Chaque fois, le législateur est en retard par rapport à l'évolution sociale[1].

Mon corps à moi

La réappropriation du corps par l'individu est un des grands enjeux sociétaux de ce début de siècle :

- **le vieillissement de la population** engendre une inévitable dépendance de fin de vie et fait naître des questions sur le droit à la mort. Les Français attendent dans une large majorité (80 % : sondage BVA cité) une nouvelle loi, demandent aux législateurs de se saisir de ce dossier dont on sait qu'il deviendra majeur dans un pays vieillissant, et il est temps que les médecins, ceux qui sont dans la compassion, ne soient pas obligés de jouer un double jeu ;
- **le désir d'avoir des enfants**, quelle que soit la situation familiale et sociale, questionne un des fondements de l'organisation sociale : une famille peut être autre qu'un couple hétérosexuel qui engendre des enfants ;
- **la liberté d'utiliser son corps** comme on l'entend, jusqu'à le transformer, (mais jusqu'où ?) ou le vendre « en pièces détachées »...

Tout cela est-il une avancée de civilisation ou une régression ?

Les candidats pour le prochain quinquennat, 2012-2017, auront à se situer par rapport à ces questions : même si elles relèvent d'une conception privée de

1. Les politiques esquivent (voir : www.rue89.com/2009/11/19/a-lassemblee-bachelot-esquive-le-debat-sur-leuthanasie-126634), mais le débat a été encore relancé en août 2011 (voir : www.rue89.com/2011/08/13/euthanasie-de-humbert-a-sebire-les-cas-qui-ont-fait-changer-la-loi-217748).

sa manière de vivre, la liberté d'agir selon sa conscience est limitée par une morale générale, elle-même corrélée à une organisation et un coût social.

De la théorie à la pratique

Questions

- Faut-il légaliser l'euthanasie ou le suicide assisté ? Dans quelles circonstances et pour qui ? Sous quelles conditions ? Ou bien faut-il réguler plus étroitement les initiatives des médecins, à la fin de vie de leurs patients, pour éviter toute dérive vers l'euthanasie ?
- Faut-il revenir en arrière sur l'IVG ? Ne plus le rembourser ? Le rendre plus difficile ? L'interdire comme autrefois ?
- Faut-il autoriser en France les « mères porteuses » ? Peut-on imaginer de les rémunérer ?
- Faut-il reconnaître les enfants nés de mères porteuses à l'étranger ? Légaliser leur filiation à leurs parents français ? Les naturaliser ? Ou au contraire refuser l'entrée en France de ces bébés clandestins ?
- Faut-il faciliter les fécondations *in vitro* et les bébés éprouvettes ? Faut-il ouvrir cette possibilité aux célibataires, aux couples homosexuels, aux femmes de plus de 45 ans ?
- Faut-il réglementer les métiers et les pratiques de la chirurgie esthétique en France, pour éviter les excès, en particulier pour les jeunes ?
- Faut-il que le nom des donneurs de sperme et ovules soit accessible plus tard aux enfants nés de ce procédé ? Ces dons de gamètes pourraient-ils être rémunérés ?
- Faut-il autoriser les « bébés médicaments », bébés éprouvettes sélectionnés au stade embryonnaire pour leur compatibilité génétique à faire don d'organe (greffe de moelle par exemple) à une autre personne de sa famille ?
- Faut-il autoriser à rechercher dans les embryons des risques de maladies (cancers par exemple) pour un avortement thérapeutique des embryons à risque élevé ?

Interactivité

Voulez-vous exprimer votre opinion sur ce thème, sur les évolutions passées, sur les scénarios alternatifs et sur la tendance sociale ?

Nous vous donnons rendez-vous sur notre site internet où vous pourrez voter et comparer votre opinion à celle d'autres lecteurs : connectez-vous à http://www.agorascope.com/sesame/2bioethic

CHAPITRE 3

Vitalité obligatoire !

Aliments, médicaments, drogues et autres carburants du corps et de la santé

Le corps est notre machine à vivre en société. Il est notre étalon personnel par rapport aux normes et moyennes sociales (on s'évalue soi-même, avec plus ou moins de satisfaction ou frustration, selon sa taille, sa morphologie, sa couleur, sa beauté, sa force pure). Cet outil physique doit être gardé en état de marche, alimenté, entretenu, révisé, soigné si nécessaire et pourquoi pas rénové.

Ce service d'entretien sur toute une vie a des conséquences socio-économiques : la manière de nourrir et soigner son corps impacte la productivité des entreprises, les investissements hospitaliers et la balance de la Sécurité Sociale. En dehors même de l'intention de veiller au bien-être des citoyens, **cette gestion sanitaire est une question très politique.**

Des choix sociaux s'imposent, et ils concernent au moins trois facettes de modes de vie :

- **le garde-manger** de l'alimentation, de la nutrition et de la diététique au quotidien. Se nourrir est un des impératifs quotidiens les plus investis de sens. Manger est ingérer du vivant pour alimenter notre propre vie : c'est une forme de lien essentiel avec la nature et ses lois ;
- **la droguerie** où se côtoient traitements médicaux, drogues licites adoubées par la médecine et stupéfiants illicites. C'est le domaine du pouvoir de survie, où la science humaine défie la nature, le temps, la maladie et la mort par ses médicaments ; elle tente même de défier les limites physiques et psychiques de l'humain, par des drogues, pour tendre vers le surhomme, le super-héros ;
- **l'atelier biomécanique** où se remodèle le corps, de l'extérieur et de l'intérieur, de l'esthétique à la transplantation d'organes, bientôt avec des réparateurs

nanotechnologiques, en des occasions exceptionnelles. C'est le domaine où l'humain conteste la création divine et la roulette génétique pour se réinventer *son* corps[1].

Héritage

Des énergies naturelles aux carburants artificiels

Évolutions socioculturelles et marketing se sont encouragées mutuellement pour accélérer le mouvement :

- **les demandes de facilitation de vie, de simplicité et rapidité n'ont cessé de s'amplifier depuis les années 1970 :** le monde économique a accompagné ces motivations par des offres très diversifiées d'alimentation industrielle toute prête à consommer, *fast food* et *fast medication* à effet rapide ;
- les valeurs d'**hédonisme** et libre jouissance corporelle se sont développées au cours des années 1970. Le marketing y a répondu par des offres d'alimentation gourmande, en rupture avec la nourriture fonctionnelle (des pauvres) et la gastronomie (des riches) des temps antérieurs ;
- l'autonomie individuelle née de 1968 s'est transformée, dans les années 1980, en individualisme voué à la **compétition**, au dynamisme concurrentiel. Le marché y a répondu par des offres d'alimentation et de drogues énergétiques aux pouvoirs décuplés ;
- à la tendance suivante, des années 1990 à nos jours, qui exige un **jeunisme** éternel, correspondent les marchés de la chirurgie esthétique, des antirides et du Botox, des alicaments anti-radicaux libres, des slogans importés du marketing américain : *fat-free, cholesterol-free, sugar-free.*

Du corps-destin au corps-choisi

Une première tendance sociologique des quarante dernières années fut de substituer à la fatalité subie **une gestion personnalisée volontariste de son propre corps :** santé, apparence, énergie…

Le poker du corps-destin

Il va falloir jouer toute la partie, une vie, avec cette donne du hasard, en tirant partie de rares occasions de changer les cartes.

Nos grands ou arrière-grands-parents ont vécu leur **bagage corporel**, leur santé, leur physique, leurs maladies et coups de fatigue, leur force ou leur

1. Voir le Chapitre 2 sur la bioéthique.

handicap avec résignation, comme une décision divine ou un coup de dés génétique. Le corps patiné par l'âge, les stigmates d'un métier, de maladies et de l'usure marquaient une existence au long cours. On respectait les rides et cals comme les nobles blessures d'une vie active. On se soignait, mais pour survivre, pas avec un rêve d'immortalité. On se nourrissait pour entretenir la machine et non la *transformer en bombe.*

La motivation du corps-choisi

Elle s'est installée sous la double influence d'une psychologie avide d'affirmer sa différence, de surmonter le destin pour gouverner sa propre existence, et des progrès scientifiques traduits par l'industrie en nouvelles possibilités d'agir sur sa santé, son apparence, son énergie. Cette psychologie est devenue dominante dès les années 1980.

Des ressources naturelles aux baguettes magiques artificielles

Un autre héritage des quarante dernières années fut **l'industrialisation *hi-tech*** de ces carburants corporels : les principes actifs naturels de la cuisine familiale et des *remèdes de bonne femme* ne paraissent ni assez performants, ni surtout assez rapides : c'est à la science de concevoir des **carburants magiques** et aux usines pharmaco-alimentaires de les produire pour un marché de masse de santé magique instantanée.

Cette évolution ne produit pas systématiquement une *junk food* anti-diététique. En quarante ans, les Français ont modifié leurs habitudes alimentaires avec une attention croissante aux questions de santé. Ils ont délaissé de plus en plus les produits traditionnels à forte valeur nutritive, tout comme les sucres et graisses ; la consommation par habitant de viandes rouges est en baisse depuis le milieu des années 1980 au profit des volailles[1].

De la vie à la vitalité

Le plus récent accélérateur de cette évolution socioculturelle fut, au cours des quinze dernières années, l'impératif social de vitalité. Être vivant et en bonne santé est tout à fait insuffisant : avez-vous la pêche, de l'énergie à revendre, l'ardeur du lapin de la pubicité de Duracell ? Êtes-vous tonique, en éveil, réactif, rapide et flexible, agile de corps comme d'esprit ? Êtes-vous jeune, pas seulement de cœur et d'esprit, mais de plastique filiforme, de look, de peau lissée ? Êtes-vous un(e) athlète de la vie, compétiteur taillé pour le podium ?

Acquérir vitalité, force et tonus est une motivation majeure pour bien vivre.

1. Source Insee, publication n° 846, *La consommation alimentaire depuis quarante ans.*

Un combat sans fin

Cette motivation concrétise des exigences nouvelles qui s'imposent à tous les âges, à toutes les classes sociales, aux deux sexes de façons différentes mais symétriques. Et bien sûr la médiatisation déifie cette vitalité.

C'est un changement radical de référence :

- survivre ne suffit pas, il faut imprimer sa marque sur l'environnement ;
- vivre ne suffit pas, il faut se montrer fringant et rayonner de vigueur ;
- vieillir paisiblement est dépassé, il faut lutter pour rester jeune jusqu'au dernier soupir ;
- être *bien dans sa peau* en acceptant son âge est une démission inacceptable, si cette peau est fripée, ridée, ramollie.

La dictature de la vitalité s'installe

Ses héros et modèles sont les *tops modèles* minces comme des brindilles, aux limites de l'anorexie, et les *musclors* des salles de sport. Ses codes ? Jeunesse, minceur, souplesse, dynamisme explosif... le vocabulaire du *fitness.*

Ses rituels privilégient le *training* sportif : tout actif devrait se vivre comme un athlète qui soigne son potentiel, améliore ses résultats, affûte ses muscles et sa tête.

Pour les consommateurs des pays prospères, la véritable quête est celle de la vitamine, celle qui repousse la fatigue et procure de la puissance. Selon CCA-Simm–Kantor 2010[1], la motivation alimentaire des jeunes de moins de 25 ans est **la quête** d'énergie et de tonus. Il faut rester alerte, en mouvement comme un guerrier ambitieux, un *leader* entraînant, une icône séduisante.

S'alimenter relève d'une préparation au combat, d'un plan d'offensive individuelle qui vise une supériorité compétitive : être au top pour un examen, une réunion, une compétition, mais aussi pour la plage, Noël, la prochaine soirée... Combattre ses kilos superflus, son teint terne, son taux de cholestérol, les années qui passent. Se nourrir comme se soigner devient un combat pour une question de *survie sociale* autant que de bien-être physique personnel. La même mesure CCA-SIMM confirme que le regard des autres est important pour un tiers de la population interrogée, surtout les adolescents, les jeunes actifs aisés, sans oublier les jeunes seniors tout juste à la retraite.

Se soigner est une opportunité de devenir plus *punchy.* Il ne s'agit plus de revenir à l'état de santé basique, mais de pouvoir vivre plus vite. Ce petit mot, *plus*, résume l'intention générale : **nous sommes dans la société du *plus*.** Ainsi, une forte proportion de seniors veut programmer des *check-up* annuels pour se rassurer ; de

1. Sondage semestriel Simm, groupe Kantor, auprès de 7 500 personnes de 15 ans et plus sur 25 secteurs de consommation, 7 médias, 800 marchés, 7 000 marques et enseignes, 800 attitudes et opinions. Analyse selon la typologie des socio-styles du CCA.

même, les 30-40 ans aisés et urbains consultent les spécialistes en médecine douce, comme une alternative, de manière préventive, pour s'entretenir.

L'impact de ces tendances a affecté nos modes de vie sur les deux terrains de l'alimentation et des soins corporels.

Côté garde-manger

Notre garde-manger a changé. L'indispensable, l'essentiel, le naturel, le frais, le régional était là chaque jour pour nourrir la maisonnée dans un rituel commun convivial.

Maintenant, ce garde-manger est composé de ce que veut chacun :

- **supercarburants** : dans notre situation de pays riche, on nourrit un corps-machine en énergie pour l'envoyer en compétition : du *super-mega-burger* aux menus protéinés des culturistes, des barres chocolatées aux *soft drinks* surcaféinés, l'obsession de supercarburant est la même. Le succès du soda *Red Bull* en est l'illustration ;
- **techno** : on a évolué vers des **nutriments fièrement artificiels**, non seulement par leur fabrication industrielle, mais aussi par des principes actifs de synthèse chimiques, qui copient plus ou moins la nature ou s'en éloignent sans honte : la lecture la composition des produits alimentaires ou de beauté est une leçon de fierté laborantine ;
- **à la carte** : la civilisation du *corps-choisi* exige une personnalisation alimentaire, de goût ou de régime, d'image ou de symbole : les produits hors-saison, les exotismes importés, la diversification des gammes industrielles a rendu possible cette alimentation individualisée. Cuisiner est devenu une expression de soi, insistant sur l'originalité créative unique ;
- **autonomie solitaire** : le *corps-choisi* se satisfait de repas individuels, des *fast food* et grignotages sur le pouce aux *cuisinages* solitaires, sans rituel ni échange, égocentrés. Les familles multiplient les postes de télévision et les plateaux repas individuels. Chacun se nourrit à volonté, à son rythme, en solitaire dans son coin, libérant ainsi la salle à manger de toute réunion familiale régulière.

Côté droguerie

Pour entretenir le *corps-destin*, une hygiène de base suffisait à rester présentable.

Pour le soigner, on attendait d'être malade pour utiliser des **remèdes communs**, les médications de grand-mère, et remettre la machine en état de production.

Aujourd'hui, le *corps choisi* exige des produits de **soins personnalisés** selon un *profiling* individuel, biologique ou psychologique : le choix d'un shampoing ou d'une crème de jour demande l'expertise d'une dermato-conseillère ; un parfum peut être personnalisé, exclusif.

Le *corps choisi* a induit une consommation plus préventive de principes actifs plus ou moins scientifiques : chacun cherche son cocktail personnel de médicaments, drogues et poudres de perlinpimpin pour garantir jeunesse et vitalité.

Côté atelier biomécanique

Pour s'embellir, afin de tenir sa juste place dans la société, on faisait appel à des accessoires (sous-)vestimentaires, des postiches ou maquillages superficiels.

Le *corps choisi* mise sur des produits magiques à effet intense et immédiat, des régimes brutalement courts, des *shoots* de **drogues dynamisantes**. Une étude du CCA en 2011 montre que sur douze couvertures de *Santé Magazine*, dix proposaient des régimes, avec une promesse de résultats toujours plus rapides et toujours plus faciles.

La gymnastique est en recherche de techno-magie à effets accélérés, comme avec le *Power Plate,* méthode de musculation rapide et ludique.

Plus encore, on aspire à se transformer soi-même en profondeur, se métamorphoser pour **renaître différent**, ouvert à toutes manipulations de médecine ou chirurgie plastique[1].

Pour se donner un *coup de fouet* lorsque les circonstances exigeaient un *coup de collier* exceptionnel, **les dopants** étaient tout aussi naturels : alcool, café, infusions de simple bois bandé… Aujourd'hui, sur le marché illicite des paradis artificiels, **les drogues de synthèse** supplantent les stupéfiants naturels.

À la croisée des chemins

Business ou santé ?

Une question se pose dans une (encore) minorité sociale : manger, boire ont-ils encore à voir avec la naturalité, l'instinct de survie, le plaisir de communier au concert du vivant ? **La santé a-t-elle encore un sens biophysique ou seulement social** ?

Le modèle alimentaire traditionnel des Français, reposant sur la convivialité, la diversité alimentaire et la régularité des horaires des repas, est de moins en moins suivi à chaque nouvelle génération. **Cette tendance va-t-elle perdurer ou se renverser** ?

1. Voir aussi le chapitre 2 sur la bioéthique.

Enjeux sociaux

Les diététiciens tirent la sonnette d'alarme : le contenu de nos assiettes ne garantirait plus tout à fait notre santé, ni les productions des aliments achetés, ni leur élaboration industrielle en coulisses, ni le mode de consommation trop rapide. Trop gras. Trop sucré. Trop abondant. Trop rapide à manger. Trop déséquilibré... Pour trop peu d'énergie, trop peu de valeur nutritionnelle. Il peut en résulter des risques pour la santé :

- le repas français peut-il se targuer de ses bienfaits diététiques sur la vitalité et la longévité de ses principaux consommateurs ?
- alors que l'obésité infantile ne cesse d'augmenter, est-on déjà face à un problème de santé publique majeur ?

Une contestation bio-écolo

Un courant social contredit cette évolution de la société qui coupe l'homme du monde naturel.

C'est, à la base, une peur collective des dégâts collatéraux du progrès technologique et des excès de la société de consommation. S'y mêle l'épuisement des énergies fossiles, les grandes pollutions, les risques nucléaires, l'effet de serre, le réchauffement climatique et bien d'autres thèmes. Leur point commun est d'être perçus comme des scénarios catastrophes quasi inévitables mais lointains, hors de contrôle.

Le corps social en a une sensibilité forte mais diffuse, en majorité passive. En 2006-2007, Nicolas Hulot avait obtenu un fort taux d'attention et de popularité sociale en développant ces enjeux : tous les candidats s'étaient même sentis obligés de signer sa charte de bonnes intentions environnementales.

En 2011 c'est le livre *Faut-il manger les animaux*[1] qui fait les gorges chaudes des salons écolo-sensibles.

Aujourd'hui :

- la sensibilisation sociale est devenue quasi unanime, lourdement teintée de catastrophisme ; l'actualité y contribue (en 2011, la catastrophe nucléaire au Japon, les sangliers empoisonnés (?) d'algues vertes en Bretagne) ;
- mais sa place dans la hiérarchie des préoccupations est très variable selon les classes sociales et la mobilisation est encore incertaine pour passer aux actes.

Le jeu flou des politiques

Le monde politique est bien conscient de la sensibilisation majoritaire des citoyens. L'initiative du *Grenelle de l'environnement* a donné, un temps, de la

1. Jonathan Safran Foer, *Faut-il manger les animaux*, Éditions de l'Olivier, 2011.

consistance aux discours. Mais au bout du compte, à part la mise sur orbite de Jean-Louis Borloo, les citoyens ne sont guère capables de dire ce qui en a résulté. Nicolas Hulot se proclame « déçu » alors qu'il pesa de tout son poids pour cette grande manifestation. Si mesures effectives il y a, elles sont techniques, réglementaires mais peu visibles, peu attractives, méconnues. Ce qui surprend le plus, compte tenu de l'ampleur politique donnée à ce Grenelle, c'est le faible suivi, le « service après-vente », du ministère en charge. Une occasion manquée ?

La campagne présidentielle de 2012, même si l'élection ne se fait pas sur ce sujet compte tenu d'autres urgences inquiétantes, est l'opportunité de débattre et proposer des politiques pour des modes de vie plus sains.

Alternatives

Les études de styles de vie du CCA confirment que les Français vont continuer, à court et moyen terme, dans la voie de soins corporels personnalisés, jaloux de leur stratégie de santé et vitalité, de leur conception personnelle du bien-être.

Vers un scénario de techno-vitalité industrialisée ?

Une première option est de laisser le marketing des *carburants corporels* se développer sur la lancée des quarante dernières années.

Priorité aux besoins industriels

Ce scénario privilégie le profit des producteurs plutôt que le bien-être des consommateurs et plus encore de la santé publique. C'est une logique industrielle qui favorisera une production plus rentable d'aliments et produits soignants selon des normes mondiales standardisées (de qualité, sécurité, mais aussi de goût et bénéfices).

Cette normalisation sera compensée par une innovation permanente, une diversification des gammes et lignes de produits, surmultipliée par les marques et sous-marques. Les productions éclatées et délocalisées lointaines devraient donc se poursuivre.

Ces industries multinationales développeront des **produits artificiels**, car les principes actifs et excipients de synthèse chimique sont plus faciles à maîtriser à qualité constante que les matières premières naturelles ; de plus, les artefacts sont plus facilement brevetables.

Ce scénario implique de favoriser les grandes cultures intensives délocalisées, les échanges internationaux désaisonnalisés de matières premières agricoles et de produits finis agro-alimentaires, la spécialisation de pays sur des productions ou fabrications dans un marché mondialisé.

Reste à savoir dans quel délai les impératifs de réduction des émissions de CO_2 limiteront cette noria de transports internationaux ?

Le marketing de l'offre est le principe de ce scénario : la volonté de développer un marché, d'exploiter des brevets de recherche, de rentabiliser des sources d'approvisionnement ou des usines décident des produits à mettre en rayons d'hypermarchés. La marque, la mode, le *buzz* des médias sont les outils de promotion pour développer un volume rentable de ventes.

Mais les produits alimentaires et leur cuisine échappent aux consommateurs devenus ignorants, *flemmards* ou simplement pressés. Les promesses de simplification de vie (même un homme aux fourneaux peut y arriver !) ou d'épate facile de vos invités autour d'un plat gastronomique préparé, ont pour conséquence l'oubli de la cuisine, savoir-faire et culture.

En quête de précaution

Face à cette dynamique de *business* volontariste, **les consommateurs sont passifs**, désarmés ou indifférents. Aux services sanitaires de contrôler ces *carburants corporels low cost* : teneurs en gras, en sucre, en sel, en colorant et autres composants chimiques ou médicamenteux, aux effets secondaires inconnus. Les clients se rassurent si tout cela fait l'objet de normes et contrôles. À la société de remplir un rôle pédagogique et informatif, développer les labels de qualité, veiller aux contenus des repas de cantines scolaires. Et, quand il y a crise, à l'État de prendre en charge.

Cette dynamique de marché trouve son contre-pouvoir dans le **principe de précaution**. Limiter les risques, circonscrire le danger, s'en tenir aux règles et normes c'est se protéger, apaiser son environnement, contrôler ce qui peut l'être et tenir éloigné le plus possible le monde chaotique et incertain.

Paradoxe

Le développement de ce modèle industrialisé des soins du corps gouverné par le marketing demanderait aux pouvoirs publics, par simple souci de sécurité, un rôle régulateur… au moment où l'État se décharge du maximum de ses missions, au nom de la dérégulation libérale !

L'affaire du *Médiator* laisse d'ailleurs rêveur sur l'efficacité des organes de contrôle étatiques, soupçonnés par les plus pessimistes de complaisance et collusion.

Peut-on alors imaginer que des instances citoyennes non administratives, des **ONG consuméristes,** remplissent un rôle de surveillance étroite pour lancer des *health warning* (des alertes sur le modèle des *profit warning*) ? Les médias *Que Choisir* et *60 millions de consommateurs* jouent en partie ce rôle. Faut-il le développer ?

Un hédonisme virtuel de compensation

La *déstructuration*, voire la disparition des repas conviviaux, peut être pratique, mais elle contribue à la sensation de solitude et de rupture des liens sociaux. La société de *techno-vitalité* industrielle doit regonfler de rêves, de traditions, de personnalisation, le triste fonctionnalisme des soins et nourritures corporels.

On voit le succès des livres et des programmes TV consacrés à la cuisine, aux soins du corps, aux produits naturels. Le succès populaire d'émissions comme *Top chef*, *Masterchef* ou encore *Un dîner presque parfait*, mais aussi le succès d'un cuisinier *people* comme Cyril Lignac qui *coache* des cuisiniers amateurs vers une nourriture plus équilibrée, plus saine, plus savoureuse, dénote de cette tendance au transfert de l'hédonisme culinaire vers le monde virtuel et VIP.

Mais cet arbre virtuel ne doit pas cacher la forêt de foyers aux revenus contraints qui rêvent peut-être d'une cuisine plaisir et de ressourcement, mais en consommant des produits standard, économiques, nourrissants à défaut d'être nutritifs. Malgré le *coaching* culinaire qui propose aux familles de cuisiner sain pour cinq euros par jour, qui remet au goût du jour les carottes plutôt que les frites, les gratins de courgettes plutôt que les *nuggets*, les jus de fruits frais plutôt que les sodas, **la véritable cuisine est devenue du luxe.**

Côté garde-manger

Ce choix de société permet aux consommateurs de jouir en toutes saisons de la plus grande diversité de nourritures importées du marché mondialisé.

Cette offre encouragera des tendances déjà majoritaires chez les jeunes. Leurs modes de vie s'individualisent : l'esprit mobile, nomade, pressé, stressé s'impose. Et avec lui le besoin de **manger vite et simple**, des plats cuisinés, livrés, individualisés, à réchauffer, mais aussi des mets ludiques, des goûts diversifiés, des nouveautés pour ne jamais s'ennuyer. La porte s'entrouvre vers une alimentation plus industrielle, prête à l'emploi et au prix maîtrisé.

La cuisine française, portée comme un étendard traditionaliste, se retire dans des cathédrales hors de prix, repoussée de la vie quotidienne par l'influence du grignotage et de l'individualisation des repas, même si elle réagit en proposant du ***fast food* à la française** :

- **le modèle américain du *fast food* (hamburger et frites) n'est plus le seul.** Il se développe en se spécialisant en repas rapides de soupes, pâtes, salades, fruits, sans parler des *sushi*. Le *fast food* est devenu la nouvelle manière de se nourrir : vite, en *self-service*, presque n'importe quand, seul ou à deux, en faisant autre chose : regarder son ordi ou sa tablette, en connexion avec ses amis virtuels ;
- **le tout-prêt à manger,** chez soi ou au dehors, surgelé ou lyophilisé, dans une logique de suppression des corvées de préparation. Cependant la vogue actuelle de la cuisine dans les media et l'édition poussera ce scénario vers des

offres intermédiaires de *prêt-à-cuire, prêt-à-mélanger*, avec des incitations à mettre une petite touche personnelle.

Tant que la nourriture industrielle sera moins chère que les produits bio ou de qualité authentique, produits de façon plus naturelle, cette *techno-vitalité industrielle* n'a pas de souci à se faire. Un foyer avec deux enfants qui veut se nourrir à bas prix, mais dans le respect des normes actuelles (avec de la viande ou du poisson, un peu de sucre et un soda), y parviendra plus facilement chez Lidl qu'en fréquentant le marché ; et ce sera moins cher encore chez KFC ou Quick.

Côté droguerie

C'est un scénario qui favorisera des **principes actifs soignants forts** : ponctuels, à effet rapide, consommables n'importe où, facilement, d'image non maladive. Ces principes actifs seront réputés issus de la recherche scientifique, à la pointe du progrès.

La frontière entre médicaments, compléments de *fitness* et drogues pourrait bien s'estomper. Pourquoi ne pas imaginer une non-répression, voire une dépénalisation de produits dopants ? Les médias ne cessent de sous-entendre qu'ils sont monnaie courante dans les salles de marché des *traders*, les cabinets de *consulting*, les stades ; les millions de passionnés qui se pressent sur les routes du Tour de France ne se scandalisent pas de voir passer des bicyclettes *chargées*. La logique de performance devrait conduire à **plus de tolérance pour les dopants de compétition** que pour les calmants de relaxation.

Côté atelier biomécanique

Sous réserve des lois de bioéthique[1], la logique de cette prospective est d'encourager toutes les possibilités de **reformatage du corps, et même de l'esprit.** Le corps physique mais aussi l'humeur sont malléables et doivent se conformer aux envies de leur sujet/propriétaire, que ce soit par des remplacements de pièces détachées, des implants artificiels ou des drogues.

Ce scénario de *techno-vitalité* est actuellement vécu au quotidien par une majorité de consommateurs. Aucun besoin de l'aider à se développer : le choix politique de cette orientation consiste à laisser cette dynamique de vitalité chimique industrialisée se radicaliser.

Vers un scénario alternatif de bio-vitalité ?

Si tout le poids du modèle d'économie mondialisée pèse en faveur du scénario précédent de *techno-vitalité*, définissant des consommateurs dépendants des

1. Voir le chapitre 2.

industries pour entretenir leur vie et leur santé, les études de styles de vie du CCA détectent aussi dans le corps social des tendances contraires.

Et si le salut était ailleurs ? Loin de l'industrie agro-alimentaire et de ses standards mondiaux qui nivellent les goûts et les couleurs ; loin des légumes blistérisés, des plats micro-ondables, des riz précuits et des tomates en plastique, loin des hamburgers, des ailes de poulet et des pizzas à la chaîne. Mais loin aussi des circuits d'alimentation classiques maîtrisés par les marques et les enseignes de distribution et de restauration.

Ce deuxième scénario est véritablement alternatif, contestataire même du précédent. Il s'oppose à la dynamique industrielle et l'agriculture intensive. Il s'oppose aux yaourts fabriqués entre quatre pays, aux concombres chinois importés par avion, tout comme aux shampoings avec un parfum au karité de synthèse…

Cette option de bio-vitalité est un choix de société, un choix politique. Et, à terme, un des plus importants.

Ce scénario est, pour l'instant, militant

La résistance s'organise autour d'achats en circuits parallèles, plus responsables, plus équitables, mieux raisonnés : associations pour le maintien d'une agriculture paysanne (AMAP) de producteurs locaux[1], marchés de saison, redécouverte des variétés de fruits, légumes, voire de viandes et de produits de la mer oubliés ou méconnus. Mais à quel prix ?

Les foyers aux revenus aisés peuvent faire le choix d'un panier d'achat plus qualitatif. Les soucis écologiques et de santé liés à la grande consommation les poussent à changer de fournisseurs : achat auprès des producteurs, achat de produits bio, achat de produits labellisés (si toutefois la confiance dans les labels marketing se maintient).

Certains vont même jusqu'au choix de **la frugalité** : manger moins mais manger mieux, redistribuer le volume de certains aliments pour gagner un équilibre plus harmonieux. La *déconsommation* prend un sens moral : manger de la viande tous les jours était synonyme de réussite sociale au XXe siècle ; aujourd'hui, diminuer sa ration hebdomadaire de viande témoigne d'un esprit élitiste et engagé. Redécouvrir le cycle naturel des plantes (racines d'hiver, fruits d'été) et les productions régionales est un signe de responsabilité (santé et citoyenne).

Mais, pour devenir un mode de vie majoritaire, la *bio-vitalité* ne peut rester sur le terrain de l'ascèse, de la privation : elle doit mettre en évidence des motivations plus gratifiantes.

1. www.reseau-amap.org/

Une logique micro-économique

L'alternative au modèle précédent de santé industrielle serait une dynamique artisanale qui favoriserait des productions plus diversifiées, typiques d'une région ou d'une tradition, d'un savoir-faire.

Cette orientation encouragerait **une relocalisation des productions**, en particulier agricoles vivrières à proximité des bassins de clientèles, notamment un maraîchage péri-urbain. Dans cet esprit, priorité serait donnée aux **principes actifs naturels,** à des produits **bio,** à des variétés anciennes dont **l'authenticité** rare ferait la valeur ajoutée rentable.

Ce scénario ne deviendrait un phénomène de masse, un pan majoritaire du marché des soins et aliments corporels, qu'avec **une action de l'État** pour encourager cette micro-économie : sans mesures fiscales, aides techniques et dispositions d'aménagement du territoire, cela restera une niche pour riches.

Des formes nouvelles de **coopératives** devront aussi renaître pour rassembler de petits producteurs et petits transformateurs régionaux et locaux.

Dans un contexte de politique volontariste, des grandes entreprises peuvent s'intéresser à cette micro-économie en coordonnant les activités diverses de petits producteurs et PME de transformation, bien différentes par leurs spécificités techniques et culturelles.

Mais **une éthique socio-économique** habite le scénario de *bio-vitalité* : nourrir mieux la population, tout en permettant à des paysans, indépendants des grandes firmes internationales de graines ou de pesticides, d'hormones ou de médicaments, de vivre dignement.

L'autoproduction est aussi une facette de cette micro-économie, avec les nouveaux comportements qu'elle induit : dons et trocs démonétisés, coproductions, circuits de distribution *peer to peer* (de particulier à particulier). Elle peut prendre la forme de ces **jardins potagers urbains** qui renaissent, portés par la nécessité économique.

Exemple : à Detroit, dans le Michigan, les sites industriels de l'automobile en friche reverdissent au propre et au figuré. Les jardins potagers envahissent les cimetières d'usines closes et redonnent des couleurs aux quartiers populaires tristes. Les ouvriers redeviennent paysans, s'entraident et échangent leur production[1]. Ils sont en train de réinventer les jardins urbains : des petites quantités de qualité sans prix de transport.

En France aussi, les jardins familiaux, à l'initiative des mairies, se multiplient, proposent une forme de survie alimentaire et recréent le tissu social.

---

1. globservateur.blogs.ouest-france.fr/tag/detroit.

Cette tendance peut encore prendre la forme des **restaurants parallèles**, tables d'hôtes, cuisinières à la maison et traiteurs à domicile. À Paris, un site permet à des cuisiniers particuliers de proposer en ligne des plats préparés à la maison destinés aux internautes pressés qui souhaitent rentrer chez eux avec un plat tout préparé, une qualité de *fait maison*. Pour les clients, finis les surgelés quotidiens ou les plats à emporter des *fast food* même chics et chers ! Pour les cuisiniers, finis les restes qui encombrent le frigo, finie la popote individualiste, le concept de *hidden kitchen* est en germe[1].

Revivre l'hédonisme

Ce scénario voudrait reconquérir des plaisirs à nourrir, entretenir et soigner son corps. L'autoproduction peut devenir un plaisir, avec diverses motivations : on peut aussi produire par soi-même comme un loisir, en communion avec la nature, un plaisir sensoriel, une réalisation créative de soi.

Ce scénario redonne au **repas** une dimension relationnelle, émotionnelle, ancrée dans nos mémoires socioculturelles. Ce rituel convivial de partage ne vient pas contrarier, bien au contraire, les tendances au *cocooning* jouissif chez soi et au retour à l'authenticité, à la simplicité. Il s'inscrit même dans la **tendance *slow life*** qui s'oppose à l'excès de vitesse de la société moderne[2].

Renouer des liens sociaux

Dans les nouveaux potagers urbains, **la convivialité** peut retrouver un espace. Une étude récente (2011) du CCA auprès d'habitants de HLM en grande banlieue parisienne met en évidence que cette motivation fait consensus, dans une demande de potagers collectifs entre voisins, débouchant sur des repas d'immeuble dans l'esprit de *la fête des voisins*.

Ces expérimentations qui se multiplient ont en commun **un esprit de coopération**. Facilitées par les forums et réseaux, ces tendances se répandent sur le net, en propageant une nouvelle conception, à la jonction d'une demande de produits authentiques, d'une cuisine de nouveau humanisée, d'un moment convivial. Il se multipliera sur le web des offres micro-économiques de produits *bio-écolo*, produits à petite échelle et à proximité.

Question : ces comportements, entre militantisme et système D de survie « au noir », sont-ils capables de sortir de leurs niches expérimentales pour devenir un phénomène de masse, un autre marché des *carburants sociaux* ?

---

1. www.super-marmite.com/]
2. Voir le chapitre 1 : « La France cabossée ».

Côté garde-manger

En contrepoint de ces possibles frustrations, ce scénario de *Bio-Vitalité* militerait pour **un retour du vrai repas convivial**, si important dans notre culture historique, d'ailleurs encouragé par la tendance actuelle au repli sur soi, chez soi, en convivialité microcommunautaire, au bonheur simple du quotidien, celui sur lequel on espère agir[1].

Le repas dépasserait sa fonction nutritive pour une fonction de ressourcement personnel et relationnel : s'accorder du temps, reprendre son souffle, se régénérer en se déconnectant ou en partageant. La table est à nouveau digne d'intérêt, la cuisine à nouveau vivante. Le repas ressourcement, dans un premier temps, concerne moins le contenu de l'assiette et du verre que le sens de l'esthétisme, le sens du service, le sens de la réception, de l'accueil.

Les Français réinvestissent leur cuisine et leur salle à manger. La cuisine n'est plus isolée, tenue à l'écart de la vie de famille ou du repas entre amis ; elle est ouverte sur le séjour. Les réfrigérateurs, les fours prennent des allures d'équipement professionnel, gagnent en ampleur, se parent de fonctions sophistiquées. Les livres de cuisine se multiplient sur les étagères et les sites internet culinaires voient leur trafic augmenter, sans parler des ateliers de cuisine. La même étude du CCA révèle que les locataires demandent aux HLM des cuisines plus grandes pour la convivialité.

Côté droguerie

Il est plus difficile de traduire dans le domaine médical cette tendance en médicaments... Mais il existe un marché de parapharmacie des produits de soins corporels et de simple entretien de la bonne santé, issus de principes actifs naturels, inscrits dans les traditions de la culture locale. La niche des plantes médicinales, de l'acupuncture, des massages pourrait devenir un marché de masse si la mentalité de *bio-vitalité* est encouragée. Le créneau, ancien, de l'homéopathie en est l'exemple.

Côté atelier biomécanique

Ce scénario n'est pas seulement technique et économique, il implique aussi la croyance et l'acceptation des lois de la nature.

De même que l'on doit accepter la contrainte des produits saisonniers et de proximité, la logique de la *bio-vitalité* conduit à **accepter son âge et ses handicaps**, à tirer le meilleur parti de ses ressources physiques sans rêver d'immortalité ni de jeunesse sans fin.

1. *Idem.*

Vers quels styles de nourriture en 2020 ?

Tranche de vie 2020

Techno-vitalité ?

20 h 30 ! Tout le monde est là, dans le salon autour de la table basse, chacun muni de son Ipad ouvert devant lui, mais tous l'œil rivé sur le même écran télé du salon. Ça va commencer et notre bande de potes est au complet, comme chaque mois. On a tous l'air de trentenaires dynamiques, certains accusent la bonne quarantaine quand même ! Mais on ne s'en parle plus entre nous, on se contente de fêter nos anniversaires sans bougies ! Marion arrive de son centre de fitness dernier cri avec cycling en piscine et coaching fessier ! Tom se remet de son dernier jet lag et prépare le prochain avec un nouveau régime « alicamentaire ». Sonia a appelé pour dire qu'elle reste chez elle sous des lampes à UV spéciales pour préparer son prochain peeling dermato ! Enfin, Martin arrive du practice de golf de la Défense, nouvellement installé au 18e étage de la Tour A.

On a tous des plannings surchargés, du stress dans le sang et des valises sous les yeux ! Mais tous dans la course, à tout prix toniques ! Tous « mobiles-connectés », tous affûtés pour le « global fitness » !

L'atelier cuisine commence ! Entrée, plat, dessert, version gastronomie contemporaine. De belles assiettes design et frugales à réaliser chez soi. Légumes et fruits de saison, produits traditionnels, des herbes folles (comestibles !) et un canard d'une appellation inconnue ! Parfois, maman se joint à nous, mais elle est aussi perdue que nous face à ces produits d'un autre siècle, voire d'une autre planète !

Il faut croire que ça fait longtemps que l'on ne mange plus !

Manger façon old school : tous assis autour d'une table pendant une heure, à partager les mêmes plats, préparés par soi-même, à la maison, et servis dans l'argenterie familiale.

Non, on n'a plus le courage et l'envie de perdre du temps et de l'argent avec ça. Aujourd'hui on se nourrit moins pour le plaisir que pour l'efficacité, la performance : effet amaigrissant, effet tonifiant, effet tenseur, effet brillant, effet booster, effet magique et rapide surtout ! Un shoot d'énergie version sachet nutritif individuel ou pilule miracle, à consommer en marchant, en travaillant ou en t'chattant.

Le goût, ce n'est pas bien grave, l'important c'est le pouvoir remodelant ou dopant ! Il faut juste mettre le prix pour éviter les compositions bas de gamme trop chargées en antibiotiques et hormones.

Sur l'écran télé, le chef cuisinier argentin, beau gosse à la mode, s'empare de ses produits et de ses instruments. Le cours commence. On remonte nos manches, on se lance, tous ensemble… sur l'écran de nos iPads.

On cuisine nous aussi, mais virtuellement, sans bruit, sans odeur, sans tache, sans bazar. Je tranche, je hache menu, je fais sauter, je réduis, je tourne, je nappe, je glace, je bats… Je sue dans ma cuisine numérique, j'y mets tout mon cœur, mais mon travail est toujours moins bien réalisé que celui de Cécile ! Notre modèle à tous : Cécile !

C'est dommage qu'elle n'ose pas se lancer en cuisine, en vraie cuisine je veux dire ! Elle a peur des vers dans la salade, des moisissures du bleu d'Auvergne, de la terre des asperges, des antennes des escargots et des écailles de poissons ! Je la comprends ! Ça doit être plein de bactéries, et l'odeur ! Pouah !

Elle se cantonne à son jardin virtuel, tous les jours elle plante, repique, arrose et taille ses arbres fruitiers ! Elle a une colline entière maintenant, cerises, abricots et pêches ! Moi je trouve ça contraignant, je parraine un champ de citrouilles ! Pour Halloween, je n'aime pas les courges.

TRANCHE DE VIE 2020

Bio-vitalité ?

J'aime les regarder grandir ! Ils sont beaux, ils sont gourmands, ils sont généreux !

J'ai commencé par une jardinière sur le rebord de ma fenêtre, quelques feuilles de menthe, de la ciboulette, du basilic, un peu de thym.

Et puis je me suis prise au jeu. J'ai été à la mairie pour louer un lopin de terre, un petit bout de jardin collectif pour y faire pousser des racines en hiver, des fruits et légumes en été et quelques brassées de fleurs !

C'est mieux que de parrainer un cèdre du Liban sur internet ! Bien que le web me serve à organiser l'esprit collaboratif du jardin ! On est technophile et pas que des hippies baba cool ! La techno au service du naturel, on compte les gouttes d'eau, les doses d'engrais naturels et on mesure la pousse des plantes ! Et puis surtout, on a créé un réseau de jardins collectifs partout dans le monde ; on partage sur la toile des photos, des idées, des astuces.

Ma récolte et moi, il a fallu que l'on s'apprivoise, le forum web m'a filé un bon coup de main et surtout le courage de m'accrocher. Albert, le voisin, m'a aussi aidé. Une fois le panier rempli, il a fallu l'utiliser ! Entre mes rencontres virtuelles et réelles, j'ai même fini par fabriquer mon shampooing et mon masque visage avec des coquelicots !

J'ai suivi quelques cours de cuisine traditionnelle dispensés par le restau bio du coin de la rue, mais aussi par des voisins que je ne connaissais pas mais que j'ai trouvés sur un site internet de partage de compétence, pas de cuisine moléculaire ou gastronomique, non : une cuisine de pays.

J'ai abandonné mon supermarché, les produits saveur de l'année, label rouge ou vert, pour une AMAP, un panier paysan dont le contenu et les recettes changent avec les saisons ! D'une semaine à l'autre je me lance dans de nouvelles recettes.

Je travaille, je suis sportive, je suis gourmande et je suis maman de jumeaux de quatorze ans, mais si je mange encore de la viande et du poisson, c'est en faible quantité. Je me demande si je ne vais pas mettre toute la famille au régime végétarien !

Noémie et Jean se sont moqués de moi ! En plaisantant à moitié, ils se sont inquiétés sur ma santé physique et mentale ! « Comment vas-tu rester en forme en mangeant tes graines ? », « Et la croissance des garçons », « Et la saison des BBQ chez les copains ? », « Et les sorties au restau ? », « Et comment te soignes-tu maintenant ? »

Mais enfin, je ne suis pas dans une secte ! C'est parfois épuisant de devoir se justifier, mais ça donne des discussions houleuses et passionnantes ! Le repas, la bouffe, la santé, le sport, ça concerne tout le monde. Mes choix éveillent des questions, font réfléchir et parfois changent les mentalités, les modes de vie.

Je n'ai fait aucun vœu d'abstinence, je veux boire du vin qui pétille parce qu'il est vivant, trancher des tomates aux calibres incertains parce qu'elles sont naturelles, manger avec modération un poisson pour lequel n'ont été tués ni dauphins, ni tortues de mer ou un poulet qui a connu les courses poursuites d'une basse-cour. Je veux me soigner avec des médecines douces et alternatives, sans que me soient interdites pour autant les technologies modernes, mais je suis pour la bio tech et pas la tech tout court !

Je sais que c'est plus cher, mais on marche sur la tête, quand même ! On paie des fortunes pour telle marque de fringue, voiture ou téléphone mobile, et pas pour une carotte, du beurre ou une brochette de bœuf !

Et oui, les garçons ont grogné quand j'ai jeté les ailes de poulet, les gâteaux à l'huile de palme, les crèmes au parabène, les yaourts « free-truc » ou « low-machin », les vitamines lambda et les sodas aux couilles de taureau ! Quant aux numéros de téléphone des livreurs de sushi, pizzas et autres plats sucrés-salés-gras à emporter, idem, à la poubelle. Le dimanche on va au jardin, on pioche et on arrose, on y mange nos salades et ils y retrouvent des copines. De Facebook au jardin ouvrier, il n'y a pas photo !

Vox populi

Cap sur la micro-écologie

Manger riche ou naturel ?

Même leurs acheteurs habituels ne croient plus que les morceaux de poulets sous plastique soient de la volaille qui aurait vu le soleil et une prairie ; *idem* face à des tranches inodores de jambon ou saumon insipide et devant des tomates moins goûteuses qu'un concentré Buitoni. Mais heureusement, le *ketchup*, lui, a de la saveur !

Et pourtant, servir fruits et légumes, viandes et poissons à ses enfants chaque jour est une véritable quête du graal pour les parents : geste d'amour et de soin, signe aussi de modernité.

Stress à tous les étages

Seul face à son assiette, le porte-monnaie siphonné par ses envies de fraises en hiver, culpabilisé pour ses choix, le consommateur remplit son réservoir d'énergies corporelles comme il part au combat :

- il doit faire face aux impératifs autoritaires des régimes qui se disputent la vedette à coup de présence médiatique et impriment leurs modes sur les comportements alimentaires des *leaders* d'opinion pour influencer les *ménagères de moins de cinquante ans* ;
- il est comme l'âne de Buridan, entre les plaisirs éphémères et culpabilisants des aliments compensatoires (sucrés ou salés) consommés pour résister au stress et les avertissements des professions de santé sur leur nocivité ;
- il est soumis aux promesses des **alicaments**, motivé par l'appauvrissement nutritionnel de son assiette et le désir de se payer « magiquement » tonus et vitalité productive.

La contestation naturaliste

Elle tend à retrouver du vrai naturel dans la vie moderne, en particulier dans tout ce qui concerne la santé. Le *faire soi-même* redevient attractif car il remet à l'honneur l'authentique, le simple, le naturel, la valeur d'usage. Il rend à chacun le contrôle d'une partie de sa vie.

À la base, ce courant socioculturel est contestataire

Il contredit la dynamique industrielle ; il s'oppose au modèle de développement dominant du capitalisme mondialisé. L'enthousiasme pour la modernité des produits sortis des usines, typique des années 1960 à 1980, s'est dégonflé : le prix à payer pour des bénéfices de consommation quantitative commence à paraître excessif en termes de risques sanitaires personnels et de risques à tuer la nature.

Cette tendance bio-écolo est portée par :

- **une vague de méfiance** envers l'alimentation industrielle (plus qu'envers les produits de soins à contenu « scientifique ») ;
- **des scandales** qui éclaboussent la droguerie industrielle (comme l'affaire du *Médiator* en 2011) ;
- **le principe de précaution** érigé en dogme par les pouvoirs publics et qui se matérialise par les avertissements imposés sur les paquets de cigarettes ou les publicités de grignotages.

Enfin, cette méfiance frappe plus les produits industriels qui impactent le corps. Dans d'autres domaines, l'observatoire du CCA note **un courant favorable au *green tech*** mettant les technologies modernes au service de la nature : la foi en la science remonte à 56 % dans l'opinion publique (+ 7 % en cinq ans).

Une exigence eco-low cost

Elle prend de l'ampleur car les consommateurs de classe moyenne sont aussi bien informés que ceux des classes plus aisées et refusent de supporter seuls le prix du bio et du développement durable. Ils jugent que c'est un élément, un de plus, de l'inégalité des Français en face des prix alimentaires. Pour un bon nombre de foyers le coût du bio, 15 à 20 % supérieur aux aliments industrialisés, est un frein majeur[1].

Selon eux, c'est aux entreprises d'investir pour lancer ces marchés porteurs (75 % des Français) ou à l'État de subventionner ces progrès d'intérêt collectif (CCA).

Un écolo-hédonisme

On se soucie moins du prix que d'une communion avec la nature, le vivant même, d'un hédonisme qui fusionne le corps et l'esprit au travers de plaisirs et satisfactions multiples :

- **plaisir des sens** que l'on redécouvre en mangeant des produits beaux et bons : le *fooding* ;
- **plaisir du temps qui passe :** ralentir la frénésie de la vie contemporaine pour s'arrêter, respirer : le *slow food* ;
- **plaisir convivial** : partage et mise en commun du plaisir de dégustation, mais aussi du plaisir de réalisation des plats (de la cuisine ouverte sur la salle de restaurant, aux ateliers culinaires, en passant par la confection de ses propres salades et sandwichs) ;
- **satisfaction de prendre soin de soi :** de sa santé physique et psychologique ;
- **satisfaction morale personnelle** qui fait du bien à son ego : consommer responsable, consommer authentique et bio, consommer citoyen.

Ce scénario propose une vitalité renforcée à travers une communion retrouvée avec les *produits carburants et soignants* du corps. Il s'agit d'apprivoiser les principes actifs de produits authentiques, pour les faire siens, comme une transfusion de vie.

Bio-motivations et bio-réalité

Un indice de ce besoin de bio-vitalité est le **réel développement des produits bio** véritables[2], mais aussi des prétendus *bio*, ou de ce terme flou qu'est *l'agriculture raisonnée.*

---

1. www.lexpress.fr/actualite/environnement/la-consommation-de-produits-bio-a-double-en-six-ans.
2. Se reporter à la Charte de l'agriculture biologique, établie en 1972 par l'International Federation of Organic Agriculture Movements (IFOAM).

Des rayons entiers leur sont consacrés dans les hypermarchés :

- 77 % des Français estiment que le bio est une voie d'avenir face aux problèmes environnementaux ;
- 84 % souhaitent que le bio se développe ;
- 2 consommateurs sur 3 déclarent privilégier déjà l'achat de produits respectueux de l'environnement et/ou des principes de développement durable ;
- 42 % consomment au moins un produit bio une fois par mois ;
- 43 % des adultes voudraient trouver des menus bio au restaurant ;
- 78 % des parents souhaitent du bio dans les cantines scolaires ;
- et la population (entre 77 et 85 %) comprend bien les parti-pris et contraintes de production du label AB[1].

Aujourd'hui, les produits bio sont présents dans presque tous les circuits de distribution et de consommation. Leur chiffre d'affaires du marché a progressé d'un milliard d'euros en trois ans, pour atteindre 2,6 milliards en 2008. Ils sont de plus en plus présents dans les restaurants collectifs. Début 2009, 36 % d'entre eux déclaraient servir des repas bio à leurs convives, au moins de temps en temps et, d'ici 2012, ce taux devrait passer à 71 %[2].

Mais derrière ce culte motivé du concept bio, la réalité agricole reste à la traîne. En 2009, la surface agricole utile consacrée à l'agriculture biologique était seulement de 2,5 % en France (contre près de 9 % en Italie), pour 16 500 agriculteurs. L'objectif du Grenelle de l'environnement (6 % des terres en 2012) ne sera pas atteint[3].

La France divisée

Une tendance bien établie chez les seniors

Cette soif de naturel est de plus en plus ressentie **chez les seniors :** la menace des maladies développe chez eux **une fibre bio-défensive**. Les dépenses de santé sont typiques de cette inégalité devant les conditions d'entretien de sa vitalité : les ménages les plus riches dépensent près de six fois plus pour leur santé que les ménages les plus pauvres[4].

Une version plus constructive est portée par **les quadras-quinquas** des milieux aisés et cultivés, mais il faut avoir déjà joui d'un niveau de consommation élevé pour prêcher une *déconsommation* et il faut avoir un large pouvoir d'achat pour pouvoir se payer du bio ou des produits de qualité.

---

1. Enquête 2007 de CSA pour l'Agence Bio citée par : blog.mavieco.fr/tag/statistiques-bio/.
2. www.i-dietetique.com/?action=breves&id=7036.
3. fr.wikipedia.org/wiki/Grenelle_de_l%27environnement.
4. Source : Insee (www.insee.fr/fr/themes/document.asp?reg_id=24&ref_id=14167).

La nécessité de la techno-vitalité low cost

Le but poursuivi par les **foyers aux revenus modestes** est de sauver leur capacité de consommer, alors que leur situation financière s'aggrave. L'alimentation reste leur premier poste de dépense : 21 % de leur pouvoir d'achat[1].

N'ayant pas encore assez goûté à toutes les joies de la consommation, ils pensent naturellement en termes quantitatifs, loin d'une quelconque *déconsommation*. Ils sont tout à fait favorables aux produits industrialisés à bas prix pour se nourrir, s'embellir, se soigner. Leur idéal est **une consommation de modernité :** pouvoir se payer les produits récents, innovants, est une manière de se sentir bien intégré dans la société de croissance par des signes de statut valorisants.

La pauvreté progresse en France[2] et **les nouveaux pauvres n'ont d'autre choix** que d'aller au plus économique en matière d'alimentation, forcément industrielle pour les urbains, en espérant qu'elle ne sera pas trop néfaste à long terme pour leur santé.

La fibre écolo-bio serait un luxe ?

Oui, juge le CCA à partir de sa typologie de *socio-styles* : les plus jeunes sont sensibles à un catastrophisme écolo-planétaire, mais n'en tirent guère de conclusions dans leur consommation personnelle (les vidéos d'alarme de Nicolas Hulot ne combattent ni les produits trop gras ni les produits capillaires chimiques).

Seule une sortie de crise du pouvoir d'achat verra un retour à l'authenticité naturelle des couches les plus modestes de la population, car ces personnes sont aussi fatiguées de leurs quartiers bétonnés sans arbre ni herbe, saturés des poulets *low cost* sans saveur, inquiets de la santé de leurs enfants devenus poubelle à *junk food.* Eux aussi, comme le confirment des études récentes du CCA, rêvent de jardins potagers collectifs au pied de HLM plus fleuries : pour se nourrir plus économique, mais aussi pour savoir ce qu'ils mangent et retrouver un semblant de lien avec la nature (voir l'exemple de Detroit cité p. 101).

Vers une micro-écologie de mode de vie

Les Français ont une sensibilité *bio-écologique*, mais sont conscients de son instrumentalisation politique et commerciale de pure façade.

Ils désespèrent donc de changer quoi que ce soit à la problématique écolo-planétaire et basculent vers une **micro-écologie personnelle, à l'échelle micro-locale,** traduite en termes de qualité de vie personnelle et dont les bienfaits se

---

1. *Idem.*
2. Voir le chapitre 1 : « La France cabossée ».

mesurent au quotidien. On retrouve ici notre tendance au recentrage sur les microcosmes de vie[1].

Sous l'angle microsocial, cette tendance suscite **une envie de responsabilité et de pouvoir sur sa propre existence.** Elle fournit l'occasion d'une réflexion individuelle, d'une reprise en main de sa vie de famille, de citoyen et de consommateur. Parmi les choix urgents, l'alimentation et les soins du corps sont prioritaires pour exercer son pouvoir *ego-écologique*, car ils touchent à la santé, au bien-être, à l'épanouissement des enfants, à la survie. L'alimentation personnelle et familiale sera donc un bon indicateur d'orientation sociale et le banc d'essai de ce courant socioculturel de *bio-vitalité* alternatif confronté à l'industrialisation d'une *techno-vitalité*

DE LA THÉORIE À LA PRATIQUE

Questions

- Faut-il aider (financièrement, techniquement) la grande agriculture intensive qui exporte ou les petites exploitations agricoles qui fournissent les consommateurs français ?
- Faut-il surtaxer les produits importés du bout du monde, hors saison, par une taxe carbone ? *Et* utiliser ces fonds pour subventionner une agriculture vivrière de proximité ?
- L'État et les régions doivent-ils limiter les constructions pour réserver des terres agricoles autour des villes et aider les agriculteurs qui produiront des produits pour le marché local ?
- Faut-il aider au développement de l'aquaculture sur nos rivages, pour protéger les poissons sauvages menacés et reconvertir les pêcheurs en éleveurs industriels de poissons d'élevage ?
- Faut-il subventionner beaucoup plus les cultures et produits bio pour que leur prix ne soit pas un repoussoir pour les clients modestes ?
- Faut-il tolérer les activités demi-légales, comme les ventes entre particuliers de fruits et légumes ou de plats préparés ?
- Pour nourrir toute la planète, faut-il standardiser la production agricole à l'échelle mondiale, même si cela entraîne une diminution de la biodiversité et l'oubli de traditions et habitudes locales ?
- L'école doit-elle remettre au programme des cours de cuisine, pour les garçons comme les filles, pour réapprendre à manger plus sain, plus saisonnier, en sachant prendre plaisir avec des navets en hiver et une tomate en été ?
- Faut-il avoir, dans les cantines scolaires et professionnelles, des menus systématiquement anti-obésité ?
- Dans les cantines scolaires et celles de l'administration, faut-il imposer un approvisionnement local et de saison, pour donner l'exemple ?
- Faut-il renforcer la défense des spécialités françaises, même s'il faut s'opposer à l'Europe pour défendre notre patrimoine gastronomique et nos AOC ?
- Doit-on imposer un mode d'étiquetage encore plus détaillé, plus compréhensible pour une plus grande transparence des produits industriels ?

1. *Idem.*

Interactivité

Voulez-vous exprimer votre opinion sur ce thème, sur les évolutions passées, sur les scénarios alternatifs et sur la tendance sociale ?

Nous vous donnons rendez-vous sur notre site internet où vous pourrez voter et comparer votre opinion à celle d'autres lecteurs : connectez-vous à http://www.agorascope.com/sesame/3diet

CHAPITRE 4

Tout dire ou tout cacher ?

La vie privée face à la société de transparence

HÉRITAGE

DE LA SOCIÉTÉ DU SECRET À LA SOCIÉTÉ DE TRANSPARENCE

Maintenir ou accepter la disparition progressive de la vie privée ? C'est la question entretenue par un passé récent : l'affaire DSK[1] a imposé une remise en question de ce qui était jusqu'alors le plus privé du privé : les pratiques sexuelles, dès lors qu'on peut soupçonner des relations non consenties relevant du délit ou du crime.

Vie publique et vie privée sont deux notions qui s'opposent et définissent les deux sphères constitutives de tout individu, dans la construction de son identité.

Le droit à l'intimité de la vie privée fait partie des droits civils. La vie sentimentale, l'identité sexuelle, la correspondance privée, la vie familiale, les relations sociales, l'état de santé, les opinions politiques et religieuses, l'appartenance syndicale, le secret de la résidence et du domicile, le droit à l'image, l'orientation sexuelle… constituent la sphère privée. C'est un espace intime, séparé, légalement interdit aux intrusions d'autrui.

À la vie publique, *a contrario*, correspond l'individu public exposé sur la scène sociale.

---

1. Note générale concernant « l'affaire Dominique Strauss-Kahn » : nous ne nous intéressons pas et jugeons encore moins ici de l'issue judiciaire, c'est-à-dire l'abandon par le procureur des poursuites pour agressions sexuelles. Dans nos commentaires, seul est pris en considération le phénomène médiatique et d'opinion publique qui a entouré ce fait divers mondialisé. Cette remarque est valable pour toutes les allusions concernant DSK dans ce livre.

À la conquête d'une bulle privée

- Aristote fait la distinction entre *polis*, la cité (la sphère publique : la vie dans la cité) et *oikos*, la maison (la sphère privée : la vie au foyer) ;
- au Moyen Âge, il n'y avait pas de vie privée ; tout le monde savait tout de tout le monde, chacun était sous la surveillance de l'entourage ;
- les notions d'intimité et de vie privée sont apparues avec le concept *d'individu* au Siècle des lumières, comme une nouvelle liberté conquise sur l'Ancien Régime ;
- la vie bourgeoise du XIXe siècle l'a associée à la vie familiale sous surveillance ;
- et l'individualisme du XXe siècle l'a prolongée en définissant et séparant espace public et espace privé ;
- elle s'inscrit même dans la loi : l'article 12 de la Déclaration universelle des Droits de l'Homme de 1948 stipule que « nul ne sera l'objet d'immixtions arbitraires dans sa vie privée, sa famille, son domicile ou sa correspondance, ni d'atteintes à son honneur et à sa réputation. Toute personne a droit à la protection de la loi contre de telles immixtions ou de telles atteintes ».

Principes sacrés de la culture de l'intime

L'intimité assure la salubrité de la vie psychique, permet de construire des identités, d'être soi-même sans craindre d'être instrumentalisé, consommé en tant qu'objet social. Montaigne pressentait que le *for intérieur* était une nécessité absolue pour chaque individu, un lieu de recréation personnelle indispensable : « Il se faut réserver une arrière-boutique toute nôtre, toute franche, en laquelle nous établissons notre vraie liberté et principale retraite et solitude. »

Sans vie privée, il n'y a pas de liberté : c'est un enjeu de civilisation

Pour la culture de l'intime, la vérité de l'être est sacrée. Il y a un *dehors* et un *dedans*. Si tout est transparent, l'identité se transforme en une personnalité sociale qui n'existe que dans les apparences.

L'œil numérique de Big Brother

La notion d'intimité évolue sous l'impact des nouvelles technologies et de leurs pratiques au quotidien[1].

L'intimité online

L'ère de la vie privée n'aura-t-elle été qu'une parenthèse dans l'histoire de l'humanité ? Avec l'apparition d'internet, de l'idéologie sécuritaire des États

1. Sources pour toute cette analyse de l'impact de la culture numérique sur l'intimité : les rapports 2009 à 2011 de l'observatoire netexplorateur de l'impact social des technologies numériques : www.netexplorateur.org/netexploratrend/etude.

modernes visant à plus de contrôle des citoyens, cette anomalie passagère du jardin secret pourrait bientôt disparaître, et d'abord chez les *geeks natifs numériques* : ces jeunes branchés tout à la fois exhibitionnistes et masqués sur le web.

Se montrer : un progrès social ? Pour cette génération internet, la vie privée est un obstacle à l'épanouissement : l'exhibition est une libération, une chance donnée à l'expression de sa personnalité, y compris ses déviances par rapport aux normes sociales. L'argument en faveur de l'abolition de l'intimité est de l'associer à un comportement asocial de reclus : l'assujettissement des femmes confinées dans des foyers à l'abri du regard des autres ou des homosexuels condamnés à vivre dans la clandestinité. Se montrer, se déclarer serait le signe d'une société tolérante, ouverte et solidaire. La vraie liberté consisterait à passer du privé au public, en choisissant sa communauté d'appartenance, c'est-à-dire en accélérant les processus de communautarisation de la société. **L'ouverture est le pouvoir** ; cet être sociable serait le nouveau dogme de la société numérique. Sacrifier une part de son intimité pour conserver sa liberté, tel est le *deal* des promoteurs de la **culture de l'aveu**.

Tracking et profiling

Les technologies de **géolocalisation** (où êtes-vous, avec qui, en train de faire quoi ?) et de *profiling* psychologique (et de quelle humeur, dans quel état d'esprit ?) s'expérimentent partout et vont se répandre, non seulement dans la police, mais aussi entre les mains des médias et *marketers*, et surtout chez des fournisseurs d'accès à l'internet et des réseaux sociaux. Google et Facebook savent presque tout sur un internaute actif connecté à plein temps.

Contrôle social sur la vie privée

Les caméras de vidéosurveillance sont renommées vidéoprotection. Ce simple changement de vocabulaire illustre le propos de Gilles Deleuze qui décrit quatre étapes successives de réduction de la vie privée : au nom d'une société qui a besoin de **discipline** dans son bon fonctionnement, il est normal de **surveiller** les citoyens, de mettre donc en place tous les systèmes de **contrôle** nécessaires à cet effet et finalement de présenter cela comme un **service** rendu à des citoyens qui entrent ainsi dans une servitude volontaire.

Ces « services » de contrôle engendrent deux paradoxes :

- celui du ***reality show*** : comment protéger sa vie privée dans un espace virtuel où la règle est la promotion de son image et de ses créations, en imitation des *people* médiatiques dont la vie n'est rien d'autre qu'un *one man show* ?
- et celui du ***strip poker*** : comment résister à sa propre mise à nu, devant les évangélistes et *businessmen* de l'exploitation des données personnelles (réseaux sociaux et *cloud computing* : informatique virtuelle, dématérialisée)

qui présentent cette servitude volontaire comme une conquête de liberté ? Le jeu serait de se déshabiller en public.

Le net est un terrain d'aventure, à la fois espace transitionnel et espace public :

- on peut utilement y apprendre à jouer avec les règles de *socio-casting* du monde adulte : **l'art de se vendre**. Cet exercice mobilise de nouvelles compétences de créativité, de jeu et d'émotion ;
- mais lorsque les adolescents et adulescents jouent à construire leur identité en ligne, ce qui est devenu un enjeu primordial pour cette nouvelle génération, ils donnent plus d'eux-mêmes au monde virtuel qu'ils ne le feraient dans la réalité. Ce faisant, les voilà **en *strip-tease* permanent**.

La dictature de la transparence

Internet, présenté comme un espace de libre expression, est aussi **la plus grande des machines à espionner,** sa voracité est nourrie par tous les internautes. À chaque connexion, envoi de courriel, lancement d'une recherche sur un moteur, ce sont des contenus de conversations privées, des adresses IP (identifiant d'un ordinateur sur internet), des adresses de sites visités qui sont archivés, et exploitables à des fins commerciales par les éditeurs de services en ligne. Chaque fois que l'internaute fait une demande, consulte un site, fait un achat, s'inscrit à un groupe, il remplit sa *fiche de commerce* et devient une cible qui reçoit des messages de mieux en mieux ciblés.

Il y a bien longtemps, la numérotation des maisons fut, elle aussi, pensée et conçue comme un instrument du contrôle social, pour assigner des coordonnées numériques à tout le monde, un support d'identité. Les caméras de vidéosurveillance ou vidéoprotection, ainsi que la reconnaissance faciale, couplée à la lecture sur les lèvres, sont les héritières de ce processus.

Ceux qui n'avaient pas de domicile étaient appelés *les gens sans aveu* et considérés comme des fauteurs de trouble. Aujourd'hui, ceux qui ne jouent pas le rôle de l'identité dévoilée en voulant conserver leurs données privées sont considérés des retardataires. Le soupçon peut même faire poser cette question : mais qu'ont-ils à cacher puisque tout peut être dit et montré ?

Les dictatures en ont rêvé, internet l'a fait

En principe, les citoyens devraient être informés, avec un droit d'accès et de rectification aux données collectées. Dans la réalité, l'opacité est totale et le droit à l'effacement est une utopie.

Les missionnaires de Big Brother

L'attrait de la nouveauté

Le pouvoir de séduction des ***réseaux sociaux*** est tel que le néophyte commence par dévoiler des pans entiers de son existence très volontiers, jusqu'à ce qu'un premier incident survienne. Des informations ou des photos compromettantes, en général plutôt dénudées, ont été vues par un tiers qui ne devait pas les voir. Cela est arrivé à Boris Boillon, nouvel ambassadeur de France en Tunisie, nommé après la révolution de janvier 2011, dont la photo en maillot de bain a été vue sur le site des Copains d'Avant et exploitée politiquement.

Jamais seul avec mon *smartphone*. Le portable, devenu *smartphone*, vendu comme *objet intelligent*, est à la fois un doudou personnel, votre cordon ombilical avec les êtres chers, **votre meilleur ami, mais aussi votre meilleur espion**. Il nous accompagne, rompt la solitude, mais nous surveille aussi.

La traque des individus avait commencé par de simples cartes à puces sensibles à votre passage à tel ou tel portillon, la carte de crédit qui raconte par le menu toutes nos transactions commerciales. Les techniques de géolocalisation par GPS ont transformé le réel en film d'espionnage. Le *smartphone* est dans notre poche, géolocalisable, éventuellement micro ouvert : il est un accessoire personnel de liberté ; il peut devenir aussi un bijou d'aliénation, un mouchard qui signale notre présence et une partie de notre personnalité. Nos libertés d'expression et d'aller et venir se rétrécissent : traqués par nos *smartphones*, toujours sous le regard d'une caméra ou l'oreille indiscrète d'un micro ouvert. Comment rester spontané, se demandent ceux qui croient encore aux vertus de la vie privée ? Les autres ont déjà accepté de jouer un ou plusieurs rôles en permanence.

La leçon des people

Dévoiler sa vie privée pour acheter la notoriété est banal dans le *show-business* comme en politique :

- dans une société du spectacle médiatique, les stars et les vedettes sont les premières à avoir souffert de l'exposition de leur vie privée (photos volées par des *paparazzi*, exploration des poubelles, etc.). Mais cet harcèlement est recherché aussi, voire mis en scène : *le quart d'heure de célébrité* est à ce prix ; l'intimité est devenue une monnaie d'échange pour quiconque en quête de gloire et de fortune. Les *people* ont envahi nos vies et leur envie d'exister a balayé tout ce qu'ils pouvaient garder de secret ;
- les participants aux émissions de télévision ont aussi sacrifié leur vie privée sur l'autel de la célébrité. **La télé-réalité a changé la donne**, en donnant en pâture à tout le monde ce qui, en principe, était réservé aux proches. Dans une période peu propice à la construction d'une identité propre, les téléspectateurs se sont trouvés confrontés à de nouveaux modèles, ces inconnus qui

tentaient désespérément de devenir quelqu'un. Le *confessionnal* des émissions de télévision dit bien ce qui est recherché : **l'aveu**. La construction et le déboulonnage des idoles d'un jour deviennent des histoires édifiantes, des modèles de construction d'identité pour toute une génération ;

- de même, pour les hommes ou les femmes politiques, les *spin doctors* (leurs conseillers en communication) ont cultivé **l'art du *storytelling*** et de la construction d'image, avec photographies en famille à l'appui dans des *pictures magazines* pour les rendre plus proches du peuple.

Aujourd'hui, où poser la limite ? Le personnel politique, à force de participer à des émissions de divertissement où l'on se laisse aller à des déclarations du type : « Sucer n'est pas tromper.[1] », en oublie ses fonctions et ses réserves pour entrer dans le champ des *people*. Les langues se délient. Faut-il pour autant faire sonner les trompettes de la renommée chaque fois que l'on soupçonne quelqu'un d'entretenir une liaison extraconjugale ? Faut-il donner le palmarès sexuel des hommes et des femmes politiques chaque fois qu'ils ou elles sont nommés à des postes importants ? Après avoir fourni l'état de leur fortune, puis dévoilé celui de leur santé, les candidats à la Présidence de la République, et pourquoi pas un jour à toute fonction publique, devront-ils indiquer celui de leurs états sexuels ?

Le catch marketing personnalisé

Le débat actuel des réseaux sociaux est de savoir s'ils vont **vendre nos profils aux *marketers*** : les grands réseaux ont déjà répondu *oui* ; d'autres tentent alors de se positionner à contre-pied, sur la confidentialité absolue (réseaux Diaspora et OneSocialweb, par exemple[2]). Sur ce marché des données privées, dans un espace de total *non-droit*, les politiques de confidentialité évoluent en permanence. Il n'y a pas de règles valables pour tous les éditeurs, mais une série de tentatives pour chaluter le plus d'informations commercialisables, en limitant au maximum les protestations des internautes les plus vigilants.

L'astuce réside dans le principe d'*opting out* : vous êtes a priori considéré comme un membre qui dévoile tout, un client qui achète tout, un visiteur qui accepte toutes les conditions contractuelles ; tout ce qui est facultatif est coché *ok* à votre arrivée : c'est à vous de décocher ce que vous refusez et les options dont vous ne voulez pas… si vous trouvez la méthode bien sûr. Votre vie privée n'est pas *a priori* protégée mais ouverte à tous vents : à vous de verrouiller les portes et fenêtres une par une, sujet par sujet, audience par audience.

1. Référence à l'émission de télévision *Tout le monde en parle*, présentée par Thierry Ardisson, qui posa cette question notamment à Michel Rocard, le 31 mars 2001.
2. www.joindiaspora.com/ et onesocialweb.org/, analysé par netexplorateur : www.netexplorateur.org/netexploratrend/etude.

L'autre astuce récente est le ***check-in game*** (par exemple les applications FourSquare, MyTown[1]) :

- on vous propose un jeu : parcourir la ville avec votre *smartphone*-GPS et signaler d'un *clic* (c'est le *check-in*) les endroits qui vous plaisent ;
- seconde étape : on vous incite à visiter des commerces. Si vous cliquez dans la chaîne XX, trois fois en 72 heures, vous gagnez un hamburger gratuit ;
- et vous voilà fiché.

Croisade pour une servitude volontaire

Pour la Police, la Justice, les parents inquiets et les agences marketing, la géolocalisation ne présente aucun risque. Au contraire, il s'agit d'un nouveau service rendu. La transparence généralisée est devenue un mouvement informel issu de la jeunesse connectée, qui prône l'insouciance délibérée et le grand saut dans l'inconnu. L'idéal de transparence sociale est d'être vu tel que nous sommes : plus de mensonges, plus d'hypocrisie, plus de secrets, plus de duplicité. **Un idéal puritain** qui prêche que « les honnêtes gens n'ont rien à cacher ».

Big Brother mutualisé

Dans cette servitude volontaire, Big Brother devient chacun d'entre nous. Sur l'internet, nous contribuons à mettre en place le fichier le mieux renseigné de la terre, puisque nous trahissons nos propres secrets pour les valoriser aux yeux de tous. La vie intime, à travers l'usage intensif de la photo numérique, est devenue vie publique. Vous pouvez être *taggé* (votre nom associé à un contenu numérique, image ou texte) par n'importe qui dans n'importe quelle situation, sur n'importe quel site, sans même le savoir. De quoi rendre paranoïaques tous les contemporains de la guerre froide : une vie privée transparente dans une société d'hypersurveillance où tout le monde épie tout le monde.

Sur les réseaux sociaux, on trouve les désirs, les obsessions, les goûts et les dégoûts, les centres d'intérêt, les activités régulières, les endroits visités, le lieu au moment crucial avec photographies à l'appui. Cette surstimulation cognitive, cette réalité augmentée, ne fait qu'accélérer l'avènement d'une *société de gardiennage.*

L'identité numérique du caméléon

La crise identitaire est profonde ; la vie privée et son devenir en sont le symptôme le plus flagrant.

---

1. Voir les rapports de Netexplorateur : hwww.netexplorateur.org/netexploratrend/etude ; MyTown : www.booyah.com/products/mytown.

La vie privée comme un leurre

Se cacher est illusoire : bientôt, nous porterons un badge à puce électronique (*tracker*), notre visage sera identifiable en banque de données, on lira sur nos lèvres, notre iris aura été scanné : une vie sous une constante observation. Les technologies sont là, prêtes à une généralisation comme celle des vidéosurveillances.

Comment se défendre de ce glass world ?

Face à la transparence imposée, la solution des *geeks* les plus affutés est de jouer au caméléon sur cette scène de théâtre : se cacher derrière le nuage de fumée d'une multiplicité d'avatars et pseudonymes, noyer les espions sous un flot d'informations fantaisistes, réécrire ses propres biographies, manipuler les traces laissées sur le net (avec l'application Vizibility, par exemple[1]).

L'autofiction et sa réécriture permanente deviennent une stratégie créative face à la tyrannie de la transparence. L'individu apprend à jouer avec ses identités. Les *natifs numériques* l'ont bien compris et savent développer des stratégies complexes pour éviter les intrusions, se protéger, mentir s'il le faut, et négocier les informations qu'ils acceptent d'échanger avec d'autres en ligne.

Je est un autre et ailleurs. *Je* ne suis pas là où *je* suis vu : *Je* est un avatar de *moi*. Il faut apprendre à jouer avec un système d'exposition et de protection. Ce que je montre me cache ; mon journal intime est un journal *extime* et déjà une fiction. La documentation de sa propre vie sert à la fois de retour nostalgique sentimental sur ses émotions mais aussi de cahier de brouillon, de point de départ à sa propre histoire. Tout ce qu'on écrit ou photographie pourra être retenu pour ou contre vous. C'est le risque à prendre lorsque l'on montre sa vulnérabilité ou que l'on s'expose. Il faut contrôler ce qu'on met en ligne et jusqu'où on peut aller dans l'introspection ou la révélation de certains faits :

- c'est **possible** dans cet univers *virtu-réel* où chacun joue à se doter de nouvelles cartes d'identité multiples (par exemple avec l'application Hibe[2]) ;
- c'est **efficace** dans le monde concurrentiel qui exige de nous une identité adaptée à chaque situation, des codes, des comportements souhaités, des conditionnements et des règles du jeu conduisant à des performances.

La société *post privacy* est-elle viable ou souhaitable au nom de la possibilité de créer de nouvelles sociabilités dont la moitié est faite de leurres ?

---

1. Le site vizibility.com est analysé par netexplorateur : www.netexplorateur.org/netexploratrend/etude.
2. hibe.com, anlaysé par netexplorateur : www.netexplorateur.org/netexploratrend/etude.

De l'identité réelle à la réalité identitaire

Être en ligne est souvent associé à un jeu, l'espace virtuel est un espace transitionnel où l'identité est toujours en mouvement, peut se dissocier, se fragmenter, se multiplier. Quelle est la valeur de l'amitié en ligne, quand elle change selon le contexte et le site d'expression qui possède des normes et des contraintes partagées par des pairs, quand on peut « vendre » ses amis pour obtenir des avantages ? Pour l'instant, ce ne sont que des traces de soi, une mémoire qui se définit selon la nature de l'investissement que chacun aura apporté à sa documentation émotionnelle ou rationnelle, poétique ou cynique.

Un jour, certains voudront effacer ou en limiter la consultation grâce à un code unique. **Le droit à l'oubli fait aussi partie de la vie privée.**

À LA CROISÉE DES CHEMINS

BIG BROTHER EST-IL CONTRÔLABLE ?

Quatre modèles de société

Une société du secret

Le pouvoir y est opaque, l'identité réelle et l'intimité sacrée. Les sociétés modernes démocratiques du XXe siècle sont fondées sur cette équation, l'organisation sociale en dépend. Si l'intimité est racontée, c'est en confession, et si le pouvoir se dévoile, c'est en une adresse à la nation toute entière.

Une société de surveillance

Le pouvoir y est opaque et l'individu n'hésite pas à s'exhiber, lui ou son *avatar*. Caméras, mobiles et système de localisation, de suivi, Facebook, blogs, carte de crédit, écoutes téléphoniques, supervision des collaborateurs dans l'entreprise, recoupement des informations du CV sur internet, collecte des données personnelles grâce aux réseaux sociaux prolifèrent sur le Net.

Pour ceux qui défendent jalousement leur vie privée, nous sommes déjà dans une société de surveillance, de protection ou de services qui, pour être personnalisés à l'extrême, ont besoin de nos données personnelles. Et ce mouvement semble inéluctable : vidéosurveillance, traçabilité des communications et des paiements bancaires, de passage à un portillon de métro, l'édition des billets de train et d'avion font que nos traces sont dorénavant enregistrées et stockées, souvent par des entreprises privées et généralement au nom de la loi.

Une société d'équilibre entre sphères publique et privée

L'individu conserve son intimité, le pouvoir oscille entre secret et transparence. C'est une société où les individus gardent le contrôle sur leur vie privée et possèdent un droit de regard citoyen sur les activités des personnes qui les représentent, une société où chacun jouit des droits à l'image et à la protection de ses données personnelles.

Une société virtu-réelle de fusion entre espace public et espace privé

Le pouvoir comme l'individu serait transparent. L'intimité de tous se trouve en ligne, le règne de la visibilité se généralise, l'identité se fragmente.

Sous la menace du terrorisme, les sociétés démocratiques sont devenues progressivement plus sensibles au thème de la sécurité, au point d'adopter des lois et des comportements dignes parfois d'une société de surveillance.

Avec ce glissement des normes sociales, on passe du panoptique centralisé et clos à **la surveillance distribuée, omniprésente et mobile** de tous par tous. La mobilité tombe également sous la coupe de la surveillance.

Les données personnelles ne sont plus considérées comme telles, jetées en pâture sur le net, elles mènent une vie autonome. Les individus sont un corps dans le réel, un nom dans le champ social, une image dans leur imaginaire et un avatar dans le monde virtuel, une sorte d'alter-monde dans l'idéal.

La vie privée est devenue un obstacle trop opaque pour l'État ou un objet de convoitise pour l'ordre marchand : elle subit des attaques sur ces deux fronts. Lequel de ces modèles de vie privée nous prépare la politique actuelle ? La ligne directrice n'est pas claire et suscite de nombreuses inquiétudes sur les blogs et réseaux sociaux[1].

La société *virtu-r*éelle met tout le monde à égalité : le surveillant devient le surveillé, dans un monde qui joue au chat et à la souris.

Quelle vie privée en 2020 ? Scénarios pour demain

Vers un scénario d'omnisurveillance ?

Dans ce choix de société, les données personnelles de chacun sont vues comme une banque de données nécessaire à la sécurité de tous et à la paix sociale.

La société Intelius, créée aux États-Unis en 2003, donne la possibilité de **tout savoir sur un individu** : ses factures, ses commandes sur catalogue, ses abon-

1. Par exemple : « Sarkozy s'occupe de nos vies privées », à lire sur www.lepost.fr/article/2011/03/03/2423924_la-vie-privee-a-l-ordre-du-jour-du-prochain-g8.html.

nements, les enregistrements de propriété immobilière, son parcours de vie, mariage, divorce, nombre d'enfants, déménagements, casier judiciaire, numéro de Sécurité Sociale, son revenu, la valeur de son bien immobilier, la surface de sa maison, le nombre de pièces et même le mode de chauffage ; on connaît en détail son quartier : composition ethnique, niveau de délits et crimes, niveau d'éducation et de revenus. Toutes ces données sont à la disposition de tout un chacun moyennant un prix abordable.

Ce modèle, pour échapper au cauchemar de Big Brother, doit être rééquilibré. Pourquoi ne pas accompagner cette mutation socioculturelle vers **la transparence mutuelle** que facilitent désormais les technologies numériques ? Tout savoir sur tout et chacun, en temps réel et sans effort : un rêve autrefois inaccessible aux thésards et encyclopédistes, aux détectives et juges, un pouvoir magique à la portée de chacun. Ce sésame vaut-il la peine de se mettre soi-même à nu sur la place publique, en jouant le jeu de l'affichage de sa propre vie sur l'internet ?

Si l'on pense qu'il y a plus à gagner qu'à perdre dans cette civilisation du dévoilement, il suffit de laisser faire les initiatives ludiques ou commerciales qui foisonnent sur le web, en appliquant les dernières ressources des technologies de géolocalisation, *tracking* physique, identification, *scanning*, *profiling* émotionnel. L'observatoire annuel netexplorateur, dans son étude 2011, décrit cette **dynamique spontanée vers le *tracking*** par les technologies de repérage et suivi plus individualisées, permanentes, vers des interprétations plus fines : non seulement *où vous êtes, et avec qui, à proximité de quel autre e.amis*, en train de faire quoi, dans quel contexte et ambiance... mais aussi quelle est votre humeur de l'instant, de quoi vous avez envie. Tout cela sera enregistré dans le *cloud numérique*, qui mémorise ces trajectoires de vie, omniscientes dès lors qu'on les fusionnera[1].

On peut y trouver des **avantages pratiques** de gestion sociale comme de vie relationnelle : sécurité accrue pour les personnes sous surveillance, *monitoring* à distance des machines, des équipes de travail, des seniors dépendants isolés, information et communication ininterrompues contextualisées, personnalisation *one to one in situ*... **Big Brother** ? **Non, plutôt *godfather*** au service de chacun : on le surveille pour son bien.

Les *marketers* sont enthousiastes et votent pour cette culture de la transparence : « derrière un fan (sur Facebook) il n'y a pas que ses amis et ses marques stars, mais un utilisateur dans ses contextes d'expérience avec leurs datas et ses centres d'intérêts ; et un utilisateur qui, de surcroît, possède une identité numérique techniquement "universelle" c'est-à-dire interopérable, tel un sésame simplificateur de l'accès ubiquitaire. Mon *socialgraph*, c'est avant tout l'extension

1. Source : netexplorateur (www.netexplorateur.org/netexploratrend/etude).

de ma personne et ce *socialgraph* ne se limiterait pas aux amis, ni à mes marques préférées. Les champs d'application pourraient être plus vastes. Il deviendrait *serviciel*, applicatif, transactionnel ? »[1].

La logique politique devrait alors jouer la dérégulation de toutes contraintes limitant ces capacités de *tracking-profiling*. Plus encore, il faudrait **autoriser tout ce qu'interdit aujourd'hui la loi Informatique et Liberté** : libéraliser les usages de données nominales, leur fusion dans des fichiers de profils personnels consolidés, leur commerce...

La contrepartie sociale à cette économie libérale des informations privées serait de mettre aussi sur la place publique virtuelle du net les informations étatiques, administratives, financières, **en imposant la même transparence aux institutions publiques et aux entreprises privées**, aux élus et aux patrons, aux journalistes... au risque de vite démontrer que beaucoup de rois sont nus, beaucoup de communications mensongères, beaucoup de produits inutiles, beaucoup de décisions immotivées et absurdes.

Mais il faudra aussi accepter les conséquences pratiques de cette *logique de cristal*. La surveillance des espaces publics et professionnels, mais aussi des espaces privés serait non seulement tolérée mais encouragée. La géolocalisation serait obligatoirement *on* ; la traçabilité des connexions sur le net serait généralisée. La surveillance mutuelle entre particuliers serait dépénalisée comme un acte civique.

Tout cela n'est-il pas déjà amorcé ? Déjà, certains cadres ont été licenciés parce qu'ils n'avaient pas enlevé leur CV des réseaux professionnels comme LinkedIn ou Viadeo.

Dans ce scénario de société d'omnisurveillance, on encouragerait les bonnes conduites en valorisant une dénonciation comme évaluation civique : des enfants par les parents, les élèves par leurs profs, des conducteurs par leur propre voiture ; les particuliers deviendraient eux-mêmes des *trackers* et des surveillants sociaux, en tant que citoyens responsables de leur environnement immédiat. Des applications pourraient être téléchargées sur les *smartphones* pour encourager le civisme numérique en le transformant en jeu.

Les pouvoirs publics récompenseraient les ***citizen watchers*** pour leurs meilleures contributions en quantité et qualité : signaler une dégradation dans la rue, un lampadaire cassé, des poubelles renversées, mais aussi des *taggers* sans goût ni talent, des jeunes qui fument du cannabis sur les toits en risquant la chute, l'absence de personnes pour faire traverser les enfants aux carrefours, une personne au comportement suspect, une bagarre, une voiture polluante, un chauffard qui prend la fuite après avoir renversé quelqu'un, etc. (exemples : Fix my Street en Grande-Bretagne).

1. www.influencia.net/fr/actualites1/facebook-ifacebook,47,1646.html.

Toutes ces interventions serviraient également à la valorisation immobilière du quartier. Les infractions au *Code de la route* seraient dénoncées par les riverains, économisant ainsi le précieux budget de la police (comme le montre l'exemple indien de Facebook Traffic Initiative[1]). La moralité des politiciens serait surveillée par les citoyens, invités à prévenir le procureur au moindre doute (exemple britannique, avec l'initiative du journal *The Guardian* sur le scandale des notes de frais des députés, en 2009 : « *MP'S Expenses : détective populaire* »[2].

Ce programme *citizen watch* tendra à mobiliser tout le monde pour améliorer la qualité de vie dans tous ses compartiments. Toutes les applications seront connectées à un *Central Watch* de la police urbaine pour constituer des cartes portant toutes ces incivilités et ces infractions en temps réel (exemple à Boston : CitizenConnect[3]).

Vers un scénario de refuzniks 2.0 ?

Devant l'excès de *tracking*, le rejet du fichage systématique, l'excès d'interpellations du *catch* marketing, les citoyens seront amenés à fabriquer de fausses données pour étouffer, submerger les banques de données (technique dite d'*obfuscation*). Un nouveau militantisme va naître pour **contourner ou pirater tous les systèmes d'information mis en place par les sécuritaires.** Ces programmes seront gratuits et à la disposition de tous sur des sites spécialisés.

Chacun revisitera son identité numérique pour la nettoyer de toutes scories indésirables et empêcher les fouineurs, votre employeur, la famille de votre petit(e) ami(e), la police, le fisc, les détectives privés de venir faire des enquêtes de moralité sur Facebook.

La multiplication des avatars, les logiciels luttant contre le *profiling* automatisé et fabriquant de fausses signatures IP, les déguisements et des lentilles de contact pour échapper aux caméras de surveillance et aux identifications rétiniennes, les maquillages, les faux tatouages feront partie de la panoplie des citoyens qui voudront échapper à une société de l'omnicontrôle. Tout le monde parlera au téléphone en cachant le mouvement de ses lèvres.

De vrais réseaux sécurisés et strictement privés verront le jour pour se laisser aller entre internautes consentants (Diaspora, OneSocialweb, déjà cités). Pour aller plus loin, ces militants organiseront des *miniwikileaks* locaux dans tous les organismes ou institutions pour mettre à jour des pratiques illégales, dangereuses

---

1. www.facebook.com/pages/New-Delhi-India/Delhi-Traffic-Police/117817371573308, analysé par netexplorateur, http://www.netexplorateur.org/netexploratrend/etude.
2. mps-expenses.guardian.co.uk/, analysé par netexplorateur, www.netexplorateur.org/netexploratrend/etude.
3. www.cityofboston.gov, analysé par netexplorateur, www.netexplorateur.org/netexploratrend/etude.

pour l'environnement ou la santé des citoyens. La clandestinité va devenir monnaie courante, **les enfants de James Bond et de Robin des Bois** tenteront de faire émerger des contre-pouvoirs à cette volonté de transparence jusqu'à l'absurde.

Une opération anti-Facebook se prépare, sur un argument de défense de la *privacy* : baptisé « opération Facebook », ce raid a été annoncé pour le 5 novembre, par un groupe se revendiquant d'Anonymous[1] dans une vidéo postée sur YouTube courant juillet 2011, un court manifeste anti-Facebook : « Le moyen de communication que vous adorez tant sera détruit [...]. Facebook a vendu des informations aux agences gouvernementales et a donné des accès clandestins à des informations à des firmes de sécurité, de façon qu'elles puissent espionner des individus partout dans le monde [...]. Vous ne pouvez pas échapper à la réalité dans laquelle vous, le peuple de l'internet, vivez. Vous n'êtes pas à l'abri de lui ni de n'importe quel gouvernement.[2] »

Vers un scénario du droit numérique ?

Pour combler tous les vides juridiques dans lesquels se sont engouffrés nombre d'opérateurs, ce scénario nécessiterait qu'une mission gouvernementale se charge de mettre en place des garde-fous contre toutes les dérives possibles.

Sa mission serait **la nécessaire redéfinition de ce qui est public et privé en réponse à la numérisation de la société.** Il faudrait rappeler les principes qui fondent l'identité numérique, les limites de la vie privée et de la vie publique, le droit à l'oubli, à l'anonymat et à la tranquillité contre les invasions d'un marketing agressif.

Son objectif serait de réguler et limiter le *tracking* systématique, la multiplication des caméras de surveillance, le *profiling* automatique, la vente de données personnelles, le croisement de fichiers, etc. On devrait élaborer un arsenal législatif capable de répondre en temps réel à toutes innovations apparaissant sur le marché de la surveillance et du contrôle.

Mais le Big Brother inlocalisable dans le *cloud computing* planétaire, n'échappe-t-il pas à toute juridiction nationale ?

Un choix politique entre ces alternatives changera nos styles de vie au cours de la prochaine décennie.

---

1. Voir http://fr.wikipedia.org/wiki/Anonymous_%28communaut%C3%A9%29 et http://www.rue89.com/explicateur/2011/07/09/sous-le-masque-des-anonymous-ces-hackers-revolutionnaires-213144.
2. Sources : 01net le 10/08/11, et www.01net.com/editorial/537298/un-groupe-se-reclamant-d-anonymous-veut-detruire-facebook/.

Quelles transparences de vie en 2020 ?

Tranches de vie 2020

Citizen watching

Véra habite un quartier à risques, de nombreux jeunes et moins jeunes qui n'ont rien à faire traînent dans les rues et font des commentaires désobligeants sur toutes les femmes qui passent. Dans ce quartier, le nombre d'agressions sexuelles a toujours été élevé et souvent les femmes victimes se sont tues, par peur ou par honte. Elle a décidé avec ses amies, au sein d'une association, de lutter contre ce fléau. Elle a créé un site avec un plan détaillé du quartier qui prend en compte les signalements de toutes les formes d'incivilités, avec un code pour chacune, insultes, menaces physiques, attouchements et viols. SMS, email, tweet, répondeur téléphonique, vidéo prises avec un smartphone, webcam de surveillance, drones équipés de caméras, tous les témoignages sont pris en compte. Ce site permet de voir très rapidement où sont les problèmes, les endroits à éviter et à quelle heure, et l'intervention de la police en est facilitée pour faire cesser ce genre de pratiques.

Vera et sa bande l'ont clairement affiché sur leur site : c'est encore anonyme… mais sans amélioration, il y aura bientôt des photos et des noms !

Tranche de vie 2020

Transparence pour Godfather

Albert joue du smartphone pour checker les magasins afin de gagner des points et améliorer son statut sur 4Square. À trois reprises, un panneau publicitaire l'a interpellé par son nom pour lui proposer de discuter : deux fois d'un produit et une fois d'un candidat à l'élection. Un inconnu appartenant au même réseau l'a abordé, par son pseudo, pour faire connaissance. Albert a bien conscience qu'il a été pisté tout l'après-midi par le système vidéo de Paix@Sécurité, mais ça ne le gêne pas ; pas plus que de savoir que, quelque part sur un serveur au bout du monde, toutes ses séances de surf sur le net sont enregistrées, analysées : « Ça ne gêne que les pédophiles ! », il est d'accord avec ce slogan de internetEyes ; lui, bon citoyen, n'a rien à cacher. Albert est un bon fils : il habite un peu trop loin de sa vieille maman, 83 ans, toute seule chez elle, mais il lui a offert un abonnement à TéléPampers, un système de télésurveillance et de monitoring pour seniors dépendants, qui rappelle à la vieille dame l'heure des médicaments, vérifie si elle a bien mangé, veille à sa sécurité et appellera le Samu si elle tombe dans sa salle de bains. Albert est rassuré, et il peut même tchater avec maman quand il le souhaite.

Tranche de vie 2020

Sherwood online

Sylvie travaille dans cette multinationale depuis dix ans. Le directeur de son unité lui demande de fermer les yeux sur des pratiques plus que douteuses, mais elle n'en peut plus ; alors elle a décidé de passer à l'action. Tous les jours, elle copie sur une clé ou photocopie des documents accablants pour l'entreprise. Elle a tout envoyé à son syndicat qui a transmis ces données à la direction générale.

Du jour au lendemain, grâce à un complice du directeur corrupteur, ces documents ont disparu de toutes les banques de données de l'entreprise et Sylvie n'a rien pu prouver, et les pratiques sont restées les mêmes : des commissions occultes étaient versées à des municipalités pour profiter de marchés locaux. L'action isolée de Sylvie n'a pu aboutir, mais comme on sait que c'est elle qui a essayé de dénoncer, on l'a mise dans un placard. Sylvie hésite, maintenant. Doit-elle oublier l'affaire et se dire que cela ne la concerne pas ou doit-elle passer à autre chose : dénoncer à un Wikileaks local ?

Tranche de vie 2020

La loi ou le virus

Antony vient de lire les « conditions générales » de son nouveau réseau social AgoraWorld. Ses données privées ne semblent pas si privées que ça. Entre les lignes, on peut comprendre qu'une marque commerciale à la recherche d'un certain profil de clients pourrait bien recevoir par miracle un listing de tous les e.amis qui répondent à ces critères… et par miracle, ils recevront une pub personnalisée à la prochaine connexion. Sur ce réseau, la propriété intellectuelle n'y est pas vraiment protégée : Antony poste des photos d'art dont il est fier, mais il semblerait bien qu'AgoraWorld puisse « en faire tout usage distributif, etc. ». Et en plus, les règles varient d'un pays à l'autre. Trop bizarre.

Comme il est avocat, il est bien placé pour savoir que la loi ne peut rien contre un site implanté au Costa Rica. Donc il a décidé de monter au créneau : avec ses amis, ils ont fondé une association, online bien sûr, « NoPassaran ! ». Ils espèrent limiter les abus des réseaux sociaux en leur proposant de signer une charte de bonne conduite… Mais si ça ne marche pas, il a deux ou trois e.amis d'amis qui sont, paraît-il, des hackers capables d'aller mettre la pagaïe dans les serveurs d'AgoraWorld. On verra bien si leur petit business résiste longtemps à un virus générateur de milliers de faux profils à l'heure.

Vox populi

La loi ou le maquis

Préparons-nous à voir deux forces antagonistes s'affronter :

- l'organisation institutionnelle (État et entreprises) d'un contrôle numérique renforcé des citoyens-consommateurs (loi Hadopi) ;
- un maquis de *pirates-hackers* bricolant des outils pour échapper aux menaces des libertés individuelles et retourner contre leurs auteurs les contrôles intrusifs.

Le mythe de Robin des Bois échappant au shérif de Nottingham dans la forêt de Sherwood reprend une consistance moderne avec Wikileaks.

Pour éviter cet antagonisme, il faudrait répondre à l'inquiétude sociale majoritaire, en redéfinissant le domaine public de transparence imposée et le droit à l'opacité privée.

L'affaire DSK a relancé, en 2011, des heures de débats médiatiques sur ce thème. Le traitement médiatique français et américain a été assez mal jugé des Français. Avec un peu de recul, trois semaines après la sidération initiale, 55 % des Français considéraient que la vie privée de Dominique Strauss-Kahn n'avait pas été respectée[1].

75 % des internautes sont inquiets que les informations personnelles qu'ils laissent sur internet puissent être vues, captées, vendues et exploitées par n'importe qui[2]. Ce sondage se fait l'écho de certains détectives privés qui citent Facebook comme source de renseignements sur leurs cibles (géolocalisation, photos).

La tentation du maquis numérique

Si l'État ne régule pas la liberté accordée aux technologies du *tracking-profiling* et au *business* des fichiers personnels, si les gouvernants ne défendent pas la vie privée et la démocratie, **des e.révoltés vont se défendre eux-mêmes**. Si la loi n'intervient pas pour limiter la mise à nu des citoyens-consommateurs, des spécialistes du numérique se feront acteurs engagés mais maquisards pour mettre le système social et ses gouvernants à nu, en représailles.

De nouveaux savoir-faire se programment déjà chez ces réfractaires, comme des contre-mesures pour créer **un bunker numérique personnel :** nettoyage sélectif du passé, *siliconage et botoxage* d'une recherche Google ou d'un CV *online* pour les rendre tout à fait conformistes et respectables, brouillage d'identité par simple saturation d'informations fantaisistes contradictoires, ou par la mise en ligne de multiples identités sur les réseaux sociaux, brouillage de piste numérique avec des connexions indétectables ou nourries par des millions de fausses informations. Plus délicat sera d'échapper aux vidéo-reconnaissances faciales (retour de la fausse barbe ?), aux identifications biométriques par empreinte digitale ou rétinienne qui vont vite se répandre.

1. Sondage de Harris Interactive pour *Voici*, 20-23 mai 2011, sur 1 001 panélistes de 18 ans et plus.
2. Enquête TNS-Sofres pour Microsoft en 2011, sur un échantillon national de 1 200 personnes de 15 ans et plus.

Le risque de wikilisation de la société

La transparence est devenue un thème politique qui pourrait se retourner contre ceux qui nous gouvernent.

Des activistes de tout poil, des *whistleblowers* (lanceurs d'alerte) commencent à exiger l'application du principe du *glass world* - la totale transparence - aux institutions, entreprises et à tous les pouvoirs.

Dans cette logique d'une *société de cristal*, la réciprocité de transparence va être réclamée par un « **militantisme libertaire 2.0** ». Si certains individus ou groupes sociaux jugés dangereux perdent tout droit à la *privacy* (par exemple la géolocalisation d'anciens criminels dans le voisinage, dans certains états aux États-Unis), il se trouvera, en contrepartie, des citoyens pour réclamer le droit de consulter des documents officiels, comme le listing HSBC des 3 000 fraudeurs titulaires de comptes en paradis fiscaux selon Bercy.

Face aux nombreux barrages qui s'élèvent comme par enchantement, y compris le *secret-défense* et la raison d'État, **Wikileaks est favorablement jugé par les internautes.**

Wikileaks met le doigt sur l'essentiel : le problème n'est pas que l'on collecte des informations pour les exploiter, mais que tout le monde n'ait pas l'accès à ces informations à égalité. C'est la crainte de la disparition de la démocratie qui a donné naissance à l'inspiration messianique, jugée aussi mégalomane, de Julien Assange : **rendre au *quatrième pouvoir* un nouveau poids, souvent perdu dans sa collusion avec les pouvoirs politiques, patronaux ou sa disposition à la promotion**. En effet, des journaux écrits servent de filtres aux données brutes dévoilées par Wikileaks, qui représente ainsi une nouvelle dimension de l'affranchissement des hommes à l'égard des pouvoirs. Ce genre d'initiative peut servir de modèle, et l'on verra naître sur de nombreux sites les équivalents de Wikileaks pour dénoncer les abus, à l'aide de documents, dans toutes les institutions ou grandes entreprises.

L'anonymat remonte à la bourse des valeurs

Le droit à l'oubli est une revendication qui devrait trouver place dans un nouvel arsenal législatif. Applicable ou utopique ? La vie privée deviendra un luxe. Les réfractaires au traçage, au profilage et au fichage auront fort à faire pour échapper aux mailles du filet, dans un monde redevenu village où tout le monde sait tout sur tout le monde. L'e-personnalité devient une production qu'il faut apprendre à gérer.

Mon identité numérique m'appartient, les autres n'ont pas à en disposer comme ils le veulent. Au nom de cette nouvelle conscience numérique, les réseaux informatiques devraient être plus opaques et sécurisés, afin que l'État et les entreprises ne puissent pas espionner les citoyens. Déjà se créent des réseaux volontairement petits, spécialisés, multipliant les codes d'accès. Les membres se choisissent avec prudence, par cooptation et parrainage, décentralisés en *network* de micro-ordinateurs sans base de données centralisée (Diaspora, OneSocialweb, déjà mentionnés).

Des choix politiques

La transparence est dangereuse mais elle peut être responsable : la transparence sans responsabilité mène au totalitarisme, mais la responsabilité sans transparence asphyxie la démocratie.

Une réflexion législative est indispensable, tout autant pour maîtriser l'œil de l'État par-dessus l'épaule du citoyen que les maquisards de Wikileaks, tout autant pour contrôler l'espionnage des collaborateurs par leur entreprise que les fuites de secrets professionnels. Ces choix politiques devront tenir compte du fait que des initiatives comme Wikileaks répondent à l'angoisse des citoyens de voir leur vie scrutée au microscope sans avoir de prise sur les observateurs. Alex Türk, ex-président de la Commission nationale de l'informatique et des libertés (CNIL), fait écho à cette inquiétude quand il déclare : « Les citoyens doivent se créer une conscience numérique comme ils se sont forgé une conscience écologique »[1].

DE LA THÉORIE À LA PRATIQUE

Questions

- Un employeur a-t-il le droit d'installer des caméras dans les ateliers et bureaux pour contrôler le travail des collaborateurs ?
- Une entreprise peut-elle enregistrer toutes les connexions internet d'un collaborateur, individuellement, et s'en servir pour décider de son évolution de carrière ?
- Google pourrait-il établir mon profil individuel à partir de toutes mes requêtes et de mes connexions sur le web ?
- Les autorités (lesquelles ?) pourraient-elles accéder à ce fichier pour s'informer sur mon compte ?
- Facebook aurait-il le droit de vendre aux *marketers* les profils de ses membres ?
- Faut-il que les dossiers des administrations soient accessibles à tous les citoyens sur le Net ?
- Faut-il aller vers une publication intégrale des débats au Conseil des ministres, à ceux des conseils d'administration ?
- Quels recours les citoyens auront-ils devant l'avènement de la société de surveillance ?
- Peut-on augmenter sans fin le nombre des caméras de surveillance dans les espaces publics, ou le réduire ?
- Où commence et où s'arrête le droit à la vie privée pour chacun ?

.../...

1. *Le Monde*, 8 février 2011.

- Peut-on tout dévoiler de la vie privée d'une personnalité publique ?
- Le secret est-il le privilège des seuls États ?
- Que faut-il faire pour adapter la France à la numérisation rapide de la société : exploitation des données personnelles, *profiling*, caméras de surveillance, droit à l'image, droit à la vie privée ?
- Faut-il faire de la transparence, la meilleure des sécurités ?

Interactivité

Voulez-vous exprimer votre opinion sur ce thème, sur les évolutions passées, sur les scénarios alternatifs et sur la tendance sociale ?

Nous vous donnons rendez-vous sur notre site internet où vous pourrez voter et comparer votre opinion à celle d'autres lecteurs. Connectez-vous à : http://www.agorascope.com/sesame/4privacy

PÔLE FAMILLE

CHAPITRE 5

Famille de sang ou famille de cœur ?

Couple, enfants : un chantier en reconstruction

HÉRITAGE

La famille ? Wikipédia nous la décrit comme « une communauté de personnes réunies par des liens de parenté.[1] »

Cette définition est trop simple ; elle cache **une diversité de choix, qui sont autant de choix de civilisations**. La famille est protéiforme, il suffit de visualiser un arbre généalogique pour en prendre conscience.

LA FAMILLE GÉNÉTIQUE : NATURELLE OU SOCIALE ?

Dans les fondations de notre civilisation est inscrite la famille génétique. Dès les origines, la famille est une construction socioculturelle destinée à réguler l'anarchie des relations individuelles, des procréations, des alliances et des transmissions de patrimoines et pouvoirs. De tout temps, les modèles familiaux normaux ou interdits ont été décidés par la société et imposés aux individus, au nom de la tradition, de la religion ou de la loi civile.

Le déterminisme du sang et de l'alliance

Le concept de « famille par le sang » est l'alibi qui donne une apparence naturelle à cet encadrement social et renforce son caractère de destin éternel, indiscutable. Ce lien que la société voulait autrefois indissoluble se légitime donc de deux manières. Mais on devrait plutôt parler de famille par les gamètes, qu'elles soient transmises par filiation ou échangées par alliance.

1. fr.wikipedia.org/

En descendant verticalement l'arbre généalogique, de parents à enfants, on identifie une arborescence de **bourgeons descendant d'une même branche génétique**, légitimité dont sont exclus des enfants adoptés, alors que des cousins éloignés sont censés la partager. Le rite qui légitime le lien d'ascendance et descendance est la **reconnaissance paternelle** (et maternelle : plus évidente mais qui peut aussi être refusée *sous X*). C'est le maillon fort de l'architecture familiale, mais aussi le terrain sur lequel elle est vulnérable aux dangers extérieurs : pollution de la chaîne génétique par les *bâtards de violeurs ou amants*.

Pour procréer à moindre risque, il faut aussi accueillir des apporteurs étrangers d'ovules ou spermatozoïdes : l'arbre généalogique s'enrichit donc de **greffes extérieures**. Le rite d'intégration dans la communauté familiale est **le mariage** ; l'étranger(e) est intégré(e) par la fusion des gamètes, dont la nuit de noces serait l'acte fondateur. Déjà se profile **un premier choix socioculturel :** dans les sociétés patriarcales, majoritaires, l'épouse vient se greffer sur l'arbre masculin pour s'y fondre ; dans les matriarcats, plus rares, ce peut être l'inverse. C'est le maillon faible de la pyramide familiale, car le greffon peut être rejeté, se détacher de lui-même ou polluer une prétendue pureté génétique par ses chromosomes malsains.

Le poids du sang

Au fil des siècles, à des rythmes différents selon les cultures, plusieurs modèles familiaux se sont juxtaposés et succédé dans la civilisation occidentale. Un socle commun de la famille génétique fédère ces héritages socioculturels de traditions et législations familiales diversifiées autour de **cinq points communs :**

- le plus étonnant pour notre époque est **une exclusion des sentiments** de ses membres. L'amour n'entre pas en ligne de compte dans le choix des alliances ; le « devoir conjugal », la soumission des enfants, l'entraide solidaire sont fondés sur un devoir impératif, non sur l'affectivité ;
- **une identité collective** partagée qui transcende les personnalités individuelles ;
- **une stricte hiérarchie** clanique, le plus souvent structurée par l'âge et le sexe (le chef étant le plus vieux mâle en état de dominer) ;
- **un mécanisme de dépendances mutuelles** entre les membres. Ces liens biologiques sont déterministes, non choisis. Néanmoins ils engendrent, selon leur position dans l'arborescence, des droits et des devoirs : obligations de solidarité, d'assistance, de protection, d'éducation, de sécurité, de financement et transmission d'héritage. La structure de cet arbre généalogique, sa forme (*sapin* étroit et pointu ou *cèdre* aux larges ramifications horizontales) définissent les obligations et devoirs de chacun envers les autres, et surtout ses droits en termes de succession ;

- **un déterminisme de destin individuel**, fixé par la place dans la fratrie : dans les familles génétiques, la programmation familiale assigne à chacun son avenir et ses espoirs. On fait peu cas de l'individu : il est au service de la pérennité du groupe ;
- l'aîné male ne peut échapper au sort de reprendre le métier, le nom (ou titre), la charge, la responsabilité matérielle et morale de toute la maisonnée ; il devra alors assumer les alliances les plus rentables pour son nom. Les benjamins doivent s'effacer, les garçons pour aller chercher fortune ailleurs, et les filles accepter le mariage qui confortera la stratégie dynastique et patrimoniale. Ainsi était réglé le destin familial, bien loin des histoires d'amour et préférences personnelles, y compris dans la classe moyenne. Des traces de ce déterminisme existent encore dans les milieux de grand patrimoine.

Historiquement, ce tissage familial génétique s'est incarné en deux modèles différents, juxtaposés et successifs au fil des siècles.

La loi du clan

Dans des temps immémoriaux, **la horde** incoordonnée de survie au jour le jour a donné naissance aux **tribus**, première forme de socialisation, de cultures durables, de régulation des relations de groupe. Puis les familles claniques se sont segmentées comme les ramifications de ce tronc commun du tribalisme génétique, selon les mêmes principes.

La famille-clan est constituée autour d'une stratégie de survie commune. Elle est un moyen de résister à des menaces de prédateurs ou ennemis, à une pauvreté endémique. On la trouve plus fréquemment dans certaines cultures confrontées à un impératif de survie en milieu hostile.

Trois qualités la caractérisent :

- **c'est une famille extensive multigénérationnelle.** L'union fait la force productive et défensive. Elle peut être composée de nombreux foyers sur plusieurs générations ; elle inclut des cousinages éloignés et intègre vite les nouveaux venus par alliance ; elle peut même inclure des serviteurs ou collaborateurs proches et fidèles ; tous vivent en quasi-communauté, partagent le même mode de vie, les mêmes moyens de subsistance et de survivance, la table et les tâches. Les enfants y sont élevés en commun ;
- **c'est une famille collectiviste.** Cette *communauté de sang*, mais élargie, met en commun un patrimoine (des biens, de l'argent) et des ressources (de l'argent, des outils, des compétences humaines) pour instaurer un système d'entraide et de solidarité obligées qui repose sur l'adhésion totale des individus au système : répartition des tâches de chacun, vie en collectivité, partage des biens, des services ;

- **c'est une famille coercitive.** Le seul objectif est d'améliorer les chances de survie du clan : le groupe prime sur tout. Le couple est un outil de production, l'individu seul n'est rien, il n'existe qu'au travers de la communauté sans laquelle il est en danger et peut disparaître. Tout ce qui relève du domaine privé intime, y compris les sentiments personnels, les aspirations, les rêves, n'ont pas de légitimité, donc pas d'espace pour s'exprimer. Tout départ est une trahison, tout mariage exogamique doit être approuvé et son partenaire ramené au sein de la tribu pour s'y rendre utile. La liberté individuelle, l'autonomie, le développement personnel n'ont aucune place dans ce modèle de famille clanique génétique.

Ce modèle est **un héritage presque oublié**, qui n'a cessé de s'étioler dès que le niveau de sécurité et de qualité de vie a augmenté, que la soif de possessions individuelles s'est amplifiée. S'en sont détachés, les premiers et très tôt, à partir du XIIe siècle, les nobles et grands propriétaires qui avaient un nom et un domaine à protéger et transmettre ; puis les bourgeois, suivis des artisans-commerçants ; et enfin la classe moyenne au début du XXe siècle.

Cette famille tribale d'obligation n'est plus qu'un souvenir lointain, dépassé en France et dans les pays occidentaux. Des modes de vie ruraux, les plus pauvres, ont perduré jusqu'au début des années 1950, avec de grandes familles d'agriculteurs, ouvriers agricoles inclus, travaillant en commun terres et bêtes, équipements et mains-d'œuvre, pour les travaux quotidiens aux champs ou à la maison. Un film, *La Horse*[1] romançait cette obligation tribale dans laquelle chaque membre du clan devait soumission au chef, ou partir.

Les grandes familles claniques du passé rural avaient laissé la place au modèle dominant de la famille dynastique. Les derniers milieux à basculer furent les artisans et commerçants d'avant la Seconde Guerre mondiale, puis les petits agriculteurs, dans les années 1950 et 1960, poussés par l'exode des campagnes vers les villes qui a fait exploser les dernières familles-clans.

L'intérêt dynastique

C'est **un modèle opposé**. Si la famille clanique est fille de conditions de vie où prime la survie au jour le jour, la famille dynastique génétique est **née du souci patrimonial** : des biens ou privilèges qu'on veut transmettre sans les diluer. Elle est devenue le modèle familial dominant dans les sociétés occidentales depuis longtemps, la seule famille envisageable.

La famille dynastique est sélective. Il s'agit d'un groupe humain étroit, restrictif. Elle se limite aux liens directs de filiation ou alliance ; elle limite

1. *La Horse*, film de Pierre Granier-Deferre, 1970, avec Jean Gabin, en chef de clan, qui déclare que son métier est d'être propriétaire !

l'extension horizontale de son arbre généalogique, en éloignant du cercle prioritaire les belles-familles, les cousinages. Cette famille intègre au premier rang les grands-parents, les parents et les frères et sœurs ; viennent au second rang, et déjà hors patrimoine, les oncles, tantes et cousins germains ; bien plus loin les cousinages secondaires et les familles d'alliances. Cette structure étroite d'arbre généalogique en forme de *sapin* n'est pas fondée sur les sentiments de ses membres, mais répond à des objectifs socio-économiques.

La famille génétique ne tient plus la distance

Bien que 83 % des Français considèrent la vie en couple comme un idéal et que 17 % seulement disent le mariage dépassé[1], le modèle de famille traditionnelle dynastique, supposé « pour la vie », *explose en vol* de plus en plus souvent, dans le contexte des modes de vie contemporains. Les facteurs sont nombreux et mêlent des variables matérielles (la mobilité), économiques et sociales (les libertés gagnées par les femmes depuis soixante ans), familiales (la pudeur des parents à se mêler de la vie sentimentale des enfants).

Notre sociologie est dominée par les stars étoiles filantes, les métiers *kleenex*, les produits à jeter et le recyclage comme objectif écologique. La famille, elle aussi, s'adapte à cet écosystème en remodelage permanent, un *turn-over relationnel.*

Cette précarité engendre une famille décomposable. La première caractéristique de ce nouveau modèle relationnel est l'acceptation de l'éphémère.

Le divorce facile et banalisé est le père de cette nouvelle forme de foyer. Si le nombre d'unions légalisées ne diminue pas (mariage ou Pacs), la multiplication des ruptures de couples en France est en progression constante :

- le nombre de divorces a été multiplié par quatre depuis 1975[2] ;
- de 1999 à 2009, on est passé de 117 000 à 127 500 divorces, de 39 à 45 %[3].

Ce phénomène fait de la famille dynastique un canal désadapté, de la transmission patrimoniale et culturelle, un outil cassé. Les parents divorcés se partagent les avoirs communs (il y en a de moins en moins, à mesure que les contrats de séparation des biens se généralisent, signe d'une prévision statistique de divorce assumée) et leurs enfants vivront deux éducations, certains voulant même changer de nom. Il ne reste rien à transmettre.

1. Sondage Ipsos, septembre 2010, cité dans le Dossier d'études n° 135 de la CAF : www.injep.fr/Familles-et-Societe-Sondages-2010.
2. www.lefigaro.fr/actualite-france/2010/09/17/01016-20100917ARTFIG00631-les-disparites-geographiques-du-divorce.php.
3. www.ined.fr/fr/pop_chiffres/france/mariages_divorces_pacs/divorces/.

La famille génétique devient précaire

Voici donc la *famille carpe diem* qui vit de façon hédoniste dans l'instant.

Inexorablement, depuis cinquante ans, **la famille se morcelle**, les éléments s'éloignent les uns des autres, s'isolent. La solidarité s'étiole pour se concentrer sur les personnes de proximité directe. Le phénomène n'est pas nouveau : en 1990 déjà, l'Insee mesurait le déclin du mariage (passé de 97 à 87 % depuis 1962, et le développement de l'union libre, avec 12,5 % de couples non mariés, contre 3 % trente ans avant[1].

Le bouclier de solidarité familiale se fragilise, se fissure, se rabougrit. Les parents éloignés ne font plus partie du cercle intime des gens avec lesquels on travaille, on se détend, on se confie. On leur doit moins, mais ils ont moins d'obligations à notre égard. La liberté et la mobilité familiale se payent d'une certaine solitude. Les périodes de divorce en font souvent la douloureuse expérience. Il faut compter sur soi-même avant tout et trouver ailleurs, en dehors de la famille, des gens fiables. Ils seront, peut-être, la prochaine famille.

Désormais, quantité de couples vivent hors mariage : en copinage sentimental et sexuel durable d'union libre, en concubinage, en familles recomposées sans passer devant le maire, sous le régime du Pacs. On leur reconnaît à peine une existence légale, et encore est-elle pénalisée fiscalement, socialement suspecte ; mais ce sont d'authentiques familles, même si elles n'entrent pas dans le moule ancien de la génétique bénie par la loi.

L'Ined dénombrait, en 2009, 245 000 mariages (50 000 de moins qu'en 2000 : le taux de nuptialité est passé de 5,1 à 3,9 en dix ans) et 203 000 Pacs (dont 195 000 hétérosexuels)[2].

L'ALTERNATIVE COMMUNAUTAIRE

Cette remise en cause de l'héritage n'est pas seulement décadence, elle correspond aussi à une recherche positive. À la mi-temps du XXe siècle, une contestation constructive du modèle familial génétique s'est manifestée à travers des tentatives de rénovation d'une **famille clanique non génétique** :

- une **famille clanique de pionniers** a été expérimentée par les *kibboutzim* israéliens des années 1950-1970. Le moteur était la volonté d'implantation en milieu hostile, en commandos de pionniers, comme un écho aux *setllers* – les pionniers américains du grand Ouest du XIXe siècle ;

1. Source : Fabienne Daguet, Mariage, Divorce et Union libre, publication de la Division enquêtes et études démographiques, Insee, n° 482, août 1996.
2. www.ined.fr/fr/pop_chiffres/france/mariages_divorces_pacs.

- **une famille clanique d'utopie** a été tentée dans les années 1960 et 1970, sous forme de communautés, par des jeunes marginaux en rupture avec le conservatisme et le rigorisme petit-bourgeois hérités de leurs parents : communautés hippies américaines et leurs équivalents dans le Larzac. Il ne s'agissait pas de conquérir, mais au contraire de se retirer de la civilisation honnie. Ils réinventaient un mode de vie quasi cloîtré avec l'utopie ou simplement l'envie de vivre autrement que le modèle dominant.

Dans ces deux expériences, on retrouve une valeur ancestrale de la famille clanique : un retour à une finalité supérieure et commune à tous, la contribution à l'accomplissement collectif d'un projet de groupe. Ces expériences s'inscrivaient en décalage avec les motivations contemporaines de pouvoir, de réussite, de confort personnels. Révolutionnaires aussi, ces tribus familiales proposaient un modèle collectiviste, sans argent, sans mouvement marchand interne, sans possession d'aucune sorte, qui supposait la mise en commun de toutes les ressources et de tous les gains, mais aussi la mise en sourdine des désirs, des ambitions, des opportunismes individuels et de la propriété.

Ces deux expériences néo-claniques n'ont pas duré et ne se sont pas diffusées parce que le décalage socioculturel fut trop radical. Mais leur exemple fut **révolutionnaire**, car elles ont attaqué les premières le principe sacré de la famille généalogique par le sang, qu'elle soit dynastique ou tribale. C'est un tout nouveau principe qui fonde ces libres alliances d'individus. Qu'importe la filiation parentale : le projet commun, la vision et l'utopie, la philosophie tenaient lieu de parenté. La révolution réside dans cette parenté psychosociologique : on mute **de la famille-destin à une communauté de cooptation.**

À LA CROISÉE DES CHEMINS

FAMILLE LEGO OU FAMILLE PYRAMIDE ?

Le nouveau modèle dominant est individualiste et affectif. Il rejette le déterminisme du groupe au profit d'une libre connexion émotionnelle. La famille nouvelle est égocentrée, dominée par des sentiments impulsifs qui la remodèlent en permanence.

Notre héritage ancestral se voit donc bousculé, remis en cause par la précarisation et la perte d'attractivité de la famille génétique dynastique, et par **la fascination pour une famille de cœur** :

- pour certains, cette mutation récente de la famille est une décadence culturelle et spirituelle, un retour aux bas instincts animaux ;

- pour d'autres, la famille ne peut pas échapper à se redéfinir, à l'époque de la précarité instituée, des solitudes urbaines ou rurales, de la compétition stressante, de la mobilité obligée.

Le concept famille ne peut ignorer une civilisation qui invente le *speed-dating* et *Meetic*[1] pour pallier l'angoisse de millions de solitaires. Cette exigence enfle sous la pression de l'évolution de mœurs et de situations bien réelles auxquelles des solutions doivent être trouvées : quantité de divorces et de *familles recomposées*, volonté des couples homosexuels d'institutionnaliser leur union, baisse de fertilité dans les pays occidentaux et les zones urbaines, mobilité croissante de personnes hyperinformées grâce au net, confrontées à des législations différentes d'un pays à un autre.

Le droit en retard sur les pratiques

Si l'opinion publique semble moins conservatrice et frileuse que ses textes, la France institutionnelle demeure plus traditionaliste que ses voisins européens.

Mais ces textes reflètent-ils encore l'opinion française ?

De nombreux exemples soulignent **l'urgence de changer les textes pour qu'ils soient en conformité avec les changements sociaux** :

- la loi tergiverse toujours, dans un débat sans fin sur le mariage homosexuel, alors que l'opinion générale est acquise à ce fait et à sa conséquence principale : l'adoption d'enfants ;
- se pose de manière aigüe le problème des adoptions et des mères porteuses à l'étranger, de la situation juridique d'enfants conçus hors de France et par autrui ;
- le droit de la famille n'éclaircit ni la place, ni le rôle des beaux-parents, moins encore celui des multiples grands-parents, auprès des enfants de familles recomposées, ni sur l'autorité parentale et l'éducation, ni sur la garde en cas de décès du parent naturel, et pas plus pour l'héritage ;
- ce droit met hors la loi les grossesses déléguées (mères porteuses), et rend difficiles les adoptions pour des couples non mariés et des célibataires, ou le don d'ovocytes, en multipliant les obstacles : démarches complexes et très longues, tests, enquêtes et questionnaires psychologiques, et finalement une décision subjective souvent conservatrice.

La société française, dans la lettre de ses textes comme dans l'esprit de leur application (notamment dans la justice familiale qui statue sur les séparations), définit toujours la famille comme au XIXe siècle, par le sang et la filiation génétique, qui fait de l'enfant *un bien naturel* de ses géniteurs, en décalage avec le vécu, choisi ou obligé, de millions de personnes. La plupart des citoyens subis-

1. Site pionnier de rencontres sur internet : www.meetic.fr.

sent ce décalage en ne pouvant que le regretter. Seuls les *people*, les foyers riches, passent au-dessus des lois comptant sur leur réseau d'influence, leur notoriété et leurs moyens financiers pour faire imposer leur choix.

Plus loin vers la famille Lego ?

Depuis deux ou trois décennies déjà, un **prototype familial affectif,** polymorphe, flexible et autocentré est en train de s'improviser, empirique ; mais on peut remonter à ses racines dans l'affranchissement des déterminismes sociaux, hérité de Mai 68 : libération pour les uns, décadence pour les autres.

Cette famille à géométrie variable, *un Lego*, conteste et démode la famille Dynastique autant que la famille Tribale, comme elle contredit toute forme de famille à prétention éternelle et déterministe, fondée sur le *fatum* généalogique de naissance.

Sa dynamique s'est imposée. Cette famille nouvelle s'est installée dans les mœurs jusqu'à représenter une très forte minorité statistique, dès les années 1990. Son attractivité se développe dans les couches les plus jeunes de la population, mais aussi chez les adultes *quadra* des grandes villes, les plus éduqués, les plus actifs et mobiles, les plus indépendants de pensée devant les normes sociales et moralistes.

Le Pacs est très significatif de cette tendance : 700 000 unions ont été signées sur ce modèle au cours des dix premières années de son existence (1999-2009)[1]. Et le nombre annuel de contrats a doublé entre 2007 (environ 100 000) et 2010 (203 000)[2]. Ce sont très majoritairement des couples hétérosexuels, chez qui le Pacs substitue au mariage une forme plus flexible de couple libre.

Plusieurs facteurs encouragent et modèlent la silhouette de cette famille du XXIe siècle.

L'avènement de cette famille contemporaine est porté par deux dynamiques : une tendance, subie, à la précarité sociale et une tendance, motivée, à la liberté individuelle :

- d'un côté, **la culture ultralibérale** favorise les valeurs d'individualisme, de mobilité, de remise en cause permanente pour mieux innover, de jeunisme et de renouvellement sur des cycles de vie courts. Dans cette perspective, la famille traditionnelle, par ses exigences de stabilité, est perçue comme un fil à la patte qui freine mobilité et combativité des guerriers de l'économie, chez qui les *managers* préfèrent **une famille *light*.**
- d'un autre côté, **la variante 2011 de l'esprit libertaire**, ni militant ni contestataire, mais simplement indépendant, autonomiste, réticent aux normes collectives et aux lois, voire asocial. Pour lui, la famille traditionnaliste est un carcan social contraignant, donc ignoré.

1. Source : Wikipedia.
2. www.ined.fr/fr/pop_chiffres/france/mariages_divorces_pacs.

Scénario : « MyFamily »

On ne parle plus de tribu, très peu de dynastie, mais de **cellule familiale.** Ce mot évoque un repli de la famille autour du couple parents-enfants, un microcosme limité à deux générations. La famille devient **une entité intimiste, à fort coefficient affectif**, recentrée sur un **cocooning** de qualité de vie, psychologique autant que matérielle, où se mêlent **l'amour** (dimension émotionnelle romantique), une dose de **liberté** (allégée des contraintes et devoirs envers la tribu élargie), un matérialisme de **partage des plaisirs** de la consommation (plutôt que l'ascèse du patrimoine à protéger).

MyFamily est une famille recomposable

Elle est ouverte à de nouvelles alliances : un(e) nouveau(elle) partenaire apporte avec lui (elle) de nouveaux enfants, de nouveaux grands-parents, de nouveaux frères et sœurs.

Le vocabulaire a du mal à suivre : les enfants de ces familles recomposées ne savent plus s'il faut dire « maman », « belle-maman » ou « Sophie », ni comment nommer celui ou celle qui remplit une place fraternelle dans leur nouvelle vie. Mais, indépendamment des souffrances psychologiques possibles, leur adaptation sociologique à la précarité familiale est faite.

MyFamily est affective

La norme change du tout au tout, de la fidélité imposée à la spontanéité affective. **Cette nouvelle famille est autorisée à se composer, se décomposer et se recomposer**, par amour ou haine, **au fil des émotions** qui jalonnent les relations interpersonnelles ; le « oui » initial n'est plus impératif pour toute la vie.

MyFamily est liberté

Elle est un exercice de vie contractuelle affective et pratique à la fois, une libre association, s'opposant au déterminisme qui enfermait, pour la vie, une personne dans un rôle, avec un partenaire non choisi. L'individu n'est plus un maillon de chaîne : il est libre de choisir sa connexion.

MyFamily est libre association

À chacun d'y vivre son histoire : aventure passionnelle, arrangement pragmatique de vie commune, *deal* financier ou partenariat sexuel satisfaisant. La primauté de l'économique patrimonial dans la famille dynastique s'efface derrière un lien multicritère entre adultes consentants, dont chacun dose le cocktail. L'individualisation des membres s'accélère. **Une famille moins omniprésente, une société jungle qui pousse à l'individualisme sont autant de**

forces qui allègent le poids du devoir familial. Chaque membre de l'association (adultes comme enfants) revendique son existence propre, son droit à choisir sa vie, à ne plus être confondu avec son entité familiale, son droit à l'asynchronie. Un individu, à la mode de son temps, se doit d'être mobile, réactif et adaptable. Il refuse l'engagement à long terme, privilégie l'éphémère, le zapping, l'opportunisme. L'individu seul est plus léger, plus à même de naviguer et de s'en sortir. L'esprit familial, comme l'esprit citoyen, diminue.

MyFamily est indépendante

L'individu prend le pouvoir et la famille devient un **choix personnel.** Avec cette indépendance nouvellement acquise, la personne se plaît à imaginer sa famille idéale, à rêver d'histoire d'amour. **Selon cette dynamique, il peut donc y avoir autant de modèles familiaux qu'il y a de volontés individuelles.** L'occidental du XXIe siècle, émancipé, vit sa famille comme il l'entend, y compris en dehors des codes classiques, et la réinvente à loisir. Il peut choisir le célibat, le couple mixte, le couple homosexuel, le rôle de parent célibataire, la famille recomposée. Il devient banal, socialement indifférent de vivre seul ou à deux, de partager le même toit ou rester chacun chez soi, de ne pas vouloir d'enfants ou les faire en solo, de vivre sa famille en alternance (garde partagée des enfants), de décomposer ou recomposer sa famille.

MyFamily est à géométrie variable

Elle fixe librement et redessine en permanence ses frontières. Elle peut ignorer sans remords des liens de sang pour intégrer dans le cercle familial des amis, parrain-marraine, un nouveau conjoint qui joue un vrai rôle paternel. On peut y choisir **son** parent de cœur qui peut être différent du géniteur ; on peut s'y choisir **des** sœurs et frères sans le moindre lien de sang ni d'alliance ; on peut y adopter **ses** enfants, d'où qu'ils viennent, sans impératif chromosomique. Chacun peut (en théorie du moins) redéfinir **sa** famille comme une extension **de soi-même.** « MyFamily, c'est qui je veux, quand je veux, où je veux… et si je veux ! ».

Cet autocentrage de la cellule autour d'un individu implique une toute autre définition des responsabilités familiales. Dans cette logique, les obligations sont négociables : à chacun de redéfinir quels droits et devoirs il se donne envers ses ascendants, voire envers ses descendants.

Le droit évolue lentement et avec réticences, pour prendre en compte cette réalité nouvelle d'une famille remodelable. Ainsi la **justice familiale** donne un peu plus la parole aux enfants, notamment lors des divorces : ils peuvent être entendus, s'exprimer avec l'aide d'un avocat devant un juge qui les reçoit. D'aucuns diront que c'est un pas de plus vers l'enfant roi ; d'autres salueront ce droit d'expression et d'existence donné à l'enfant, alors qu'il était traité *en objet*, déplacé par décision d'adultes.

MyFamily est une structure ad-hoc

L'identité personnelle reste préservée. De plus en plus souvent, la femme garde son patronyme, symbolisant qu'elle est d'abord une personne avant d'être seconde en prenant le nom de l'époux. Ainsi l'égalité se manifeste par un non-effacement de son identité première et une non-assimilation à une entité autre. La logique pourrait pousser jusqu'à autoriser des enfants de famille éclatée/recomposée à choisir le nom qu'ils veulent porter.

Selon un sondage BVA réalisé en janvier 2010, 54 % des femmes de tous âges garderaient leur nom de jeune fille, si elles se (re)mariaient dans l'année ; 40 % donneraient à leurs enfants les deux noms accolés des parents[1].

MyFamily est le désir d'enfant

L'enfant y occupe une place nouvelle, qu'exprime cette expression « désir de », en rupture avec la tradition ancestrale de l'enfant donné (ou imposé) par Dieu ou le hasard biologique. La logique de cette tendance à la famille personnalisée conduirait au postulat suivant : **toute personne qui se déclare prête à avoir un enfant et prête à s'en occuper devrait pouvoir être satisfaite.**

Mais alors, l'enfant devient-il une marchandise, certes sacrée et adulée, mais **un vecteur de satisfaction personnelle ?**

Une enquête de 2009 révèle que 60 % voient dans un enfant le bénéfice personnel d'une « vie plus belle et joyeuse », 33 % y cherchent une présence affective, surtout pour leur grand âge. Seuls 47 % voient dans un bébé un relais générationnel « à qui transmettre ses valeurs, son histoire », 20 % la possibilité de « laisser une partie de soi après la mort » (conceptions typiques de la famille Dynastique) et 26 % seulement projettent la vision plus désintéressée de « faire cadeau de la vie à quelqu'un ».

L'analyse de l'institut Sofres conclut que 73 % des réponses relèvent de la sphère du plaisir, 69 % du registre du devoir, et 48 % d'une référence à l'amour[2].

MyFamily est un miroir personnel

La famille n'a plus pour vocation première de produire un héritier conforme aux attentes des générations antérieures. Elle ne se plie plus aux devoirs d'abnégation communautaire. **Elle reflète un parcours de vie, mélange de choix personnels, d'accidents subis de la vie, de déterminismes et de hasards.** Pour ceux qui assument accidents et erreurs, *MyFamily* est le bilan personnalisé d'une vie d'adaptation à cent lieues de l'ancien destin familial prédéterminé dès la naissance.

1. www.bva.fr/fr/sondages/les_francais_et_la_Famille.html.
2. Sondage de la Sofres, février 2009, en face à face sur 1 000 personnes de plus de 18 ans, réalisé pour *Philosophie Magazine*, cité dans le *Dossier d'études* 123 de la CAF, décembre 2009.

MyFamily est le dernier espace de liberté

Pour des adultes auxquels on a confisqué le pouvoir d'agir, dans la vie sociale et professionnelle, **recomposer sa famille est un des ultimes pouvoirs disponibles**. Alors que le monde professionnel, économique, social et institutionnel leur échappe, le terrain intime familial est investi de tous les projets, allant de l'éducation des enfants au confort de la maison. Le nombre de mariages régresse, le taux de divorces progresse, les chiffres de remariages sont stables sur les dix dernières années : c'est le Pacs qui en profite, forme juridique typique de ce nouveau modèle[1].

MyFamily est un challenge

Cette liberté individuelle devient un test de performance sociale. On ne peut plus s'abriter derrière le destin ni derrière des parents tyranniques pour expliquer un échec familial. On ne cesse de rechercher dans les médias des conseils de *coaching* pour réussir sa drague, son couple, sa grossesse, l'accueil d'un enfant adopté, son divorce, sa gestion d'une famille recomposée, jusqu'à l'accueil d'un animal domestique.

De l'euphorie de la liberté acquise de haute lutte par les générations des années 1970 et 1980, on passe au stress de l'impératif de réussite pour les générations des années 2000. *MyFamily* est un enjeu statutaire. La liberté acquise dans le choix de sa vie de famille suppose aussi d'immenses responsabilités : la réussite ou l'échec de son œuvre familiale seront jugés par la société contemporaine à l'aune de ses critères propres : productivité et rentabilité, égocentrisme et opportunisme, matérialisme et ostentation, zéro défaut et principe de précaution.

La famille devient expression de réussite sociale, sous forme d'un couple moderne, ni fusionnel, ni indépendant, ayant plusieurs enfants élevés dans un cocon familial douillet et moderne, stimulés sans cesse pour garantir leur succès scolaire.

Du conformisme imposé par le devoir familial (dynastique ou communautaire), on passe à un autre conformisme social (celui de *Biba* ou *Cosmopolitan*, de *Sex and the City* ou *Desperate Housewives*), malgré l'apparente ouverture à toutes les formes de familles.

Scénario alternatif de retour aux familles pyramides

L'attractivité de *MyFamily*, ce jeu de Lego relationnel autocentré qui reconstruit sans fin sa famille de cœur, est acquise chez les jeunes et les urbains. Mais sa généralisation n'est pas assurée, car cette liberté comporte un revers de médaille

1. www.ined.fr/fr/pop_chiffres/france/mariages_divorces_pacs.

anxiogène à base d'incertitudes ; c'est un mode de vie stressant par l'obligation de réadaptation permanente. Même si les quinze dernières années ont considéré de plus en plus la famille génétique comme dépassée, et la famille dynastique comme un carcan d'obligations incompatibles avec la flexibilité de vie moderne, **le scénario d'un retour à une famille indestructible est plus que probable.**

La reconstruction d'une architecture familiale solide, durable, résistante aux bouffées émotionnelles, devrait être **encouragée par plusieurs facteurs** :

- **le CCA décrit l'évolution de notre société *hi-tech*, depuis 20 ans déjà, vers un conservatisme idéologique et moral qui espère plus de stabilité sécurisante fondée sur des principes indiscutables et une éthique universelle.**
- *MyFamily* ne répond en rien à ce besoin, au contraire de la famille génétique. On observe ce besoin de normalité aussi dans les minorités sociales réputées anticonformistes. Ainsi, la revendication de mariage et d'adoption par les gays et lesbiennes : la lutte de la communauté homosexuelle pour le droit au mariage est aussi une lutte pour être des citoyens comme les autres, standard, assimilés, conformistes ;
- le climat socioculturel et économique actuel, fait d'incertitude et de solitude, de désarroi face au chaos, en recherche de valeurs et repères moraux stables, accentue ce phénomène. **Le trou noir sociologique va rendre plus anxiogène encore la famille précaire à géométrie variable**, *MyFamily* donc, et plus désirable une famille néo-clanique qui apporterait la solidarité et la protection tribales que plus personne ne fournit dans la société jungle ultralibérale ;
- enfin, un courant de bio-naturalisme, encore minoritaire, se fait jour, plus favorable à la *famille par le sang*[1] ;
- dans notre société chaotique, la majorité des citoyens ne fait plus confiance aux institutions mais connaît l'angoisse d'un petit *Mowgli* solitaire abandonné dans la jungle : **la seule solution qui inspire confiance est de se regrouper entre semblables pour *faire le maul* dans des microcosmes à taille humaine.** Ce type de fonctionnement microlocal ou microcommunautaire se révèle attractif dans les moments de chaos social, économique, institutionnel. L'individualisme, l'opportunisme, l'ambition égocentrique, mais aussi la dégradation de l'image des *leader*s ont atteint un tel paroxysme, qu'un retour aux bienfaits du clan apparaît plus attractif, garant d'une solidarité minima et d'une survie[2].

Une bonne partie de la population ressent le besoin de **rebâtir des familles pyramides**, des châteaux forts de solidarité clanique moderne.

1. Voir le chapitre 3 : « Vitalité obligatoire ! ».
2. *Idem.*

Vers une famille communautaire ?

Renaîtrait alors de ses cendres une forme modernisée de la famille clanique, élargie par le réseau de solidarités.

Elle serait une **famille mutualiste**, fondée sur des échanges collaboratifs, utiles et équitables, autant ou plus que sur la simple affectivité et le désir.

Cette nouvelle **famille associative** sera moins obsédée par la pureté d'une lignée génétique, par la filiation directe : elle intégrera avec facilité des *affiliés* partageant les mêmes objectifs et les mêmes méthodes de survie, soudés autour d'une sécurisation mutuelle.

Cette famille communautaire pourra se nourrir de deux tendances socio-culturelles :

- **la communauté romantique** : on voit se dessiner la nostalgie d'un clan affectif et convivial, à la fois havre de paix et de solidarité, couveuse de solutions pragmatiques, consensuelles, de *vivre ensemble.* La valeur recherchée est l'enrichissement (aux sens propre et figuré) et la sécurité de chacun grâce à la mise en commun équitable de toutes les compétences et bonnes volontés. Le monde associatif porte ce type de projet, mais on peut aussi rapprocher de cet état d'esprit les mutuelles ou les coopératives ouvrières (Scoop), tout comme certaines sectes ou minorités religieuses. C'est une communauté ouverte et tolérante : sans l'ambition affichée par les véritables communautés utopistes de tout mettre en commun, il s'agirait de rapprocher les bonnes intentions individuelles pour créer un flux d'énergie positive propre à porter des projets d'envergure profitables à tous les membres. Le retour d'une **famille associative d'entraide**, mais moins obsédée par la filiation, ouverte à des associés étrangers à la lignée génétique est imaginable ;
- **la communauté défensive :** c'est un repli sur **des tribus isolationnistes**, garantes et protectrices d'un mode de vie, de convictions, d'une identité culturelle. Elles prospèrent dans les fondamentalismes religieux et les sectes, les communautarismes et toutes formes de microparticularismes revendicatifs. Ce type de communauté repliée sur elle-même rassure les personnes angoissées, abandonnées sans repère dans la jungle sociale, les victimes du chaos économique et du désordre des valeurs. La communauté leur fixe un cadre, des repères, des lois, punit les fautifs et récompense les méritants : elle se pare de tous les attributs d'un *pater familias* de droit divin. En elle, l'individu qui meurt de solitude existe enfin aux yeux des autres sur la scène sociale ; il se fait entendre et s'exprime, trouve un guide et un chemin à suivre. Cette famille en armes le défend, protège ses acquis, ses espoirs, ce qu'il est.

Ces communautés plutôt **protectionnistes** peuvent devenir agressives et vindicatives pour asseoir un peu plus la légitimité de leur mode de vie et de leur vision du monde. Se profile alors un clanisme plus dangereux, à risque de communautarisme, autoritaire, exclusif et intolérant.

Le spectre du communautarisme et de ses dérives hante les sociétés occidentales qui ne trouvent pas de solution à la misère économique, à l'intégration des étrangers, à la montée des extrémismes religieux, à la mosaïque des styles de vie qui doivent apprendre à cohabiter ensemble dans le respect de la liberté de tous.

Quels styles de famille en 2020 ?

Tranches de vie 2020

Vive la famille de cœur, choisie !

Amélia raccroche, regarde son chat, l'écran de son ordinateur, la photo d'une belle rousse encadrée sur son bureau. Elle caresse son ventre, croque un bout de chocolat. Comment la famille peut-elle être à ce point douloureuse, conflictuelle, fausse ?

À commencer par ce père dont elle n'a plus eu de nouvelles pendant vingt ans : elle fêtait ses six ans le jour où il n'est jamais rentré pour souffler ses bougies ! Cet étranger, vieux, malade, réapparaît, demande de l'aide, de la compassion. Pourquoi pas de l'amour ! « Nous sommes du même sang, Amélia, ce n'est pas rien ! ». Elle s'en fiche, son père n'est pas ce pantin ridicule. Même si ces yeux verts électriques… Elle lui ressemble donc, un peu !

Non, son véritable père, son père de cœur, qu'elle a choisi, c'est François. François qui a vécu avec elle et sa mère pendant dix ans. François qui a partagé son quotidien, ses humeurs boudeuses, ses galas de danse, son redoublement, ses jupes trop courtes et son premier tatouage. François qui lui a apporté une « sœur », une jumelle miraculeuse de huit jours sa cadette, aussi rousse et mouchetée de taches de rousseur qu'Amélia est brune à la peau mate.

Elle n'a jamais osé lui dire « papa ». Par superstition : son père biologique, légalement le « vrai », est une telle raclure. Et pourtant, quand François et sa mère se sont séparés, le choc de perdre un père, de nouveau !

La colère de maman s'est trompée de cible, c'est moi qui ai trinqué ! Pourquoi nous interdire de nous voir ? M'entendre dire que « mon attachement est ridicule », que « François n'est pas ton père ni Gwen ta sœur », « ils ne sont pas de ta famille, de ton sang ». Il avait pourtant pris à bras le corps tous les devoirs d'un père, sans aucun droit à faire valoir ! La famille, le sang, le nom, l'héritage génétique : foutaises ! L'hérédité de la déception, oui !

Amélia sent son ventre se tendre, tressauter, là à droite. Encore un bout de chocolat. Le bébé arrivera dans trois semaines, il manque de place, mais fait encore des cabrioles. Finalement, elle aime ça, cette grossesse si facile, naturelle, heureuse. Il faudra qu'elle en reparle avec Hugo, plus tard. Mais pas question d'habiter dans le même appartement !

La boîte mail clignote ! Des nouvelles du petit ? Louis et Antoine s'impatientent, à croire qu'ils vont accoucher eux-mêmes, ce qui n'est pas totalement faux ! Ils n'ont pas voulu savoir lequel de leurs spermatozoïdes avait fécondé l'ovule magique dans la pipette ? Amélia est fière de porter l'enfant de son meilleur ami, son frère de cœur lui aussi. Elle abandonnera tous ses « droits et devoirs » pour qu'ils adoptent le bébé qui sera là le 5 du mois prochain. Un petit scorpion qui aura deux papas, trois marraines et quatre parrains, à défaut d'avoir une mère et des grands-parents présents, au sens légal du terme ! Et c'est tant mieux. Mieux vaut choisir que subir !

TRANCHE DE VIE 2020

Retour à la famille clanique

Philippe vient de s'absenter, en boudant. À 39 ans, avec déjà quatre enfants, j'ai trouvé le courage de lui dire « non ». Non à ce cinquième bébé qui lui faisait tant envie.

J'ai cru craquer, tous ses arguments faisaient mouche, mais il a tourné les talons à temps, juste avant que je ne baisse les armes ! Et pourtant il a raison, je le sais, les enfants sont notre raison d'être. Je veux dire la raison d'être de notre couple et de notre famille.

Et quand je dis famille, je parle de nous six : Philippe mon mari, Domitille et Clément, les deux aînés, déjà âgés de 14 ans, Léonie, la cadette de dix ans et Léopold, le benjamin, une petite terreur de cinq ans. Mais la famille va bien au-delà de la troupe quotidienne que nous formons. Sont inclus également parents, grands-parents, frères et sœurs, oncles et tantes, la ribambelle de cousins et cousines qui envahissent nos jardins chaque week-end. Heureusement, nous n'habitons pas trop loin les uns des autres. Et pour les plus occupés, il reste toujours la maison de grand-mère, dans laquelle nous nous retrouvons à toutes les vacances.

C'est du travail, tout ce beau monde : toujours un gamin malade à garder, un chômeur à dépanner, une fugueuse à abriter avant de la ramener au bercail, une maison à partager. Mais on sait aussi qu'ils seront là le jour où l'on aura besoin de quoi que ce soit. Dans la jungle que devient ce monde, c'est rassurant de sentir autour de soi un cercle de solidarité sans faille. On manque souvent d'intimité, et même de liberté, on doit toujours faire des compromis, c'est vrai et ça pèse parfois ; mais on n'est assurés de n'être jamais seuls.

Philippe a raison, au travers de nos enfants, je vois deux familles qui se lient, qui se sont choisies et reconnues au travers d'un socle commun de valeurs et d'objectifs. Deux familles qui se rejoignent pour faire fructifier ce dont elles ont hérité et le léguer aux générations à venir. La petite entreprise que Philippe gère, entre autres. Ces deux familles sont mon univers, elles sont mon cercle amical, ma référence, mon modèle !

Et ce sont les enfants qui contribuent toujours à maintenir cette proximité, cette solidarité indéfectible grâce au lien du sang. Les enfants sont des passeurs, à la fois dépositaires de la mémoire du clan et promesse d'avenir, ils sont la vie.

Peut-être que sans cela, sans cette intime conviction, Philippe et moi aurions-nous divorcé, comme tant d'autres ! Mais c'est inimaginable, que dire aux enfants, que faire de la famille ? Quel exemple éducatif ? Quelle preuve d'égoïsme, d'inconséquence ? Les passions personnelles s'effacent devant les impératifs de la famille !

Marie, ma belle-sœur, passe devant moi, elle est enceinte de son second. Je suis un peu jalouse, sentir la vie en soi, se préparer à l'arrivée d'un bébé, reconnaître chez lui les yeux bleus de la lignée paternelle, le menton volontaire des cousins maternelles, le fichu caractère du grand aïeul, et espérer pour lui qu'il reprendra tel ou tel emploi dans l'entreprise familiale ! Quel bonheur !

Philippe, je me rends à tes arguments. Les enfants sont la vitalité d'une famille, la preuve du bonheur qui bénit notre union et notre famille. Une cinquième étoile à notre blason ne sera pas de trop.

Vox populi

La famille, ultime refuge

Dans cette période de crise qui perdure, la famille est la valeur refuge la plus sûre[1].

Bien des sondages confirment ce diagnostic de *familycooning* que le CCA décrit en progression depuis quinze ans : **pas moins de 85 % des Français considèrent que leurs moments de vie préférés se passent en famille, surtout les 30-50 ans, mais aussi les ados de 15-19 ans (69 %), pourtant censés préférer la compagnie de leurs amis à celle de leurs parents**. Si un tiers des adolescents se disputent parfois avec leurs parents, ils sont 81 % à se sentir « en complicité » avec eux, chiffre en augmentation. Le trou noir sociologique favorise un recentrage sur la sécurité familiale[2].

Mais quelle famille ?

Deux tendances psychosociologiques se contredisent, souvent chez les mêmes personnes, et nous prévoyons le développement de ce paradoxe.

Une première tendance libertaire

L'individu du XXIe siècle est habitué à obtenir ce qu'il désire, en temps réel, selon une logique tolérante et impulsive, égocentrique. Ce **vent de libre choix** souffle depuis quarante ans. Il est né de Mai 68 et a diffusé son influence dans toute la société. Cet esprit d'autonomie souffle toujours sur la vie privée, en particulier chez ces jeunes urbains éduqués qu'attire *la famille Lego* à géométrie variable, définie selon le cœur. L'électron libre assume les risques et

1. Voir le chapitre 1 sur les tendances sociales de « la France cabossée ».
2. Sondage Ipsos, septembre 2010, cité dans le *Dossier d'études* n° 135 de la CAF : www.injep.fr/Familles-et-Societe-Sondages-2010],

(re)compose sa famille comme il l'entend ; il supporte mal que la nature ou les lois lui barrent la route.

Les sondages révèlent **qu'une majorité de Français est ouverte à toutes les formes de famille** (mixte, homosexuelle, divorcée, recomposée, monoparentale, homoparentale) et à toutes les formes d'institutionnalisation de la famille (union libre, concubinage, Pacs, mariage).

À titre d'exemple, entre autres, 58 % des Français (c'est 12 % de plus qu'en 2007) se disent favorables au mariage homosexuel (contre 35 %), et 49 % à leur droit d'adoption[1].

La majorité des Français s'accorde à dire que **la nouvelle famille relève de choix personnels et intimes, mais qu'elle ouvre la porte à une solitude grandissante** : cellule familiale instable, éclatée, en mouvement perpétuel. Le nombre croissant de mères célibataires, de quadras et quinquas vivant seuls, l'augmentation de seniors isolés en sont les indices que chaque famille connaît.

La société s'émiette, les Français le déplorent mais **l'impératif de *self-achievement***, devenu si essentiel, affûte les ambitions et les rêves de réussite statutaire, créant une intolérance accrue à la vie collective et au don de soi.

Le *coaching* familial manœuvre ces familles composées d'individualités juxtaposées : une succession de repas pris séparément en fonction des désirs de chacun ; des écrans plats, ordinateurs et consolent de jeux qui se multiplient ; l'impératif de rendez-vous émotionnels ponctuels pour recréer du lien familial, une occasion de se voir et de se parler.

Mais cette famille *ad hoc*, qui a le vent en poupe, représente-t-elle pour les dix ans à venir le point d'ancrage dont les Français ont tant besoin ?

Une seconde tendance sécuritaire

Car l'esprit libertaire n'est plus une tendance sociologique majeure : bien au contraire, **la société française ne cesse de se crisper sur un nouveau rigorisme**, tendance réactionnaire amorcée depuis une quinzaine d'années déjà[2].

Majoritairement, la France est conservatrice dans sa gestion sociale collective.

Ce conservatisme se traduit, entre autres, en un besoin de sécurité qui est, en 2011, plus généralisé et mieux partagé dans toutes les classes sociales et générations que par le passé. Mais il est moins obsédé par la délinquance que par les risques économiques (chômage et pouvoir d'achat, crise financière) et les

1. Sondage TNS Sofres par téléphone, le 26 janvier 2011, auprès d'un échantillon représentatif de 950 personnes, selon la méthode des quotas, cité dans tempsreel.nouvelobs.com/actualite/societe/20110128.OBS7072/sondage-58-des-francais-favorables-au-mariage-homosexuel.html.
2. Bernard Cathelat (dir.), *L'impératif moral*, collection Foreseen, Denoël, 1998.

risques sociaux (DRH sous pression, risques écologiques et alimentaires, abandon de l'État-providence).

Entre ces deux tendances contradictoires, une synthèse émergera-t-elle ? Un nouveau modèle de famille peut-il apparaître ?

Vers une famille « virtu-réelle »

Une tendance majeure de la sociologie des moins de quarante ans est la naissance d'un style de vie mixte, à cheval entre le monde réel matériel et le monde virtuel numérique, qu'il combine (et parfois confond) par des aller et retour permanents : **un mode de vie virtu-réel[1].**

Ce courant socioculturel est un héritage de la web-culture, et plus particulièrement de la pratique des **réseaux sociaux** :

- cette tendance n'est pas le seul fait de *geeks* perdus dans la sphère numérique, incapables de distinguer le monde réel des fantasmes virtuels ;
- **les nouvelles générations apprécient ce nouveau territoire**, parce qu'il échappe aux ukases de la société des vieux, mais surtout parce qu'on peut y vivre à la fois sa soif d'indépendance flexible et son besoin de protection collective, en un individualisme clanique.

Il se couve ici un **nouveau prototype de famille**, mélange d'individualisme et de vie de groupe. Il satisferait le besoin d'autonomie et de liberté individuelle, tout en allégeant l'angoisse de la solitude…

Une diversification des relations familiales

D'un côté, un individu **vivra son existence réelle sur le mode sélectif de *MyFamily*** : un engagement affectif, une solidarité concrète, une interdépendance assumée avec un petit nombre de personnes, choisies indépendamment de tout critère généalogique ou identitaire, dont on accepte d'être dépendant… Une famille de cœur, sans garantie de durée, au gré des impulsions affectives ou d'un cycle de vie.

Cette famille ad hoc, composée comme un *Lego* à géométrie variable, se vit dans le monde réel. On y est plus libre de choisir le casting de **sa famille,** mais ensuite on y est plus dépendant de ces élus.

Le modèle juridique de cette facette de vie est préférentiellement (mais pas exclusivement) le Pacs : « Le bonheur est dans le Pacs plutôt que dans le mariage pour de nombreux couples français », a récemment titré le *New York Time.* Les chiffres le prouvent : le nombre de *pacsés* a franchi la barre d'un

---

1. Identifié et décrit par netexplorateur : www.netexplorateur.org/netexploratrend/etude.

million début 2010. Au 1er janvier de la même année, trois Pacs ont été conclus pour quatre mariages célébrés, selon les derniers chiffres de l'Insee[1].

De l'autre côté, la même personne, pourra vivre **une seconde vie de famille clanique, mais virtuelle**. Les *réseaux sociaux* et autres modes de connexion numérique permettront de garder un contact élastique avec des grands-parents et petits-enfants, des sœurs ou cousins éloignés, des beaux-parents avec qui on ne veut pas couper les ponts, mais que l'on ne souhaite pas (ou ne peut pas) rencontrer de visu régulièrement.

La relation virtu-réelle est bien réelle : on y échange des informations, des signes d'attention, de respect ou d'affection. Un lien humain dématérialisé est maintenu sous forme de connexion numérique.

Mais cette relation est distanciée, non seulement par l'éloignement physique mais aussi par la désimplication émotionnelle. **Et surtout elle est défensive**. Elle défend l'intimité en permettant de ne livrer de soi-même que ce que l'on veut bien dire ou montrer à la webcam ; elle défend la tranquillité en permettant de choisir un moment de connexion, sans se laisser envahir ; elle défend surtout des influences, du conditionnement et de la pression du groupe que l'on ne contacte qu'éclaté, tous les membres nivelés à même niveau de statut…

On retrouve là une forme moderne de **famille *e.clanique***. Beaucoup la pratiquent déjà pour entretenir le lien au sein d'une diaspora familiale ou amicale dispersé sur la planète. Ce double jeu familial se répandra pour gérer aussi les contacts entre parents géographiquement proches mais psychologiquement distants.

Cette famille virtu-réelle, propose une réponse numérique à la solitude sans avoir à subir l'engagement du monde réel, mais sans avoir non plus à le renier totalement. Offrant la certitude de n'être jamais vraiment solitaire, mais jamais vraiment jugé, jamais vraiment contraint, cette pratique ouvre le champ **d'une tolérance plus grande** et finalement d'un **conformisme moins contraignant** pour les multiples visages que peut prendre une famille.

Les familles alternatives virtu-réelles

Les nouveaux modes de vie numériques permettront l'épanouissement de ce nouveau mode de double vie familiale.

Le XXIe siècle va devoir gérer aussi des réalités que la société refuse encore de qualifier de « familiales », par exemple dans le domaine de la natalité : le choix d'avoir un enfant pour un(e) célibataire ou un couple homosexuel, la nécessité de recourir à une mère porteuse, la volonté de porter un enfant tardivement

1. www.lefigaro.fr/actualite-france/2011/02/08/01016-20110208ARTFIG00535-un-million-de-pacses-en-france-au-1er-janvier-2010.php.

après cinquante ans. Ces sujets posent des questions connues de bioéthique[1]. Mais la mise hors la loi ne supprime ni le problème, ni leurs tentatives de résolution qui restent en marge.

Ces questions de familles, interdites de réalité en France, se reportent sur le net pour exister, s'informer, délocaliser leur recherche de solution.

Le web devient un espace de vie familiale parallèle, semi-clandestine. Ce monde virtuel permet à ceux, dont la société nie les désirs, de poursuivre leur quête bien réellement (et souvent à risques) dans d'autres pays plus permissifs.

La liberté d'information, d'échange, de rencontre sur le web, témoigne de réalités autres, de possibilités ailleurs. Les internautes se parlent, se regroupent, échangent détails organisationnels et planifications pragmatiques à distance. Le projet illégal en France prend forme sur la toile et se réalise à l'étranger.

Quand la naissance d'un bébé pour un couple homosexuel français, par fécondation artificielle et mère porteuse aux États-Unis, peut être organisée de chez soi, derrière son ordinateur, à l'insu des interdits institutionnels, c'est **la société qui prend du retard sur la réalité**. Avec quel bénéfice social ? Avec quel prix à payer pour les expérimentateurs ?

La virtu-réalité, ses réseaux de coaching mutuel, sa réalité augmentée amorcent de **nouveaux modes de vie**. La société ne peut que les ignorer ou les accompagner par une évolution du droit, car l'interdit ne fonctionne plus dans ce nouveau monde.

À la croisée des chemins, les dirigeants politiques comme les guides moraux devront choisir de favoriser et réguler :

- un retour à une famille génétique dite naturelle et pérenne, et plutôt de tendance clanique ;
- ou une permissivité envers toutes formes de *MyFamily ad hoc*, autocentrées et remodelables, fondées sur les choix personnels momentanés ;
- ou même une acceptation (et jusqu'où ?) de la *famille Virtu-Réelle*.

1. Voir le chapitre 2, consacré à ce thème.

DE LA THÉORIE À LA PRATIQUE

Questions

- Faut-il donner plus de poids à la parole des enfants dans les conflits familiaux et divorces (domicile et choix de mode de garde) ?
- Faut-il permettre aux adolescents de choisir leur nom de famille ?
- Faut-il permettre à chacun de défaire des liens du sang (renoncement ou perte d'autorité parentale, de droit d'héritage, du devoir d'assistance) ?
- Faut-il permettre de créer ces mêmes liens familiaux d'interdépendance avec des personnes sans lien génétique (frère ou sœur d'adoption, mais aussi beau-père ou belle-mère, belle-sœur) dans une famille recomposée ?
- Faut-il éditer des droits et devoirs spécifiques aux familles recomposées ?
- *Quid* de l'harmonisation du droit de la famille européen, par exemple concernant le mariage des homosexuels et leur adoption d'enfants, autorisé et reconnu en Espagne et pas en France ?
- Faut-il que chaque adulte définisse ce qu'il inclut, pouvant intégrer des amis, amants, maîtresses, ou exclut de sa famille, pouvant renier pères et mères comme un contrat qui ne tient pas compte des liens historiques ou de sang, mais uniquement de son choix ?
- Faut-il rénover et renforcer le statut du mariage… au détriment donc du Pacs, du concubinage et autres formes d'union libre ?
- Faut-il renforcer les droits des enfants en filiation directe, au détriment des adoptés ou recomposés ?
- Faut-il restaurer l'autorité d'un chef de famille ?
- Faut-il rendre moins facile le divorce ?
- Faut-il durcir les permissions de mariages entre Français et étrangers ?
- Faut-il sanctionner par la fiscalité ceux qui divorcent plusieurs fois afin de remettre le mariage durable au centre de l'organisation sociale ?
- Faut-il inscrire les grands-parents dans une plus grande responsabilité vis-à-vis des petits-enfants ?

Interactivité

Voulez-vous exprimer votre opinion sur ce thème, sur les évolutions passées, sur les scénarios alternatifs et sur la tendance sociale ?

Nous vous donnons rendez-vous sur notre site internet où vous pourrez voter et comparer votre opinion à celle d'autres lecteurs. Connectez-vous à : www.agorascope.com/sesame/5famille

Chapitre 6

Mars et Vénus en balance

Pour une nouvelle conception du masculin et du féminin

Héritage

Ce qui nous rattache au monde animal est notre statut d'êtres sexués en deux genres, *femelle XX* ou *mâle XY*, nécessairement complémentaires dans la reproduction. Les deux sexes sont une ressource génétique de la nature.

Mais ce qui fait de l'humanité un animal particulier est la relative liberté de gérer cette segmentation sexuée, selon **une culture du masculin-féminin**. Les deux sexes sont donc, en plus, une ressource psychologique différenciée.

Une société à cloche-pied

La France mauvais élève

Elle est mal classée par les surveillants de la parité des sexes, chercheurs à l'université de Harvard et Berkeley : 46e rang mondial, loin derrière la Namibie (26e) ou le Sri Lanka (16e)[1]... alors que le principe d'égalité des sexes est inscrit chez nous dans les lois. Cette procrastination de l'égalité sociale des sexes en France suggérerait à un Feydeau ressuscité une pièce nouvelle : *La parité, ou la farce continue.*

La France n'est pas un enfer pour les femmes, loin de là, mais elle est à la traîne, en particulier dès qu'il s'agit des responsabilités les plus élevées ; et la parité est encore bien loin. En dépit de la législation, la minoration, voire la discrimination contre des femmes est flagrante. La litanie de cette inégalité est longue.

1. *Global Gender Gap rapport*, Davos 2010.

À la traîne en parité culturelle

La culture est l'un des lieux où se modèlent les mentalités. On note une totale inexistence des femmes dans la hiérarchie de nos **religions** principales, à l'exception des protestants et anglicans.

Dans les **médias**, secteur pourtant qui se targue de faire l'opinion, aucune femme n'est directeur d'un grand journal quotidien ni d'un hebdomadaire, d'une chaîne de télévision ou d'une radio. Il est donc remarquable que pour la première fois de son histoire, une femme, Jill Abramson devienne en juin 2011, le nouveau *managing editor* du *New York Times*. En France, à l'exception de Françoise Giroud qui dirigea *L'Express* en 1974, la presse cantonne les femmes à la direction des magazines féminins. Heureusement, on doit à une partie de ceux-ci une qualité de combat pour la cause des femmes, combat qui se poursuit.

À la traîne en parité politique

Quelques trajectoires d'exception (Edith Cresson, Premier ministre en 1991, Simone Veil, ministre de la Santé dès 1974, qui fit voter la loi sur la légalisation de l'avortement, présidente du Parlement européen en 1979, Michèle Alliot-Marie, Rama Yade, Ségolène Royale, Martine Aubry, Cécile Duflot et quelques autres...) ne peuvent dissimuler que la France est le dernier pays de l'Europe pour le pourcentage de ses femmes engagées dans la politique : aux cantonales de mars 2011, 280 femmes conseillères générales sur 2 026, 13,8 % de mairesses dans nos 36 000 communes ; trois mairesses dans les vingt arrondissements de Paris[1].

À la traîne dans l'entreprise

Quelques *patronnes* font l'exception : à titre d'exemples, Anne-Marie Idrac, présidente de la RATP (2002) et de la SNCF (2006), avant de redevenir ministre pour un temps, Anne Lauvergeon présidente d'Areva (depuis sa création en 2002, mais remerciée en juin 2011). Mais ces trajectoires personnelles ne peuvent cacher que les femmes n'occupent que 11 % des 580 sièges dans les conseils d'administration du CAC 40[2]. Et, pour élargir la perspective, les salariées sont à la traîne pour leur rémunération, en moyenne de 27 % inférieur à celle des hommes[3].

Bien sûr, cette disparité sociale est aussi installée **au quotidien dans nos foyers :** les femmes passent deux fois plus de temps à s'occuper du foyer, des enfants et d'adultes dépendants, que leur mari ou compagnon[4].

---

1. Source : ministère de l'Intérieur.
2. Source : Insee, 2008 et Observatoire des inégalités, 2009.
3. *Idem.*
4. Source : Insee, 2009.

Tout cela est connu ; on va s'en scandaliser une fois encore à l'occasion de la campagne présidentielle, et promettre de faire mieux…

Cherche-t-on réellement à changer le statu quo ? **Quels véritables progrès peut-on attendre du prochain quinquennat ? Quelle parité est souhaitable ?**

À la croisée des chemins

Parité égalitaire de statut ou métissage socioculturel ?

L'équilibre du masculin et du féminin est **un enjeu de civilisation.**

Montaigne écrivait : « Ce qui n'est pas dans les coutumes est contre la nature ».

Changer le *statu quo* équivaut à s'attaquer aux bases de la culture, transformer l'imaginaire collectif, rectifier les stéréotypes, réécrire des codes, entreprise politique à risques, surtout dans un pays conservateur. Changer la parité, c'est changer les rapports de force dans une structure ancestrale des pouvoirs : c'est une authentique révolution, au sens fort de ce terme.

Notre société a besoin de deux progrès complémentaires dans son équilibre des ressources masculines et féminines. Mais lequel est prioritaire ?

Un scénario de « parité statutaire »

Le déséquilibre des privilèges est évident

Cette distribution des pouvoirs et bénéfices sociaux ne progresse qu'à une allure d'escargot, plombée par des siècles de résistance machiste à considérer les femmes comme quantité négligeable, hors cuisine et procréation.

Une première option est donc de prioriser un partage pour moitié des postes, pouvoirs, salaires, libertés et bénéfices, entre *mâles* et *femelles* génétiques : une parité mesurable et matérielle des statuts.

Mais la parité matérialiste de répartition statistique qui occupe l'essentiel du débat public, militant et institutionnel, est-elle l'objectif ultime ?

Supposons accomplie la parité matérialiste comptable des droits et devoirs, des bénéfices et contraintes sociaux entre *femelles* et *mâles* génétiques.

On aura satisfait une tribu sociale au détriment d'une autre, victoire non négligeable pour 51,5 % d'entre nous, après des dizaines de siècles de pouvoir unisexe *macho*.

Mais aura-t-on enrichi la civilisation à venir ?

On aura redistribué les mêmes rôles à des êtres génétiquement différents, mais **aura-t-on changé de philosophie, de morale, de style de gouvernance, de modes relationnels ?**

L'égalité numérique et financière entre mâles et femelles aux commandes sociales, nécessaire bien sûr, ne changera le sort que d'une petite partie des femmes – les plus éduquées et diplômées, les plus autonomes – mais cette redistribution des pouvoirs restera une victoire du conservatisme, si elle ne change pas la culture, la psychologie collective.

Se focaliser sur la parité matérialiste, formelle et mesurable, masque l'enjeu : un objectif limité à ce rééquilibrage des pouvoirs et bénéfices sociaux ne changera pas la civilisation.

La limite, peut-être **l'erreur de base de la parité génétique,** est de faire comme si tous les *XX* étaient semblablement femmes et tous les *XY* identiquement hommes, et n'étaient que cela : interchangeables. Aucune considération de psychologie ni de comportement n'entre en ligne, comme si l'on comptabilisait des clones. L'objectif de la parité génétique est de promouvoir une quantité équivalente de *mâles* et *femelles* à tous les postes. On présuppose que deux personnes du genre *femelle* exerceront le pouvoir militaire, ministériel ou patronal de la même façon. Mais, en réalité, on ne s'intéresse même pas à cette question : on comptabilise des empreintes génétiques à des postes, sans se demander quelles valeurs elles y ajoutent.

Un scénario complémentaire de « parité socioculturelle »

Sans négliger *la parité numérique des chromosomes* en concurrence clanique, il faut aussi agir sur **la parité socioculturelle des valeurs** qui, elle, est potentiellement plus fédératrice.

Une disparité des influences

Notre civilisation exploite peu, très peu, la complémentarité des psychologies sexuées : une société qui s'organise depuis si longtemps selon le modèle masculin comme principale référence s'ampute d'une richesse intellectuelle et émotionnelle, d'une énergie, d'une vision alternative du monde, d'un mode de relations complémentaire.

Le handicap de nos sociétés, qui les fait marcher à cloche-pied, n'est pas simplement que les pouvoirs soient exercés par des *mâles XY*, mais que la morale, la psychologie générale, le système de valeurs, les critères de réussite, soient imprégnés de certitudes masculines. Cette prédominance rend le potentiel socioculturel moins riche, moins différencié, moins efficace.

Une carence sociale en quotient féminin

Notre culture est amputée de sa moitié. La vie quotidienne s'organise autour des valeurs *masculines* d'indépendance et même d'égoïsme, plus qu'autour des qualités de réciprocité et d'interdépendance de sexe culturel *féminin*. Avec l'ultralibéralisme, l'hypercompétition professionnelle, le *killer spirit*, l'agressivité et le conflit ouvert - comportements *virils* - sont plus valorisés que la conciliation et le compromis, *féminins*. En politique comme dans les affaires, on privilégie les statistiques, la rationalité, une pensée binaire qui définit les choses noires ou blanches, vraies ou fausses (vertus *masculines*) plutôt que l'intuition, les nuances, l'ambiguïté (qualités *féminines*). Dans l'exercice du pouvoir, politique ou managérial, la culture de nos élites préconise un *management masculin* à la hussarde, en vitesse et en force, d'une manière directe et franche, brutale - dont le Président Sarkozy est l'illustration - et non une approche *féminine* du pouvoir, d'une influence plus discrète, oblique, se lovant autour de l'objectif, en circonscrivant les difficultés, anticipant, évaluant les scénarios de compromis et substitution, et en infiltrant les oppositions possibles avant de passer à l'acte.

L'histoire nous impose une mutation vers un nouveau modèle de société[1]. Notre collectivité devrait avoir plus d'ambition que la seule mise en place d'un jeu de chaises musicales entre pions *XY* et *XX* dans la pyramide sociale telle qu'elle est.

Repenser la sociologie en termes de masculinité/féminité induit un nouveau point de vue plus avantageux que la pérennisation de la mentalité dominante actuelle.

La parité socioculturelle est donc aussi importante que la parité statuaire. Elle changera les principes du management au travail, de la vie quotidienne au foyer comme de gérance de la société. Pour cela il faudra **rééquilibrer la psychologie collective**, son imaginaire, ses principes éthiques, ses codes relationnels, en **renforçant le quotient féminin** par une plus grande intégration de valeurs féminines dans la philosophie sociale.

LES VALEURS ONT UN SEXE

Vous avez dit « féminin, masculin » ?

Nous ne parlons évidemment pas de caractères de personnes déterminés par leur sexe. **Nous parlons de sexes culturels, c'est-à-dire des caractères et modèles de comportements que notre civilisation a qualifiés de type *masculin* ou *féminin*.** Violence, passage en force, esprit de compétition, courage physique sont des valeurs de *sexe sociologique masculin*, alors que sont

1. Voir le chapitre 1 : « La France cabossée ».

censés être culturellement *féminines* la douceur, le pacifisme, l'esprit de conciliation et coopération, le courage moral. À la rationalité et au pragmatisme *masculins*, notre civilisation oppose l'intuition et l'idéalisme *féminins.*

Il s'agit bien sûr de **stéréotypes**. Chacun connaît des femmes violentes et des hommes pacifistes, des cerveaux affutés en robe et des poètes émotifs en pantalon. Dans le cycle actuel de civilisation occidentale, le premier réflexe est souvent de s'insurger contre ces stéréotypes. Il apparaît même légitime de les combattre pour changer les représentations collectives. Mais, en attendant, ces stéréotypes de valeurs sexuées font partie de l'inconscient commun ; ils sont des codes partagés : le langage courant dit bien d'une femme d'autorité *qu'elle en a* et que c'est un *vrai mec* ; et l'on qualifie de *papa poule* un père qui porte une attention maternelle à ses enfants. On y croit plus ou moins, mais on s'y repère sans même s'en rendre compte.

Une réflexion sur la société actuelle et son évolution future ne peut s'abstenir de les prendre en compte. Notre regard sociologique se réfère donc à ces codes, non comme à des vérités mais des repères de la psychologie collective.

La question posée est donc : comment faire plus de place, dans les modes de pensée et de décision de notre société, à des valeurs sociologiquement dites « féminines » ?

Quel style de sexualisation sociale en 2020 ?

Tranche de vie 2020

La parité des genres mâle et femelle

« Je serais trop en retard, ce soir, pour faire le repas… Réunion de direction », a posté Marie-Lou par SMS à sa sœur Chantal. « Tu pourrais t'en occuper ? » Elles travaillent toutes les deux chez Glucol (« Colle même l'acier ! »). Marie-Lou est la plus ancienne représentante syndicale, élue parce qu'à l'époque, personne d'autre ne voulait un boulot aussi risqué. Puis, suite à la panique générale causée par le décret d'application immédiate de la nouvelle loi sur la parité dans l'entreprise, elle s'est trouvée propulsée membre du conseil d'administration de cette fabrique d'adhésifs. La direction courait dans tous les sens pour trouver un bouche-trou et être vite en règle pour l'inspection du travail. Cela faisait sourire Chantal de les voir errer comme des poules sans tête dans les bureaux, avant de proposer le poste à Marie-Lou, faute de mieux. Toute la boîte savait que Marie-Lou n'était pas très futée : « Elle ne saurait pas tourner un œuf », comme on dit dans la région.

« Mais c'est peut-être pour ça qu'on l'a choisie ! », a rétorqué André, contre-maître et son ancien chef d'équipe (maintenant hiérarchiquement dépassé par Marie-Lou, et pas content !), à ses collègues. « Elle ne pige que dalle à ce qui se passe, mais elle a honte de l'admettre, alors elle va laisser faire. »

Toute l'équipe partage cet avis : c'est bien sa sœur Chantal qu'ils auraient dû choisir, responsable intelligente, fine mouche et sensible aux vrais problèmes humains chez Glucol, elle qui n'a pas peur de dire son point de vue de femme sur les incohérences du management dans la boîte. Mais pour ça, il aurait fallu que cette direction des hommes ne se sente pas trop menacée dans leurs privilèges consacrés par une femme au franc-parler, qui ne supporte pas la main au panier, et qu'ils ont, en privé, classifiée comme « névrosée ».

L'absurdité de tout ça, pense Chantal, en préparant le repas du soir, c'est que Marie-Lou, en cuisine, est bon chef, et moi, je ne sais pas faire ! ».

TRANCHE DE VIE 2020

La parité des valeurs masculines et féminines

Martine est de mauvais poil. Il faut dire que ça lui arrive chaque fois qu'elle se fait contrarier ; cette fois-ci, c'est le maire d'une commune qui ne veut pas que le « Tandem » distribue des tentes aux SDF « parce que ça favoriserait leur sédentarisation dans "sa" ville ». Très remontée, Martine s'est fait interviewer par France 3 Régions en attaquant le maire et en signalant qu'elle s'opposera par la force, avec ses SDF, à toute tentative d'éviction de ces « citoyens comme les autres ».

Ce n'est pas par hasard que l'on parle du Tandem de l'espoir comme l'une des meilleures ONG sur la place. Ce ne sont pas ses concurrents qui le disent, un peu jaloux peut-être, mais des gens dans la rue. Avec les deux fondateurs, on dirait que le Tandem a trouvé le ticket gagnant des solutions pour le « quart-monde ».

Avec Martine, d'abord, rationnelle, et une force de la nature qui n'a peur de rien. Sur le terrain, elle plaît : « On dirait que c'est un vrai mec ! », disent les SDF.

Mais derrière elle, c'est Dominique, son mari, qui assure. Parce que tous les problèmes de ces citoyens de deuxième classe ne se règlent pas par la volonté d'imposer des solutions rationnelles et de trancher dans les situations complexes. Dominique sait mettre du baume au cœur à ceux qui souffrent de ne pas être reconnus. Faire le mater familias, comme il dit, lui convient très bien. Timide, mais déterminé, Dominique sait aussi réconcilier les exigences budgétaires avec des cas humains de force majeure. Gestionnaire et bonne sœur, dit-il avec un sourire un peu las.

Pour l'histoire des tentes, Dominique va voir le maire pour calmer le jeu : « Je comprends vos préoccupations, mais il faut trouver une solution à l'amiable. Ça serait désastreux pour l'image de la commune si ça s'aggravait. Je suis sûr que nous pouvons nous entendre sur un plan "B" pour lequel je vous laisserai tout le mérite. » Martine, de son côté, goguenarde à propos de tels micmacs de mecs, est trop contente de continuer sur sa lancée, en démultipliant le même projet dans cinq autres municipalités pour la semaine prochaine.

Le modèle social masculin vire à l'échec

Les valeurs *masculines* ont trouvé leurs limites : l'affirmation de soi, l'autoritarisme dominateur, le passage en force, l'étalage de puissance, le « malheur aux vaincus » – toutes valeurs *machistes* – ne parviennent plus à motiver ni mobiliser.

Elles s'avèrent insuffisantes pour répondre aux nouveaux besoins d'un monde en constante interaction humaine conflictuelle : **elles aggravent le darwinisme de jungle.** La bonne nouvelle de cet échec est peut-être que nous avons organisé une Europe qui a supprimé la guerre comme référence à partir de laquelle la société s'organise.

Un nouveau modèle culturel est à remodeler

Qu'attendre d'une revalorisation du quotient féminin dans notre civilisation et notre vie quotidienne ? Pas seulement une redistribution des pouvoirs entre *XY* et *XX* dans une parité statutaire matérielle, mais un rééquilibrage de la psychologie collective dans une parité socioculturelle métissée de complémentarités. Il ne s'agit pas de remplacer une civilisation machiste par un matriarcat, mais de **rééquilibrer les quotients masculin et féminin** dans le cocktail socioculturel qui nourrit nos modes de pensée et de vie.

Mais la preuve reste à faire : les valeurs et modèles *féminins* n'ont jamais gouverné le monde dans notre civilisation depuis l'Antiquité. Sont-ils capables de faire mieux et démontrer leur efficacité pragmatique à sortir de la crise plus vite, avec moins de casse sociale et un mode de vie plus acceptable au bout du tunnel ?

Cette situation socioculturelle pose donc la question : **faut-il donner aux principes féminins leur chance d'exercer plus d'influence et de pouvoirs dans notre mécanique sociale ?** Et qu'importe alors qu'ils soient portés par un *mâle* ou une *femelle ?*

Que peut changer un rééquilibrage féminisé ?

- **Un management social nouveau**, avec plus d'écoute et de dialogue en empathie, de négociation persuasive, de compromis gagnant-gagnant : une démocratie participative, une gouvernance un peu plus cogestionnaire ;
- **une réactivité différente devant les paradoxes d'un environnement complexe**, multifacette : la capacité de percevoir ce qui est en commun dans des situations diverses et complexes ; la disposition à ne pas raisonner seulement en termes d'opposition, mais en recherche de **compromis consensuel** ;
- pour affronter les mutations incontournables, en priorité la préservation du monde dans lequel nous vivons**, une aptitude à se synchroniser avec le rythme des évènements**, sur le moyen et long terme, avec plus de persévérance vers un projet collectif ;
- dans cette société qu'impose la mondialisation ultralibérale, **plus de solidarité**, tous dans le même bateau, avec un sens du partage plus équitable.

Le projet socialiste *Care* est un bon exemple de cette tendance plaidant pour une société de compassion et des soins au profit des victimes collatérales de la récession et de l'ultralibéralisme. On fait alors du souci de l'autre une priorité de la vie en commun ; on professe que l'État se doit d'abord aux plus démunis et qu'il appartient à la collectivité d'être d'abord soucieuse de ceux-ci.

Voici comment Gilles Finkelstein, directeur de la Fondation Jean-Jaurès, aborde le **Care** : « Pour dire les choses autrement, il existe un désir de donner et une crainte de ne pas recevoir. C'est le salarié qui s'engage dans son entreprise, mais redoute de n'être qu'une variable d'ajustement. C'est l'aide-soignante qui prodigue des soins à domicile, mais dont le statut social n'est pas reconnu. C'est le jeune qui réussit des études difficiles et est contraint de commencer sa vie professionnelle par une succession sans fin de stages. Voilà le contraire de la société du *care* [...]. Le *care*, c'est le souci des autres contre le seul souci de soi »[1].

Cette complémentarité socioculturelle du féminin et du masculin apparaît plus importante que le simple équilibrage numérique des postes, des salaires, des titres et des pouvoirs en *femelles* et *mâles*.

Mais cette parité des principes de vie, de la morale, des critères de réussite, des méthodes de gestion sera moins facile et moins rapide encore à mettre en place que la parité matérielle, car il s'agit de faire évoluer l'inconscient collectif, les mythes et héros culturels, les modèles exemplaires, les réflexes et les stéréotypes. Il y faudra plusieurs générations sans doute ; mais une véritable complémentarité des ressources *féminines* et *masculines* est à ce prix.

VOX POPULI

UN BESOIN DE MATERNAGE

L'alternative entre ces modèles et systèmes de valeurs *masculines* et *féminines* se retrouve dans la concurrence des modèles de société de sortie de crise, déjà exposée en introduction[2].

Le point de vue masculin anime le scénario de la France-concurrence sur le modèle ultralibéral d'initiatives ambitieuses individualistes : l'observatoire du CCA le décrit en perte de vitesse accélérée depuis cinq ans, réduit aujourd'hui à 31 % de *supporters* parmi les Français. La solution du viril *struggle for life* dans une société jungle est de moins en moins attractive.

Au contraire, **un point de vue féminin de type maternel**, protecteur et compassionnel **anime le scénario de France-Providence**. Ce modèle prospectif, avec ses valeurs maternalistes, dévalorisé dans les années 1990, progresse depuis quelques années et attire aujourd'hui plus de 41 % de nos concitoyens.

1. *L'Express*, 28 avril 2010.
2. Voir chapitre 1 : « La France cabossée ».

Augmenter, dans le pilotage social, le quotient de féminité maternante, pour compenser la brutalité du modèle masculin, est bien la demande exprimée par une très forte majorité des Français.

Cette tendance est confirmée par l'analyse détaillée du CCA sur les valeurs sociales les plus attendues[1]. Il en ressort que **les valeurs culturellement codées féminines sont en ligne de mire de la majorité des Français** : elles manquent dans notre gestion sociale autant que dans la conduite de nos modes de vie.

Qui aura le courage politique de **changer la vie** ?

DE LA THÉORIE À LA PRATIQUE

Questions

Que faire pour améliorer la « parité statutaire » ?

- Faut-il instaurer des quotas dans tous les domaines et tous les métiers ? À propos de quelles fonctions, dans quelles organisations ?
- Faut-il égaliser les droits et conditions de vie dans des domaines comme les congés de maternité, en attribuant aux hommes un congé paternel après la naissance, comme cela existe déjà dans certains pays ?
- Faut-il compenser les années de travail des mères, occupées par les grossesses et les enfants en bas âge par plus de privilèges compensatoires, et si oui, lesquels ?
- Faut-il imposer l'égalité absolue des salaires et pénaliser par des amendes les entreprises qui ne le respectent pas ? Mais comment faire dans les entreprises qui pratiquent les rémunérations individualisées à la performance ?
- Faut-il systématiquement un ministre de la « cause des femmes » ? Quel devrait être son rôle ?

Que faire pour améliorer la « parité culturelle », la mixité des valeurs sociales ?

- Comment faire pour que les valeurs féminines – conciliation, compromis – fassent plus partie des valeurs de *management* ?
- Pensez-vous que les rapports sociaux seraient traités différemment si les femmes étaient plus fortement impliquées ?
- Pensez-vous qu'une implication plus forte des femmes dans la vie politique apporterait un regain d'intérêt pour la politique ?

Interactivité

Voulez-vous exprimer votre opinion sur ce thème, sur les évolutions passées, sur les scénarios alternatifs et sur la tendance sociale ?

Nous vous donnons rendez-vous sur notre site internet où vous pourrez voter et comparer votre opinion à celle d'autres lecteurs. Connectez-vous à : http://www.agorascope.com/sesame/6mascufeminin

1. Voir cette analyse dans le chapitre 1 : « La France cabossée ».

Chapitre 7

Bien faite, bien pleine ou bien formatée ?

L'équation éducation, instruction, formation

Héritage

De l'éducation à l'employabilité

Le pessimisme qui caractérise aujourd'hui les Français devient extrême quand ils pensent à leurs enfants ou petits-enfants. La société chaotique réduit chaque individu à un bouchon balloté de vagues en vagues sans pouvoir influencer les évènements.

C'est dans cet écosystème social qu'il faut réfléchir à leur préparation au combat.

Les classes modestes sont éreintées et ont déjà admis que leurs enfants vivraient plus mal que les générations précédentes, avec plus de stress, de précarité et moins de pouvoir d'achat. Elles n'ont pratiquement plus d'espoir dans le système scolaire.

La classe moyenne craint le moindre accident de santé ou le chômage qui la précipiterait dans un abîme financier ; toutefois elle espère encore qu'un effort de formation permettra aux méritants (et pas seulement aux plus forts) de s'en sortir dignement. Mais **le système éducatif républicain se grippe** et avec lui les espoirs de trouver sa place dans une société plus exigeante[1].

1. Voir le chapitre 1 : « La France cabossée ».

Mutations d'objectifs

Parents humains et animaux partagent le même instinct : apprendre à leurs enfants à survivre, puis à prospérer. Les hommes y ont ajouté l'ambition d'apprendre à maîtriser l'environnement, concurrencer les autres, acquérir richesses matérielles ou culturelles ; ils ont surtout ajouté une dimension éthique d'éducation.

Au commencement : l'éducation

On pouvait ne savoir ni ne posséder rien, tout en étant fier d'être quelqu'un de bien, droit, honnête, respectueux de ceux qui le mérite, courageux et travailleur, fidèle... fruit d'une *bonne éducation.* **L'essentiel était le caractère, la personnalité, l'humanité**. Ce système de valeur fondé sur la *dignité* a perduré longtemps dans le monde agricole et dans le prolétariat jusqu'au XXe siècle, en compensation de leur dévalorisation financière et culturelle.

Premier stade : l'apprentissage d'un savoir-faire

Au niveau le plus élémentaire, il s'acquiert avec les parents, par imitation d'un adulte compétent. On a ensuite gagné en performance en plaçant les apprentis chez des maîtres artisans ; très ancien modèle qui privilégie le savoir-faire appris sur le tas, en produisant soi-même, sans guère consacrer de temps aux savoirs qui sous-tendent la pratique. C'est aussi une transaction économique qui troque un travail gratuit contre une acquisition de compétence.

Aujourd'hui, en Europe, le chômage des jeunes réveille l'apprentissage :

- entre mi-2007 et mi-2010 le taux de chômage des 15-24 ans a augmenté de 20 %, avec quatre millions de jeunes chômeurs de plus en 2010 qu'en 2007. En France comme en Italie, un jeune sur quatre est sans emploi. En Espagne, le taux atteint 40 % des 15-24 ans. Dans la zone OCDE, 30 à 40 % des jeunes sortis de l'enseignement secondaire supérieur font partie d'une population à risques[1] ;
- la question de la qualification des jeunes élèves ou étudiants pour le marché de l'emploi est cruciale[2]. À ce niveau européen, **la dynamique sociopolitique actuelle revient à cette tradition de l'apprentissage en alternance** parée de toutes les vertus, espérant réduire à la fois le chômage et les échecs scolaires, par une orientation vers cette professionalisation sur le tas. Elle s'applique aussi bien à des adolescents en échec scolaire envoyés vers des

---

1. Rapport OCDE, www.oecd.org/site/0,3407,fr_21571361_44283129_44355008_1_1_1_1,00.html.
2. Voir Stefano Scarpetta, Anne Sonnet et Thomas Manfredi, *Montée du chômage des jeunes dans la crise : comment éviter un impact négatif à long terme sur toute une génération ?*, Éditions OCDE, 2010 ; dx.doi.org/10.1787/5kmh79xzm56l-fr.

métiers manuels *en alternance* qu'à des *bac + 5* renvoyés de stages en stages. Les gouvernements mettent l'accent sur des formations qui visent moins la culture générale qu'un apprentissage efficace d'un métier.

- en France, en 2011, le ministère du Travail tente de redorer le blason des apprentis, des formations courtes et en alternance, qui mèneraient plus efficacement l'étudiant vers un emploi au terme de ses études[1].

Second stade : le désir d'instruction

Il s'agit du savoir théorique sur le pourquoi et le comment du monde, les conditions d'optimisation des savoir-faire. L'objectif est d'accentuer la mainmise de l'humain sur son environnement physique et humain.

Le vecteur de cette instruction est le *magister*, le professeur. Un privilège extraordinaire pour beaucoup, une progression dans l'échelle sociale : telle était encore perçue l'école dans la première moitié du XXe siècle, jusque dans la classe moyenne, dès lors que l'on (et plus encore une fille) obtenait le Certificat d'études. Le prestige de *faire des études* de plus en plus longues était lancé, avec pour aboutissement cet objectif, slogan politique lancé en 1985 par Jean-Pierre Chevènement, alors ministre de l'Éducation nationale : « 80 % d'une génération au niveau du bac »[2]...

L'heure est désormais à l'employabilité

On peut décrire l'employabilité comme la capacité à satisfaire un employeur. On ne parle plus de personnalité, ni d'intelligence, pas de savoirs et connaissances, même pas de savoir-faire : la valeur suprême est de se couler dans le moule d'une entreprise avec ce qu'il faut de souplesse et de conformisme pour se faire rouage d'une machine préprogrammée[3].

Mais aujourd'hui l'instruction scolaire est perçue en échec d'employabilité.

L'enfant est encouragé à bien travailler à l'école pour s'assurer les meilleures filières, et donc la meilleure chance de réussite dans sa future recherche d'emploi, avec une pression sans fin jusqu'à l'arrivée sur le marché du travail, diplôme en poche... Mais quelles sont ces rampes de lancement qui justifient tous les sacrifices, les angoisses, les cachets homéopathiques ? Et finalement, le

---

1. (Cf. LCI-TF1 http://lci.tf1.fr/politique/emploi-des-jeunes-bertrand-promet-du-neuf-pour-2011-6176254.html).
2. Voir le livre de Stéphane Beaud, *80 % au bac...et après ? Les enfants de la démocratisation scolaire,* Éditions La Découverte, collection Textes à l'appui/Enquêtes de terrain, 2002.
3. www.scienceshumaines.com/employabilite_fr_22807.html et www.interef.com/ateliers/grh_demain/fiches/employabilite.htm.

temps passé sur les bancs de l'école, dans les classes des collèges et lycées et d'éventuelles écoles supérieures, permet-il de trouver un emploi ?

Tous les diplômes qui sanctionnent une fin de cycle sont perçus par les élèves comme une étape sur leur parcours d'éducation et de formation... Mais le marché du travail partage-t-il cette perception ?

Le *bac* est un rituel de passage lourd de signification pour un adolescent et ses parents... Mais qu'en pense le monde du travail ? Il le dédaigne, ne l'envisageant que comme une première étape mais en aucun cas un niveau de formation vendable.

Les diplômes professionnels comme les CAP et BEP ou bien les BTS tirent-ils mieux leur épingle du jeu que des diplômes plus élevés mais plus généraux, dont les recruteurs ne savent pas à quoi ils peuvent leur servir dans les entreprises ?

Les indécis et les retardataires, les inaptes aux *prépas de grandes écoles* viendront peupler les bancs de la première année de fac, mais au prix d'un taux de chute énorme, désastreux pour l'université, sa crédibilité, son efficacité. Pourtant, pour certains élèves une année de maturité n'est pas inutile ; mais est-ce à l'université de leur payer cette année-là ?

Les réponses à toutes ces questions sont négatives, du moins du côté des employeurs qui prennent des jeunes qu'ils estiment devoir former, comme si rien ou peu n'avait été fait, mais aussi du côté de l'État gestionnaire sur qui pèse trop de chômeurs.

Cap sur la formation

C'est un sujet de société quand il faut anticiper le visage de la société de demain, des changements sociaux. Mais la formation s'éloigne des principes fondateurs de l'Éducation nationale républicaine : l'organisation de masse d'une période de jeunesse consacrée à l'acquisition de connaissances, à exploiter toute sa vie d'adulte. **Pour le moment, la formation prétend compléter l'école ;** mais sa logique est de la remplacer. C'est une stratégie pragmatique, comme l'apprentissage : nul besoin de savoir *le pourquoi*, si *le comment* suffit à réaliser une tâche et atteindre un objectif défini par un patron.

La formation est un investissement ciblé.

Elle vise des typologies de populations spécifiques : les mères, les seniors, les chômeurs de longue durée par exemple...

Elle doit notamment tenir compte des populations immigrées afin de les instruire et les former pour qu'elles s'insèrent dans le tissu économique et social français : trouver du travail, un logement, des aides et un environnement qui sauront les entourer. Parler la langue française est le principal des enseignements à dispenser.

La formation est un recyclage qui se poursuit au long d'une vie : elle est donc adaptée à un monde de transformation rapide des métiers, d'obsolescence permanente des compétences ; elle est un outil pour vivre la mobilité et la précarité ; elle est aussi une réponse à l'allongement de la durée de vie et de la durée de vie professionnelle.

La formation étend au monde adulte l'impératif éducatif, sans fin. Le monde scientifique le sait depuis longtemps : chercheurs, ingénieurs, professions de santé entre autres doivent s'informer et se former constamment en rapport avec le rythme des innovations. Mais le même processus vient désormais s'appliquer à tous les métiers : la loi d'ailleurs oblige les entreprises à proposer de la formation à leurs salariés (CIF, Fongecif, etc.).

C'est la clé obligée pour changer de métier : autrefois mal vue dans le monde des diplômés, cette aventure épique est devenue une quasi-obligation que les grandes entreprises imposent à leurs salariés, et notamment à la pépinière de leurs *hauts potentiels*. Cette réorientation professionnelle par la formation est supposée être plaisir, démonstration d'énergie motivée et gage de promotion dans l'univers des cadres, ce qui est un mythe ; c'est vécu comme une galère par la majorité des travailleurs qui aspirent à un travail stable qu'ils maîtrisent bien[1].

L'observatoire du CCA confirme que cet impératif de réapprendre à tout âge est bien intégré par des urbains aisés, déjà actifs, curieux et ambitieux, déjà mobiles, mais qu'il est vécu comme une contrainte angoissante par les chômeurs qui se voient obligés de *repartir à zéro*[2].

Mutations de responsabilités

La bonne éducation relevait de la responsabilité parentale d'abord, même si les familles la faisaient renforcer par les religieux. **Mais les parents s'en sont défaussés**, dépassés par la complexité du monde : ils ont remis aux institutions un blanc-seing pour faire éduquer leurs enfants par **des éducateurs professionnels dans des écoles.**

Au-delà de la simple instruction, la modernité, dans les pays occidentaux riches et développés, a visé un objectif plus complexe de formation multidimensionnelle :

- **l'instruction** minima du plus grand nombre ;
- **l'intelligence** du monde et de la société, pour une élite ;
- mais aussi, via **l'éducation civique**, un cadre moral vertueux qui définit le bon citoyen et affiche l'ambition d'éduquer une nation.

1. Voir les chapitres 8 et 9, consacrés au monde du travail.
2. Enquête CCA-SIMM, 2011.

L'éducation est devenue une mission sociale

La *Convention des droits de l'enfant* parle d'ailleurs d'éducation dans sa dimension morale et spécifie les objectifs que doivent se fixer tous les États au travers de leur système d'enseignement[1].

Il s'agit de :

- favoriser l'épanouissement des dons de l'enfant et de ses aptitudes ;
- inculquer le respect des *Droits de l'Homme* et des libertés fondamentales, ainsi que le respect des parents, de son identité, de sa langue et de ses valeurs culturelles de son pays d'origine comme de son pays d'accueil ;
- préparer l'enfant à assumer son rôle de citoyen libre et responsable, dans un esprit de compréhension, de respect, de tolérance et d'amitiés entre tous ;
- inspirer le respect du milieu naturel, de l'écologie.

L'État s'est à son tour défaussé

Ce n'est que progressivement, à partir des années 1960 contestataires, que l'Éducation nationale s'est recentrée sur l'instruction intellectuelle en abandonnant son rôle éducatif caractériel et moral... Mais, simultanément, les parents se désabonnaient aussi de leur mission éducative. Seules les écoles privées, religieuses plus encore, ont tenté de conserver leur image éducative.

À partir des années 1980, cette fonction éducative était en jachère : on fabriquait à l'école et à l'université des têtes bien pleines, éventuellement bien faites, mais animées par quelle personnalité ?

L'école aux orties

Taper sur l'école est devenu un sport national très répandu : sur l'Éducation nationale plus que sur le privé, sur l'université plus que sur les grandes écoles, sur le collège plus que sur l'apprentissage.

L'ascenseur social est en panne : le système scolaire est-il le court-circuit ou simplement le fusible ? L'origine sociale d'un élève dicte encore (de plus en plus ?) son chemin scolaire, voire son accès à des filières d'excellence.

L'école publique est devenue le bouc émissaire d'un monde adulte qui s'étonne des échecs et incivilités d'enfants qu'il avait renoncé à éduquer : c'est la faute aux profs !

---

1. Source : Wikipedia, fr.wikipedia.org/wiki/Convention_des_droits_de_l%27enfant ; source sur les droits de l'enfant : www.droitsenfant.com/cide_enfant.htm.

Quel bilan aujourd'hui ?

L'Éducation nationale reste chère au cœur des Français :

- parce qu'elle accueille dès trois ans les bambins et prend en charge **la socialisation des enfants** ;
- parce qu'elle reste **démocratique et républicaine**. Ouverte à tous, elle brasse la population sans distinction, à dimension microlocale du moins ; elle reste quasi gratuite, y compris en cycle supérieur, pour guider tous les élèves au plus hauts de leurs capacités et souhaits ;
- 79 % des français pensent que **l'enseignement public, gratuit et obligatoire, est une valeur fondamentale de la République** (18 % pensent le contraire)[1].

Mais il y a des raisons de s'inquiéter :

- **les coupes budgétaires** signifient moins de professeurs pour plus d'élèves, des classes surchargées, des écoles qui ferment, des enseignants formés plus vite, des non-titulaires payés moins cher, des nominations aux quatre vents et des instituteurs débutants surexposés dans des zones difficiles... au final : des démissions après deux ans, des vocations brisées par des réglementations bureaucratiques, de grands professeurs partis à l'étranger ;
- **les tergiversations de programmes** d'enseignement donnent un sentiment de navigation à vue, une impression d'absence d'objectifs. Y a-t-il quelqu'un capable d'anticiper, d'innover et de convaincre le corps enseignant comme les parents, sans manier le bâton ? Ou bien l'Éducation nationale est-elle un terrain de jeu du monde politique sur lequel chacun tente de laisser sa marque, sans réel intérêt pour l'horizon des deux ou trois prochaines générations ?
- les professeurs comme les associations de parents d'élèves sont **régulièrement dans la rue** ; des familles se sentent obligées d'occuper des écoles pour défendre leurs enfants ;
- **les échecs scolaires, les violences à l'école** inquiètent, tout comme les effectifs des classes, l'absentéisme des professeurs, leur formation écourtée, les modifications de programmes...
- **le chômage des jeunes diplômés** (issus d'études courtes comme d'études supérieures) est très préoccupant, en Europe du Sud (Espagne, Italie, etc.) mais aussi en France (multiplication des petits boulots sans rapport avec son diplôme, déclassement de son CV, stages à répétition...). L'accumulation des bilans de compétence et des microformations proposées par Pôle Emploi ne solutionnent rien...

1. Sondage OpinionWay pour *Challenge*, août 2010.

L'école au banc des accusés

Très explicitement l'école, et l'Éducation nationale en particulier, sont accusées de ne plus remplir leur mission.

Accusation de laxisme dans son rôle éducatif

- les parents sont demandeurs d'éducation : pour 41 % d'entre eux, l'école ne prend pas suffisamment en charge l'éducation des enfants ;
- mais cette éducation morale est une responsabilité que de plus en plus de professeurs refusent d'endosser, renvoyant aux parents démissionnaires la responsabilité d'une augmentation des incivilités et violences au sein de l'école.

Cependant le ministère de l'Éducation nationale publie que les actes de violence à l'école n'auraient pas augmenté entre 2007 et 2010 : ils se situent toujours environ à 11,2 incidents graves pour 1 000 élèves dans le second degré et à 3,9 incidents graves pour 10 000 élèves dans le premier degré[1].

Accusation d'incapacité économique

L'école est accusée d'incapacité à emmener les élèves étudiants à un niveau d'*employabilité* minimum : on parle de faillite dès le primaire avec la **montée de l'illettrisme,** mais aussi de **faillite universitaire** aux yeux du secteur privé. 56 % des Français rendent l'Éducation nationale responsable de l'échec scolaire[2].

Accusation d'impuissance à intégrer

L'école est jugée incapable de sortir de leur ghetto les jeunes de milieux défavorisés. C'est le constat d'échec des zones d'éducation prioritaire (ZEP), appelées depuis les dernières élections « réseaux ambition réussite ». Si 20 % des collèges sont classés aujourd'hui en ZEP, les élèves qui les fréquentent s'en sortent moins bien que leurs camarades de collèges classiques : 50,9 % des collégiens de ZEP maîtrisent les compétences de français, contre 81,1 % dans les autres collèges[3].

Accusation d'être un cancre international

Notre école serait dépassée devant les performances des systèmes éducatifs asiatiques, notamment chinois, qui produisent plus de grands diplômés, mais

---

1. Source (novembre 2010) : www.education.gouv.fr/cid53992/les-actes-violence-recenses-dans-les-etablissements-publics-des-premier-second-degres-2009-2010.html et « Les états généraux de la violence 2010 », les-etats-generaux-de-la-securite-a-l-ecole.education.gouv.fr/
2. Sondage OpinionWay pour *Challenges*, août 2010.
3. Voir l'article du journal *La Croix* : www.la-croix.com/Actualite/S-informer/France/Le-bilan-decevant-de-trente-ans-d-education-prioritaire-_NG_-2010-10-06-604671.

seraient aussi plus égalitaires que l'éducation en France. On s'interroge donc sur la nécessité de copier d'autres modèles à succès :

- **en Allemagne**, 17 % des jeunes suivent une formation en alternance qui semble mieux les préparer à leur entrée sur le marché du travail, contre 7 % en France, où l'image de ce type de cursus a été très dévalorisée ;
- **le modèle d'éducation finlandais** est à l'honneur depuis qu'il a obtenu de bons résultats aux évaluations internationales 2000, 2003 et 2006 du programme international pour le suivi des acquis des élèves de l'OCDE (Programme for International Student Assessment : Pisa) : il se définit, depuis sa refonte commencée il y a trente ans, par un objectif d'excellence, issue de l'équité, de l'épanouissement de l'élève et de l'acquisition de connaissance[1].

ACCUSATION D'ÉLITISME PAR DÉFAUT

L'enseignement public gratuit peine à terminer les programmes : les plus aisés ajoutent aux heures scolaires des heures onéreuses de cours particuliers, ce qui développe un marché rentable offrant un salaire complémentaire pour beaucoup de professeurs. 65 % des Français affirment être prêts à payer pour un enseignement de meilleure qualité et 44 % font davantage confiance au secteur privé qu'au secteur public pour l'instruction des enfants[2].

Notre école publique est-elle encore démocratique ? Est-on encore dans un système gratuit, quand le système qui semble véritablement efficace doit inclure des abonnements mirifiques à des classes de *coaching* scolaire ?

La faute de qui ?

Les interprétations divergent quant à l'origine de ce malaise de l'Éducation nationale.

La faute à Mai 68 ?

Le candidat Sarkozy fut, en 2007, le tribun dénonciateur des influences du laxisme soixante-huitard qui serait LE responsable de la situation actuelle.

Il est vrai que **certains parents issus de cette génération de révolutionnaires se comportaient moins en pères fouettards moralisateurs qu'en copains**, laxistes, permissifs, ennemis du *non* autant que de la fessée, dévots de l'enfant roi, quitte à le rendre tyrannique (un psy s'en occupera !) ; ils se préoccupaient moins de **l'employabilité future** de leurs enfants que de leur épanouissement personnel, de leur libre arbitre éclairé, de leur créativité.

---

1. www.meirieu.com/ECHANGES/robertfinlande.pdf.
2. Sondage OpinionWay pour *Challenges*, août 2010.

Il est vrai que **leurs enfants ne respectaient ni la société en soi, ni les adultes pour leur âge et encore moins les figures d'autorité institutionnelle comme les enseignants.** École et *profs* furent leur première cible, avec leurs techniques pédagogiques vétustes et leur manque de créativité ou d'individuation dans leur relation à la classe. Se sont-ils réincarnés dans ces jeunes de 2011, gavés de loisirs et de technologies, impertinents et blasés en classe, enthousiastes ni de l'effort ni de la patience, qui préfèrent les parcours ludiques des musées, les médiathèques audiovisuelles et le *gaming digital* ?

Il est vrai que **ces pseudo-libertaires du siècle dernier avaient imaginé une autre école, plus à l'écoute des rythmes individuels d'apprentissage, plus personnalisée et participative, interactive avec des éducateurs accompagnateurs non autoritaires** ; une école moins élitiste, sans note ni classement, qui au contraire développe l'esprit d'équipe et de coopération, la créativité et la personnalité ; une école moins centralisée qui donnerait aux enseignants les moyens de mener à bien un projet pédagogique, en équipe autour d'un directeur-*animateur* ; enfin une école de la réussite pour tous avec des classes moins homogènes, des groupes de travail, des moments d'étude en solo... Des traces de ces expérimentations (école *Freinet*, écoles *Montessori*[1]) et de ces utopies[2] dans certaines écoles privées existent encore. Mais on en trouve aussi le lointain écho dans la réforme du lycée, que 76 % des Français approuvent[3].

La faute des immigrés ?

L'école publique est-elle tirée vers le bas par l'afflux de générations d'immigrés qui peinent à s'intégrer, à s'assimiler, arrivant sur les bancs de l'école avec un handicap linguistique, un manque de soutien pédagogique familial, un système de valeurs trop différent ? L'école républicaine actuelle est-elle adaptée à cette population ? Donne-t-elle à ces enfants, futurs étudiants et actifs du pays, toutes les chances d'aboutir à un véritable choix de vie ?

Des causes internes ?

Bizarrement, l'analyse des causes internes semble taboue. Le corps enseignant s'autocritique en privé, mais jamais publiquement ; les ministres veulent tous marquer leur passage d'une réforme, mais c'est une tisane tiédie par la peur des

1. Voir le site : ecole-vivante.com
2. A.S. Neill, *Libres enfants de Summerhill*, collection Folio essais n° 4, Gallimard, 1985 (édition originale : Hart Publishing, New York, 1960, première traduction française : éditions François Maspero, 1971) ; *Pour ou contre Summerhill*, dossier collectif, collection Petite bibliothèque, Payot, 1970 (édition originale : Hart Publishing, New York, 1970).
3. Source : www.education.gouv.fr/cid50319/sondage-les-francais-et-la-reforme-du-lycee.html.

grèves ; les socio-statisticiens empilent les chiffres d'échec scolaire, mais ne cernent pas clairement les causes...

La fuite vers la formation privée est la tentation de tous ceux qui en ont les moyens. Devant la peur d'un naufrage général qui ne fait aucune différence entre les potentiels, les parents se tournent vers l'école privée ou vers les établissements publics qui concentrent les meilleurs élèves.

Les Français de toutes conditions jugent que seules les familles aisées ont la possibilité aujourd'hui de choisir effectivement l'école qui sera fréquentée par leurs enfants ; jugent aussi que l'État doit mettre en place un système permettant à chaque famille de financer la scolarité de ses enfants, quel que soit l'établissement choisi[1].

La porte est-elle ouverte à une privatisation de l'éducation devenue instruction, réduite à la formation à l'employabilité ?

À LA CROISÉE DES CHEMINS

FORMER LA PERSONNE OU LE TRAVAILLEUR ?

Trois scénarios sont envisageables.

Vers un scénario d'école communautaire ?

Près des trois quarts des Français (parents d'élèves ou non) pensent que l'échec scolaire diminuerait si l'État encourageait la diversification des types d'écoles accessibles à tous, proposant différentes pédagogies et styles éducatifs[2].

Le modèle

Selon ce scénario envisageable, l'école affirmerait **une triple mission** : une **éducation morale**, une **instruction** de haut niveau en prise sur le marché du travail et un **tremplin social** (au sens où, autrefois, un jeune était présenté à la société, introduit et positionné dans un cercle relationnel, une classe sociale).

Les parents attendront que leur enfant en sorte avec **un triple bagage** :

- des savoirs et connaissances validés par un diplôme prestigieux ;
- une bonne éducation morale, une respectabilité, un savoir-vivre ;
- un réseau relationnel élitiste, un carnet d'adresses, un passeport diplomatique social.

1. Sondage OpinionWay pour *Challenges* août 2010.
2. Sondage OpinionWay pour *Challenges* août 2010.

Les parents choisiraient l'école selon sa philosophie (idéologie, morale), sa pédagogie et son entregent social, sur un marché d'offres très différenciées, voire opposées. Certaines de ces écoles *ad hoc* promettront plus de souplesse en réactivité dans un monde en bouleversement permanent ; d'autres promettront au contraire la défense des valeurs traditionnelles face au chaos anarchique d'un monde en décadence : chacun y trouvera son style d'adaptation aux conjonctures.

Cet engagement de résultat ne peut être assuré que par un système cohérent, homogène dans ses programmes, son mode de vie et surtout son équipe d'**enseignants en phase avec ses valeurs.** Leur recrutement serait fondé sur des qualités humaines, idéologiques et morales plus que sur un diplôme et une compétence pédagogique.

Cette performance ne pourrait se réaliser que dans un cadre unique, une sorte d'école-cocon communautaire relativement imperméable au monde extérieur, pour souder une communauté autour de valeurs et convictions, quelles qu'elles soient : confessionnelles ou morales, pédagogiques ou simplement élitistes. Certaines écoles privées en France sont à cette image : les écoles *Montessori, l'école Alsacienne* et quantité d'autres écoles privées locales souvent religieuses. Et ce modèle est aussi celui de toutes les *grandes écoles* : le concours ouvre accès au *campus-cocon* où ces élus vont être élevés en vase clos, distanciés des basses réalités qu'ils auront un jour à gérer de haut.

Le cocon de formation inclut aussi **l'entourage communautaire** qui renforce les mêmes enseignements, valeurs, principes, savoirs partagés par tous : les familles (du même milieu), les *anciens.* La cohésion de cette communauté élargie doit être entretenue par des rencontres, fêtes, évènements collaboratifs ou compétitifs.

Mais *internet* y jouera aussi un rôle : **des réseaux sociaux privatifs** permettent au cocon scolaire de rester en contact avec les familles et les anciens, avec d'autres écoles cousines de même génome (par exemple, le réseau numérique interscolaire *Obami*, en Afrique du Sud)[1].

Les conséquences

- **Exit l'État !** Ce type de scénario désengagerait les pouvoirs publics de l'instruction, qui devient un choix personnel et n'a pas à être assumée par la collectivité, sauf, très éventuellement, une aide à cette consommation de formation, sous condition de revenus ;
- **cette école communautaire fractionnera encore un peu plus la population :** elle risque d'entretenir ou de renforcer la reproduction des élites dans

1. www.obami.com/, analysé par netexplorateur dans son rapport 2011 : www.netexplorateur.org/netexploratrend/etude.

leurs tours d'ivoire et d'encourager la tendance aux replis communautaristes, voire aux endoctrinements sectaires ;

- **ces écoles sélectionneront leurs élèves** à la fois sur des critères scolaires par concours ou dossier, mais aussi sur des critères financiers : on reproduira donc la structure socioéconomique de la société ;
- **mais ce modèle d**'école peut aussi remotiver et impliquer tous ses acteurs : des élèves aux professeurs, des parents aux administratifs, chacun se sentant chez lui dans une communauté qui lui correspond, qu'il a choisie et qui le supporte, à la fois protégé et exalté par elle. C'est la valeur du clan, qui permet de développer les énergies et peut-être de créer les conditions d'apprentissage nécessaire à tous pour permettre à chacun d'atteindre ses plus hautes capacités et ses rêves.

Ce scénario a **un certain parfum rétro** pour beaucoup : il évoque le modèle de l'école privée religieuse que l'école publique a longtemps combattu avant de cohabiter.

Les écoles privées fonctionnent bien, en toute modernité, sur ce modèle. Et le public est l'unique solution, l'unique voie pour ceux qui n'ont ni les notes ni surtout les moyens financiers pour accéder au système privé.

Vers un scénario d'école civique ?

Si le scénario précédent dégage l'État de l'organisation et des choix pédagogiques, une alternative inciterait au contraire à une renaissance d'un **service public d'éducation** réaffirmant sa mission, avec ses droits et devoirs, pour remettre sur pied une école républicaine à la façon du début du XXe siècle.

Le modèle

Une telle école publique rénovée considérerait que **le plus important des apprentissages est celui de citoyen français**. Le premier des enseignements serait donc notre civilisation, plus petit dénominateur commun de tous les enfants présents sur le territoire de France : ce serait l'Histoire, mais surtout les valeurs, les fondateurs de notre culture et de notre vivre ensemble… la fameuse et périlleusement floue *identité nationale.*

Ce scénario reviendrait à l'ambition initiale de l'école républicaine : **un creuset égalitaire et assimilateur** d'une âme nationale. Cet objectif serait primordial, avant la fourniture de sujets employables par le monde économique ; une distanciation assumée de la logique libérale, donc un choix de société[1].

1. Voir les chapitres 7 et 8 consacrés au monde du travail.

Cette école civique est par essence non sélective, donc un système de masse avec le risque de standardiser à outrance. Mais on n'oublie personne en chemin et cette école ne devrait accepter aucun échec, au contraire du fatalisme actuel.

Ses deux objectifs majeurs

Il s'agirait :

- **d'apprendre à vivre ensemble** : une conception plus civique de l'éducation morale, de la responsabilité collective solidaire, de la cohabitation en mosaïque culturelle, de la civilité formelle, au-delà des simples bonnes manières ;
- **d'apprendre des connaissances** dans un objectif d'intelligence fondée sur une culture générale, mais surtout **une capacité de réflexion critique personnelle.**

Le problème récurrent est celui de la complémentarité avec le rôle éducatif de la famille : ce scénario s'éloignerait de la gestion actuelle de l'Éducation nationale sur deux points :

- une remise en cause des carences éducatives familiales, conduisant à **se substituer en partie aux parents** lorsqu'ils semblent défaillants en éducation morale civique. Or la famille est souvent défaillante, fragilisée en ces temps de crise et de chaos socioculturel. Pour 85 % des sympathisants de droite et 57 % de gauche, autant dire pour une majorité de Français, la violence à l'école provient en premier lieu du manque d'autorité des parents[1].
- **une certaine répression à l'égard des carences parentales :** les parents d'enfants scolarisés sont, en majorité, tout à fait ou plutôt favorables à la suspension systématique des allocations familiales en cas d'absentéisme scolaire injustifié et répété des enfants[2]. Dans des proportions équivalentes, ils sont favorables au placement, dans des structures spécialisées, des jeunes qui perturbent le bon déroulement de la classe. Ils y suivraient un enseignement spécifique[3].

Le cursus pourrait être structuré en trois étapes :

- un premier cycle dédié **principalement à l'éducation de la personne et du citoyen** ;
- un deuxième plus dédié à **l'acquisition de savoirs et connaissances ;**
- et, pour finir, une **spécialisation orientée vers le savoir-faire professionnel** (sur le modèle de ce que l'on trouve au moment de l'internat en médecine).

La logique de gestion des élèves-citoyens serait **la récompense du mérite**, plutôt que la pure performance : récompense non seulement de l'effort égocentré, mais aussi d'efforts individuels dédiés au collectif.

---

1. Sondage BVA pour la « Matinale » de Canal Plus, avril 2010.
2. Sondage CSA pour *Le Parisien-Aujourd'hui en France*, avril 2010.
3. Sondage Ipsos pour le ministère de l'Éducation nationale, mars 2010.

Le but poursuivi est l'intégration de toute la jeunesse, sans exception, et de manière équitable. Nous sommes loin de l'école de l'épanouissement personnel, de l'autonomie laissée à chacun, de la liberté de suivre ou de ne pas suivre un cursus de formation. Il s'agit plutôt d'user d'autorité et de discipline pour que nul ne soit exclu, y compris contre son gré.

Vers un scénario de « self formation » ?

Les deux scénarios précédents sont plutôt réactionnaires, au sens où ils réagissent à une situation de double carence d'éducation morale et d'employabilité professionnelle, en renouant avec des modèles scolaires du passé qui furent efficaces et dont on souhaite, malgré les évolutions de la société, qu'ils soient toujours aussi performants.

Cette troisième option tirerait parti des nouvelles technologies de l'information et de la communication (NTIC) :

- **une école numérique sur l'internet**, non seulement sur l'ordinateur de bureau, mais les mobiles : ordinateurs portables, tablettes, *smartphones* ;
- **une université virtuelle** accessible de 5 à 99 ans, où suivre librement des formations en composant à la carte son programme et en choisissant ses maîtres.

Le modèle

Ce serait :

- **l'école de la disponibilité :** où que l'on se trouve, dans n'importe quelle situation, l'apprentissage serait disponible, n'attendant qu'une connexion pour dispenser son savoir et ses programmes d'entraînement ;
- **une école de l'ubiquité.** L'impulsion pédagogique comme l'évaluation se feraient à distance : les barrières internationales tomberaient, avec l'aide de logiciels de traduction simultanée ;
- **une école individualisée, sur mesure**, adaptée tout au long de la vie aux besoins en formation d'un individu. Un enfant, comme l'adulte qu'il deviendra, serait considéré comme un apprenti à coacher, à qui l'intelligence collective (par *crowd sourcing*) fournit un entraînement permanent en fonction de ses goûts et des opportunités du marché de l'emploi ;
- **une école de la flexibilité,** ce mode de formation digitale permettant de s'adapter à toutes les situations avec opportunisme et réactivité. Il serait le reflet à peine caricaturé d'une société en attente de souplesse et d'explosivité, et en mutation constante ;
- cette école du *e-learning* fonctionnerait **au rythme de l'étudiant**, en fonction de ses besoins et à distance ;
- **une école dopée par tous les savoirs du monde**, capable de leçons de choses très concrètes, enrichies par des apports (explications, démonstrations,

images et films…) tirés de la caverne d'Ali Baba du web. Les méthodes d'enseignement exploiteraient les technologies de **réalité augmentée** pour délivrer l'information, mais surtout pour des **mises en situations virtu-réelles** qui confronteraient les *e.étudiants* à des scénarios. Cette logique de formation favoriserait l'expérimentation ludique de savoir-faire, au-delà d'un apprentissage académique, en mettant l'accent sur la simulation vécue ;

- **une école du *coaching*.** Plus qu'à un *prof* magistral, on aurait à faire à un *coach* : accompagnateur sur le mode maïeutique, conseiller personnel en employabilité ou en développement personnel, au choix. Ce pourrait être un humain, mais jamais physiquement présent, si ce n'est, peut-être, sous forme d'hologramme ; ce *coaching* pourrait aussi être assuré par **une intelligence artificielle**, un logiciel pédagogique capable de s'adapter à chacun de ses élèves.
- Ainsi l'élève serait connecté avec une équipe pédagogique d'**un genre nouveau** : on pourrait se porter candidat auprès d'un expert mondialement célèbre ou se fier à la *crowd intelligence* des internautes. Le savoir résultant sera-t-il de qualité supérieure grâce à l'ubiquité numérique ou complètement aléatoire ?
- **une école interactive.** Ce système pédagogique à distance utiliserait les capacités collaboratives et participatives des **réseaux sociaux** pour mettre en relations collaboratives les étudiants. Les classes virtuelles se créeraient, se déferaient en fonction des besoins de chaque élève. Elles seraient mondiales, fonctionnant 24 heures sur 24.
- Le réseau de *e.learning* mondial et numérique se délivrerait des contraintes géographiques, temporelles, linguistiques, et se nourrirait de la diversité des élèves ;
- **une école *digital safe*.** Ainsi cette école virtuelle organiserait un contact numérique entre les élèves : les bons éléments sages et studieux seraient à l'abri des incivilités et exemples déviants des cancres et inadaptés sociaux. Le contact avec le monde extérieur serait à la fois médiatisé, contrôlé, protégé par *firewall* des violences cybernétiques, en réseau à huis clos. L'enfant de parents anxieux resterait à la maison, dans une bulle protégée ; l'adulte en recyclage se couperait du stress de la jungle professionnelle, dans une sphère d'apprentissage en suspension dans le calme de la *virtu-réalité digitale…*

Les enjeux

Mais de quelle **déshumanisation**, de quelle perte d'affectivité, de quelle carence relationnelle réelle se paierait ce cocon pédagogique ?

Par ailleurs, l'accessibilité théorique du net débouchera-t-elle sur une **démocratisation** de l'accès aux savoirs et savoir-faire ? On peut craindre une orientation sélective de ces réseaux sur un mode élitiste si la demande est plus forte que les offres, si le principe collaboratif pousse les meilleurs à ne partager qu'avec les excellents, et si le web, qui devient tellement marchand, en fait une question de profit ou de pouvoir :

- va-t-on rester dans l'éthique originelle de l'internet, avec la libre diffusion d'une information gratuite accessible à tous, à tout moment ?
- ou bien la logique commerciale va-t-elle favoriser des écoles numériques en réseaux protégés, cooptés et payants ? On retrouverait alors notre premier scénario d'école communautaire privée, à la fois cocon sélectif, lieu d'apprentissage en *networking*, et réseau relationnel réservé à ses membres exclusivement.

Quelles scolarités pour 2020 ?

À chacun de ces scénarios institutionnels correspond un mode de vie étudiant et familial différent : lequel préférez-vous pour vos enfants ou petits-enfants, d'ici quelques années ?

TRANCHE DE VIE 2020

Mon école, ma communauté

Avant de partir du bureau, je me connecte sur le réseau social de l'école pour m'assurer que Mia et Paolo sont bien dans leurs cours respectifs et pour prendre connaissance de leurs devoirs prévisionnels. Ce soir, pas grand-chose à faire, ça leur laissera le temps de contacter leurs potes sur le forum du réseau sécurisé.

Depuis que nos enfants sont dans cette école, nous sommes soulagés, Alessandro et moi. C'est une école privée qui propose des classes de la maternelle aux classes prépas (ingénieur, médecine, business school).

L'école propose même des classes pour élèves en grandes difficultés et d'autres pour enfants précoces et ouvre ses portes aux enfants handicapés : mixité sociale garantie… sauf dans les groupes de travail ! Pour les familles, c'est un soulagement de savoir que l'école a réponse à toutes les situations : cette année, trois petits autistes ont été accueillis dans une section spécialement créée.

Mia avait des difficultés de lecture en CP : l'école a proposé son orthophoniste, des cours particuliers de soutien et une activité de théâtre et de chant. Paolo, lui était faible en sciences : il a lui aussi été pris en charge individuellement, a suivi un stage de bio appliquée et travaillé sur l'électricité avec un lycéen doué qui le parraine.

C'est possible grâce à l'école, mais aussi à toute la communauté des parents qui s'engagent à donner de leur temps pour aider. En fonction des compétences de chacun, l'école organise du soutien, des loisirs éducatifs, des séances de coaching personnalisé. Mia a suivi avec Isabelle (la maman de Roxane) ses séances d'orthophonie.

Nous avons choisi cette communauté pour sa pédagogie et pour la famille qu'elle représente. C'est un clan, une zone d'éducation et de rencontre sécurisée, balisée, organisée. Évidemment le bilinguisme nous a séduits, Mia et Paolo passent des examens français et américains chaque année, leur cursus est donc valable dans les deux pays. Mais c'est la charte d'engagement, que nous avons signée et à laquelle nous ne dérogeons jamais, qui nous a vraiment décidés. Nos enfants sont avec nous, entourés de leurs amis, de leurs professeurs, de leur école, des parents des autres élèves. Ils suivent leurs loisirs à l'école, certaines de leurs vacances également et surfent sur le réseau de l'école.

Quand ils seront grands, diplômés, ils auront à leur disposition tout le réseau des anciens pour prospecter le marché professionnel, avec de bonnes adresses et des recommandations fiables. Cette école ne laisse pas tomber ses élèves à leur sortie : l'amicale des « ex- » est très active : on peut même la contacter en tant que parents pour parler des débouchés…

Ça fait un peu bocal ? Ce n'est pas faux ! Mais quelle sécurité…

Ça nous coûte cher, très cher, mais c'est un bon investissement, tout compte fait.

Tranche de vie 2020

Citoyen d'abord

Avec le recul j'me dis qu'ils avaient raison. Mais sur le moment… j'étais furieux, je n'étais pas à ma place dans cette classe, et on me promettait un avenir pourri qui ne me ressemblait pas ! J'ai tout rejeté en bloc.

En primaire, on ne faisait que de la morale, du civisme, de l'écologie, des séances de vivre ensemble où il fallait collaborer avec n'importe qui pour faire n'importe quoi, selon les jours… Gonflant ! J'ai détesté. Moi, je suis un solitaire et je n'aime pas qu'on m'impose des règles ; d'ailleurs mon grand-pa est d'accord avec moi, quand il me raconte ses barricades en 68 !

Je dessinais tout le temps des BD, des traits, des ombres, des perspectives, je faisais naître des histoires et des sentiments avec une feuille et un crayon ! Mais on me disait que c'était pas citoyen, pas convivial, pas constructif. En plus il y avait trop de sang et d'armes sur mes BD. On m'a même traité d'asocial.

J'suis passé de justesse, en copiant un peu, j'ai eu mon Brevet civique à 11 ans tout juste ; sinon j'étais bon pour redoubler : ils ne vous lâchent pas tant qu'on n'a pas son « passeport citoyen ».

Après c'était à peine mieux : cycle de culture générale obligatoire.

L'Histoire, j'aimais, j'ai fait des super BD de vikings et de batailles moyenâgeuses… mais en cours de maths (je ne comprends rien) et de littérature (Racine et Corneille, pouha !) la cata : j'ai donc été collé, recollé, mes dessins ont été confisqués. Je me suis révolté un peu, je suis passé en cour disciplinaire, mes parents n'ont plus reçu d'allocations pendant plusieurs mois, et on m'a menacé de renvoi définitif, ou d'un placement en école militarisée, une sorte de camp de redressement féroce.

Il a bien fallu que je me calme et que je rentre dans le rang. Ils sont persuasifs ! Leur objectif c'est de former pour le besoin des entreprises. J'ai laissé tomber mon crayon sauf à la maison, le soir après les devoirs. Bon, j'ai fait ce qu'il fallait pour passer la « CulGé » (à 16 ans au plus tard, il faut avoir son Certificat de culture générale).

J'ai donc pu passer au troisième niveau des études sans trop désespérer mes parents : là, on plonge vers un métier à 100 %. Je savais ce qui m'attendait : mon dossier et les batteries de tests ont décidé que je n'étais pas fait pour la théorie mais pour le manuel.

Et hop, me voilà maintenant depuis deux ans en « FormAlter » : le mot est top moderne mais le principe est juste l'apprentissage du Moyen Âge avec des journées d'école en plus (mes parents me l'on dit)... Mais c'est pas si mal, parce que mon dossier informatisé de punitions pour « dessin en classe » a tapé dans l'œil d'un orienteur du ministère : je suis maintenant chez un artisan vitrailleur. Les vitraux d'église, ce n'est pas ma passion, mais au moins, je dessine !

Mais je ne serai pas bien payé jusqu'à ma libération d'études : mes mauvaises notes en civisme et culture générale me valent un malus de 30 % sur le maigre salaire de FormAlter.

TRANCHE DE VIE 2020

My self-school

J'ai 35 ans et je commence ce soir, après le boulot, ma 12e session de formation sur mon réseau numérique d'employabilité optimisée : la Self-Achievement School of Shanghai.

Dès mes trois ans, mes parents ont choisi cette e-school pour mes études, et je ne l'ai jamais quittée depuis. Ils sont à la pointe des technologies digitales en e.learning et leur réseau est l'un des plus performants au monde. On a accepté de payer le prix fort, mais j'ai aussi beaucoup bûché pour rester dans le network !

Où que je sois, et sur tous les sujets, je peux rentrer en contact avec leur intelligence artificielle. L'application est sur mon ordinateur, mon Ipad, mes deux smartphones – et grâce aux supports de réalité augmentée, je peux choisir plusieurs modes de cours, y compris l'hologramme 3D dans mon salon ! Je suis seul quand j'apprends, mais je peux choisir d'intégrer une classe virtuelle à tout moment. Mon alias sera projeté au côté d'une quantité d'autres sur les lieux interactifs que je fréquente : mon bureau, mon salon, mon jardin. Je peux choisir des cours très pro et sérieux, mais aussi des cours de danse, de chant, de ski... tout est possible et à tous moments, le catalogue des apprentissages (on dit des values à Shanghai !) est infini. Mais l'école me soumet à chaque instant les sujets sur lesquels je devrais me former pour optimiser mon profil. Pro comme personnalisation ! C'est leur système d'IA (tout le monde l'appelle "Hal", en souvenir de je ne sais quel vieux film) qui compute ces recommandations en fonction de mon profil, de ma page LinkedIn, de ma personnalité (trois tests par an, obligatoires), des besoins de mon entreprise (oui, ils sont connectés à ma DRH) et des tendances du marché. C'est comme ça que j'ai pris des cours de golf. J'avais besoin de me détendre et d'apprendre un sport socialement élitiste (pour des rendez-vous de boulot, le triathlon c'était un peu juste).

Le contenu des cours mais aussi les technologies utilisées sont parmi les plus innovants et les plus performants du moment ! J'ai pu être embauché dans les meilleures sociétés, rassurées par mon adhésion à cette e.university emblématique. À chaque fois que j'ai besoin d'une formation, mon employeur sait à qui je vais m'adresser et ça n'a pas de prix, pour moi comme pour l'entreprise. D'ailleurs, elle m'embauche aussi pour ça, et me paie en conséquence ! L'école ne sélectionne, comme coachs, que les meilleurs spécialistes, chercheurs ou hommes d'entreprise : leur think tank est au top ! Avec le numérique, un professeur se réplique autant de fois que nécessaire et dispense ses cours en fonction des niveaux de chacun.

Et puis il y a le réseau des élèves. Certains se cachent depuis toujours derrière des pseudos et des avatars mystérieux... mais tous sont triés sur le volet, tous sont auréolés de succès dans leur cursus d'apprentissage comme dans leur vie professionnelle. On s'aide, on se refile des tuyaux, on est en mode 3.0 ! On se retrouve sur des réseaux sociaux privatifs, entre nous. Mon meilleur sparring partner d'école, je ne l'ai encore jamais rencontré autrement que dans des cafés numériques et des rues virtuelles. On a même développé une société digitale sans jamais bosser côte à côte autrement que sur le web.

Les plus mauvais éléments ont été dirigés vers d'autres réseaux d'apprentissage à distance, mieux adaptés à leurs niveaux de compétence. C'est aussi cette sélection et cette personnalisation extrême aux besoins et aux niveaux qui permet au réseau d'enseignement de rester un must ! On voit régulièrement des alias disparaître sur le mur virtuel de l'école, c'est un challenge permanent pour être sélectionné tous les ans... mais appartenir à la Self-Achievement School Of Shanghai est mieux que tous les diplômes du monde. D'ailleurs, des diplômes je n'en ai pas. Pas besoin ! Ma carte de visite c'est mon e.university, mon coach virtuel qui m'a formé tout petit et qui continue à m'entraîner encore maintenant.

Vox populi

L'âne de Buridan

Les Français sont très partagés sur ce couple que constituent le travail et la formation qui y prépare.

Un job d'abord !... visent les parents

On sait que l'emploi est la préoccupation première des Français, à la fois pour le pouvoir d'achat et pour éviter l'exclusion[1]. Cette obsession se traduit directement dans la conception d'un système scolaire rassurant. **L'employabilité est l'objectif évident** pour une majorité de Français :

1. Voir le chapitre 1 : « La France cabossée ».

- pour les parents, il s'agit de garantir **le bonheur ou simplement la sécurité à son enfant**, ce qui aujourd'hui, pour les trois quarts d'entre eux, passe **par l'emploi**[1] ;
- pour l'État, il s'agit de donner de son pays une image de **nation économiquement adaptée et réactive**. La qualité de formation des forces vives du pays est un signe de dynamisme et de conquête.

La priorité est donc donnée :

- à l'**adaptation des formations aux marchés de l'emploi,** aux règles et besoins à ces impératifs mondiaux du XXIe siècle, d'efficacité, d'adaptabilité, de performance rapide et exponentielle, d'innovation et de mobilité ;
- au **partenariat écoles-entreprises**. Le système éducatif est là pour servir le marché et ses entreprises. Ces dernières financent des cursus ou des campus, influencent les quotas d'élèves admis dans telle ou telle filière, choisissent le contenu pédagogique des cours ;
- à un **apprentissage de savoir-faire** immédiatement rentable en situation réelle. Il faut privilégier les études de cas, les expériences en stage, les alternances d'apprentissage et de mise en situation (y compris par des jeux de rôle), plutôt que le cours magistral trop conceptuel, trop éloigné de la réalité ;
- à l'**utile :** l'école ne devrait rien laisser au hasard, aux goûts personnels ou à l'impulsion : chaque apprentissage, chaque expérience est une ligne de plus sur un CV, une chance de plus de mériter un bonus professionnel, maintenant ou plus tard ;
- à l'**enseignement par l'émulation** compétitive et la récompense sélective : subvention boursière au mérite, cadeaux ou opportunités (de formation, de stage, d'embauche…) selon les classements ou résultats obtenus, sur le mode de la télé-réalité où chaque épreuve peut mener à la perte ou au contraire au confort. C'est une préparation précoce à l'individualisation des postes, salaires et primes qui les attendent demain ;
- au ***coach* sur le prof**. Il s'agit d'animer une équipe, et de guider chaque membre au maximum de ses capacités pour apprendre, créer, surpasser ses concurrents. L'enseignement par l'émulation en compétition est compensée par un système de suivi et d'aide constante de la part des *coach*s : cours particuliers, soutiens individuels, accès à des groupes d'excellence. Autant de moyens donnés à chacun pour donner le meilleur de lui-même. On enverra les meilleurs rejoindre les *high potential pupils (« les hauts potentiels »),* les autres auront avantage à travailler en groupe ;
- à des ***coachs* issus du milieu professionnel.** Certains *jeunes seniors* en fin de carrière se reconvertissent dans l'enseignement, d'autres dans le cadre d'un accord école-entreprise sont détachés de leur poste partiellement pour enseigner.

1. CCA.

L'éducation intellectuelle et morale d'une personnalité et d'un citoyen est vue comme secondaire.

Oui à une sélection précoce des élèves pour les orienter vers une formation adaptée à leurs compétences. Le choix des filières d'apprentissage dépend moins de la volonté de chacun que de la mesure par le système scolaire de ses capacités et des besoins du marché régulièrement identifiés et anticipés.

Non à l'échec scolaire. Bloqué dans une filière, l'enfant doit être réorienté vers une autre jusqu'à trouver sa *zone d'employabilité.* Tout le monde est censé apporter quelque chose sur le marché du travail. Il reste à le définir en partant des besoins de ce dernier pour aller jusqu'aux compétences de chacun.

Si cette dynamique sociale se poursuit, les Français accepteront bientôt que l'État ne soit plus l'initiateur, ni même l'arbitre des systèmes d'enseignement et formation.

Mais le bonheur ?... visent les travailleurs

Dès que les Français oublient qu'ils sont parents et se souviennent qu'ils sont des travailleurs ou parents de salariés, leur système de valeurs bascule **aux antipodes de cette école de l'employabilité.**

Car le portrait de cette marche forcée vers l'emploi obéit à une logique purement matérialiste du bonheur qui ne motive plus la majorité sociale aujourd'hui. Et surtout, le genre de travailleur que forme cette école est une matière première pour un type de contrat de travail précarisé et un style de DRH par le stress, rejeté clairement par une grande majorité des Français[1].

DE LA THÉORIE À LA PRATIQUE

Questions

Objectifs éducatifs

La priorité pour l'école des années 2012/2017 :
- une école du savoir et de la connaissance, de la théorie, de l'intelligence ?
- une éducation à la citoyenneté, au vivre ensemble ?
- une formation professionnelle de haut niveau selon la prospective du marché de l'emploi ?
- un apprentissage sur le tas et rapide de métiers qui embauchent aujourd'hui ?

.../...

1. Se reporter, pour le détail, aux chapitres 7 et 8 qui traitent de ces sujets.

Organisation de l'enseignement

- Faut-il aider ou privilégier les écoles communautaires... ou au contraire réserver l'argent public à l'Éducation nationale pour tous ?
- Faut-il de nouveau faire des classes séparées pour garçons et filles ? dès le primaire ? au collège ? au lycée ?
- Faut-il arrêter de supprimer des postes de professeurs ? et au contraire en recruter de nouveaux ?
- Faut-il mettre les professeurs les plus expérimentés dans les écoles les plus difficiles avec les élèves les plus en difficulté... en les payant mieux ou en leur donnant la retraite plus tôt en compensation ?

Économie et finances

- Faut-il supprimer les maternelles publiques et laisser les initiatives privées, associatives ou commerciales, s'en occuper ?
- Faut-il passer l'ensemble de l'enseignement du secondaire au privé ?
- Faut-il gérer l'Éducation nationale comme les entreprises : les écoles primaires ? les collèges et lycées ? les universités ?
- L'école doit-elle devenir payante ?
- par exemple en fonction des revenus des parents ?
- ou pour certaines études spéciales que l'État ne juge pas indispensables à l'économie (formations artistiques, latin et grec) ?
- ou pour les enfants absentéistes ou qui troublent la classe ?

Gestion des élèves

Que faire des élèves incapables de suivre, qui retardent la classe ?
- les garder en classe et les faire aider par les autres élèves ?
- les garder en classe avec des cours de soutien personnels en plus ?
- les envoyer dans des écoles spéciales pour leur apprendre le minimum en tout petits groupes avec des professeurs spécialisés ?
- les sortir de l'école et les mettre très vite (12 ans) en apprentissage ?

Que faire des élèves asociaux qui perturbent les classes, les professeurs et les autres élèves ?
- les garder en classe et les faire suivre par des psychologues ?
- les envoyer dans des écoles spéciales, plus sévères, avec des éducateurs spécialisés ?
- essayer de trouver ce qui peut les intéresser et les motiver... et les réorienter dans cette direction ?
- les renvoyer de l'école ?
- pénaliser les parents (supprimer les allocations familiales et aides sociales par exemple) pour qu'ils assument leurs responsabilités éducatives ?

Méthodes d'instruction

- Faut-il remplacer l'enseignement par classes entières par des groupes de niveaux (chaque élève travaille chaque matière avec des gens de son niveau) ?
- Faut-il développer pour tous le e-learning sur internet, pour des matières où l'on manque de professeurs, quand un enseignant est absent ou pour des répétitions de soutien scolaire ?
- Faut-il plus de professionnels dans les écoles, venus des entreprises, pour faire quelques heures de cours ou travaux pratiques sur leur métier ?
- ... dès la primaire ? au collège ? au lycée ? en universités et grandes écoles ?
- Faut-il « obliger » les adultes à revenir à l'école pour mettre à jour leurs connaissances ?

Interactivité

Voulez-vous exprimer votre opinion sur ce thème, sur les évolutions passées, sur les scénarios alternatifs et sur la tendance sociale ?

Nous vous donnons rendez-vous sur notre site internet où vous pourrez voter et comparer votre opinion à celle d'autres lecteurs. Connectez-vous à : http://www.agorascope.com/sesame/7educ

PÔLE TRAVAIL

Chapitre 8

Travailleur jetable ou auto-entrepreneur ?

Le contrat de travail en miettes

Héritage

Cyclone sur l'emploi

Qui ne se souvient de cette chanson populaire : « Le travail c'est la santé… rien faire c'est la conserver » ? Éloge humoristique d'une oisiveté utopique, à une époque où l'on usait sa santé au travail avant de mourir, vite, sitôt la retraite gagnée…

Aujourd'hui, on écoute sur internet des complaintes sur l'oisiveté forcée : de « Chômage », par le groupe *Zebda*[1] à « Chômage au fond de la vallée », de *Chanson Plus bifluorée*[2].

L'emploi : angoisse majeure des Français

Le chapitre précédent, par le biais de l'éducation a déjà abordé le problème de l'emploi. Nous avons noté que pour certains l'école est devenu l'antichambre de l'employabilité plus que de la connaissance. Cette conviction contemporaine, des études utiles tout de suite, doit se comprendre dans le contexte de chaque foyer.

Chaque classe sociale, chaque famille, chaque âge est, a été touché par le chômage (10 % de la population environ, pour neuf mois en moyenne) ou connaît des proches qui le sont, non seulement parce que le chômage est là, mais parce que beaucoup d'emplois ne valent guère mieux que le chômage, comme le temps partiel non choisi.

Sous l'angle sociologique, l'emploi est d'abord un **enjeu humain personnel à trois dimensions** : **matérielle** (le pouvoir d'achat, la flottabilité micro-économique

1. www.starzik.com/mp3/titres/Chomage-1065476.html.
2. www.youtube.com/watch?v=PIW8boarcVE.

d'une famille), **psychologique** (l'estime de soi) et **relationnelle** (le statut social affiché face aux autres), qui domine toute autre préoccupation.

Le problème de **l'emploi est un drame existentiel**, la première cause d'angoisse de toute la population, parfois vécue à la première personne, plus encore projetée sur ses enfants ou petits-enfants. On se souvient qu'un Premier ministre – Laurent Fabius – dès le milieu des années 1980, avait qualifié le chômage de *cancer*. Celui-ci est toujours là, plus dramatique encore : 75 % des Français s'attendent à une dégradation dans un proche avenir, avec pour conséquence une progression de « la misère » (40 %)[1].

La pénibilité du travail n'est pas nouvelle, mais a changé : le stress psychologique devient plus insupportable que la fatigue et l'usure physiques[2].

Pour une partie de nos concitoyens, le travail est vécu sur le mode d'**un dilemme** entre l'angoisse d'en manquer (spectre du chômage) et la peur d'un emploi *bulle de savon* instable, fragile et éphémère. La vie quotidienne devient un *funambulisme terrifiant,* car le spectre de la précarité qui s'étend à de plus en plus de classes sociales.

Un vécu démobilisateur

« États d'âme de Français trop endormis sur des acquis sociaux irréalistes », entend-on parfois. Mais **la destruction du potentiel humain** est-elle une recette raisonnable pour faire tourner l'économie ? Ceux qui ne s'intéressent guère à la dimension éthique de la question, peuvent se rappeler que ces travailleurs inquiets et malmenés sont aussi des consommateurs : pourquoi détruire un marché ?

DE LA SÉCURITÉ AU KLEENEX

De la mobilité choisie à la mobilité forcée

Depuis bien longtemps et jusque dans les années 1960, le travail était une fatalité, imposé, souvent pénible et aliénant. Mais, avec le développement économique, avoir un emploi était devenu un droit évident et les salariés étaient récompensés par le privilège de **stabilité d'emploi**. On pouvait faire carrière toute une vie dans un atelier ou un bureau, puis léguer ce poste à son enfant. Aussi dure que soit la condition, on était assuré à long terme d'avoir de quoi *faire bouillir la marmite* et d'un statut social intégré, digne même s'il était pauvre. Et pauvre voulait dire : **peu**. Maintenant il signifie : **pas**.

---

1. Observatoire CCA 2010/11.
2. Voir le chapitre 9 sur la DRH.

Puis vint le temps des années 1970 où se sont conjugués abondance d'emplois et choix gratifiant de professions confortables, épanouissantes et souvent nouvelles, car les progrès technologiques ont créé de nombreux métiers inconnus des générations précédentes. La **mobilité choisie**, fondée sur la compétence et le développement générant une demande de bras et de neurones, apparut une liberté nouvelle permettant de changer d'air, d'avoir des promotions rapides. Pendant cette période brève, une génération à peine, le travail fut un choix pour beaucoup, même s'il restait une contrainte pour le plus grand nombre.

Cap sur la précarité

Le fait contemporain majeur est la précarisation forcée du travail d'abord chez les jeunes qui la considèrent presque comme un état normal : c'est ce que les exemples alentour leur laissent à penser. Porté par l'ultralibéralisme, **le travail émietté est devenu un principe de gestion profitable des entreprises,** un modèle enseigné dans les écoles de *management*, une doctrine explicite. « La croissance française accouche d'emplois précaires », titrait *L'Expansion*, déjà, en septembre 2006[1].

- La précarité n'est certes pas majoritaire (13 % des salariés, soit 2 800 000 personnes), mais elle est **tendancielle** ;
- la réalité du marché de l'offre de travail est faite de plus en plus de **petits boulots** : stages sous-payés à répétition (y compris pour des surdiplômés), CDD en chapelet (1 800 000), intérim (550 000) à la journée, temps partiel et horaires fractionnés, jobs saisonniers… chômage à répétition ;
- la réalité de gestion moderne des CDI est une généralisation de **la mobilité forcée** : changement de poste et de métier, de service et d'équipe, de lieu de vie ;
- la réalité du vécu professionnel, pour les chanceux du CDI, est l'augmentation d'un **stress** destructeur[2] ;
- la réalité humaine est que cette évolution crée **une classe sociale de semi-exclus** qui ne peuvent pas joindre les deux bouts ni parfois même se loger ;
- la réalité socio-économique est que **le travail est en passe de devenir une denrée de luxe**, qu'on se procure au marché noir des réseaux relationnels (famille, écoles, syndicats, partis politiques…), et conservé le couteau entre les dents et la brosse à reluire à la main.

L'ère du travailleur « Kleenex »

L'économie capitaliste recherche dans cette variable d'ajustement humaine des économies et des **profits immédiats**. Les dégraissages sont catalyseurs de valorisation boursière.

1. lexpansion.lexpress.fr/economie/la-croissance-francaise-accouche-d-Emplois-precaires_116480.html.
2. Voir le chapitre 9 : « Équipier ou galérien ? », sur la DRH.

La logique ultralibérale réduit les acquis sociaux

Elle fait baisser les exigences et les acquis des salariés des pays développés, pour les rendre plus employables. L'inouï est que les pays développés vont chercher leurs modèles sociaux chez les plus pauvres. Ainsi, pour que les riches les plus riches le restent, c'est l'équilibre social relatif qui est reconfiguré à la baisse.

Les adeptes de la flexibilité humaine ont-ils conscience qu'ils se condamnent à transformer leurs ressources humaines en robots inertes, peureux, probablement rancuniers. À force de contraintes, on finira bien par faire accepter **n'importe quoi à n'importe qui**, ouvrier ou cadre surdiplômé... avec le risque qu'il travaille **n'importe comment**.

C'est une impression de capital humain professionnel gâché, sous-employé, démotivé et sous-exploité qui domine. La nouvelle *employabilité* est destructrice de ressources humaines. Le dogme de *flexibilité* est fondé sur une erreur psychologique et un mépris social : un travailleur n'est pas une machine qu'on peut faire tourner au ralenti ou débrancher, avec la certitude de la retrouver dans le même état de productivité qu'avant. L'être humain offre plus de potentiel qualitatif qu'un robot, mais il est aussi plus fragile. **La casse psychologique ne se répare pas vite et pas toujours, mais toujours elle se paye.**

Le chômeur est un travailleur débranché

Il est mis au rencard temporaire... quoique l'âge, le désarroi transforment pour certains ce temporaire en définitif. Amputé de statut social ou avec une image d'assisté, vite dénoncé comme parasite, le chômeur se sent impuissant à nourrir sa famille, il se voit sur la pente glissante vers l'exclusion, il glisse progressivement vers une dévalorisation dépressive à ses propres yeux.

La situation des sans-emploi, surtout en longue durée, est dramatique, mais minoritaire. Le sort de ceux ayant **des emplois flexibles** est tout aussi dramatique, car ils se trouvent dans une obligation de productivité sans disposer du moindre repère et, de plus, ce statut devient un mode de travail à perpétuité. Comment se construire quand on ne sait pas ce que sera demain ?

Le précaire est un expulsé

Dans ses multiples avatars, il/elle expérimente la dépossession de sa vie professionnelle, premier stade de l'exclusion sociale.

Au mieux il est infantilisé, mais la logique ultime conduit à le traiter sans identité, sans âme, sans affectivité, sans psychologie : une machine que l'on déplace et reprogramme comme un robot, une pièce détachée qui va en remplacer une autre, **un « *robotnik* ». Il ne peut tisser aucun lien relationnel car les *turnovers* enchaînés empêchent un travail d'équipe** fondé sur la confiance et l'**entraide**, réduisent la formation mutuelle par transmission du savoir sur la longue durée, privilégient ceux qui savent, même à peine, car former fait perdre du temps. Que de talents sous-utilisés, de gaspillage de connaissances et savoir-faire par manque de temps pour s'explorer !

Le précaire est un aliéné de l'instant, emprisonné dans la brève parenthèse d'un épisode temporaire. On ne lui dit rien de la stratégie de sa firme, ni des risques éventuels, ni des opportunités à exploiter, rien sur les projets et l'avenir à moyen terme du métier puisqu'il n'est que de passage. Les précaires savent n'être que des agents d'exécution, accessoires sans importance, remplaçables à volonté dans une machine déshumanisée. Comment peuvent-ils se sentir liés à l'entreprise, impliqués dans un avenir dont ils ne seront pas ?

Des millions de précaires dessinent une nouvelle démographie au travail, à la fois des jeunes éternellement débutants et des jeunes vieux que personne ne veut plus embaucher jusqu'à la retraite. Qui s'étonnera s'ils en retiennent un sentiment de **triple frustration : de carrière** sans ressourcement ni perspective, **de non-respect humain** et **d'interdiction à s'installer** dans un mode de vie stabilisé, au prix d'une usure psychologique ? Qui s'étonnera qu'ils en rendent responsables, au-delà du système patronal, les politiques qui ont légiféré pour institutionnaliser la précarité ?

À LA CROISÉE DES CHEMINS

CDI OU NOUVEAUX CONTRATS DE TRAVAIL ?

Enjeux de société

Incohérence

Plus de 80 % des Français aiment leur travail[1], mais si l'on mesure tout autant **une méfiance ou même un divorce entre les Français et leurs entreprises** (les mégafirmes beaucoup plus que les PME), c'est que la logique de ce marché du travail est opposée à l'évolution socioculturelle.

Un des leviers de rupture entre salariés, travail et entreprise est **un étrange paradoxe** qui clive la vie contemporaine :

- d'un côté, un **consommateur sacralisé**, encouragé à s'exprimer par ses choix, sa singularité, sa spécificité ; la société marchande incite les acheteurs à affirmer leur autonomie individuelle, leur différence unique en tant que sujets consommateurs en totale liberté. Le marketing *one to one* fait (au moins subjectivement) du client le maître du jeu ;

1. Sondage TNS Sofres-Logica pour *Le Pèlerin*, décembre 2010.

- de l'autre côté, un **employé banalisé**, encouragé à ne pas s'exprimer, subissant dans un jeu déshumanisé des décisions du style « c'est à prendre ou à laisser ». Nombre de salariés se sentent traités comme des objets dont on réduit la valeur psychologique pour ne demander qu'une soumission. Il en résulte une collision frontale entre la nouvelle culture du *Moi.ego* chez le cyber-consommateur et la culture anonyme du *lambdaman*.
- parallèlement, avec un temps de retard, un **citoyen critique** de l'autocratie politique et plus largement des élites pour se vouloir **wikicitoyen**, contestataire ou simplement participant actif. Le web lui donne la parole, lui permet de dire ses expériences et ainsi de prévenir la communauté branchée, renouvelle le droit de réunion et les mécanismes de mobilisation.

Voilà donc un système absurde ! Un consommateur qui a le pouvoir de décision, un employé qui le perd et un citoyen qui le revendique. Comment espérer que le plus mal loti, le travailleur, s'implique ?

Salarié à l'encan ou travailleur biactif ?

Une sociologie pragmatique du travail doit tenir compte d'inflexions irréversibles. À moins d'une révolution radicale, il y a peu de chances que l'on revienne à des emplois salariés majoritairement en CDI, bardés de garanties, assurés de la stabilité. Il y a même bien peu de chance que l'on revienne au plein emploi, du moins si l'on parle de véritable *job* décent.

Mais un *management* réaliste des relations humaines doit aussi tenir compte de l'impact destructeur du modèle actuel de précarisation du travail, tout autant que du succès qu'a connu une innovation comme le statut d'auto-entrepreneur.

Alternatives

Deux scénarios de l'emploi sont envisageables pour demain, annonçant deux civilisations différentes du travail.

Vers un scénario de travailleur « à l'encan » ?

Vers l'employeur virtuel ?

Du point de vue des entreprises, un allègement radical des structures humaines est envisageable : une firme se définira par son potentiel financier, son informatique, ses brevets, ses réseaux de partenaires productifs et de distributeurs. La *firme light* sera allégée en humains, réduite à un état-major patronal et des cadres supérieurs en charge de sous-traitances et activités extérieures. Elle sera presque dématérialisée : une entreprise numérique déserte de vivants, quasi virtuelle.

Déjà, les théoriciens les plus audacieux de l'ultralibéralisme appliquent cette politique : le moins de travailleurs dedans, le plus dehors, le moins de lourdeur, le plus de souplesse, le moins d'acquis et de droits sociaux. Ainsi s'expérimente discrètement **l'employeur fantôme**, à travers des travaux en intérim-minute, sous-traités n'importe où au monde, via le téléphone et internet, hors tout contrat de travail, toute législation, toute relation humaine même, à la seule discrétion arbitraire d'un employeur anonyme qui rémunère à sa seule appréciation.

Dès 2010, l'observatoire Netexplorateur a mis en lumière plusieurs exemples de microjobs *online* expérimentaux : il s'agit de faire appel aux internautes pour effectuer de petites tâches ponctuelles, rémunérées mais très peu, que l'on pourrait appeler *chip and cheap works* (travaux minuscules et peu payés). Ce prototype dépasse la simple réorganisation du travail et esquisse **une mutation vers une économie atomisée**, dont les pilotes seraient des *firmes virtuelles* et les travailleurs des *ghost workers.* Cette initiative bouleverse les conceptions du développement économique, en substituant à l'investissement lourd, dans des infrastructures productives durables générant des bassins d'emplois pérennes, un nouveau modèle d'un réseau évanescent d'activités numériques intérimaires en temps réel, une *nebula economy.* Ce phénomène outrepasse le simple échange monétaire entre employeur-employé et pose la question du lien socio-professionnel résiduel du *contrat fantôme* réduit au *shadow job*[1].

Ces expériences serviront de modèles à des grandes firmes dont beaucoup de tâches peuvent être sous-traitées à distance. **Pour ce modèle, les humains sont une charge, jamais une valeur.**

Vers le colporteur de compétence

Du point de vue du travailleur, cadre, employé, ouvrier, le statut évolue vers **un statut quasi libéral d'électron libre.** Il sera seul maître de sa carrière, seul responsable de sa formation et de son évolution, seul à se vendre sur une promesse d'employabilité immédiate, seul à chercher un employeur, seul à s'engager sur un chantier à durée limitée, sur un objectif, sur des conditions de travail, seul à négocier une rémunération. Sans garantie de durée, de reconduction, de promotion, de revenus, mais libre. Cette sorte de *marchand ambulant de lui-même* doit être prête à une extrême mobilité, à un pouvoir d'achat variable et arythmique.

1. Netexplorateur analyse plusieurs expérimentations : Mechanical Turks du groupe Amazon, internetEyes (interneteyes.co.uk/), ouvertement des travaux d'appoint au noir ; Hypios, une sorte de concours Lépine scientifique aux brevets rémunérés (www.hypios.com) ; mais aussi TxtEagle (www.txteagle.com/) et GiveWork qui veulent donner du travail au Tiers Monde, à distance. Voir le rapport 2010 de netextplorateur : www.netexplorateur.org/netexploratrend/etude.

Le scénario des *shadow jobs online* radicalise cette orientation en poussant jusqu'à l'absence totale de contacts humains entre employeur et employé, dans *un no-law land*, un espace de non-droit. Loin d'être impossible, ce scénario se développe à l'ère de l'internet lorsque le marché du travail devient planétaire.

Du point de vue social, la dérégulation est maximale : on revient à une bourse du travail, à l'ancienne embauche à l'encan des journaliers, ouvriers agricoles, dockers...

Vers un scénario alternatif de travailleur « biactif » ?

Du point de vue du travailleur

Cette option implique la prise de conscience préalable qu'une sécurité de l'emploi à 100 % n'est plus réaliste, mais elle repose aussi sur le refus de l'absolue précarité du scénario précédent. **Dans ce scénario, un travailleur aurait alors deux vies professionnelles, complémentaires :**

- **une vie professionnelle de salarié**, en CDI ou contrat de longue durée assez sécurisant, dans une entreprise... mais à temps partiel : ce serait **sa demi-vie sécurisée**, stable, de travailleur sédentaire ;
- **une autre existence en auto-entrepreneur**, pour développer ses propres affaires pendant ce temps libéré, à sa guise et à ses risques : ce serait sa vie de *chasseur nomade*. À la vérité, ce modèle existe déjà de façon non légale. Combien de travailleurs ayant un emploi à mi-temps ou irrégulier ne s'en sortent que grâce aux réseaux multiples ?

Les avantages pour les entreprises

Ils sont clairs : une charge salariale fixe moins importante, une flexibilité en temps réel (quoi de plus facile et sécurisant que d'embaucher son propre salarié pour des heures supplémentaires, pendant quelques semaines de surcharge ?). Le dynamisme entrepreneurial induit par la demi-vie nomade retentira sur le potentiel du salarié pendant son mi-temps sédentaire. Cette solution, déjà utilisée par des entreprises ne pouvant pas rémunérer à plein temps des spécialistes aux salaires élevés (avocats, experts comptables, etc.) pourrait se généraliser.

Socialement, cette orientation permettrait de combiner une sécurisation minimum des travailleurs partiellement salariés, encadrée par des lois sociales, tout en acceptant qu'une part de la vie socioprofessionnelle s'exerce selon les lois du marché.

QUELS STYLES D'EMPLOIS EN 2020 ?

TRANCHE DE VIE 2020

Flash job

Indy bricole dans la maison, feuillette un magazine en attendant l'heure de la sortie d'école des enfants. Son portable sonne… Une voix annonce :

« Laboratoire Zorglub. Vous êtes bien traducteur B456 ?

– Oui… »

Pendant vingt minutes, Indy écoute des phrases, les traduit une à une dans la langue maternelle de ses parents… et raccroche. Sa journée de travail est finie… peut-être, car elle ne sait jamais si on ne va pas la rappeler pour une autre session téléphonique. Indy parle français et les deux langues d'origine de ses parents.

Elle a été recrutée par un cabinet de traduction : elle n'a jamais vu ses employeurs, tout s'est passé au téléphone avec plusieurs séries de tests. On lui a expliqué qu'elle était maintenant une « flash jobber », que c'était très moderne, l'avenir… elle n'a pas trop compris, sauf qu'elle ne devait jamais se séparer de son portable, parce qu'on l'appellerait de temps en temps pour des séances plus ou moins longue de traduction, soit au téléphone, soit sur son ordinateur… mais sans jamais la prévenir à l'avance. Si elle n'est pas là pour répondre, tant pis.

Trois entreprises l'appellent de temps en temps, c'est très irrégulier : quelquefois cinq ou six fois dans la semaine, quelquefois rien pendant quinze jours. C'est en général rapide, jamais plus d'une demi-heure de travail.

Indy n'a jamais rencontré personne, ne reconnaît pas de voix familières et ne connaît pas le nom de ses interlocuteurs ; elle entend vaguement le nom de la société mais n'en sait pas plus. On lui a expliqué qu'elle est complètement libre, puisqu'elle n'est embauchée par personne, n'a pas de contrat de travail… Bien sûr, ce job ne lui procure ni Sécurité Sociale ni retraite, mais on lui a bien expliqué qu'elle ne paierait pas d'impôt : sans trop savoir à l'avance combien elle va gagner, elle est rémunérée en bons d'achats qu'elle peut utiliser dans plusieurs grandes chaînes de magasins et sur internet.

Un vrai boulot à l'ancienne, en CDI à plein temps, payé régulièrement en vrai argent, avec un chef autoritaire et des horaires fixes, une productivité imposée obligatoire ? Depuis quelques années, ça ne se trouve presque plus : alors peut-être que ce flash job est l'avenir pour ses enfants ?

TRANCHE DE VIE 2020

Double job

Antoine a décidé de travailler à mi-temps. Autrefois, il avait rêvé de faire évoluer la grande entreprise dans laquelle il est cadre moyen… Il étouffe un peu, les choses vont très lentement, les hiérarchies filtrent l'information ; le travail en équipe ressemble à Kho-Lanta, on ne peut pas aller sur internet, il n'y a pas d'accès aux réseaux sociaux, comme si personne dans cette entreprise ne possédait de smartphone... Mais il a renoncé à sa croisade : trop de lourdeur bureaucratique ! Alors Antoine a décidé de s'épanouir ailleurs. Démissionner ? C'est bien risqué à 45 ans... Heureusement, son patron appréciait tout autant ses compétences que son esprit anticonformiste : il a tout de suite dit OK à sa demande de mi-temps, et convaincu la DRH.

Ce temps libéré, Antoine le consacre à « ses petites affaires » : une e.shop de vins sur internet, avec coaching œnologique en ligne, montée avec une jeune informaticienne de sa boîte ; à côté de ça, autre corde à son arc : un peu de consulting, quelques conférences sur sa spécialité (un montage financier offshore très compliqué) et il pense à écrire un livre ; il donne aussi un coup de main à sa femme qui a enfin monté la librairie dont elle rêvait (il se charge du back-office). « Je me sens un peu entrepreneur », dit-il, visiblement satisfait d'avoir quand même son demi-salaire assuré tous les mois.

Quand il va au bureau travailler, il se la joue entrepreneur, jonglant avec ses trois téléphones portables et ses six adresses mail. En prime, il profite des infrastructures de sa boîte pour ses propres business, « mais ils n'y perdent pas : je travaille mieux et je suis plus rentable pour eux ! ». En cerise sur le gâteau, une qualité de vie meilleure : « On travaille ensemble avec ma femme et je vois mes enfants le mercredi. »

Vox populi

Pour un travail motivé

Que nous apprend la plus récente enquête du CCA sur les prospectives de vies les plus attractives ?

L'argent n'est pas tout

Il est essentiel bien sûr pour les 9 millions (bientôt 10) de **pauvres et nouveaux pauvres** de notre pays : ils font partie des 27 % des Français qui accepteraient « n'importe quel travail ».

Pour beaucoup cependant, **l'argent n'est pas la seule, ni même la principale motivation à travailler :** « Travailler juste pour l'argent ? » Non, pour 68 % des interrogés. Entre les deux tiers et les trois quarts des Français n'envisagent ni un travail à risques, ni un emploi « immoral », ni même de travailler « chez n'importe qui », simplement pour de l'argent[1]. Tous les indicateurs du CCA sur le sujet partagent un point commun : considération humaine, solidarité convi-

1. Voir le détail des tendances dans le chapitre 1, deuxième partie.

viale d'un groupe rapproché, à taille humaine. Tout cela passe avant la rémunération, dès que celle-ci est décente.

Ces demandes d'humanisation relationnelle des conditions de travail sont exemplaires de l'alchimie qui fait se dépasser des individus pour autre chose que leur profit immédiat personnel : **le « gagner plus » ne suffit pas.** Il faut lui associer ou même lui substituer de l'émotion, de l'affectivité, de l'imaginaire, un lien clanique qui soude une équipe.

L'affect compte autant que le rationnel, les bénéfices psychologiques pèsent autant que les avantages matériels. L'entreprise est encore imaginée comme une famille, une communauté humaine, une microsociété : comme toute société, ses clefs de voûte sont la sécurité, l'interdépendance et la relation humaine. La *bonne ambiance* y apparaît comme un facteur déterminant (63 %) de motivation aux efforts productifs comme aux sacrifices éventuels. Pour 80 % de nos concitoyens, ces facteurs affectifs sont la condition *sine qua non* à des efforts productifs et sacrifices éventuels[1].

Ces tendances indiquent que la dynamique sociale portera à privilégier le scénario d'un **sédentaire nomade biactif**, en le renforçant de ces dimensions qualitatives de motivations psychologiques au travail. Ce sera l'occasion de **repenser le contrat de travail**, plus flexible, plus personnalisé, évolutif en fonction des cycles de vie personnelle (mariage, achat d'une maison, naissance) : mais aussi plus multidimensionnel, en un cocktail de contraintes acceptées et de bénéfices/rémunérations : financiers, matériels et psychologiques.

Vers la performance par la sécurisation ?

Ce sera le cas, si l'on trouve des entreprises capables d'innover selon cette philosophie pragmatique :

- qu'elles deviennent conscientes que la stratégie de peur et de totale précarité est à long terme nocive, donc qu'elles acceptent de repenser leur relation aux travailleurs autrement qu'en simples robots numérotés, pour répondre à la **demande affective de mobilisation** professionnelle ;
- que le *management* accepte que, pour être hyperperformants dans un monde instable et imprévisible, ses collaborateurs ont besoin d'un **minimum de sécurité**, sans quoi ils auront la tête ailleurs ;
- que les actionnaires intègrent que, pour être concurrentiel dans la jungle mondialisée, il faudra redéfinir **un contrat moral de solidarité** avec l'équipage de leur bateau en régate.

1. Source : CCA.

Notre patronat est-il capable de redéfinir un modèle français d'entreprise-tribu qui remobilise le cœur à l'ouvrage par l'affectif ?

On pourrait parler *d'entreprises accompagnatrices de progrès* (un label peut-être ?), une avant-garde innovatrice, tablant sur l'équilibre entre l'humain et le travail pour augmenter leur compétitivité : de véritables entreprises citoyennes.

Tout cela est affaire de patrons et d'actionnaires, mais **les politiques ne peuvent échapper à la responsabilité de privilégier des statuts et des formes d'activité professionnelle.**

De la théorie à la pratique

Questions

Principes

- Faut-il repenser le contrat de travail ?
- Faut-il l'assouplir ou renforcer les fondamentaux ?
- Faut-il multiplier les formes acceptées de contrats de travail ?
- Lesquels seront créateurs d'emplois ?
- Lesquels seront porteurs d'une satisfaction suffisante pour que les travailleurs donnent le maximum de leur potentiel ?
- Lesquels seront assez sécurisants pour éviter la paralysie des énergies, l'obéissance passive désimpliquée ?
- Faut-il supprimer le Code du travail ?
- Faut-il réécrire les bases d'un nouveau contrat de travail dans lequel les degrés de précarité et de flexibilité seraient systématiquement compensés par des avantages ?

Pratiques

- Faut-il encourager la double activité, en partie salariée (et alors en CDI sécurisant) et en partie « libérale » ? Y compris dans le secteur public ? Et comment ? Par des aides pratiques ? Des simplifications administratives ? Des avantages fiscaux ?
- Faut-il étendre un statut de type « auto-entrepreneur », le défiscaliser plus encore pour permettre à plus de salariés d'avoir une seconde activité ?
- Faut-il permettre à des chômeurs ce type d'activité partielle sans leur faire perdre leurs indemnités ?

Interactivité

Voulez-vous exprimer votre opinion sur ce thème, sur les évolutions passées, sur les scénarios alternatifs et sur la tendance sociale ?

Nous vous donnons rendez-vous sur notre site internet où vous pourrez voter et comparer votre opinion à celle d'autres lecteurs. Connectez-vous au : http://www.agorascope.com/sesame/8job

CHAPITRE 9

Équipier ou galérien ?

La DRH en crise sur les navires-entreprises

HÉRITAGE

LE NERF DE LA PRODUCTIVITÉ EST À BOUT

Pour les entreprises des pays riches, concurrencés par le *dumping* social des émergents, la carte de l'innovation de qualité est la seule solution ; elle exige des brevets et des ressources humaines. Non pas des bras et des cerveaux, mais des cœurs à l'ouvrage. La psychologie des travailleurs n'est pas un luxe philanthropique, mais *une énergie humaine indispensable,* un carburant à haute ou basse performance, ou un polluant, ou un explosif selon la manière de la stimuler.

Or le paradoxe actuel est que les responsables économiques semblent privilégier un mode de *management* démotivant qui va priver les entreprises de carburant humain.

« *Kho-Lanta* » pour tous au quotidien

Un modèle s'est répandu en France depuis dix ans, surtout dans les grandes entreprises, y compris les ex-services publics en voie de privatisation, à l'imitation des multinationales : **une Direction des ressources humaines** « sous haute pression », dont le levier est le **stress.** Et cette méthode se prétend exemplaire de modernité compétitive.

Les principes clés de cette DRH

Mépris pour les problèmes personnels et familiaux, priorité à l'intérêt de l'entreprise, réduite à ses actionnaires et leur profit immédiat, mise en concurrence des collègues en *coopétition*, individualisation des tâches, objectifs et évaluations, comme des contrats, de la gestion de carrière et des rémunérations à la performance, réévaluation régulière des compétences en termes d'employabilité, externalisation de plus en plus de collaborateurs. Et pour ceux qui restent : flexibilité, mobilité forcée et précarité instituées, *en charrettes, le nez dans le guidon* de l'urgence aveugle, au jour le jour, sans fin.

Si **la force** du système est de stimuler une minorité de compétiteurs individualistes, **sa faiblesse** est d'instaurer un cynisme relationnel chez ses employés, misant sur leurs seuls mobiles matérialistes au détriment de leur énergie émotionnelle, avec une morale du **moi d'abord, mon réseau ensuite, l'entreprise après,** chez ses meilleurs commandos.

Une mutation du travail monstrueuse ?

De l'ascenseur à la pente savonneuse

Depuis un siècle, le travail, en particulier le salariat en entreprise, était **un progrès globalement positif**, y compris pour les plus modestes : amélioration du pouvoir d'achat, moindre pénibilité, sécurité, ouverture d'esprit, relations humaines et même épanouissement.

Mais voici un temps nouveau : celui du travail dévalorisé par ses propres employeurs. Il se concrétise en un vocabulaire nouveau dans le milieu médico-social : « travail subi », « souffrance professionnelle »... La pénibilité physique, encore là, cède le pas à **la souffrance psychologique** qui affecte tous les métiers, touche les cols blancs du secteur tertiaire, et grimpe l'échelle hiérarchique pour attaquer les cadres, y compris supérieurs. Elle est liée à ce nouveau *management* des ressources humaines dans les grandes firmes.

Du travail promotion au travail angoisse

La politique de droite et le patronat sermonnent l'opinion publique d'avoir à retrouver « les valeurs du travail ». Mais quelles valeurs proposent-ils eux-mêmes, par leur DRH ?

- Il n'y a pas si longtemps, le travail le plus ingrat promettait, *a minima*, une promotion matérielle progressive, une qualité de vie améliorée... **il devient angoisse de risquer le chômage et la misère pour 40 % des Français**[1] ;
- le travail des Trente Glorieuses promettait une ascension sociale, un respect, une intégration à la mythique classe moyenne... **il est vécu de plus en plus comme un risque de déclassement, voire d'exclusion ;**
- le travail des années 1970-1980 promettait aux jeunes un choix, une passion, un épanouissement, surtout pour les plus impliqués... **il redevient stress et souffrance, conduisant de la passion au désamour.**

Une perversion de l'éthique du travail est-elle en cours ?

1. Source : CCA.

De l'intégration à l'indifférence

L'entreprise, même autoritariste et inégalitaire, qui offrait une communauté humaine, devient un tourbillon instable d'individualismes concurrents, tous de passage.

La relation évolue vers l'indifférence et même le mépris pour le travailleur-objet, nié dans son humanité, traité en simple robot, avec le sentiment de ne compter pour rien dans une jungle sciemment organisée : ajoutée à la fatigue physique, au stress, cette dépréciation de soi crée les conditions favorables aux dépressions, aux accidents du travail, aux arrêts de maladie à répétition et parfois aux suicides.

Tout semble se passer comme si la politique de gestion des ressources humaines considérait précarité, peur, déracinement, éphémère, solitude, objectifs impossibles et sanction comme les nouvelles baguettes magiques de la motivation, du sacrifice, du dépassement de soi au travail.

N'est-ce pas une perversion de l'entreprise elle-même ?

Qui le dit ?

Cette opinion n'est pas seulement exprimée par des syndicalistes, mais par une opinion publique (qui aimerait aimer son travail, très majoritairement : 80 %)[1], par une énorme majorité sociale :

- 90 % des Français (et plus encore les femmes) voient un sujet dramatique dans le stress, les dépressions et suicides au travail : « très important » (56,3 %) ou « assez important » (34,1 %) ;
- 84 % (et plus encore les 35-45 ans) pensent que les suicides peuvent toucher toutes sortes d'entreprises[2].

« **Stress** » est le premier mot choisi pour qualifier le travail par 78 % des actifs, devant « intérêt » (43 %). Si « souffrance » vient loin derrière (16 %), ils sont 92 % à ressentir que le stress au travail a augmenté depuis quelques années[3] ;

Les victimes du stress ? Tout le monde, selon 75 % de la population : les cadres (73 %) presque autant que les ouvriers (77 %), les salariés de grandes entreprises (80,6 %) un peu plus que ceux du secteur public (62,5 %)[4].

1. Sondage TNS Sofres-Logica pour *Le Pèlerin*, décembre 2010.
2. Sondage OBEA/INFRAFORCES pour *20 minutes* et *France Info*, octobre 2009, portant sur 1 000 personnes.
3. Sondage TNS-Sofres pour *Le Pèlerin* magazine, juillet 2007.
4. Sondage OBEA/INFRAFORCES pour *20 minutes* et *France Info*, octobre 2009, portant sur 1 000 personnes.

Les causes ? Surcharge de travail selon 80 %, rythme imposé (80 %), pression de l'encadrement (86,5 %), mépris ressenti de la hiérarchie (83 %), plus que les difficultés financières de l'entreprise (53 %).

Une DRH à risques

C'est un risque pour l'économie

On peut objecter à ce diagnostic que ces *souffrances* sont des états d'âme de luxe, de salariés surprotégés dans un pays riche. Ce n'est pas faux, mais ce sentiment n'en reste pas moins un fait social indéniable, en progression tendancielle.

Peut-on imaginer une économie concurrentielle fondée sur une déprime des travailleurs ? Peut-on imaginer une compétitivité boostée par la seule obligation de gagner sa vie sur le mode *marche ou crève*, en toute précarité, au moment ou *Time Magazine* titre sur le déclin de l'Europe (11 août 2011) ?

Pourtant la productivité des travailleurs français est déjà de haut niveau : selon le Bureau international du travail (BIT), les travailleurs français arrivent en troisième position mondiale derrière les Norvégiens et les Américains pour leur productivité par heure de travail, mesurée à 35,08 $ (25,68 €) contre 35,63 $ (26,07 €) pour les Américains[1]. Cette performance ne date pas du dernier quinquennat : le chiffre est de 2006. Un article américain dit même : « Les Français continuent à travailler le moins d'heures dans le monde [...]. En voyant ces données, on pourrait critiquer la France pour sa paresse [...]. Mais le vrai message, c'est que les Français sont probablement parmi les travailleurs les plus productifs du monde ». Tandis qu'un Français génère 25,10 $ de PIB en travaillant une heure, un Américain n'en rapporte que 24,60[2]. **Pourquoi risquer de casser une machine qui fonctionne ?**

C'est un risque pour les relations sociales

Le modèle de DRH que les firmes multinationales ont imposé aux grandes entreprises françaises et prétendent imposer aussi aux PME est-il socialement dynamisant ?

Non, car **cette « DRH haute pression » ne fonctionne pas** et ses conséquences sont néfastes pour le monde du travail tout entier. On peut en citer les cinq principales.

---

1. www.lefigaro.fr/economie/20070903.FIG000000293_les_francais_dans_le_top_de_la_productivite.html.
2. Article de Vincent Fernando (ancien directeur de recherche stratégique en cabinets de placements financiers) et John Carney (juriste spécialisé dans la finance), Américains écrivant pour le compte de BusinessInsider.com pour commenter une récente enquête d'UBS, cités en aout 2009 par le blog : www.lesmotsontunsens.com/francais-champions-monde-productivite-5260.

UNE CASSE SOCIALE

20 à 40 % des travailleurs seraient touchés par un stress pathologique, phénomène général et tendanciel dans le monde occidental. On parle de « *burn out* » pour qualifier le travail pathogène qui conduit d'un stress excessif à la démobilisation, à l'absentéisme mental, puis à la dépression des travailleurs psychologiquement *cramés* puis physiquement malades par somatisation : **du stress à la dépression. Et, comme on le sait, on peut aller jusqu'au suicide.**

UN DARWINISME IMPRODUCTIF

Cette DRH par le stress est-elle au moins rentable ? Non, répondent en majorité les sociologues du travail : le stress au travail s'avère improductif et coûteux.

UN REJET DU MODÈLE LIBÉRAL

Devant cette casse sociale improductive, les Français dénoncent le livre de recettes du modèle économique ultralibéral[1] :

- 75 % imputent ces problèmes aux méfaits de l'économie de marché ;
- 70 % à la mondialisation et aux lois supposées irréfutables qui en découlent, imposées par les *dei ex machina* d'une communauté financière et économique anonyme, lointaine, apatride.

Ce *management* par le stress individualisé, conçu pour mettre le maximum de pression sur des individus isolés et désolidarisés, est imaginé depuis vingt ans dans les multinationales comme le summum de la modernité. Mais pour une majorité de Français (76 %), cela ne fait que révéler des dirigeants et patrons « inefficaces » et **un système socio-économique « dépassé »** (65 %), daté du XXe siècle : la fin d'une époque[2] ?

UN PATRONAT DÉMONÉTISÉ

Les instances patronales bottent en touche, exonérant l'entreprise de toute responsabilité. Cette casse sociale ne serait que dégâts collatéraux inévitables en temps de crise et contexte de concurrence, imputés à la dureté de l'époque, selon Laurence Parisot, présidente du Medef[3].

Comment s'étonner alors que la figure patronale ne soit plus respectée, surtout quand la firme est grande : on ne croit plus en la solidarité du capitaine avec l'équipage de son navire, ni pour lui assurer une vie décente, ni même pour le garder à bord en cas de tempête. « Quand la direction se plante, c'est la base qui valse. »

---

1. Voir le chapitre 1 : « La France cabossée ».
2. Source : CCA.
3. Le Monde.fr, citant une interview de Laurence Parisot, présidente du Medef, sur RMC, le 20 février 2008 : abonnes.lemonde.fr/idees/article/2008/03/21/souffrances-et-suicides-au-travail-par-stephane-lauer_1025960_3232.html.

Une démotivation sociale

Moins dramatique et plus discret que le *burn out* pathologique, ce qui guette le monde de l'entreprise, et donc l'économie nationale, est une **désimplication des salariés**, au quotidien, sous couvert d'une obéissance passive à zéro prise de risque, ni pour contester ni pour prendre des initiatives.

En sociologues, nous ne pouvons que constater les effets désastreux de cette DRH sur la psychologie des Français au travail. Le rejet du modèle actuel de pilotage des ressources humaines est une réalité incontournable. Ce rejet s'appuie non seulement sur sa pénibilité, mais au moins autant sur le sentiment d'une régression par rapport à des siècles de **progrès**, d'un **retour en arrière vers la jungle**. Ce n'est pas le travail en soi qui est en question, c'est le modèle culturel où *la valeur travail a perdu son humanité.*

Plus concrètement et plus immédiatement, c'est **le modèle dominant de *management* des ressources humaines par le stress qui révèle son dysfonctionnement**, cause de souffrance :

- 80 % des Français se déclarent préoccupés par le stress au travail ;
- 70 % estiment que les entreprises ne mettent pas les moyens nécessaires pour lutter contre la souffrance au travail et prévenir les suicides ;
- 80 % en imputent la responsabilité à la charge de productivité augmentée par les réductions d'effectifs ;
- 86 % accusent la pression de leur hiérarchie, donc la méthode de gouvernance[1].

C'est un enjeu politique

La population ressent que l'évolution de la DRH est le fait d'une logique macro-économique, d'un **modèle de société qui relève de choix politiques.** Ceux qui renverraient la balle au seul patronat et aux partenaires sociaux seront perçus hypocrites et menteurs. Les politiques ne peuvent se désintéresser de cette évolution du monde du travail. Son organisation ne peut être laissée au patronat et aux partenaires sociaux, car il y va de la cohérence sociale, de l'état d'esprit de l'ensemble des Français.

Risque de révolte

Le rejet massif de ce modèle managérial engendre plus qu'un malaise : un potentiel de révolte. Certes, le système social mise sur le fait que la majorité des salariés a encore, dans la France de 2011, plus à perdre qu'à gagner à une vraie révolte. Mais les Français sont 50 % déjà à se dire tentés (« de tout

1. Sondage publié sur *France Info* et *20 minutes*, en novembre 2009.

casser »), et 74 % à penser qu'il « n'y a pas d'autre issue que de se battre », notamment à travers « des grèves plus dures » (58 %)[1].

Sans jouer les *cassandre*, il faut se savoir assis sur une psychologie collective réelle, « indignée »[2].

Qui le dit ?

« Il y a aujourd'hui un vrai malaise dans beaucoup d'entreprises où le travail est trop souvent synonyme d'angoisse ou de malheur. On l'a encore vu très récemment avec plusieurs suicides dans des grandes entreprises comme Renault ou France Télécom. [...] Les entreprises doivent réapprendre à motiver leurs salariés, autrement que par le stress. C'est une aberration humaine et économique... ». Qui parle ? Jean-François Copé, secrétaire général de l'UMP[3].

Faudra-t-il imposer une nouvelle manière de gérer la Direction des Ressources Humaines au travail ?

À LA CROISÉE DES CHEMINS

Un coup d'œil rétrospectif nous rappelle à quel point sont récentes les notions de *travail choisi, travail liberté économique, travail épanouissement psychologique, travail bonheur,* tout comme l'idée d'une justice au travail. Quant à l'idée de travailler moins, moins longtemps, elle est plus récente encore. Mais est-ce une raison pour revenir en arrière ?

AMORCE D'UN PROGRÈS DE CIVILISATION OU FEU DE PAILLE UTOPIQUE ?

Les années 1960 à 1980 avaient porté ces concepts... Mais dès les années 1990 s'est confirmé le désintérêt pour *le potentiel humain*, au profit du seul *potentiel productif* de l'individu, c'est-à-dire son employabilité immédiate dans un processus mécanisé[4]. L'objectif des DRH vise souvent à réduire les effectifs permanents, surtout les vieux, chers et moins malléables. La notion du **travail précaire** s'installe, avec une méfiance grandissante envers les promesses et surtout la solidarité du *management*.

1. Source : CCA.
2. Voir le chapitre 1 : « La France cabossée ».
3. Éditorial *online* de Jean-François Copé : www.lasouffranceautravail.fr/Edito_de_Jean-Francois_Cope.html.
4. Voir les chapitres 7 sur l'éducation et la formation des jeunes, et 8 sur le contrat de travail.

Par contrecoup, chez les jeunes surtout, s'installe **une attitude cynique** consistant à feindre la motivation et « tirer le maximum possible de sa boîte, tant que ça dure », avec la conscience qu'à tout moment le poste de travail peut disparaître à l'étranger ou être robotisé… mais aussi que le travailleur lui-même est libre de s'envoler vers une herbe plus verte[1].

Choisir une méthode de mobilisation des énergies productives est un choix profondément politique.

Quatre enjeux en question

Tripalium ou épanouissement ?

Il a fallu dix siècles pour passer du *tripalium* (racine du mot travail : instrument de punition des esclaves romains) au *travail*, considéré encore au Moyen Âge comme l'application de la punition divine du péché originel.

Il a fallu encore cinq siècles pour différencier du *labeur*, pénitence pénible et contrainte, le *bel ouvrage*, honorable production utile ou artistique, **métier choisi** par passion et talent.

Cinq siècles encore ont conduit à une conception du travail, au XXe siècle, qui s'écarte du devoir religieux comme du devoir social, pour privilégier l'épanouissement personnel, le plaisir égoïste, l'accomplissement hédoniste d'un *soi créatif*. Cette conception fut l'un des satellites durables mis sur orbite sociale par Mai 68 : pratique minoritaire de privilégiés, mais idée qui a tracé un sillon, celui de la revendication d'un travail émotionnellement satisfaisant.

L'élévation du niveau général d'éducation et les formations qualifiantes ont permis, depuis les années 1970, à un plus grand nombre de prétendre à un métier choisi pour une gratification psychologique.

Il en était sorti un nouveau modèle de **DRH motivationnelle**, minoritairement pratiqué mais tendanciel dans les années 1970-1980, avant tout à la recherche de créativité innovante et d'audace en *marketing*, fondées sur la permissivité tolérante aux personnalités anticonformistes, la liberté d'expérimentation, le travail dans la joie, la convivialité et le plaisir, la souplesse hiérarchique.

Ce cycle de vingt siècles d'évolution vers un travail de qualité, optimisé par un large éventail de motivations personnelles **serait-il fini ?** Quelques années de crise gérées sur le mode (ultra)libéral sont en train de remettre en cause cette dynamique du travail motivé, à valeur ajoutée psychologique, pour en refaire une contrainte, une souffrance dont la seule compensation est de *gagner plus*.

1. Source : étude CCA.

Travaux forcés à perpète ou temps libéré ?

Il avait fallu cinq siècles pour instaurer **un partage sacralisé des tâches** : une minorité échappait à l'obligation divine de travail, par l'éminence de son rôle social qui justifiait qu'elle vive du labeur de la population.

Une longue période suivante perpétua ces classes sociales : l'échange de services s'est transformé en **un rapport de force** entre possédants oisifs et travailleurs dépendants. La Révolution française n'a pas changé cet ordre des privilèges, mais elle a ouvert l'accès à une noblesse d'argent et à une bourgeoisie industrieuse, ancêtres de nos grands patrons.

Malgré une progression du privilège de *moins travailler*, dans certaines corporations et au travers de patrons philanthropes, il fallut attendre le Front populaire pour que **le loisir** soit reconnu comme un droit au repos bien gagné, sans suspicion de paresse ni d'incivisme. Le *modèle social français* s'est encore renforcé en 1945 ; il a été complété, pour la dernière fois, par les gouvernements socialistes avec la retraite à 60 ans, le travail de 35 heures hebdomadaires…

Ce long et lent cycle du *travailler moins*, critère de progrès social et humain, est-il condamné ? Depuis quinze ans, et plus encore depuis 2007, le mouvement de réformes s'est inversé dans le sens d'un ***travailler plus*** dont la seule carotte serait le ***gagner plus***… mais rejeté aujourd'hui par 49 % des Français[1].

Reconnaissance sociale ou déclassement ?

Pendant presque vingt siècles, notre société a perpétué un système de classes plutôt étanches, notamment à travers **les corporations** et le rôle de **protection et valorisation** de leurs membres en échange d'un encadrement accepté. Plus important encore, elles dotaient le moindre travailleur d'un statut qui donnait au plus petit métier **une place dans la société.**

À partir de la Révolution française, qui a dissout les corporations, **la libre concurrence a succédé au jeu de rôles figés.**

Le XIXe siècle a rendu les travailleurs à leur solitude ainsi qu'à leur liberté, créant les conditions d'un **rapport de force direct entre employeur et embauché**, sur un marché du travail gouverné par l'offre et la demande, où les travailleurs sont en concurrence les uns avec les autres, sans régulation modératrice. Beaucoup de métiers et de maîtres ont perdu de leur existence sociale au profit des entreprises et leurs patrons. Cet effacement du métier a réduit les individus à un simple statut de travailleur, artisan, commerçant ou salarié, **sans autre statut social que sa capacité à se vendre.**

1. Source : CCA.

Au début du XXe siècle, le prolétariat ne possédait plus ses outils, n'était plus maître de ses méthodes. Le *taylorisme* divisait les tâches en dévalorisant le savoir-faire global de l'ancien compagnon. À cette **solitude désarmée du travailleur** a répondu le développement des **syndicats** pour reconquérir un peu de pouvoir, un peu de dignité sociale et quelques règles du jeu.

Mais dans la seconde moitié de ce même XXe siècle s'est développé un nouveau paradigme socioculturel, favorable aux valeurs d'individualisme, de différenciation personnelle, de liberté et la mobilité et fasciné par **la compétition**, la sélection élitiste. La concurrence des individualismes sur le marché du travail fut qualifiée d'opportunité, non plus de pénalité.

La conjoncture économique a changé, tout comme le contexte sociologique mondial. **La grande entreprise n'est plus une communauté**. À force de mobilité et de gigantisme, de fusions au forceps, de compétitions internes, elle incarne plus la puissance que la fierté, la crainte que le respect, la haine que la fidélité. **La solitude concurrentielle est redevenue angoissante** pour les *Mowgli* confrontés aux lois de la jungle, orphelins de solidarité, sans autre statut que leur employabilité jugée sans appel par un employeur lointain. Peut-on dynamiser la productivité, la créativité d'une entreprise sur ces sables mouvants ?

Flottabilité ou précarité ?

La norme des siècles récents n'était pas la vie au jour le jour ; en tout cas ce n'était pas l'idéal envisagé comme progrès.

L'industrie, au XIXe et au début du XXe siècles, a perpétué ce système de **pérennité professionnelle** dans un modèle d'**entreprise famille**, à la fois oppressive et protectrice, fortement identitaire, presque tribale, exigeant une tenue morale autant qu'un sérieux productif, où l'on passait sa vie avant d'y faire engager ses enfants. Ce *management* comptait, par une **DRH paternaliste**, pérenniser son savoir-faire, sa qualité et sa productivité concurrentielle, son profit, par la fidélisation de travailleurs animés par un dévouement affectif.

La conception sociale-démocrate de l'économie a cherché, tout au long du XXe siècle, à transférer ce paternalisme patronal en paternalisme d'État, ce qui a produit le modèle social français d'un État-providence régulateur du droit du travail très encadré.

Mais, après la chute du mur de Berlin et l'effondrement des régimes communistes, le libéralisme s'est épanoui sans concurrence : **la précarisation des emplois est devenue une méthode de gestion des coûts de fonctionnement des entreprises**.

Peut-on fonder la combativité d'un équipage de voilier en régate transatlantique sur la probabilité forte d'être délesté par-dessus bord ?

ALTERNATIVES

Vers un scénario de DRH « *challenge* » ?

Il s'agira d'**humaniser la DRH haute pression** en modérant ses excès nocifs, **sans remettre en cause son credo :** l'organisation de la compétition individuelle responsable de ses performances sur objectifs, dans la flexibilité mobile, reste le levier le plus efficace de la performance.

Les mêmes préceptes clés affectés d'un bémol d'humanisme

- **individualisation** des *job descriptions*, objectifs et sanctions selon la culture sacrée du résultat quantifiable… mais en concertation (ce qui est depuis longtemps l'essence du *toyotisme*) ;
- **remise en cause** permanente des méthodes et organisations, des savoirs et savoir-faire pour une course à l'optimisation… mais avec une plus grande participation des employés (*toyotisme* encore) ;
- conséquence : **mobilité et flexibilité**, éclatement et remodelage des équipes, recyclage des individus sont indispensables… mais à un rythme un peu ralenti ;
- travail en **flux tendu**… mais mieux planifié ;
- tout cela boosté de façon volontariste par un patron et un **encadrement fonceurs**… mais plus ouverts au dialogue social et à l'écoute des travailleurs.

Emplois à la carte

Ce scénario ne se satisfait guère du salariat classique du CDI à plein temps : il est favorable à une démultiplication des formes contractuelles et statutaires de collaboration, aux CDD et stages, à l'intérim et au temps partiel, à de régulières collaborations extérieures en statut libéral et donc à la multiplication des **auto-entrepreneurs**. Tout en se défendant de professer à l'excès la précarité, cette option de DRH mise sur la flexibilité des ressources humaines, au gré des besoins des entreprises. On est en phase avec le modèle du *travailleur biactif*, décrit dans le chapitre précédent.

Mais seulement **31 % des Français** (pourcentage tendanciellement en baisse) adhèrent à ce modèle d'aventure professionnelle individualiste.

Vers un scénario alternatif de DRH « concorde » ?

Le credo est opposé à celui de la *DRH challenge* : **c'est le pari que la productivité compétitive sera meilleure si les travailleurs se sentent affectivement impliqués dans un projet de réussite commune, dans une organisation de coopération solidaire coresponsable :**

- au stress, on préfère la **dynamique de groupe** pour donner de l'énergie, dans un contexte d'appartenance clanique identitaire ;

- ce modèle se veut pragmatique. Si les Français ne peuvent renoncer aux acquis sociaux sans déprimer, se démobiliser, il serait contraire aux intérêts des actionnaires de leur appliquer la *DRH de survie* typique des pays émergeants. À l'inverse, **stabilité**, cohésion et **solidarité** sont facteurs de motivation professionnelle plus efficaces que la règle *Kho-Lanta*.

Un pari communautaire

Ce modèle de DRH dépendra en grande partie de l'investissement psychologique des collaborateurs dans un **esprit communautaire** : l'entreprise (re)devient un clan, une tribu. Elle doit être soudée, avance par la force collective, tel le *pack* de rugby, et l'abnégation individuelle au service d'un collectif. Cette valeur ajoutée provient de la psychologie des équipiers autant et plus que de leur employabilité technique : elle fonctionnera par l'adhésion des employés à un *corporate spirit* qui conjugue la valorisation du métier, l'utilité sociale, une éthique économique et la compétitivité concurrentielle. 66 % de nos concitoyens aimeraient être « fiers de leur entreprise ». Or l'image de *category killer* et de *profit boursier*, chère aux financiers, n'a pas la cote à la bourse de la fierté (3 %).

Un pari coopératif

Ce clanisme implique une dose de **cogestion** : on sait déjà que cette méthode de gestion du personnel est **plus motivante pour les Français**[1] :

- **recherche d'un consensus négocié sur les sacrifices et efforts** partagés avec équité, éventuellement nécessaires face à une concurrence ou une menace financière : la concertation définit *l'acceptable* lorsque la remise en cause des habitudes est exigée pour sauver le bien commun ;
- **recherche de plus d'équilibre dans la répartition des bénéfices,** un intéressement aux performances de l'entreprise, non selon la stricte performance individuelle, mais au niveau des équipes, en tenant compte de l'implication autant que du résultat, dans un esprit proche du coopérativisme ;
- **travail en équipes collaboratives** de compétences complémentaires (90 %), au contraire radical de l'individualisation concurrentielle à la mode actuelle ;
- **stabilité**, non seulement du statut (CDI) mais aussi de la fonction, de l'environnement et de l'équipe (92 %) à l'opposé du dogme récent de la mobilité accélérée obligée. Ce principe se justifie par une stratégie de réussite sur la durée plutôt qu'une tactique de profit immédiat en pilotage opportuniste à vue ;
- évolution pas à pas des métiers, des postes, des méthodes (70 %) ;

1. Source : CCA.

- **aménagement des temps de travail et de loisirs** qui tienne compte des vies personnelles (50 %), car si le travail crée du stress familial, il sera moins bien accompli ;
- **patron-guide**, proche des réalités du terrain professionnel, capable d'écoute et de discussion, organisateur d'une certaine **cogestion** participative, médiateur entre les exigences du marché et les potentiels techniques et humains de l'entreprise. Un **chef de tribu** au contraire de l'autocrate solitaire et lointain (75 %).

QUELS STYLES D'ENTREPRISE POUR 2020 ?

TRANCHE DE VIE AU TRAVAIL 2020

Struggle for life

Alex sort des études supérieures, bardé de diplômes : on lui a promis une promotion rapide, un gros salaire et des responsabilités.

Embauché dans une entreprise moyenne, il a passé trois ans à développer une nouvelle activité, avec des collègues qui lui ressemblent : une belle équipe, sympathique, où l'on partage des loisirs, des amitiés, des flirts... L'an dernier, son entreprise a été rachetée par un groupe international très puissant qui a changé la direction et la DRH.

La moitié de l'équipe a été dispersée aux quatre coins du monde. L'autre moitié est partie en séminaire de réorganisation : un mélange de sports extrêmes et de jeux de rôles. Et le dernier jour, la nouvelle DRH parachutée leur a annoncé que trois sur cinq seraient licenciés : à eux de choisir ! « On se serait cru à Kho-Lanta » dit sobrement Alex qui ne veut pas entrer dans les détails...

Bref : lui est resté ; il y a même gagné une promotion... mais sa petite amie a fait partie de la charrette, tout comme son copain inséparable de marathon... « Oui ça fait quelque chose de voter l'élimination de quelqu'un, commente Alex, mais c'est la loi de la compétition. Le travail c'est de la haute compétition. »

TRANCHE DE VIE AU TRAVAIL 2020

Partager le travail

Claude pensait qu'après « trente ans de boîte... on n'allait pas se lâcher comme ça ! ». Son employeur, une grosse PME filiale d'une multinationale, s'est trouvé en grave difficulté : concurrence chinoise ! Les financiers des actionnaires ont été plutôt sympas en leur laissant le choix : dégraissage massif avant délocalisation ou bien économies drastiques.

Le patron a joué le jeu d'une concertation : une majorité de salariés, y compris les cadres, ont accepté de diminuer leur temps de travail, donc de baisser leurs salaires pour éviter les licenciements (ceux qui ont refusé sont partis avec une indemnité).

Claude s'est donc retrouvé à travailler à deux tiers de temps, avec une paie réduite d'autant : « Ça fait bizarre au début, on flippait un peu »...

Mais patron et syndicats ont cherché des solutions de compensation :

- *l'entreprise a loué des terrains, équipé des jardins familiaux pour son personnel : Claude profite de son temps libre pour cultiver ses légumes en famille ;*
- *il complète avec un peu de bricolage, sa femme fait garde d'enfants « au noir » (« Disons : on s'échange des services », dit-il) dans son quartier ;*
- *la société, pour compenser la baisse de pouvoir d'achat, a organisé une coopérative d'achats groupés, gérée par le comité d'entreprise : « On achète tout à prix de gros, et même moins. »*

« Au total, on s'en tire bien : moins de fatigue, plus de temps en famille et avec les copains, moins d'argent mais on vit aussi bien. » Claude semble s'être adapté.

Vox populi

Une hiérarchie à réinventer

Que demandent les Français, qui aiment travailler, pour se réconcilier avec les (grandes) entreprises et leur donner le maximum d'énergie ? Les études les plus récentes de l'observatoire CCA donnent des indications assez claires sur les attentes des travailleurs... et elles sont **en contradiction radicale avec la DRH haute pression**.

Patron ? Le guide plutôt que le hussard

Une entreprise qui désespère ses troupes à la fois de la compétence et de l'humanité de son état-major ne peut espérer mobiliser le surplus d'énergie qui la rendra concurrentielle dans l'arène mondiale.

Reconstruire une autorité légitime, crédible dans son utilité sociale au service d'un bien commun, devrait être l'un des objectifs prioritaires de la classe dirigeante, aussi bien des dirigeants économiques que des politiques.

Sur ce thème, une tendance se manifeste. La psychologie collective attend un autre style de *manager*, du PDG aux *petits chefs*. Aux antipodes du patron technocrate financier, le potentiel de mobilisation des employés se tournera plutôt vers un *leader guide* sachant vivre avec son équipe, mettre la main à la pâte et n'abandonner personne en route sans se mettre lui-même en danger[1].

1. Voir le chapitre 17, consacré au *leadership*.

Leadership ? Mascu-féminin plutôt que masculin

Le CCA a longuement étudié deux styles d'exercice du pouvoir correspondant à ces deux stéréotypes sociaux, qui sont deux cultures concurrentes[1] :

- traditionnellement, dans notre civilisation, **les codes d'autorité sociale ont été « masculins ».** Or ce mode de direction descendante (*top down* en management anglo-saxon) en force autoritaire, froidement rationaliste, technocrate, quantitative, largement fondée sur la peur, est l'essence même du ***leadership*** **stressant, démobilisateur** qui se voit désormais rejeté par ses sujets ;
- le style de *management* qui aura le plus de chances de rétablir une autorité acceptée et mobilisatrice devra démontrer une capacité de synthèse à base d'écoute et de dialogue avec le personnel, une autorité d'arbitrage concerté, une intégration de points de vue opposés pour fédérer sur des objectifs et méthodes communs. On peut parler alors d'un besoin de **pouvoir plus « féminin »[2].**

DRH ? Le *pack* de rugby plutôt que le *Kho-Lanta* compétitif

Sur le type de DRH, deux scénarios se concurrencent, mais une tendance majoritaire se dégage chez plus de deux tiers des Français, celle de la solidarité.

Utopie naïve ou énergies nouvelles ?

Ce levier d'énergies surfera sur la **tendance clanique**, aujourd'hui la tendance sociologique la plus forte et la plus répandue en France, mais aussi dans le monde, en réaction au gigantisme anonyme de la mondialisation. **L'entreprise peut (re)devenir un lieu de socialisation, un clan, une tribu, une famille.**

La **solidarité est LA valeur phare**, non seulement par intérêt personnel immédiat d'entraide, mais pour préserver cette entité clanique et assurer la pérennité du réseau de survie : cette solidarité, qui n'est que partiellement affective, ne relève pas de l'angélisme, mais elle est intéressée, pragmatique, très réaliste.

Cette mobilisation tribale des énergies fonctionne d'autant plus que la structure est petite : c'est une raison du regain d'attractivité des PME (trois fois plus que les multinationales, selon l'observatoire CCA).

Ce modèle de DRH concorde est une option sérieuse, car crédible et attractive, rassurante pour plus des deux tiers des Français. Ce n'est pas par paresse et laxisme, par irréalisme irresponsable : dans une telle orientation, ils se déclarent d'accord pour consentir **plus d'efforts** (83 %) et faire preuve de **discipline** (82 %).

1. Voir les livres de Mike Burke sur ce thème, mentionnés dans la bibliographie en fin d'ouvrage.
2. Voir le chapitre 6 sur l'équilibre entre valeurs féminines et masculines dans la vie sociale.

Cette population n'est pas composée que des victimes de la *DRH haute pression*, ouvriers ou employés, collaborateurs précarisés, stagiaires éternels et CDD à répétition. On y trouve aussi des cadres, agents de maîtrise, des surdiplômés qui souhaitent sortir d'un écosystème de jungle pour retisser des liens avec l'entreprise et leurs collègues de travail par **un nouveau contrat de confiance** entre l'individu et une communauté de travail.

DE LA THÉORIE À LA PRATIQUE

Questions

La situation appelle une nouvelle impulsion politique. Peut-être est-ce la seule urgence ? Les gouvernants du prochain quinquennat devront choisir entre ces deux scénarios, sans se défausser sur les partenaires sociaux, et ce choix devra se concrétiser dans des mesures correspondantes.

- Faut-il instituer un « audit du bien-être et du stress » en entreprises ? le rendre obligatoire ? Rendre obligatoire la publication de cet indice dans le bilan annuel, en complément des indicateurs économiques, financiers, écologiques ?
- Faut-il sanctionner cet indice et son évolution, par un système de bonus-malus sur les charges sociales ?
- Faut-il élargir la notion juridique de harcèlement moral pour l'appliquer dans le monde du travail ?
- Faut-il imposer aux grandes entreprises une cellule de psychologues et leur faire organiser des groupes de libre parole, hors hiérarchie ?
- Faut-il renforcer les droits de l'Inspection du travail ?

Interactivité

Voulez-vous exprimer votre opinion sur ce thème, sur les évolutions passées, sur les scénarios alternatifs et sur la tendance sociale ?

Nous vous donnons rendez-vous sur notre site internet où vous pourrez voter et comparer votre opinion à celle d'autres lecteurs. Connectez-vous à : http://www.agorascope.com/sesame/9drh

CHAPITRE 10

World Company, et après ?

Le match : multinationales contre PME

HÉRITAGE

LA STRATÉGIE SUMO

Vive la mondialisation !

Le mythe du progrès, depuis quarante ans, réside dans une utopie de la globalisation, portée par un mélange hétérogène d'idéalisme de fraternité universaliste, d'ambitions impérialistes et de grenouilles voulant se faire grosses comme des bœufs. Nous n'échappons pas à la toile de l'économie mondialisée – du moins pas encore. La majorité des objets qui nous servent, des jouets de nos enfants à nos appareils numériques, de nos vêtements au contenu de notre frigo, ont été conçus, fabriqués, packagés dans un *ailleurs* indéfini, produits ou transportés par des organisations supranationales. Les *world companies* ont perdu toute racine locale, nationale ou culturelle. L'organisation économique a évolué vers les échanges planétaires.

Toujours plus grand, plus gros, plus mondial

Ainsi peut-on décrire la dynamique de la civilisation industrielle, appliquée aux entreprises comme à toutes formes d'organisations. Un dogme assure que la croissance passe par des firmes de plus en plus grosses pour conquérir des marchés de plus en plus vastes, avec des produits de plus en plus standardisés. La philosophie sous-jacente est que l'obésité de **l'entreprise sumo - grosse, grande, forte** – la rend invulnérable : *too big to fail* (trop gros pour faillir). L'utopie est que le gigantisme de l'organisation s'accompagnera d'une croissance équivalente du cerveau.

Dans les années 1970 à 2000, la multinationale (la **World Company** des *Guignols* de Canal+) était devenue le modèle idéal d'employeur et de fournisseur pour les jeunes diplômés, les travailleurs, les médias, les politiciens. C'est ainsi que s'est construite, depuis des décennies, une pensée unique, quasi indiscutable sous peine d'hérésie : il n'est de salut hors la prise de poids vers des organisations, entreprises et réseaux toujours plus grands et plus internationaux, que ce soit par croissance interne ou par fusions-acquisitions. Il faut atteindre *une masse critique.*

C'est encore la pensée unique des certaines élites économiques, que n'influencent ni les drames des délocalisations d'emplois, ni les cris d'alarme des écologistes. Et la *crise* incite peu les gouvernants et les PDG de *world co* à réviser leur modèle : pour eux, « *big is beautiful* ».

Le culte du global perd ses fidèles

Les valeurs de production locale, de consommation de proximité et de saison avaient presque disparu de l'esprit consommateur ; elles réapparaissent, bien qu'encore minoritaires, sous **la double angoisse du chômage dû aux délocalisations et de l'impact carbone des importations**. Ce rêve de caverne d'Ali Baba de consommation est cher payé compte tenu des dégâts collatéraux de la jungle économique, mais les nouveaux consommateurs acquis à une frugalité locale de saison ont du mal à y échapper eux-mêmes.

À la croisée des chemins

Globaliser ou recentrer ?

La campagne électorale présidentielle 2012 fournira l'occasion de débattre de la place de la France dans cette économie multinationale ; le débat devra cependant se poursuivre tout au long du quinquennat.

Quelques évangélistes d'un ultralibéralisme planétaire défendront longtemps encore **le caractère bénéfique de cette globalisation,** même si elle implique des casses et dégâts collatéraux, selon le double principe : « *le repli, c'est la mort… et pas d'omelette sans casser des œufs* ».

Plus fréquents seront les discours de **soumission pragmatique** à un système qui nous dépasse. « Nous ne pouvons que peu de choses », disent les gouvernants qui s'affichent ainsi réalistes. En son temps, Lionel Jospin, alors Premier ministre, avait dit : « L'État ne peut pas tout », ce qui fut vécu par certains comme la soumission du politique à l'économique, d'autant plus fâcheuse qu'il était issu d'une tradition croyant que la vertu politique (utopie ?) pouvait tout !

On ne pourrait rien contre l'ordre des choses, contre les forces à l'œuvre au niveau mondial. Il vaudrait mieux accompagner le mouvement, en **limiter les dérives et en compenser la casse sociale**, selon un pragmatisme aux allures de *double jeu* : d'un côté la mise en pratique de la globalisation libérale, de l'autre des réserves morales virtuelles, des conseils de modération aux prédateurs spéculateurs, des codes de bonne conduite dans l'arène, des gestes symboliques de régulation théorique.

David ou Goliath ?

Tous les modèles, tous les types d'organisation sont légitimes dans une économie de libre entreprise, et même souhaitables au nom d'une écodiversité pluraliste. Le choix appartient aux actionnaires et aux dirigeants.

La politique ne peut échapper à la nécessité d'un choix : qui soutenir ?

L'État lui-même doit y répondre, en tant qu'employeur au moins et régulateur. Concrètement, qui aider, subventionner, détaxer, réglementer ? Répondre à cette question est vital pour la création d'emplois et la productivité concurrentielle qui les pérenniseront. Selon l'étude du CCA, 64 % des Français attendaient déjà en 2010 que l'État s'implique plus dans les choix économiques.

L'option Goliath

Plusieurs options s'affrontent pour la mise en musique de ce principe du gigantisme multinational, dans une alternative entre **colonisation ou assimilation.**

L'ENTREPRISE ETHNOCENTRÉE

Elle crée des filiales dans le monde, toutes calquées sur la firme mère, dans la DRH et les méthodes, dirigées et encadrées par des expatriés du pays d'origine. Cette firme fonctionne sur le modèle colonial recyclé par l'économie. Sûre de sa supériorité, elle exporte de façon standardisée son savoir-faire. Elle éduque ses travailleurs et clients étrangers du monde entier : ses extensions internationales sont des clones. Elle défend son drapeau et sa culture d'origine, crée des emplois pour ses nationaux, refuse de diluer sa spécificité dans des adaptations multiculturelles. C'est le modèle *top down* : tout vient du haut et le bas exécute.

L'ENTREPRISE GÉOCENTRÉE

Sans aucun souci de compromis culturel, elle impose aussi, n'importe où sur la planète, sa manière de faire unique, mais cela se traduit par un recrutement international, des promotions internes, une grande mobilité sur une base de compétences et performances : on trouvera ainsi une Chinoise et un Argentin dans la filiale de Bordeaux, et un Français avec une Australienne dans la succursale de

Shanghai. Les firmes de ce type sont les plus apatrides, les salariés ayant pour identité première le passeport de la marque.

L'entreprise polycentrée

Celle-ci mise, au contraire, sur une assimilation aux divers pays où elle s'implante. Elle choisit des dirigeants locaux pour mouler la filiale sur les réalités de la culture autant que du marché, libre à eux d'adapter leur management, à condition de remplir les objectifs fixés. Les filiales sont des entreprises métissées et le groupe multinational devient alors multiculturel.

Cette firme cherche l'intégration en créant des emplois locaux (y compris d'encadrement et de direction), et en recherchant une connivence sociologique avec le pays.

L'option David

C'est l'option des PME-TPE. Elle représente 90 % des entreprises françaises et les deux tiers des emplois (dont 80 % de CDI). Sur les derniers 2,8 millions d'emplois créés, 2,5 sont imputables à ce tissu de petites et très petites entreprises. Un signe politique en dit long sur l'importance attachée aux PME par le pouvoir (en juin 2011) : cet ensemble est sous la responsabilité d'un secrétaire d'État qui cumule cette fonction avec d'autres telles que le tourisme, la consommation ; il est de surcroît en 27e position sur 28 ministres dans la hiérarchie gouvernementale.

Trois *scénarios David* sont envisageables pour booster le développement économique de la France.

Le scénario TPE

Il consiste à multiplier ces très petites entreprises de proximité, focalisées sur un marché microlocal de produits et services pour voisins. Les impératifs écologiques imposeront une relocalisation de productions qui devrait être favorable à des cultures et fabrications de proximité immédiate.

Le scénario PME de pointe

On encourage ici des **petites et moyennes entreprises exportatrices de spécialités rares à forte valeur ajoutée.** L'entreprise conserve une taille humaine, motivante, même si son marché s'internationalise. Deviendra-t-elle une petite multinationale ? Elle devra alors choisir son modèle : *ethnocentré*, *géocentré* ou *polycentré*.

Le scénario de PME en réseau multinational

De petites firmes indépendantes, aux compétences complémentaires, associées, se mettent en réseau pour partager des moyens de recherche et développement, d'approvisionnement ou de distribution, éventuellement complémentaires pour un produit ou un service. Chaque fois qu'elles le peuvent, elles partagent des fonctions centrales pour se concentrer sur leur spécialité. C'est le scénario le plus innovant.

L'avantage majeur de cette voie réside dans la motivation des équipes à taille humaine. Aujourd'hui, la rapidité des échanges numériques sur internet permet de transcender la dispersion géographique des directions et des équipes. Mais ce scénario comporte aussi **un risque de repliement sur soi.** Une firme *leader* est indispensable, en charge d'analyser le marché et de définir, pour tous, les opportunités et contraintes.

Le développement de ce modèle d'**entreprises confédérées** peut être imaginé de deux façons :

- soit comme **un regroupement collaboratif** de micro-entreprises ou de professions libérales jusqu'alors indépendantes (des médecins, des agriculteurs s'associent dans ce schéma) ;
- soit comme **la décentralisation d'une multinationale** qui satelliserait ses filiales pour bénéficier d'une meilleure énergie humaine (une radicalisation de l'organisation *polycentrée*).

Les innovations sont multiples par rapport aux deux autres scénarios :

- **une organisation multipolaire** : les activités sont partagées entre entités de tailles différentes, financièrement autonomes avec leur propre patron ;
- **un fonctionnement coopératif** (au moins d'esprit) en maillage souple par cooptation, éventuellement à géométrie variable, chantier par chantier. La poursuite de la collaboration dépend à la fois des contributions techniques, des résultats et de la capacité collaborative, selon un pacte de partenariat ;
- **une entreprise interactive** : internet permet à la fois la collaboration à distance entre ces coopérateurs, la prospection et la distribution de marchés internationaux, avec l'aide d'experts mondiaux ; il permet la décentralisation des membres, évite d'avoir à construire des tours de bureaux ou des usines où les collaborateurs se sentent robotisés. L'interactivité numérique donnerait l'opportunité à des indépendants ou des TPE mutualisés en réseau de pousser jusqu'au bout la logique d'entreprise à *structure plate* ;
- plus importante encore, la dimension psychologique : **l'enjeu est la capacité des hommes à transcender leur ego.** L'espoir que la performance du réseau augmente de façon exponentielle dépend d'un équilibre délicat de psychologie collective entre la motivation de chaque partenaire à se sentir indispensable, comme un pivot essentiel du système, et sa capacité à se mettre au service du collectif.

Quels styles d'entreprises encourager d'ici 2020 ?

Ces choix stratégiques de structures économiques peuvent être vus aussi sous l'angle des collaborateurs.

Tranche d'entreprise 2020

Herbert le multinational

Oui, c'est ainsi que l'appelaient ses amis.

Mais, à 48 ans, Hubert vient d'être remercié, gentiment mais par simple fax de Global Enterprise, pour « faire place au sang neuf ». Il y a trente ans qu'il était entré à Super Binz, une multinationale de Manchester dont toutes les filiales internationales étaient dirigées par des Anglais, tous sortis de la même école que le patron, pour imposer partout la même manière de travailler. Hubert a fait Singapour, Lyon, Johannesburg et Genève ; mais, en tant que Français, il resterait toujours cadre moyen, même en France.

Révolution il y a quinze ans : Super Binz a décidé que tous les managers seraient des locaux recrutés sur place, dans chaque pays, pour gommer l'image d'une colonisation étrangère. Hubert est enfin devenu sous-directeur de la filiale française…

Mais le gros poisson a été croqué par un plus gros requin, Global Enterprise, dont la stratégie est encore différente : le siège américain fait maintenant confiance à de jeunes loups nomades, de culture mondialiste, qui ne restent pas plus de huit mois dans une filiale, promus ou rejetés ensuite selon leurs performances. Qu'importent leur nationalité et leur compréhension du pays et du marché où ces migrateurs se posent. Les anciens se sont d'abord moqués de ces « piranhas »… mais les anciens sont sur le départ, comme Hubert.

Déprimé ? Pas du tout : il va se retirer en Provence dans un hameau bien calme mais bien câblé en ADSL : il a entendu parler de MicroWorld Unlimited, une multinationale chinoise d'engineering tout à fait originale : on dit qu'au lieu de louer une tour de bureaux à La Défense, elle recrute des experts qu'elle fait travailler par internet de n'importe où. Elle les aide à se regrouper en micro-entreprises locales, ou ils travaillent chacun chez soi, à volonté. Tout n'est pas perdu, pense Hubert : il va peut-être conjuguer les cigales avec du consulting international de haute volée.

Tranche d'entreprise 2020

La world co. rurale

Est-ce à Hollywood que l'on trouve les meilleurs artistes de videogames ? C'est un mythe, dit Pacman (son pseudo pour les MMOG (jeux multijoueurs massifs en ligne sur le net). Ce nerd est aujourd'hui à la barre de Cybercraft, une drôle d'entreprise : une sorte de coopérative de petits ateliers de graphistes et d'informaticiens indépendants, réunis dans une structure associative souple, sous le même logo, dotée d'une direction marketing unique, avec l'ambition de coproduire et vendre leurs jeux vidéo partout dans le monde.

Leur siège social est à Murs, un village qui renaît grâce à ses nouveaux habitants aux comportements sympathiques, mais étranges pour les habitants de souche. Leur dimension mondiale, c'est l'internet qui permet de faire coopérer on line les meilleurs, n'importe où dans le monde, d'envoyer des démonstrations dans l'instant à Toronto ou Shanghai, de négocier un contrat avec une major californienne.

Pacman défend cette structure en disant qu'elle est de l'âge du web : crowd sourcing créatif, vitesse de réaction, flexibilité de petites équipes talentueuses coordonnées par une tête chercheuse d'innovations exclusives et de marchés porteurs : « On est des fous réalistes », dit-il. Certes, pour le fonctionnement, « c'est un peu le bazar », reconnaît Pacman : égos d'artistes, innovateurs anticonformistes, spécialités concurrentes, qui seraient 100 % allergiques au management rigide d'une multinationale… Mais ces électrons libres ont compris que Cybercraft leur offrait à la fois l'autonomie (chacun travaille chez lui, quand il veut), la liberté (chacun accepte ou refuse un projet), la responsabilité (chacun reste un indépendant ou une TPE, payé sur honoraires et intéressé aux ventes), mais aussi le réalisme de l'étude des marchés et le minimum de discipline nécessaire pour produire mieux, plus vite, plus créatif que la concurrence. Pour l'instant ça marche : ils sont n° 3 mondial des créateurs de parcs d'attractions virtuels, avec des clients comme la municipalité de Sao Paulo ou un consortium bancaire de Singapour.

TRANCHE D'ENTREPRISE 2020

Le bonheur délocalisé

Pour le travail, il n'y a pas grande chose à faire à Saint-Hippolyte-du-Fort, depuis la fermeture de l'usine Jallatte. Bernadette en sait un bout sur le sujet : elle y était contremaîtresse avant la faillite du fabricant de chaussures, dans un bled où avoir le SMIC équivaut à être considéré comme richard par les RMIstes, majoritaires et maussades, au comptoir du Maryland, bar-tabac du coin. Mais ils ont trouvé Bernadette rajeunie quand elle est passée acheter son ticket de Loto. « C'est mon jour de chance ».

Elle venait d'être embauchée par la boîte CanadianTalk, un centre d'appel téléphonique nouvellement installé dans la zone industrielle, jusqu'alors vide. Bernadette est communiste, même un peu « stal ». Et ça se voyait quand elle a posé la question au recruteur : « Qu'est-ce que les capitalistes canadiens ont en tête à s'installer en France, et ici en particulier ? »

« Ce n'est pas compliqué, madame » a répondu le manager. « Votre pays occupe une position centrale par rapport à l'Europe de l'Ouest, le marché qui nous intéresse ; avec la main-d'œuvre la plus productive par heure de l'Europe. Dans votre région, nous trouverons les opérateurs téléphoniques pour la France, avec un joli accent qui décontractera nos clients ; et aussi vous n'êtes pas gourmands en salaires. Vos réseaux de communications sont suffisants pour travailler entre Saint-Hippolyte et Toronto. » Bernadette était bouche bée, mais son interlocuteur n'avait pas encore fini. « J'ajouterai, personnellement, madame, que votre pays a une qualité de vie pour les gens qui y travaillent largement supérieure aux autres pays qui étaient sur notre liste. Je serai heureux d'être directeur ici, après cinq ans à Montevideo… À propos, vous ne connaissez pas un bon restaurant dans le coin ? »

Profit par la puissance ou la motivation ?

PME et *world companies* correspondent à deux conceptions différentes des clés de réussite :

- **dans la multinationale, l'organisation prime sur les humains**, simples exécutants interchangeables. La puissance, la standardisation des méthodes, le formatage des collaborateurs est le facteur clé de la performance : c'est une gigantesque armée disciplinée en marche, mais avec les risques inhérents à la robotisation ;
- **dans les PME et TPE, isolées ou en réseau, le facteur humain prime**, stimulé par un esprit de famille, une énergie d'équipage en régate dans le même bateau. La pugnacité relève de l'esprit commando, des francs-tireurs, mais avec les risques d'une petite puissance de tir et d'une faiblesse de ses lignes arrières, sans réserves.

On peut certes espérer que toute la diversité spontanée naturelle des entrepreneurs contribuera à créer des emplois et les pérenniser, puis à motiver les employés à assumer efforts, sacrifices, adaptations et concurrences. Mais c'est à la politique d'assumer un choix préférentiel : faut-il, dans les années 2012-2020, favoriser plutôt des multinationales (et de quel type) ou des PME (et de quel profil) ?

Vox populi

Goliath le mal-aimé

Il y a quinze ans encore, la multinationale était perçue comme le phare du progrès, de la modernité, de la fiabilité. Quel étudiant en finance, gestion, *marketing* ou *management* ne s'entendait-il pas dire par ses enseignants et ses proches tous les bienfaits des firmes internationales ? Quel média ne donnait-il pas en modèle ces entreprises permettant à chaque Français de parcourir le monde et ainsi d'écrire les pages d'une *nouvelle France*, celle de la compétitivité, du succès. Et comme, à l'origine, l'essentiel de ces organisations venait des États-Unis, elles incarnaient le prototype même du progrès. Aujourd'hui, 12 % seulement des Français ont pour idéal de travailler dans une *world company* : un recul de 34 % depuis l'année 2000[1].

La mondialisation est honnie par huit sur dix de nos compatriotes, et tout ce qui la symbolise avec elle. La politique de délocalisation systématique des gigafirmes, leur désinvolture à fermer une usine d'un trait de plume, leurs profits financiers et l'opacité de leur fiscalité *offshore* s'ajustent au gigantisme pour en faire des dragons prédateurs. Goliath n'inspire plus confiance, ni comme employeur, ni comme prestataire, surtout dans ses formes d'entreprise *ethnocentrée* ou égocentrée. Elle redevient plus attractive si elle adopte une organisation *polycentrée*.

1. Source : Observatoire CCA.

La grande crise du système ultralibéral économique et financier mondialisé, depuis cinq ans, a démontré aux opinions publiques que le *toujours plus grand, plus gros, plus loin* n'était plus un facteur de progrès et de sécurité, que l'interactivité dérégulée planétaire pouvait entraîner des chutes de dominos en chaîne. **Les Titanic bancaires** ont failli couler de leurs propres dérégulations, sauvés par le renflouement des États… momentanément ?

Ni le naufrage, ni le sauvetage aux frais des contribuables n'ont été digérés par les citoyens. Ceux-ci s'en souviennent. Pour que les banques retrouvent le respect qu'elles avaient acquis en étant pourvoyeuses de crédits pour tous, il faudra qu'elles changent de modèle.

Si l'enjeu de notre économie est la productivité de valeur ajoutée, elle ne peut employer des travailleurs démoralisés : **son surplus de performance viendra du *cœur à l'ouvrage* de ses collaborateurs.**

L'observatoire du CCA montre que les Français (80 %) travailleront mieux, accepteront plus d'efforts et même de sacrifices, si l'on revalorise la cohésion sociale dans leur environnement de travail, l'esprit d'équipe solidaire et non l'individualisme.

Alchimie : de l'esprit d'équipe au profit

Quelle organisation peut transformer cette psychologie coopérative en avantage compétitif ?

Dans quelle structure a-t-on le plus de chances de recréer une stabilité et une solidarité assez rassurantes pour passer du travail passif à l'effort motivé : la multinationale, la grande entreprise nationale, la PME, la TPE ?

Dimension : small is energizing

En cette période de suspicion envers ce qui est grand et lointain, la confiance, la motivation, l'énergie se sont déplacées vers des entités à taille humaine, proches, ce qui profite aux associations, aux communautés, aux microcosmes de voisinage, aux élus ou militants locaux[1].

Si l'on évoque les entreprises, la DRH d'armées immenses sur le modèle de *coopétition Kho-Lanta* est rejetée[2], et c'est l'idée de petite équipe stable, solidaire, dans un travail partagé, qui est la plus motivante (90 %). On l'imagine dans le cadre d'une PME avant tout ou d'une entreprise familiale[3].

---

1. Voir le chapitre 1 : « La France cabossée ».
2. Voir le chapitre 9 sur le thème de la DRH.
3. Étude CCA.

Leadership médiateur

Qu'est-ce qu'un patron aujourd'hui ?

- Il y a très longtemps, il incarnait son **métier** avec excellence dans l'artisanat et les PME ;
- puis il a incarné le **grand capital**, que l'on espérerait paternaliste ;
- il y a quinze ou vingt ans, la hauteur de vue, l'analyse froide, la capacité de décision stratégique du **technocrate** qui pilote une machine furent privilégiées ;
- depuis vingt ans, le **gestionnaire** est le *leader* ; il conduit un cours de bourse de semaine en semaine.

L'animation de la communauté humaine, qu'est aussi l'entreprise, s'est perdue : celle d'un patron médiateur et catalyseur des talents, des énergies n'existe plus que comme des cas individuels cités parce que rares. Les grands patrons sont devenus presque peureux d'établir des relations. Mais il est vrai, beaucoup d'entre eux ne sont là que peu de temps, cernés par des actionnaires qui dévorent leur emploi du temps au détriment de ceux qui font tourner l'entreprise.

Quel patron pour demain ?

Un portrait émerge de nos études :

- autrefois, un patron fixait les priorités, prenait des décisions, vérifiait leur suivi, mettait de l'ordre et tranchait ;
- si l'on pense au scénario de PME en réseau, ces qualités restent utiles, mais elles doivent être accompagnées d'un savoir-motiver, savoir-fédérer, savoir-cogérer plus relationnel. Un patron médiateur doit être capable de se distancer avec objectivité face aux situations conflictuelles ou aux problèmes qui mobilisent trop d'énergie et d'attention aux autres, les laisser faire ce qu'ils font le mieux, tandis que lui-même a l'esprit disponible pour traquer l'innovation, développer les synergies. Avoir une connaissance poussée des activités des partenaires lui permet de fonctionner en tant que généraliste parmi les spécialistes. **Surtout, il doit agir en fonction d'une certaine éthique consensuelle de travail, partagée par ses partenaires dans le réseau.**

Une DR (re)humanisée

Dans ce contexte, le profil du **patron guide de PME** est jugé plus fiable, plus mobilisateur (54 % selon le CCA) par sa proximité humaine d'animateur et médiateur, son implication personnelle dans des conditions de travail partagées, sa solidarité qu'il vit comme une valeur et non un acte de *management* obligé.

À tort ou à raison ? La sociologie française préfère une flottille diversifiée de David à un porte-avion Goliath.

DE LA THÉORIE À LA PRATIQUE

Questions

- Faut-il intervenir pour limiter la taille des grandes entreprises en les obligeant à se scinder dès que leur dimension n'est plus humaine ?
- Faut-il former les patrons à la gestion des hommes avec autant de soucis que la gestion financière ?
- Faut-il obliger chaque entreprise internationale à être en partenariat avec une entreprise française, afin de mieux contrôler les relations humaines ?
- Faut-il lancer un « plan Marshall » d'aide à la modernisation et à l'organisation des PME françaises ?
- Faut-il revaloriser, encourager et même subventionner les coopératives ? Et enseigner leur gestion dans les grandes écoles de *management* ?
- Faut-il le concrétiser en une « caisse de subventions » pour favoriser l'éclosion de réseaux de PME en aidant la capitalisation, l'investissement en innovations, l'intégration des nouvelles technologies ?
- Faut-il subventionner un « institut des PME », en collaboration avec les universités et les grandes écoles, pour fournir des formations au business international, mais aussi des méthodes, des logiciels, du conseil en gestion et organisation, en management des risques ?
- Faut-il décentraliser des « écoles régionales », réservoirs de compétences pointues, cogérées par les régions et les partenaires sociaux ?

Interactivité

Voulez-vous exprimer votre opinion sur ce thème, sur les évolutions passées, sur les scénarios alternatifs et sur la tendance sociale ?

Nous vous donnons rendez-vous sur notre site internet où vous pourrez voter et comparer votre opinion à celle d'autres lecteurs. Connectez-vous à : http://www.agorascope.com/sesame/10pme

PÔLE SOCIÉTÉ

CHAPITRE 11

Qui est Français en 2011 ?

Intégration, assimilation, communautarisme ou apartheid

LES FAITS

Le *Haut Conseil à l'Intégration* (HCI) définit un immigré comme « une personne née étrangère à l'étranger et entrée en France en cette qualité, en vue de s'établir sur le territoire français de façon durable ».

Au niveau mondial, la France se situe dans la fourchette moyenne en termes de proportion d'*immigrés* dans sa population :

- en 2010, la France accueille **6,7 millions d'immigrés en situation régulière, soit 11 % de notre population**. Elle se classe au **sixième rang mondial**, derrière les États-Unis (42,8 millions), la Russie (12,3), l'Allemagne (9,1), l'Arabie Saoudite (7,3), le Canada (7,2). Elle devance le Royaume-Uni (6,5) et l'Espagne (6,4). Les immigrés en France sont principalement originaires de l'Union européenne (34 %), du Maghreb (30 %), d'Asie (14 %, dont le tiers de la Turquie) et d'Afrique subsaharienne (11 %) ;
- 40 % résident en Île-de-France (un habitant sur trois y est immigré ou descendant direct d'immigré), 11 % en Rhône-Alpes et 9 % en région PACA[1] ;
- près de 180 000 immigrés nouveaux s'installent en France chaque année (2010) ;
- il faut ajouter à cela les immigrés **sans papiers, en situation irrégulière**, dont le nombre est estimé (souvent projeté de façon polémique) entre 200 000 et 400 000[2] ;
- dans les faits, si l'on tient compte des enfants d'immigrés, la proportion monte à 19 %[3]. Mais si l'on tient compte des ascendances, selon l'Institut national d'études démographiques (Ined), près de 14 millions de Français avaient un

1. Données du HCI, citées sur fr.wikipedia.org/wiki/Immigration_en_France.
2. Chiffres cités dans un article du *Monde*, le 21 décembre 2009.
3. Données du HCI, *op. cit.*

parent ou un grand-parent immigré, soit 23 % de la population, en 1999 déjà (dont le Président Sarkozy lui-même). Cette population s'est féminisée, plus de la moitié des couples comprenant un immigré sont mixtes.

Les chiffres objectifs ne correspondent pas au vécu subjectif quotidien : la population ne fait pas la différence entre *immigrés* (nés hors de France), Français descendants d'immigrés, de la première ou deuxième génération ; même nos concitoyens des DOM installés en métropole se plaignent d'être assimilés aux *immigrés.* Il faut dire que **la couleur de peau joue le rôle essentiel dans la perception de « l'étranger ».**

Or l'intégration culturelle se fait lentement, mais elle fonctionne : la proportion des immigrés diplômés, par exemple, est passée de 12 à 25 % entre 1990 et 2007. Davantage affectés par le chômage, moins qualifiés, la faiblesse de leurs revenus les concentre dans le logement social (HLM). Les enfants d'immigrés sont souvent en difficulté scolaire, mais pas plus que les autres enfants ayant les mêmes caractéristiques sociales. L'intégration sociale et économique se fait encore plus lentement, selon l'OCDE : le taux de chômage des immigrés est 1,5 à 2 fois supérieur à celui des personnes nées en France. Pour la *deuxième génération*, l'écart de taux de chômage entre les enfants d'immigrés et l'ensemble des personnes nées en France était de dix points en 2008, contre cinq à sept points pour leurs parents[1].

Héritage

Du transit à l'installation

Comment vivre ensemble dans un pays au double héritage historique de période de colonisation suivie d'une période d'immigration ? Comment cohabiter dans une société mondialisée aux flux migratoires qui s'accélèrent ? Et dans une société qui a tendance à se tribaliser, se communautariser au nom de la survie ? Et dans un contexte de crise de l'identité nationale et individuelle sans précédent ? Comment vivre ensemble en ces temps d'incivilité généralisée et d'exorcisme de boucs émissaires ?

Tenter de répondre à toutes ces questions permettra d'avoir une vision de la problématique générale de cette question fondamentale pour les trente années à venir.

L'histoire de l'immigration montre à la fois sa nécessité économique et démographique, mais elle suscite des peurs. Si la France affiche une tradition de droit d'asile très forte, elle définit avec difficulté sa position à l'égard des étrangers, travailleurs immigrés, naturalisés, etc.

1. Source : Insee.

Droit du sang et droit du sol

La France possède une longue tradition du *droit du sol,* depuis le XVIe siècle : le 23 février 1515, un arrêt du parlement de Paris autorise ainsi le « droit de succéder » à toute personne née en France de parents étrangers. Le droit du sang s'y ajoute toutefois afin de permettre à un enfant né dans un pays étranger d'un père français de venir s'installer en France[1].

La loi du 26 juin 1889 assure la nationalité française à tous les étrangers nés en France et parvenus à leur majorité.

Une double dynamique économique et culturelle

La France est une terre d'immigration à chaque fois que sa croissance démographique ralentit. Notre pays a toujours refusé la politique des quotas de nationalités, contrairement aux États-Unis. En revanche, dans les années 1930, on a parfois limité l'accès à certaines professions (avocat, architecte) aux naturalisés récents.

L'immigration de transit

Les premières vagues de travailleurs étrangers saisonniers ou temporaires vinrent de Suisse et de Belgique, puis d'Italie, en grand nombre avec l'annexion de la Savoie (sous Napoléon III), puis vinrent des juifs venus de l'Est de l'Europe. Les ports comme Marseille sont devenus, au début du XIXe siècle, des lieux de brassage de plusieurs cultures : espagnole, arménienne, kabyle, auxquelles sont venues s'ajouter celles des immigrés venus des colonies.

L'affaire Dreyfus et un pogrom contre des ouvriers italiens en 1893 à Aigues-Mortes montrent que les ligues d'extrême droite sont actives dès cette époque sur le terrain de la xénophobie.

L'immigration provisoire

Après la guerre de 1914-1918, les pertes humaines (1,3 million) et la reconstruction nécessaire du pays **accélèrent le mouvement d'une immigration plus durable, de demi-installation** : des travailleurs au long cours, qui peuvent rester des décennies, mais sans leurs familles ; ils sont censés repartir au moins à la retraite ; ils n'ont pas d'enfants ici. En 1931, on dénombre 2 890 000 étrangers en France, soit 5,9 % de la population totale.

L'après-guerre 1939-1945 est consacré à la reconstruction. L'ère de croissance des Trente Glorieuses aspire les bras étrangers dont a besoin l'économie fran-

1. Histoire de l'immigration, article dans Wikipédia : fr.wikipedia.org/.../Histoire_de_l'immigration_en_France.

çaise ; les colonies francophones, l'Afrique du Nord alimentent le contingent de travailleurs immigrés : les Français des DOM sont aussi largement mis à contribution.

Dès la fin des années cinquante, des foyers de travailleurs migrants (Sonacotra) sont mis en place pour l'hébergement d'étrangers censés retourner dans leur pays après une période de travail en France. Cette politique de logement social répond à un double objectif :

- un objectif de salubrité et d'aménagement du territoire, pour éliminer les bidonvilles jugés zones à risque (sanitaire mais aussi politique dans le contexte de guerre en Algérie) ;
- un objectif de contrôle social de ces populations *sous surveillance*, à l'écart de la population nationale.

L'immigration d'installation

L'immigration va changer de nature lorsqu'une politique de regroupement familial et d'acquisition de nouveaux droits, proportionnels à la durée de séjour sur le sol français, ouvre la porte à une installation définitive, un ancrage familial et une intégration, la naturalisation automatique des nouveaux-nés.

L'accueil des Harkis dans des camps, coupés du reste de la population et maintenus dans une position d'assistés, initie une logique identitaire d'installation séparée, esquisse de ghetto.

Après la décolonisation, la constitution de ghettos-banlieues à forte population immigrée, victimes du chômage et de l'éloignement des centres urbains, a instillé l'idée de *zones de non-droit* où une économie parallèle se développe. La pauvreté, l'exclusion, la discrimination, l'échec scolaire ont conduit à des situations d'exclusion de fait.

Le travailleur immigré devient un immigré tout court

Après la crise pétrolière de 1973, l'État met en place un contrôle des flux migratoires, par un système de *carte de séjour* sous condition de l'obtention d'un permis de travail ; 83 % des travailleurs immigrés se retrouvent dans l'illégalité. Après des grèves, une régularisation généralisée est effectuée. La lutte pour le droit à l'égalité commence alors, en même temps que la politique des *primes au retour.*

Après 1981 et l'arrivée de la gauche au pouvoir, le statut des immigrés change : régularisation, titre de séjour de dix ans indépendant du permis de travail, aide à la réinsertion dans le pays d'origine. En 1983, *la marche des beurs* revendique l'égalité des droits pour les enfants d'immigrés de nationalité française, mais toujours sujets à des discriminations économiques et sociales.

La valse-hésitation

L'héritage de la politique d'immigration est un aller et retour entre régularisations et législation plus stricte de limitation et d'expulsions, entre **coups de barre à droite et à gauche** :

- dans les années 1990, surfant sur une xénophobie émergente, les discours du Front national de restriction voire de répression de l'immigration rencontrent de plus en plus d'intérêt dans la société française. Les lois Pasqua, *la double peine* (expulsion des étrangers condamnés à des peines de prison) font écho à ce mouvement ;
- **la réforme du *Code de la nationalité* en 1993 durcit les conditions d'entrée et de séjour des étrangers en France.** En particulier, les étrangers nés en France doivent manifester, à l'accession à la majorité légale, leur volonté explicite d'obtenir la nationalité française pour devenir Français : le simple fait d'être né en France n'accorde plus le droit automatique à la nationalité française (mesure supprimée par la gauche avec la loi Guigou de 1998).

Le glissement communautariste

Progressivement, on en est venu à penser que **le multiculturalisme, la mosaïque des particularismes serait préférable à l'uniformisation par assimilation :**

- les milieux intellectuels de gauche, *leaders* d'opinion dans les médias, y sont venus **par idéalisme** de la diversité et par culpabilité de *castrer* les immigrés de leur identité pour en faire des fils de *nos ancêtres les Gaulois* ;
- les politiques s'y sont convertis **par pragmatisme cynique**, parce qu'ils ne parvenaient plus à maîtriser des groupes réticents à l'intégration, retranchés dans des quasi-ghettos : le stéréotype des cités. La création du *Conseil français du culte musulman*, sur le modèle de l'organe représentatif des juifs, avait pour but, de garantir la paix dans les banlieues avec le soutien de *« l'islam de France »*. Cela n'a visiblement pas suffi ; ce fut, au contraire, **un encouragement politique officiel au communautarisme.**

Notre héritage le plus récent est un constat d'échec officialisé par discours présidentiel : le mécanisme d'**intégration par assimilation est tombé en panne.** Le principe jacobin centralisateur et intégrateur, dogme sacré de l'idéologie républicaine, est ressenti en décalage avec le réel d'une société émiettée.

L'acceptation du changement de modèle social est en soi, pour la France, une véritable révolution culturelle ; c'est déjà un débat politique.

Un joker démagogique

Au fil de la dernière décennie, la maîtrise des flux migratoires est devenue un enjeu politique majeur :

- d'un côté des **mesures restrictives**, mais politiquement correctes : positivées dans le langage politique par la notion *d'immigration choisie*, détournées du racisme vers le culturalisme avec l'apparition d'un critère d'intégration (maîtrise de la langue française) ;
- de l'autre, des **mesures constructives**, comme l'idée du codéveloppement (aide accordée aux pays dont les gouvernements prennent des mesures pour restreindre l'émigration). Mais le bilan est aujourd'hui à la déception sur cette solution envisagée pour réguler l'immigration : le développement solidaire, les investissements dans les pays d'origine des migrants, dans l'espoir de ralentir les départs, ne portent guère leurs fruits.

L'approche des élections fait ressortir du bois *le loup xénophobe* : on entend de nouveau les assimilations d'immigration et insécurité, les dérapages à répétition qui se banalisent. L'instrumentalisation électoraliste vient polluer le débat en transformant la question de l'intégration en problématique identitaire urgente. Les immigrés sont instrumentalisés sur la table de jeu politicien, comme des pions. Qui se soucie réellement de leur sort ?

État de l'opinion française

En France, jusqu'à présent, le modèle d'assimilation ou d'intégration laïc et républicain avait plutôt bien fonctionné. Aujourd'hui, il faut bien constater un malaise majoritaire, de plus en plus assumé avec moins de mauvaise conscience, et un **glissement progressif vers la xénophobie**.

Quarante pour cent des Français déclarent (en 2010) qu'il faut accepter les travailleurs étrangers en France, contre 57,6 % qui voudraient bien s'en passer…

La faute de l'urbanisme ?

La ségrégation résidentielle dans les cités à forte dominante de populations issues des immigrations est accusée de créer des ghettos en favorisant un climat d'ignorance, de peur et de violence.

La faute de l'école ?

L'intégration culturelle des *jeunes issus de l'immigration*, leur instruction civique, l'art du vivre ensemble au sein d'une communauté nationale ne semble plus garantis par l'école républicaine[1].

1. Voir le chapitre 7 sur l'éducation.

La faute de la mondialisation ?

Les Français sont inquiets face à la crise ; désespérés face à une Europe en panne, faute de frontières claires et de projet précis ; désemparés face à une économie qui expose ses salariés et ses entreprises aux excès de la mondialisation, au lieu de les en protéger ; anxieux face à un islam associé aux attentats du 11 septembre 2001, plutôt qu'à celui des révoltes arabes pour la démocratie ; en proie au doute quant à leur avenir, au devenir de leurs principes de vie sociale face aux autres références culturelles et systèmes de valeurs[1].

Dans ce contexte d'angoisse, il faut trouver des boucs émissaires : ce sera tout ce qui est extérieur :

- **la mondialisation en général : 70 %** des Français pensent que pour piloter l'économie, à l'avenir, il faut nous protéger contre la mondialisation (CCA) ;
- l'étranger chez nous, perçu comme invasif : si la société vire à la jungle, ne serait-ce pas la faute des corps étrangers ? Dans un contexte d'individualisme concurrentiel, le corps social est ressenti comme trop hétérogène par les origines, les cultures, les couleurs, les corporations. On assiste à la renaissance des antagonismes sociaux, des frontières mentales qui s'installent, des fractures culturelles qui se creusent et des fractures sociales qui s'aggravent.

La faute de l'égoïsme ?

Dans son *Rapport annuel 2010*, le Médiateur de la République indique que « l'immigration nécessaire (l'Union européenne a annoncé que d'ici 2050, la population active européenne nécessiterait, pour atteindre l'équilibre, l'arrivée de cinquante millions d'individus étrangers) pose le problème de l'assimilation, de l'intégration, de l'identité, de la diversité, du multiculturalisme, de la laïcité qui, selon notre résistance au populisme ou à l'extrémisme, produiront des conflits intenses ou une formidable réussite collective. [...] Nous ne sommes pas racistes mais réticents à partager avec ceux qui n'ont rien. [...] Nous sommes pour la mixité sociale à condition de ne pas être embêtés ou gênés par nos voisins. »

Mais cette dénonciation d'un manque de générosité tolérante des Français oublie la responsabilité politique de définir un mode d'intégration des étrangers.

La faute du FN ?

Le Front national a toujours joué sur le rejet des boucs émissaires étrangers. Jean-Marie le Pen *privilégiait* les juifs, dans la grande tradition pétainiste. Sa fille, Marine Le Pen, actualise le propos en ciblant l'islamisme, les musulmans, les arabes en général, avec un alibi nouveau : la défense de la laïcité sacrée.

---

1. Voir le chapitre 1 : « La France cabossée ».

Si le discours de l'extrême-droite s'est renouvelé, c'est pour mieux épouser les peurs du moment : il était ultralibéral, il est devenu antimondialisation ; il était ouvertement antisémite, il s'est rapproché des extrêmes droites israéliennes pour se laver de son passé vichyste et collaborationniste.

Le rejet de l'autre, la peur de l'autre sont souvent à la base de constructions identitaires. Moins on sait qui l'on est, plus on a besoin de repoussoirs, plus on devient raciste au nom d'une identité qui reste un *foyer virtuel,* selon l'expression de Lévi-Strauss : « L'identité [...] est une sorte de foyer virtuel auquel il nous est indispensable de nous référer pour expliquer un certain nombre de choses, mais sans qu'il ait jamais d'existence réelle.[1] »

La faute d'une faiblesse d'identité nationale ?

La xénodéfiance est une réaction défensive élémentaire, la réaction de rejet d'un corps étranger par un écosystème social, comme le corps le fait pour une greffe ; **la civilisation seule fait reculer ce réflexe primaire**, lorsqu'une société se sent assez sûre d'elle-même pour digérer des gens différents sans se perdre elle-même.

Cette réaction d'ostracisme reprend de la force lorsque l'organisme d'accueil se sent lui-même fragile, incertain de son corps propre, de ses frontières et de sa propre identité. Or, aujourd'hui, la fourmilière de la mondialisation anonyme rend plus floues les identités nationales, affaiblit les États-nations et moque leur autonomie : de là naît **le besoin de repli sur une identité collective**. Même si un *débat sur l'identité nationale* fut lancé fin 2009 et géré en 2010 d'une façon politiquement maladroite et probablement pleine d'arrière-pensées démagogiques, le problème n'en est pas moins bien réel : **qui sommes-nous ?** Quelles sont les valeurs socle de notre dénominateur commun à partager avec les immigrés ?

La xénophobie est encore renforcée quand les fragilités individuelles viennent renforcer la fragilité collective. C'est bien le cas aujourd'hui : le pessimisme presque désespéré[2] conduit beaucoup de citoyens, les plus fragilisés, à **déconnecter le souci de soi du souci de l'autre,** à se sentir en concurrence avec tous les autres et particulièrement l'étranger, l'illégitime, le non-conforme à notre conformisme.

La faute d'une carence de modèle politique ?

C'est sans doute la cause la plus profonde et la principale responsabilité de la classe politique qui n'a pas assumé son rôle de modélisation sociale.

Nos principes historiques sont remis en cause, dans l'urgence, sans alternative claire.

1. Claude Lévi-Strauss, *L'Identité*, Paris, PUF, 1977, p. 332.
2. Voir le chapitre 1 : « La France cabossée ».

Un mélange d'initiatives législatives, démagogiques pré-électorales à la remorque du FN, et de débats mal posés pour faire diversion (sur *l'identité nationale*, sur *l'islam*... rebaptisés en catastrophe *débat sur la laïcité*) créent le malaise, amplifient la *xénodéfiance*, mais ne remodèlent rien de durable.

Le **droit du sol**, qui accorde la nationalité française à tout enfant né en France, est remis en cause. Le droit de **double nationalité**, de même, est menacé, et pas seulement par les dérapages de la Fédération française de football[1].

Notre tradition a toujours visé l'**assimilation** : la République ne reconnaît que des individus et non des minorités ou des communautés. Notre tradition jacobine exige de chacun l'abandon de ses particularismes au profit du dénominateur commun national. C'est sur l'égalité des hommes et des femmes, la laïcité, la méritocratie, le partage de la langue française et l'émancipation par l'école que se fonde l'identité républicaine pour des citoyens égaux et distincts.

- Ce principe a été d'abord contredit par **une orientation communautariste multiculturaliste** du ministre de l'Intérieur et candidat Sarkozy dans les années 2004-2007 ;
- aujourd'hui le même, Président, s'est officiellement rallié au constat d'échec du **multiculturalisme**, partagé par les dirigeants européens de droite, en particulier Angela Merkel et David Cameron... mais **aucune alternative** ne vient remplacer ces deux principes abandonnés. **Il n'y a plus de théorie ni de méthode d'intégration française : seule se manifeste la réticence, la *xénodéfiance*, la distanciation ou le rejet.**

Et si l'immigration n'était pas un problème, mais une solution ?

L'Europe et sa population vieillissante ont besoin de davantage d'immigrés pour échapper au déclin. Les travaux de la Commission européenne montrent que, sans eux, la main-d'œuvre diminuerait d'environ cent millions dans l'Union, au cours des cinquante prochaines années, même si la population totale continue d'augmenter. La diversité fait désormais partie du paysage des pays européens, il va falloir apprendre à vivre avec cette idée et surtout avec des gens de cultures différentes.

L'identité française en question

Le débat sur *l'identité nationale*, improvisé par le gouvernement en novembre 2009 et vite avorté, a démontré à la fois :

- la réalité sociologique d'une **crise d'identité collective**, si angoissante qu'on a peur de l'aborder ;

---

1. Voir http://sport.francetv.fr/football/74400-la-double-nationalit%C3%A9-un-vrai-probl%C3%A8me et http://sport.francetv.fr/football/74400-la-double-nationalit%C3%A9-un-vrai-probl%C3%A8me.

- la difficulté de la (re)définir en dépassant les simples critères d'exclusion, sans tomber dans une **définition défensive xénophobe** ;
- et surtout l'ambiguité politique, inavouée mais évidente, qui **stigmatise le caractère inassimilable d'immigrés**, en l'occurrence aujourd'hui les musulmans d'abord.

Les réactions de la population au débat identitaire

Aux termes d'une enquête réalisée en 2010[1] (cette étude ne porte pas sur un échantillon représentatif, mais sur des contributions volontaires de gens particulièrement impliqués. Son intérêt majeur est donc qualitatif : il s'agit d'un inventaire d'idées qui courent dans l'opinion et osent s'exprimer) :

- l'immigration (27 % des contributions) n'est que le deuxième sujet évoqué, après le principe du débat lui-même (29 %) ;
- les principaux types de dérapages ont révélé, au-delà de la simple méfiance, **une hostilité envers certaines populations et des peurs profondes** :
  - sentiment d'invasion, de menace démographique : on ressent trop d'étrangers ; « on se sent isolé » dans certains quartiers où le nombre de personnes étrangères ou d'origine ou d'apparence étrangères est important ;
  - sentiment d'injustice : les droits accordés aux étrangers dépasseraient la norme (on imagine qu'ils profitent largement des aides sociales cumulées) ;
  - une volonté de sélection ou d'exclusion : il y aurait une bonne immigration venue de pays européens et une mauvaise qui « brûle le drapeau français et qui n'aime pas la France » ;
  - un sentiment d'évitement, de déni : on n'aborde pas assez le malaise des banlieues ;
  - le reproche du cosmopolitisme : certains hommes politiques sont accusés de ne pas faire assez « terroir »[2].

Le vide politique

Crier au loup n'est pas constructif. Ce n'est pas ce que l'on attend de dirigeants politiques. Or, le problème est que les partis de gouvernement et leurs *leaders* ne cessent de **ressasser le problème, sans proposer de nouveau modèle**.

---

1. Enquête TNS-Sofres par analyse lexicale de 26 000 contributions spontanées d'internautes sur le site dédié, en janvier 2010 (voir l'analyse sur www.rue89.com/2010/01/05/debat-sur-lidentite-nationale-le-vrai-bilan-et-la-carte-des-rates-132377).
2. Voir www.lexpress.fr/actualite/politique/dsk-ce-n-est-pas-l-image-de-la-france_961977.html.

Ne restent donc que :

- **la crise de confiance** bien réelle sur l'intégration des immigrés : un discours catastrophiste d'échec, dramatisé comme un péril identitaire culturel. C'est la porte ouverte aux options extrémistes de *nettoyage ethnique* par stigmatisation des immigrés, y compris des naturalisés ;
- **un discours sécuritaire** : le vivre ensemble est réduit à une simple question d'ordre public ;
- **des tentations communautaristes** de se replier sur ses propres règles et tenter d'influer sur les lois du pays en guise de reconnaissance tacite d'un état de fait.

Le fait nouveau est que les sociétés du XXIe siècle, en particulier occidentales, comprennent plusieurs cultures, plusieurs traditions en leur sein. Ce fait trouble, jusqu'au pire (les attentats perpétrés par Anders Behring Brevik en juillet 2011 à Oslo) l'organisation sociale. Les modèles politiques apparaissent démunis, usés pour garantir une unité ou une cohésion sociale.

ALTERNATIVE : QUEL MODÈLE D'INTÉGRATION ?

La société française n'a pas réellement le choix. Selon les partis pris politiques, on peut choisir d'accueillir plus ou moins *de gens différents* sur notre sol, de statuts éventuellement divers… mais la mondialisation des migrations est un fait manifeste et durable. La question n'est donc pas d'apprécier ou non les immigrés, mais pragmatiquement de savoir **comment intégrer ceux qui sont là**.

L'observation sociologique permet de cerner **deux scénarios** en concurrence dans le subconscient collectif. Ces scénarios posent la question de la structure sociale, de l'homogénéité, de la gestion des richesses culturelles apportées par les différentes communautés de différentes origines, et les règles de vie en commun qui peuvent en résulter.

Vers un scénario d'intégration en *melting pot* ?

L'analogie culinaire du *melting pot* évoque une marmite où se mélangent des ingrédients différents pour mijoter lentement un plat unique.

C'était idéologiquement **le modèle en vigueur en France** depuis la Révolution : l'inspiration *jacobine* centraliste et unificatrice s'est appliquée d'abord aux particularismes provinciaux féodaux, puis aux particularismes immigrés. L'école publique, le service militaire en étaient les creusets, aujourd'hui absents ou percés.

Ce principe est progressivement tombé en désuétude, sous l'influence d'un humanisme de gauche qui prône le respect des différences, paradoxalement défendu (et sous une forme malthusienne) aussi par le FN.

Ce modèle d'intégration vise **l'assimilation des étrangers** :

- **leur fusion dans des valeurs communes** qui transcendent les particularismes dans un dénominateur commun d'identité et de culture, en évolution prudente, avant tout fidèle aux fondamentaux historiques ;
- ce qui signifie aussi **l'abandon d'une grande partie de leurs particularismes d'origine**, ou du moins le repli discret de leurs différences dans la vie privée.

Ce scénario propose **une mixité sociale systématique**, le rejet de tout ghetto, de toute manifestation publique ostentatoire de communautarisme identitaire, en espérant déboucher sur le partage des valeurs et **le métissage bio-culturel** par assimilation mutuelle.

Pour ses adversaires, c'est un système qui nie les différences, qui homogénéise la société par le bas en perdant la richesse des autres cultures. Dans un monde ouvert, cette solution paraît trop dogmatique à tous ceux qui rêvent de coexistence pacifique et d'enrichissements mutuels dans le respect des différences. Les partisans de la laïcité sont alors perçus comme une tribu concurrente qui s'oppose aux autres communautés en voulant imposer ses valeurs antireligieuses.

Pour ses partisans, ce scénario est le seul à pouvoir éviter les conflits communautaristes dans notre pays importés par les conflits mondiaux. Ils y voient aussi un idéal de métissage régénérateur d'une culture vivante en permanente mutation.

Vers un scénario d'intégration par *salad bowl* ?

Cette autre analogie culinaire américaine évoque la bien française *salade niçoise* où tous les ingrédients restent bien séparés les uns des autres : un plat mosaïque qui s'oppose à *la bouillabaisse du melting pot*.

Au nom du respect des cultures et des communautés, et pour favoriser l'harmonie sociale entre les différents groupes, **c'est une stratégie sociale de juxtaposition des gens différents, regroupés en ensembles homogènes : un multiculturalisme communautariste.** Cette reconnaissance tolérante devrait s'appliquer à tout groupe qui revendique une identité propre, quel qu'en soit le critère : race, terroir, langue, religion ou secte, culture, caste, préférence sexuelle… Les différentes cultures sont ainsi juxtaposées et ne se fondent pas dans un creuset commun.

Cela conduit à une représentation officielle de chaque communauté comme interlocuteur de l'État : ainsi, la création du *Conseil français du culte musulman (CFCM)*, destiné à représenter les musulmans de France, initié en 1999 par Jean-Pierre Chevènement, et créé en 2003 avec le soutien de Nicolas Sarkozy, alors ministre de l'Intérieur et des Cultes.

Ce modèle s'incarne dans la **visibilité sociale** des particularismes ethnoculturels, encouragés, qui s'affichent sans restriction.

Une telle logique peut conduire à **une politique de quotas, une discrimination positive, de statuts spécifiques** dans une volonté de justice sociale corrective, pour compenser les inégalités de départ et assurer une représentation et des chances équitables aux diverses communautés.

Le communautarisme est le modèle le plus répandu au monde, y compris chez nos voisins européens, sous des formes plus ou moins atténuées. C'est avant tout une **méthode pragmatique** de *chacun chez soi* qui évite les complications et les angoisses d'une assimilation, et qui protège des peurs du métissage. C'est, à la base, une forme d'indifférence qui permet de cohabiter et collaborer, chacun gardant son sentiment de supériorité, sa fierté identitaire.

Pour les partisans français du multiculturalisme, souvent de gauche, ce modèle est né d'un sentiment de culpabilité après la discrimination dans les colonies et les DOM. Il part du principe qu'il faut accorder et aménager une place à chaque communauté, en métropole au sein de la République, au nom du droit à la différence.

Pour les adversaires du communautarisme, il s'agit d'une fausse compassion et d'une injustice même, dans le cas d'une *discrimination positive* : le système de reproduction sociale touche toutes les catégories, et les pauvres franco-français dits *de souche* souffrent de la même exclusion sociale et sont sous-représentés également dans les universités, les médias et les postes de cadres supérieurs.

On craint que le communautarisme **favorise les extrémismes** de tous bords et crée de nouvelles tensions au sein de la population dite *de souche.* On encourage alors des réactions de défense tout aussi communautaristes contre « le racisme antiblanc » et pour « la préférence nationale », slogans classiques du Front national. On dénonce le **risque de ghettos** culturels et économiques regroupant des minorités mal intégrées, en marge de la culture majoritaire, ne parlant même pas la langue du pays.

Ces deux scénarios sont actuellement en friche :

- le premier, *melting pot*, est essoufflé et n'assimile plus ;
- le second, *salad bowl*, est renié publiquement par ceux-là mêmes qui en étaient promoteurs et gestionnaires il y a quelques années. L'intention de départ était simple, simpliste diront certains : plus les communautés se sentiraient respectées et reconnues, qu'il leur serait garanti la pratique de leurs traditions, moins il y aurait de dérives extrémistes.
- Cette vision est abandonnée en Allemagne, en Angleterre, en Italie et aujourd'hui en France dans le discours présidentiel.

Quels styles d'intégration d'ici 2020 ?

Tranche de vie 2020

Assimilé

Karim est arrivé en France après la répression sanglante dans son pays. Il a tout de suite voulu apprendre la langue de son pays d'accueil. Cela lui a permis de nouer des amitiés avec les gens de son quartier à Sarcelles. Il a immédiatement compris que cela ne servait à rien de se replier sur sa communauté et de vivre dans la nostalgie du passé. Bien sûr, il aime partager des repas traditionnels en compagnie des gens de son pays, il a même invité ses amis et collègues de travail pour les leur faire découvrir. Mais, curieux du mode de vie de ses voisins, il s'est fait des amis et, très vite, il a trouvé un nouvel emploi grâce aux contacts qu'il a su développer dans les premières années qui ont suivi son arrivée.

Le jour de la cérémonie de la citoyenneté pour sa naturalisation, il est tombé amoureux d'une française d'ici et s'est marié. Comme il a toujours travaillé dur, sa nouvelle belle-famille l'a aidé à monter sa propre entreprise. Aujourd'hui, il a une dizaine d'employés, des Français et des immigrés qu'il encourage à s'intégrer rapidement. Il désire ardemment que ses enfants fassent des études prolongées pour que leur vie soit plus facile que la sienne. Récemment, il s'est intéressé à la vie locale, à la politique et siège au conseil municipal. Il conseille le maire pour rendre les cours de langue accessibles à tous, il débat vigoureusement avec ceux qui refusent l'intégration et encore plus l'assimilation. Il montre la bonne volonté et l'ouverture de la société dont il partage les valeurs en recueillant les attentes de toutes les populations immigrées en voie d'intégration. Et maintenant qu'il est marié, il se demande s'il ne va pas demander la nationalité française. D'ailleurs ses enfants seront français, non ?

Tranche de vie 2020

Communautariste

Ahmed est arrivé clandestinement d'Afghanistan. Il voulait passer en Angleterre en évitant les centres d'accueil ; mais il s'est fait escroquer par le passeur et s'est retrouvé à la case départ. Il s'est caché pendant des années en évitant les contrôles de police. Il a pu trouver un travail chez ses coreligionnaires car il fréquente assidûment la mosquée. Il n'a rien changé de ses habitudes, il parle à peine le français et envoie les trois quarts de ce qu'il gagne à sa famille.

Progressivement, il a obtenu des papiers, une carte de séjour et aujourd'hui, il a un vrai travail et vit au grand jour. Il a parfaitement réussi son intégration économique. Cependant, il est hors de question pour lui de fréquenter des gens du cru, il reste un étranger. Il va se marier avec la fille de ceux qui l'ont aidé à s'installer. Il cotise au système d'entraide communautaire pour payer les amendes des contrevenants à la loi laïque. Il fait partie de ceux qui vont prier dans la rue pour obtenir la construction de nouvelles mosquées, sans pour autant accorder son soutien aux éléments les plus violents de sa communauté religieuse. Sa femme porte le niqab : ce n'était pas le costume de son pays, mais ça montre son identité ; cependant, il n'a aucune envie d'imposer la charia en France comme cet imam fou en Angleterre qu'il a vu à la télé. Lui aussi est barbu, mais pas de ce genre.

Il ne demande rien, juste qu'on le laisse vivre comme il l'entend. Il paie ses impôts comme les autres citoyens, veut que ses enfants puissent manger halal à la cantine de l'école et que la mairie organise les horaires d'ouverture de la piscine pour que les femmes puissent la fréquenter en toute quiétude. Comme tous les autres membres des communautés constituées, il vit dans un quartier où tout le monde est comme lui, pense comme lui et ne veut pas d'histoires avec le reste de la population. Il ne comprend pas pourquoi on veut lui imposer les règles de la laïcité et aimerait bien que la France s'adapte aux réalités d'un monde ouvert. Lors du débat sur l'identité nationale, il s'est senti rejeté et incompris, cela l'a confirmé dans ses choix de repli communautaire.

VOX POPULI

L'INTÉGRATION EN QUESTION

On a longtemps cru, avec suffisance, le *modèle social français* supérieur par la vertu du principe républicain de laïcité dans la vie publique : il était l'un des plus assimilateur au monde, faisait de la religion un libre choix mais une affaire strictement privée et, à ces conditions, accueillait avec générosité les immigrants ou réfugiés politiques.

On est retombé de haut :

- entre une classe politique qui ne sait pas moderniser un modèle d'intégration équilibré ;
- et une opinion publique qui constate que la machine assimilatrice ne fonctionne plus et se laisse glisser vers la *xénodéfiance* pour trouver un bouc émissaire à notre crise identitaire.

Il est manifeste que le problème de l'intégration et le refus visible de certains de s'assimiler, est un des sujets qui remettent le plus en cause la cohérence sociale.

Parole aux sondages : une intégration réticente, limitative

De nombreuses inquiétudes se manifestent sur la pertinence du modèle intégration : les Français y réagissent de façon malthusienne et anticommunautariste.

La porte à demi-fermée

L'immigration est mise en minorité car elle fait peur à une légère majorité de Français (CCA) :

- 58 % des Français pensent qu'il y a déjà trop de travailleurs étrangers pour nous concurrencer sur le marché du travail et 53 % estiment qu'il faut freiner l'immigration. D'ailleurs, 55 % jugent que leur intégration ne se passe pas bien ;

- 45,4 %, *a contrario*, déclarent accepter que la France devienne un pays multicolore en accueillant des étrangers ;
- l'intolérance radicale ouvertement xénophobe est encore bien minoritaire (27 %) mais elle a progressé de 3 % en cinq ans.

La *xénodéfiance* n'est donc pas générale, tout juste majoritaire quand même, mais elle progresse, portée par des discours politiciens alarmistes, et s'inscrit naturellement dans les réactions à la crise[1].

La faute des étrangers

Si l'intégration fonctionne mal en France, **la faute en incomberait aux étrangers, plus qu'à la société française :**

- **66 %** des Français jugent que l'intégration fonctionne mal ; **51 %** pensent que le système se serait même dégradé (surtout pour la partie la plus âgée des sondés) ;
- **76 %** jugent que les étrangers ne font pas suffisamment d'efforts pour s'intégrer ; et seulement **41 %** déclarent que la société française ne fait pas suffisamment d'efforts pour intégrer les étrangers[2].

Non à la communautarisation de la société française

- 60,4 %[3] de nos concitoyens déclarent qu'il n'y a pas de raison de favoriser certaines communautés ;
- 38,4 % accepteraient en revanche, pour plus d'égalité, des mesures de *discrimination positive* en faveur des communautés.

Un espace publique neutre et laïc

- 74,3 % des Français déclarent vouloir une seule loi laïque, la même pour tous ceux qui vivent en France, contre 24,6 % qui accepteraient d'adapter les lois et les règles selon les religions, les coutumes et les communautés ;
- 46 % des citoyens jugent la laïcité comme un élément constitutif essentiel de l'identité de la France, (et même « très important » pour 37 %). Seuls 13 % la jugent en revanche « peu ou pas importante »[4].

---

1. Voir le chapitre 1 : « La France cabossée ».
2. Sondage Harris Interactive pour LCP, le 20 avril 2011.
3. Source : Observatoire du CCA pour les chiffres de ce paragraphe et du suivant, sauf mention contraire.
4. Sondage Harris Interactive pour LCP, le 5 avril 2011.

Les signes de différence culturelle et religieuse n'ont pas leur place dans l'espace public :

- 50,5 % des Français déclarent que les étrangers devraient gommer leurs différences, au moins en public, contre 48,7 % qui déclarent que c'est bien que chaque communauté affirme sa différence, ses coutumes, sa culture ;
- 73 % se disent d'accord avec l'interdiction du port de signes religieux visibles par les usagers dans l'enceinte des services publics, et 71 % d'accord avec l'interdiction d'évoquer des préférences à caractère religieux dans le cadre des services publics.

Nos concitoyens sont majoritairement opposés à la mise en place d'aides de l'État ou des collectivités pour la construction et l'entretien de lieux de culte musulmans ou encore la création d'un institut de formation d'imams en France financé par des fonds publics[1]. L'idée sous-jacente est que, s'il faut refuser la stigmatisation des musulmans, il faut également inscrire l'islam, comme les autres religions, dans le cadre de la loi de 1905 qui a séparé les églises de l'État, le religieux du politique, protégé les cultes de tout contrôle politique et garanti à chaque citoyen la distinction entre sa vie privée et la sphère publique.

Parole au cœur

Faut-il s'en tenir à l'opinion publique ?

Cette *vox populi* limite peut-être l'inquiétude sociale, évite éventuellement les affrontements plus graves, dissimule un peu le problème, mais ne règle en rien les vraies questions : **sur quoi fonder le vivre ensemble aujourd'hui** quand une ville comme Sarcelles (Val d'Oise) réunit toutes les nationalités du Maghreb, des Turcs, des ressortissants d'Afrique subsaharienne, des juifs, des musulmans et bien d'autres ?

Les pièges sont connus

Ils sont connus aussi de ceux qui jouent avec le feu de la xénophobie :

- **l'apartheid social** conduisant à une guerre civile larvée, au moins mentale ;
- le communautarisme de repli conduisant à **une société d'exclusion** mutuelle gérée par un gouvernement, simple société de services, adaptant les lois de la République aux exigences de chaque communauté ;
- et la diversité cosmétique de façade, si utiles aux gouvernements, avec l'alibi du **minoritaire de service.**

Comment contourner ces pièges, et peut-être les neutraliser ?

---

1. *Idem.*

Une récente étude du CCA, de diagnostic et créativité interactive dans une population de multiples origines, indique quelques pistes que les sondages ont omis de mesurer[1].

Vive la mixité sociale !

La première observation de cette étude est de constater le quasi-unanimisme de ces habitants en faveur d'un brassage et mélange des populations, ethnies, religions et cultures, générations d'âge et modes de vie, au point d'en faire un principe de base des peuplements de l'habitat social : un refus absolu de toutes formes de regroupements communautaristes en ghettos.

Sur quoi se fonde cette doctrine ? Sur **la cohabitation quotidienne, nous disent-ils.** Ce ne sont ni des *bobos* culpabilisés, ni des idéologues de grands principes : simplement des gens ordinaires, non militants, modestes ou pauvres, aux vies compliquées, qui vivent cette réalité au quotidien des cités HLM de grande banlieue parisienne. Et ils viennent contredire l'idée reçue des inévitables tensions raciales. **Ils se moquent de la couleur et de la religion pourvu que le voisin soit fréquentable, serviable, amical** ; ils se disent prêts à accepter n'importe qui sur leur palier, s'il signe *la charte de bonne vie commune* de ce microcosme humain. Ils dénoncent avec autant de force les incivilités, les agressions des *mal-élevés.*

L'intégration passe d'abord par la cohabitation proche, le voisinage, nous disent ces experts du vécu.

La laïcité comme règle du jeu

Le principe de neutralité religieuse de la vie publique fait la quasi-unanimité dans cette étude où aucun fondamentalisme intolérant n'est venu s'affirmer.

Le vivre ensemble passe par le respect de la loi, sans que chacun renonce à une quelconque foi. La laïcité de la République française ne demande jamais de renoncer à sa croyance, mais condamne son affirmation publique agressivement ostentatoire et refuse de changer ses lois pour les adapter à une quelconque religion. Et, en cas de conflit, c'est la loi qui prime.

La coopération comme insertion

Faire des choses ensemble : encourager et faciliter l'engagement de personnes d'origines diverses dans la vie locale associative pour favoriser l'émergence de liens interculturels et prévenir le repli communautaire. La délégation à la

1. Une étude qualitative, méthode « *Chorum* » du CCA, réalisée à la demande de l'Union nationale de l'habitat social, les HLM, à Sarcelles, avec l'office HLM Osica, en mai 2011, en débat avec une cinquantaine d'habitants de HLM, de tous âges, toutes structures familiales, toutes origines.

société civile d'un rôle dans la gestion des tensions et la prévention de la violence, représente une voie vers la stabilisation : la conciliation de l'appartenance à des minorités avec la reconnaissance tacite et le respect d'un socle de valeurs communes.

Le vote comme intégration

L'adoption socioculturelle, au-delà de l'acceptation par tous des mêmes règles, est un processus participatif. Elle semble être la seule voie qui garantisse l'égalité devant la loi, une volonté de vivre ensemble, de participer à une même existence sociale et de partager des espoirs et des causes communes. Pour cela, le droit de vote aux résidents étrangers, aux élections locales mais pourquoi pas nationales, pourrait être un pas vers la citoyenneté responsable, partagée équitablement sans ostracisme.

La virtu-réalité des réseaux au service de l'insertion

La tendance au microcosme[1] encourage le besoin de reconnaissance de chaque communauté ou clan, sa prise en compte, son respect formel. La sécurité d'abord, le bonheur et l'épanouissement sont à rechercher dans sa microculture et sa micro-identité, sa minisolidarité. **Mais comment éviter la juxtaposition de ghettos ?**

Une manière de vivre cette république d'appartenances multiples, en neutralisant les tensions et conflits, en échappant aux pièges du clanisme, du racisme et de la xénophobie, en injectant dans le *multiculturalisme* de la tolérance et du respect des différences, passe par une société de réseaux.

Le modèle prospectif de la *famille virtu-réelle*[2] appliqué aux relations intercommunautaires pourrait s'appliquer.

Chaque individu se définit par un ensemble de traits culturels identitaires, en perpétuelle recomposition, dont l'origine, la génétique ou la religion ; il est aussi un réservoir d'alternatives. Cet ensemble n'est figé que pour les intégristes qui considèrent leur culture comme une essence immuable. Mais on peut faire confiance à la personnalité multifacette de chaque individu pour s'échapper du carcan communautariste stéréotypé, s'il le souhaite : l'internet lui en offre la possibilité, démultipliée à l'infini, mais sans risque.

- La vie communautariste en microcosme est plus satisfaisante en face à face **dans le monde réel** *(IRL : in the real world* disent les *geeks)* : là, chacun peut vivre sa culture, son folklore, ses convictions religieuses, ses tabous…

1. Voir le chapitre 1.
2. Voir le chapitre 5.

- une autre vie citoyenne d'intégration peut se dérouler *online*, où l'individu s'affranchit des règles de son clan pour se faire adopter dans d'autres tribus virtuelles : on y a moins de réelles obligations frustrantes ; on expérimente de multiples personnalités-avatars sans perdre son identité d'origine ; on collabore sans s'occuper de la couleur ni du dieu des autres *e.amis*, on se métisse dans la tête...

Le *networking* sur le web serait un mode de socialisation qui faciliterait l'intégration, sous des formes multiples, pour de jeunes immigrés libérés dans le monde virtuel, mais sans les obliger à renier leur identité particulière.

Mais une telle intégration virtuelle suffira-t-elle à stabiliser et recoller le miroir identitaire brisé de notre société et sa solidarité défaillante ?

DE LA THÉORIE À LA PRATIQUE

Questions

Les questions sont nombreuses dans l'actualité, à propos de la gestion des immigrés. Elles ne sont pas toujours dénuées d'arrière-pensées démagogiques, parfois provocatrices, mais elles méritent toutes réponse.

Accueil

- Faut-il fixer chaque année un quota d'immigrés acceptés et leur profil (âge, métier, diplôme) en fonction des besoins de notre économie et du marché du travail ?

Intégration

- Faut-il organiser systématiquement des cours spéciaux de langue et de civilisation françaises pour les immigrés récents et leurs enfants ?
- Si oui : à l'école publique avec les professeurs de l'Éducation nationale ou dans des associations bénévoles ?
- Si oui, faut-il que ce soit obligatoire, avec un petit examen à la fin, pour obtenir un permis de séjour ensuite ?

Nationalité

Pour les enfants d'immigrés qui naissent en France, quels choix :

- Faut-il qu'ils aient automatiquement, dès la naissance, la nationalité française, tout en gardant la double nationalité de leurs parents (comme aujourd'hui) ?
- Ou faut-il attendre qu'ils aient 15 ou 18 ans pour qu'ils choisissent eux-mêmes entre les nationalités : française ou celle de leurs parents ?
- Ou bien faut-il qu'ils restent étrangers comme leurs parents et qu'ils fassent à 18 ans une demande de naturalisation, comme n'importe quel immigré qui arrive ?
- Êtes-vous pour ou contre le retrait ou le refus de donner la nationalité française à des jeunes délinquants multirécidivistes, enfants d'immigrés ?
- Êtes-vous pour ou contre la déchéance de la nationalité française et l'expulsion immédiate, en cas de crime grave ou de délits multirécidivistes par un naturalisé depuis moins de cinq ans ? et un naturalisé depuis plus de 10 ans ?

.../...

Représentativité

- Faut-il encourager chaque communauté d'immigrés à s'organiser pour discuter avec l'État et les communes ?
- Faut-il instituer pour chaque communauté d'origine étrangère un organe représentatif officiel, comme c'est le cas pour les juifs[a] et les musulmans[b] ?
- Êtes-vous pour ou contre le droit de vote des immigrés (encore de nationalité étrangère) en situation régulière, aux élections locales ? et aux élections nationales ?
- Un immigré (encore de nationalité étrangère) en situation régulière, devrait-il avoir le droit de se présenter aux élections locales pour devenir conseiller municipal ?

Urbanisme

- Faut-il imposer aux communes et aux cités HLM plus de mixité sociale : plus de mélange entre les gens d'origine différentes ?... ou au contraire plutôt regrouper les étrangers par communautés pour qu'ils soient entre eux ?
- Faut-il être plus sévère (grosses amendes) avec les communes pour faire appliquer la loi de Solidarité et Renouvellement urbain qui impose aux communes de plus de 3 500 habitants une proportion de 20 % de logements sociaux HLM ?
- Autoriserez-vous la construction de mosquée (avec ou sans minaret ?), d'un temple hindou ou bouddhiste dans votre commune ou votre quartier ?
- Qui devrait financer les lieux de cultes religieux ? la commune ? l'État ? la communauté des fidèles de chaque religion ?

Animation culturelle

- Faut-il financer, dans la commune ou région, un lieu de rencontres interculturelles pour apprendre à mieux se connaître ?
- Est-ce une bonne idée, que les communes célèbrent toutes les fêtes des diverses communautés d'habitants, avec des expositions, rencontres, défilés : fin de ramadan des musulmans, yom kippour des juifs, Nouvel An chinois, jour de l'esclavage, etc. pour faire mieux connaître chaque communauté ?

Particularismes

- Êtes-vous d'accord ou non avec l'interdiction récente du « voile intégral » (niqab, burqa ou sitar) dans la rue et les lieux publics ?
- Êtes-vous d'accord ou non avec l'interdiction de tous signes religieux ostentatoires par les fonctionnaires dans les administrations ? Et par les usagers de ces services qui entrent pour une formalité ?
- Êtes-vous d'accord ou non avec l'interdiction du voile islamique pour les jeunes filles à l'école (mesure appliquée depuis plusieurs années déjà) ?
- Êtes-vous pour ou contre des horaires de piscine différents pour les hommes et les femmes, pour permettre à certaines femmes d'autres religions d'aller à la piscine ?
- Faut-il que dans les hôpitaux il y ait des médecins femmes de service pour soigner certaines femmes dont les maris refusent un médecin homme ?
- De façon générale : faut-il adapter nos lois et règlements aux traditions et habitudes de communautés immigrées ? Faut-il faire des exceptions ?

.../...

a. CRIF : Conseil représentatif des institutions juives de France : fr.wikipedia.org/wiki/Conseil_repr%C3%A9sentatif_des_institutions_juives_de_France.

b. Conseil français du culte musulman (CFCM) : fr.wikipedia.org/wiki/Conseil_fran%C3%A7ais_du_culte_musulman].

Discrimination positive ?

– Faut-il réserver des quotas pour les enfants d'immigrés dans les grandes écoles, à l'université ?
– Faut-il réserver des places pour les immigrés dans certains métiers ?
– Faut-il accepter les immigrés (qui n'ont donc pas encore la nationalité française) dans l'administration, comme fonctionnaires ?

Interactivité

Voulez-vous exprimer votre opinion sur ce thème, sur les évolutions passées, sur les scénarios alternatifs et sur la tendance sociale ?

Nous vous donnons rendez-vous sur notre site internet où vous pourrez voter et comparer votre opinion à celle d'autres lecteurs. Connectez-vous à : http://www.agorascope.com/sesame/11identite

Chapitre 12

Le dogme ou le *tchat* ?

Les médias du XXe siècle menacés par le web du XXIe

Le dogme, c'est le discours d'un élu, l'éditorial d'une grande plume, la dépêche d'agence, l'article de mode ou de déco qui dicte la tendance, le reportage du journaliste professionnel, le conseil d'un expert, le cours d'un professeur, l'opinion, l'interview d'un people, le prêche d'un imam, rabbin ou curé, l'analyse péremptoire d'un sociologue… C'est tout ce que les médias nous disent avec l'autorité des milieux *autorisés* et des grands émetteurs (et ce livre en fait partie).

Le *tchat* est le mot branché pour les discussions en *forums*, les *posts* et informations échangés sur les *réseaux sociaux*, les scoops qui circulent via Twitter, les conseils de cuisine et puériculture et voyages et bricolage sur les sites de l'internet : c'est la web-culture par essence, celle de la communication horizontale *l'entre nous, le peer to peer.* Mais c'est depuis longtemps le rapport mère-fille, le café du commerce, le téléphone arabe, la rumeur qui court, les tuyaux et recettes entre voisins et collègues.

Les médias (principalement la presse et la télévision) vont devoir repenser leurs modèles et leurs contenus. La fragmentation des audiences, la tyrannie du *tout-gratuit* imposé par la culture du web mettent en danger le modèle économique traditionnel sur lequel sont fondés la plupart des grands médias classiques. Ce passage de l'ère des médias de masse à celle de la masse des médias s'est traduit par l'importance croissante des aides étatiques et s'accompagne par un effondrement de la diffusion mondiale des quotidiens payants.

Quelles leçons faut-il tirer des évolutions récentes du web ?

Comment faire la part entre la mythologie et la réalité des attentes des audiences ?

HÉRITAGE

VOIR, ENTENDRE ET COMPRENDRE

L'histoire des médias est assez édifiante dans la succession des vagues de suprématie jusqu'à la fragmentation, l'émiettement d'aujourd'hui. Elle rejoint en cela l'histoire du pouvoir. Et c'est bien d'un pouvoir qu'il s'agit, celui de délivrer des savoirs : qu'il s'agisse d'informations, de connaissances documentaires, de faits divers, de conseils pratiques, de tendances de mode et décoration. C'est un pouvoir d'influence, le maintenant classique quatrième pouvoir

L'ère des médias dogmatiques

Tout média est un avatar du *grand émetteur* : la divinité en personne.

Le monopole de la parole

Pendant des dizaines de siècles, le savoir était monolithique, capté puis délivré par une minorité élitiste, mais avec circonspection. Le pouvoir de dire le vrai était **de droit divin**, réservé aux rois (de droit divin), aux prêtres, chamans, gourous. Cette autorité dogmatique s'exerçait par transmission orale : la parole sacrée, matérialisée dans de rares incunables, gravée dans le marbre ou sur parchemin, assurant la transmission dogmatique des traditions, imposant la Parole et édictant la Loi pour tous.

La révolution audiovisuelle

Après la révolution de Gutenberg qui permit aux livres de devenir profanes, il fallut attendre quinze siècles **un deuxième séisme** : celui de la suppression du temps et de l'espace dans la représentation du monde : la radio et la télévision ont formaté les représentations sociales, ont créé l'immédiateté et donc la nécessité de chercher toujours plus d'information *pour nourrir la bête*. La raison laissait place à l'émotion, accessible à un plus grand nombre : ce fut la véritable démocratisation des audiences des médias.

Le pouvoir de diffuser restait entre les mains d'un petit nombre d'émetteurs, dépendants des pouvoirs sociopolitiques.

On a aujourd'hui du mal à se rappeler une époque, pas si lointaine, où les Français vivaient dans **un désert médiatique**, en état de sous-alimentation informative, en panne de diversité de sources d'informations et d'opinions, et plus encore de débats. L'offre médiatique se réduisait à quelques quotidiens nationaux, un quotidien régional (PQR) ou deux par région (hérités de la Libération de 1945, souvent marqués gauche/droite), la toute puissante ORTF aux ordres du pouvoir. C'est Georges Pompidou qui revendiqua que la télévision fut « la voix de la France ». Seules deux grandes *radios* étrangères (RTL et Europe 1, aux émetteurs frontaliers) se positionnaient comme dissidentes et d'une liberté de parole étonnante pour l'époque...

L'ère des médias choisis

Éveil du pluralisme

Après une période marquée par la fermeture des médias audiovisuels - seule la presse pouvait se déclarer libre - l'arrivé au pouvoir de François Mitterrand changea la donne. **La liberté envahit les médias** dans les années 1980 : des centaines de radios, quelques chaînes de télévision, en particulier Canal+ dont l'influence et le pouvoir s'imposèrent dans l'industrie du cinéma et le sport.

Le fait majeur des trente dernières années fut **l'explosion quantitative** de tous les médias, avec une multiplication des offres de magazines, de radios et enfin de télévisions (elle se poursuit aujourd'hui encore sur la TNT, le câble et le satellite) :

- dans le domaine de l'information, la diversification reste limitée par la concentration des dépêches d'agences et des sources d'images, et par les journalistes issus des mêmes moules. Mais le nombre de canaux concurrents va pousser à une recherche d'originalité dans l'angle d'information ;
- c'est surtout dans le domaine des documentaires, distractions, sports et spectacles que s'effectue le changement.

Cette diversification s'opère **selon des centres d'intérêts thématiques** et de moins en moins sur critère idéologique. Elle a donné naissance à **une gamme de fonctions médias** (CCA) correspondant à une variété de motivations des audiences : *écho* des médias-miroir et compagnons, *antenne* et *guetteur* de l'investigation et des innovations, *focus* de la réflexion et *prisme* des débats, *philosophe* des partis pris militants, *coaching* de conseils pratiques, *clown* de la distraction, *poète* des évasions imaginaires...

La grande majorité de ces médias s'est, de surcroît, inscrite pour survivre dans la logique économique des supports de publicité commerciale, permettant aux annonceurs de cibler une population bien définie.

À chaque séquence sociologique, ses médias

Cette multiplication des médias accompagne au plus près le mouvement d'individualisation de la société, sa segmentation en *sociostyles de vie* (CCA) et les tendances de chaque époque :

- les ***news magazines*** sont nés dans l'euphorie de la croissance pour donner les clés de ce nouveau monde : celui des Trente Glorieuses, de la modernité et des diplômés *leaders* d'opinion. Ils ont évolué avec la société, devenant progressivement des médias d'alerte, dénonciation et dramatisation de tous les enjeux ;

- **les magazines féminins** se sont partagé trois missions : l'éducation des femmes pour moderniser le rôle traditionnel de la mère studieuse (enfants, maison, cuisine), la séduction féminine pour sortir la séduction du domaine réservé des privilégiées (beauté, mode) et le combat féministe pour l'égalité des chances, l'indépendance sexuelle et économique[1] ;
- **la presse économique** a consacré l'avènement de la mondialisation et du discours financier en tant que doxa : discours dominant, référent essentiel à la compréhension de ce monde libéral ;
- **des médias « ego »** valorisant la sphère privée, la régression-consolation, la psychologie et les centres d'intérêt ont accompagné le mouvement de retrait, de déconnexion et de désintérêt des citoyens de la chose publique ;
- **les médias-guides « *how to* »** sont devenus progressivement des médias de crise, de survie consumériste, de débrouille ;
- **les médias « *people* »**, qui sanctifient le moindre événement, la moindre personnalité à la vitesse d'un bien de consommation alimentaire : acheté, ingurgité, rejeté.

L'ère des médias interactifs

Internet a déclenché, il y a moins de dix ans, **une troisième révolution culturelle**, dont il est encore difficile d'appréhender l'importance, car elle touche à tout et en temps réel : le web n'est pas seulement un média de plus, c'est une autre psychologie de la communication, une autre sociologie des pouvoirs, peut-être une autre civilisation.

C'est un *tsunami* qui a envahi le monde entier, pays du Tiers Monde compris : l'Asie réunit aujourd'hui plus d'internautes que l'Europe et l'Amérique du Nord ; le premier milliard d'internautes était assis devant un ordinateur, principalement des Occidentaux ; le deuxième milliard (chiffre atteint au début de 2011) est composé de *mobilenautes* sur téléphonie mobile[2].

Ce succès provient d'abord de l'excès de formatage et d'uniformisation, de l'absence de personnalité ou parfois de sens des médias classiques : le web est un média aux multiples visages personnalisés, un *Fregoli* en renouvellement permanent.

Son **impact économique** se traduit, selon la plus récente étude des styles d'audiences des médias au CCA, par une progression ininterrompue d'audience, ce qui attire les annonceurs publicitaires et siphonne les revenus commerciaux des autres médias.

Son impact culturel, donc politique aussi, induit un bouleversement radical de la relation émetteur-récepteur : **une révolution culturelle** plus importante encore.

1. Voir chapitre 6 : « Mars et Vénus en balance ».
2. Source netexplorateur : www.netexplorateur.org/

Sur internet, le temps n'existe pas : n'importe quelle requête sur Google livre des centaines de références mélangées. Libre à l'internaute de réorganiser à sa manière ces traces d'archives, d'oublier les décalages temporels et de tout remixer à sa sauce, celle de son histoire, sa temporalité.

ACTUALITÉ

LE TSUNAMI DU WEB[1]

Le web : un métamédia, le média des médias

L'internet n'est pas un simple support passif, mais **une nouvelle culture en actes**, alternative et souvent antagoniste à notre héritage d'habitudes et de recettes. Il permet, non seulement aux marques mais à tout émetteur, quasiment sans budget, d'exploiter de nouvelles modalités de la communication qui correspondent à de nouvelles attentes et motivations de la part des internautes :

- **une vitrine** pour s'afficher, une tribune pour exprimer son projet ou sa culture d'entreprise. Pour faire savoir : un support de *corporate image* pour les entreprises, un support de notoriété et célébrité pour les individus ;
- **un réservoir de contenus** pour jouer la carte de la transparence et faire la démonstration de son expertise, donner accès à des données et ressources ;
- **une palette de services pratiques** pour simplifier la vie des internautes et les aider à accomplir des tâches, pour s'inscrire dans le quotidien ;
- **un modèle économique** original qui combine la gratuité (*freenomics*) et l'accès hiérarchisé payant (offres *Premium, VIP*), pour donner le goût, initier à une nouvelle culture, à de nouveaux services, à de nouveaux produits ;
- **une nouvelle relation** avec ses publics, non plus comme des cibles passives à comptabiliser mais comme des partenaires actifs, en dialogue et coopération, (*web collaboratif 2.0*), pour reconstruire ou renforcer sa crédibilité ; un échange d'informations enrichi d'un lien émotionnel ;
- **une intelligence artificielle** au service des internautes-audiences, pour les guider, les *coacher* et les aider à prendre les bonnes décisions, se faire une vision du monde ;
- **un lieu d'expression, d'expérimentation et de créativité** de réalités virtuelles, le monde idéal de *l'alter web*, pour ouvrir de nouveaux territoires d'expression et de dynamisme ;

1. Toute cette analyse repose à la fois sur les études du CCA sur les internautes et sur l'observatoire Netexplorateur des innovations technologiques : www.netexplorateur.org/netexploratrend/etude et http://www.Facebook.com/netexplorateur.

- **une lecture du réel,** un redoublement virtuel de la réalité, une réalité augmentée, conçue et proposée par un média ou une marque dans la découverte d'une ville et de ses opportunités commerciales ou culturelles, pour organiser la réalité chacun selon *ses* priorités ou *sa* culture. En effet, internet permet à tout média, chacun selon son domaine d'expertise, d'*augmenter la réalité* avec ses commentaires, sa vision du monde. Ainsi chaque membre de l'audience chaussera des lunettes en mode tourisme, politique, culture, bars à vin, cuisine ou bricolage pour redécouvrir son environnement en *réalité augmentée* (AR) en fonction de ses besoins.

Révolution culturelle

Les études qualitatives et quantitatives du CCA, en 2010, ont mis en évidence **une mutation des attitudes dans la population** : une révolution de styles de vie est en cours, qui bouleverse les fondamentaux des médias.

Inversion du contact

La fréquentation des médias est renversée : on passe de la grand-messe à heure fixe (la livraison du journal le matin, le 20 h à la télévision, le flash de 11 h) à des *medias on demand.*

Le mode de consommation se transforme en une sorte de *biberonnage* à volonté : je regarde une émission de télé en rattrapage sur mon ordinateur de bureau pendant que mon fils visionne un film en *streaming* sur son iPad, alors que sa sœur écoute un *podcast* de France Inter sur le téléviseur du salon. Il en résulte un décalage de support (*où je veux*), un décalage temporel (*quand je veux*) et un décalage de contenus (*ce que je veux, sous l'angle que je veux*). L'audience ne dépend plus du *push* de l'éditeur tout puissant, mais va chercher (*pull*) un média personnalisé paramétré par ses soins.

Démultiplication et désacralisation des sources

La fameuse formule : « selon une source autorisée » fait bien rire aujourd'hui. internet a consacré le règne du *babil égalitaire* qui remet en cause la supériorité des professionnels de la communication, experts et éditorialistes, journalistes, la crédibilité des grands émetteurs et la légitimité même des autres médias.

Les blogs, sites personnels, réseaux sociaux, pages Facebook et *tweets* de tout-un-chacun sont devenus des sources d'information et des médias à part entière. Le web apparaît comme un média d'avenir, démocratique, facile d'usage, facilitateur de vie, ludique et promoteur de liens sociaux (CCA).

Fin de la pensée unique

Une pensée collective ne s'élabore, au sein de ces *networks*, que par le *crowd sourcing* : le débat pluraliste, la polémique, la collecte de points de vue multiples et leur fusion plus ou moins spontanée en une sagesse collective (*crowd wisdom*), au contraire du mécanisme classique d'acceptation/refus en bloc d'une doctrine venue d'en haut. Chaque individu est à la fois consommateur de médias et ressource potentielle dans son domaine d'expertise mise au service de la pensée collective. Le principal impact de la web-culture est d'avoir introduit **un nouveau droit universel : celui de la réponse et de la participation.** Tout internaute peut mettre sa griffe sur n'importe quel sujet, sans avoir à justifier de sa légitimité de spécialiste.

Sur la plateforme d'échanges libres du net, tout le monde a le droit de s'exprimer, de dialoguer, d'interpeller les autres interlocuteurs, qu'ils soient de simples particuliers, des puissants et des savants, de grands médias. **Internet est perçu par les contributeurs des réseaux sociaux et blogs comme une agora sans entrave** : la parole y est libre, avec un droit à la naïveté et l'erreur ; s'y alimenter, c'est faire preuve de son indépendance, loin de la pensée unique des médias qui marchent au pas : sur le net peuvent s'exprimer les bâillonnés, les sans-grades, les militants obscurs de *l'activisme 2.0*[1]. L'audience est devenue un acteur incontournable qui dicte ses exigences à l'ensemble des médias par la liberté de parole critique en libre expression, le droit de savoir dans des investigations sans complaisance et le privilège de libre comparaison et évaluation des idées dans un débat pluraliste.

Une autre structure sociale naît alors de cette culture numérique :

- la hiérarchie sociale directive, monolithique, d'un pouvoir centralisé, se trouve donc confrontée à une multitude de petits microcosmes sociaux, souvent locaux, mais de plus en plus virtuels, flous, en mutation permanente, difficiles à localiser et identifier, sans représentant ni *establishment* pour servir de relais ;
- la hiérarchie des experts, des élus, des patrons, des autorités légitimes se trouve doublée d'une **polyarchie informelle,** dispersée, difficile à contrôler où règne une égalité de droit de parole, de contestation et de proposition : anarchie ou nouvelle forme de démocratie dérivée de ces nouveaux médias[2] ?

La médiatisation des réseaux sociaux

Le débat social change de lieu et de nature. Déçue par la distension des liens sociaux autant que par l'individualisme solitaire, **une majorité de nos concitoyens (76 %) s'est *repliée sur des microcosmes* afin de retrouver des solutions de vie plus solidaires.**

1. Voir le rapport 2009 de Netexplorateur : www.netexplorateur.org/netexploratrend/etude.
2. Voir le chapitre 1 : « La France cabossée », sur le retournement des pouvoirs.

Mais, pour les jeunes générations surtout, on observe le succès d'un microcosme bien différent de celui du passé. Celui d'hier était de nature microlocale, souvent dirigé par un notable respectant les codes des féodalités sous-jacentes. Aujourd'hui, on fait de plus en plus confiance à des réseaux délocalisés, professionnels, amicaux, ludiques, commerciaux, d'entraide ou de défense, largement indépendants.

Métamorphosés par internet, ces réseaux sociaux sont devenus omniprésents, interconnectés, mobiles, porteurs d'interactivités de plus en plus rapides pour échanger des tuyaux, consignes, mots d'ordre ou simples coups de main réciproques : on y partage aussi bien des outils que des informations, des consignes de *flash-mob* militantes comme CarrotMob, des mots d'ordre de manifestations (on l'a vu lors du *Printemps Arabe 2011*), des recettes de cuisine sur Marmiton.com[1], mais aussi des manœuvres délinquantes (émeutes britanniques de l'été 2011).

De simples clubs de rencontres et échanges amicaux, scènes de parade narcissique ou cordon ombilical des familles dispersées, **les réseaux sont devenus des *social media* à part entière** : c'est d'ailleurs ce nom que leur donnent les Américains, qui dit bien, au-delà du support technique, la fonction de livraison de savoirs.

Contrairement aux médias de masse, **la dynamique d'influence des *social networks* est horizontale**, *peer to peer* : on n'écoute, on ne croit, on ne suit que les avis donnés par ses pairs, ses semblables, ses *e.amis* et leur pouvoir s'exerce du bas vers le haut, du peuple vers le dirigeant, de la masse vers le *leader*, ce qui lui impose une posture (visible et crédible) d'écoute de ses remontées du terrain (rôle autrefois dévolu aux élus locaux).

Enfin, les parties prenantes de ce type de réseau ne sont pas des subordonnés, mais des **partenaires égaux** qui ne demandent, en contrepartie de leur implication, qu'une certaine réciprocité dans les échanges.

La transgression du trou de serrure

Les frontières de ce qui est public et privé deviennent floues. L'affaire DSK, au printemps 2011 a soulevé une vaste polémique sur la déontologie journalistique : où commencent et s'arrêtent le *off* et le *on*, la sphère privée intouchable et la responsabilité sociale à dévoiler ?

Les débats suscités par ce cas, la sémantique utilisée – « abasourdi, *tsunami*, sidération, choc émotionnel » – remettent en question le traitement des hommes politiques et des *people* par les médias :

- où se situe la frontière entre secret de vie privée et révélation publique ? À partir de quel moment une immoralité supposée lève-t-elle la barrière de la *privacy* ?

1. Voir les rapports de Netexplorateur : www.netexplorateur.org/netexploratrend/etude.

- faut-il attendre une plainte judiciaire pour que des comportements privés entrent dans le domaine public, ou de simples rumeurs suffisent-elles (Luc Ferry dénonçant dans les médias, en juin 2011, un ministre ayant participé à des partouzes pédophiles à Marrakech, mais sans le nommer)[1] ?
- l'argent, l'enrichissement, le train de vie affiché, les combines financières, les affaires de mœurs privées, de sexe, la manière de traiter ses subordonnés ou son personnel font-ils partie du domaine public ?

Les tabloïds anglais, en particulier, répondent par l'affirmative à toutes ces questions et depuis longtemps, les *magazines people* en parlent par allusion et rêvent d'adopter ce modèle. À partir du moment où certains politiciens ou bien des *stars* instrumentalisent régulièrement les médias en révélant des pans de leur vie privée pour corriger leur image, est-il légitime que les médias ne se sentent pas freinés par une quelconque réserve sur la vie privée ?

On pourrait étendre ce traitement à des personnes *lambda*, inconnues du grand public. On voit alors s'ouvrir une porte au **grand déballage de la société de transparence**[2].

Ainsi s'opposent **la tradition anglaise de l'information**, plus agressive, plus tournée vers l'investigation incluant les faits et les ragots, et **la pratique française** très critiquée outre-Manche et outre-Atlantique. Les médias français y sont accusés de complaisance, de connivence complice avec la classe dirigeante.

Au final, les interminables débats entre journalistes professionnels sur leur propre pouvoir de dire ou cacher ne sont-ils pas dépassés à l'heure de l'internet où circulent, sans frein, informations et rumeurs, vérités et manipulations, sincérités et ballons d'essai stratégiques ? Le temps est dépassé où une poignée de journalistes pouvait décider de révéler ou dissimuler Mazarine Pingeot : aujourd'hui, sa vie privée occulte ferait les choux gras des réseaux sociaux.

Car l'affaire DSK, l'affaire Bettencourt-Woerth, l'affaire MAM ont démontré l'importance des médias *online*... au point que les **réseaux sociaux les plus notables se voient bannis, interdits de citation sur les télévisions et radios par le CSA (Conseil supérieur de l'Audiovisuel), dans un geste de censure d'un autre âge, sous prétexte de publicité clandestine pour ces marques**[3].

---

1. Source : www.nationspresse.info/?p=134706.
2. Voir chapitre 4 : « Tout dire ou tout cacher ? ».
3. Twitter et Facebook sont des marques, a rappelé le CSA (oubliant au passage les autres enseignes de réseaux et forums) : il ne faut pas leur faire de la publicité. À la place, le Conseil suggère d'utiliser le terme générique « réseaux sociaux ». Cette décision concerne surtout les pages Facebook et les comptes Twitter des médias eux-mêmes sur lesquels ces derniers invitent souvent les auditeurs et téléspectateurs à les rejoindre : www.france-info.com/chroniques-nouveau-monde-2011-06-01-twitter-et-facebook-boutes-hors-du-paf-quelles-consequences-540460-81-109.html.

Enrichissement ou perte de sens ?

Question de volume. L'internaute a accès à **un flux ininterrompu** d'informations, d'opinions, de questions-réponses, mélangé à des millions de simples messages phatiques (« *téou ? ...chui là* »). Sur Twitter se mélangent révolution en cours, fait-divers croustillants, propagande politique, narcissisme mégalomane, et babil... Sur Facebook s'affichent à la fois des publicités de marques, des exhibitions de valorisation personnelle, des CV, des gags et des escroqueries sous de faux noms. Même sur les réseaux les plus informatifs, **la noria des *news* évoque la roue d'un hamster**, une *brève* sans analyse chassant l'autre avant de faire sens, en une sorte d'hystérie médiatique, de sacralisation du *direct live* où rien ne se dit, où l'on remplit les trous parfois par des non-sens.

Le défi de la virtu-réalité : un nouveau rapport à la vérité[1]

Les *web evangelists* font l'apologie de cette ***réalité augmentée*** que permet la technologie numérique : on peut lire un journal et, simplement en photographiant avec son *smartphone* un code-barre sous l'article, plonger dans un diaporama ou une vidéo, au cœur de l'événement.

Mais cette surinformation apporte-t-elle plus de compréhension, plus de liberté de pensée, une clarification ou plus de confusion entre la réalité et ce **nouveau monde *virtu-réel*** ?

La notion même du *vrai*, de l'objectivité, les critères de réalité d'un événement lorsque, dans un reportage se mêleront *réalité et réalité augmentée, doit être repensée.* Lorsque, dans un débat, les divers témoins n'auront pas vu la même *augmentation*, chacun sera enfermé dans sa vision du réel. Mais qui lui aura fourni ce supplément de réalité ? Qui aura remis en scène et investi de sens un objet, un environnement, une personne même ? Le consommateur de ce réel enrichi aura-t-il même eu le choix ?

Internet : l'idéal des médias ?

- Ce n'est plus une information venue d'en haut énoncée par des professionnels s'exprimant sur tous les supports... mais le reflet et le haut-parleur de toutes les vies locales, de tous les îlots, comme autant **d'expériences à partager** ;
- ce n'est plus uniquement la parole d'experts... mais aussi le témoignage de gens comme moi, **mes *alter ego*** ;
- ce n'est plus seulement le point de vue global géosatellitaire... mais aussi le monde **vécu *en live* par des témoins** qui filment, enregistrent, téléphonent pour témoigner, sorte de tableau de bord des événements. La somme et la structuration en temps réel de leurs témoignages devient une information

1. Voir le rapport 2010 de Netexplorateur : www.netexplorateur.org/netexploratrend/etude.

unique et de très grande valeur aux yeux de tous pour observer les crises humanitaires ou les révolutions : *Ushaidi* est une plateforme d'ONG sur internet dédiée à ce nouveau journalisme de crise, dont les informateurs sont les citoyens au cœur de l'action[1] ;

- ce ne sont plus des points de vue extérieurs et normatifs… mais au contraire des **subjectivités assumées** qui ressentent les événements, les vivent en voisin.

Internet effraie les politiques

Ils ont tous leur *page Facebook* et *leur fil Tweeter,* en espérant multiplier les *followers*… Mais les dirigeants politiques comme les patrons et hauts fonctionnaires s'effraient de cette anarchie du débat ouvert à tous les droits de parole.

La preuve en est (juillet 2011) le projet de décret du gouvernement Sarkozy-Fillon, qui permettrait à plusieurs ministères, dont l'Intérieur ou la Justice, de pouvoir exiger des mesures de blocage à l'encontre des FAI dans toute une série d'hypothèses, comme l'atteinte à l'ordre public, à la santé publique, à la protection des mineurs ou à la protection des consommateurs, sans jamais passer par un juge… Le Conseil national du numérique, qui réunit des professionnels de l'économie numérique, créé par Nicolas Sarkozy pour donner son avis sur tout ce qui a trait au net, a fustigé ce projet aux motifs, notamment qu'il met donc en place « un système de filtrage préventif illicite »[2]. Le projet a suscité un tollé sur des dizaines de blogs et web-médias et, contre cette « censure » anticipée, un appel à pétition… sur le net (est-ce une atteinte à l'État qui méritera blocage ?)[3].

Autre preuve tendancielle apportée aussi en août 2011 : l'intention affirmée du Premier ministre britannique de couper les réseaux sociaux en cas de troubles sociaux.

À LA CROISÉE DES CHEMINS

GUERRE DE CIVILISATIONS

Enjeux de survie

L'écriture (au rythme de l'alphabétisation) a affaibli la culture orale ; la radio et la télévision ont pris la place des conteurs des veillées au coin du feu. Les médias classiques vont-ils survivre à internet ?

1. *Idem.*
2. www.pcinpact.com/actu/news/64189-cnn-avis-projet-decret-lcen.htm.
3. www.avaaz.org/fr/france_sauvons_internet/96.php].

La fin annoncée des grands émetteurs

La société française est en crise de confiance envers tous les *discoureurs*.

La remise en cause de toutes les institutions n'a épargné ni le personnel politique, ni les médias. Cette contestation des élites se fait jour dans une *société de défiance* où l'on **accuse volontiers les médias de trop grande proximité, voire de collusion avec le pouvoir : la *sphère oligarco-politique*.** La digue déontologique des journalistes est perçue comme rompue. Les journalistes partageraient-ils les valeurs et les modes de vie des gens dont ils sont censés rendre compte selon le principe de l'objectivité et de la vérité ? Cette critique, souvent énoncée quand il s'agit des rapports entre les politiques et les journalistes, a tout autant de contenu si l'on pense à la presse économique. Certains médias n'appartiennent-ils pas à des groupes économiques, *Le Figaro* et Dassault, *Les Échos* et Arnaud, TF1 et Bouygues, pour ne citer que les plus connus) ?

Le bilan de décrédibilisation est sévère. Nous l'avons déjà noté dans le chapitre sur la « France cabossée » :

- 85,6 % des Français jugent « les politiciens égoïstes et ne pensant qu'à leur carrière » ;
- 78 % considèrent que « les médias nous mentent et nous manipulent de plus en plus » ;
- 57,9 % ne font « pas confiance aux journalistes » (CCA).

Les médias classiques sont menacés

Le net a tout bouleversé : sa concurrence est non seulement quantitative mais aussi qualitative : il propose une nouvelle culture de l'information, du savoir et des influences :

- **une première menace est qualitative : question de ringardisation**. Un média paraît aujourd'hui aux jeunes complètement démodé s'il ne permet pas à son audience de s'exprimer, de questionner et polémiquer, de coproduire les contenus ; de même si l'on ne joue pas la carte de relais du flux continu des *tweetts*. C'est pourquoi la radio, qui joue de ces atouts, résiste à l'attractivité du net ;
- **une seconde menace est culturelle : question de légitimité.** Le monde des médias a d'abord cru que l'information, la fonction encyclopédique et le *coaching* pratique seraient *démonétisés* sur le net qui, au regard de journalistes professionnels, est loin de respecter les règles élémentaires de fabrication d'informations crédibles et vérifiables.

Mais la sincère spontanéité psychologique et la complicité communautaire ressenties sur le web engendrent une crédibilité émotionnelle qui transcende ces critiques rationnelles. Résultat : 63 % des Français jugent l'information fiable et crédible sur internet (CCA).

Alternatives

Notre société ne reviendra pas à une moindre diversité des médias... bien au contraire car l'internet est en lui-même une galaxie de micromédias. Dans cette diversité, deux grandes orientations se proposent cependant comme axes de développement de nouveaux styles d'information, de savoirs et d'échanges.

Vers les supports enrichis ?

Une des applications les plus intéressantes pour les années prochaines est **la réalité augmentée**, une technologie qui permet de superposer à la vision réelle des couches d'informations, d'illustrations, de repères géolocalisés : un supplément de savoirs. Les progrès techniques à court terme vont fusionner ces deux visions en une unique *virtu-réalité* :

- n'importe quel média classique peut s'enrichir de *réalité augmentée* : une image statique de quotidien peut ouvrir la porte à un vidéo-clip ;
- **n'importe quel objet** peut aussi devenir un support d'information : un pare-brise de voiture, une vitrine de magasin, un mur, une table[1] : le web des objets devient un média diffus, omniprésent, un *spray world* auto-explicatif.

Vers des médias diététiques ?

Déjà les internautes les plus réguliers souffrent d'*infobésité* : incapables de renoncer aux opportunités de la toile, ils s'ouvrent à tous les flux entrants, de toutes natures ; à quoi s'ajoutent les messages *pushed*, non sollicités, du *catch marketing*[2]. Matériellement, il ne devient plus possible de consulter tout ce que l'on reçoit, sans parler de ce qui est disponible : l'indigestion guette, la désorientation naît de ce chaos informatif. La richesse du fleuve web devient un torrent non navigable.

Cette saturation, le flou des sources et des expertises, la cacophonie des polémiques pourraient bien engendrer **des réactions de défense, à travers des médias mieux maîtrisés.**

Vers des médias ralentis ?

Ainsi renaît timidement de nouveaux médias pour **redonner une épaisseur à l'information** par le travail d'écriture, la réflexion de mise en perspective et surtout par un traitement dans l'imprégnation progressive plutôt que l'urgence hystérique, par exemple :

- la revue *XXI*[e], « l'information grand format », apparaît, en pleine crise de l'écrit, comme un journalisme de récit qui propose des enquêtes fouillées, des

1. Exemple : l'application Stikybits, analysée par netexplorateur (www.stickybits.com).
2. Voir le rapport 2010 de Netexplorateur : www.netexplorateur.org/netexploratrend/etude.

reportages en photos et BD, des romanciers chevronnés qui racontent le réel : il faut du temps pour produire et du temps pour lire ce trimestriel, selon un autre tempo d'information et de pensée. C'est un autre modèle économique aussi : sans publicité, vendu en librairie à 35 000 exemplaires en moyenne, pour 15 € ;

- la revue 6 *mois*, éditée par la même équipe, relance le photojournalisme qui prend son temps et entend bien « casser le regard occidental sur le monde, s'ouvrir à tous les regards » par le truchement de récits longs, avec quelque 800 photos sur 350 pages.

Ces deux revues seraient-elles l'avant-garde d'une nouvelle presse écrite, désengagée des urgences et des scoops ?

Vers les kin-médias ?

D'ores et déjà sur le net se proposent des médias filtres *online* qui offrent à l'internaute individuel une sélection de contenus, personnalisée selon ses critères :

- au premier degré, c'est **une sélection de sources** : l'application *Pulse* (disponible sur *smartphones* et *pads*) affiche les sommaires d'une liste de journaux, de magazines ou de sites informatifs, liste librement sélectionnée et organisée par la personne-audience ;
- plus élaborée est **une sélection de thèmes** : l'application *DataSift* filtre les flux du web pour n'en retenir que les centres d'intérêt déclarés par chaque internaute client. *Flipboard*[1] compose un magazine *online* par double filtrage : les centres d'intérêt du client, tels qu'ils sont vus et discutés par les membres de ses communautés sur les réseaux sociaux. De même le site *PaperLi* met en pages, sous forme d'un magazine quotidien, les flux Twitter auxquels est abonné son utilisateur[2] ;
- cette sélection peut aussi être induite par le logiciel lui-même qui surveille les requêtes, les navigations de l'internaute et en déduit un profil de centres d'intérêt : l'individu-audience se trouve alors réduit à l'état de bébé à qui une maman avisée propose (impose) les repas qu'il est censé aimer, selon elle. Ainsi le site *My 6th Sens*[3].

Un renversement de pouvoirs

Mais plus encore, avec ce *kin média,* un renversement des pouvoirs se profile. Si chacun acquiert le droit et les moyens faciles d'agir en producteur-éditeur, ou d'intervenir en *co-auteur*, ou au minimum en sélectionneur-metteur en pages, alors c'est toute la pyramide du pouvoir de l'information, de la validation des messages, qu'il faut repenser.

---

1. datasift.net/ : analysé par netexplorateur dans son rapport d'étude 2011.
2. paper.li/ : analysé par netexplorateur dans son rapport 2011.
3. www.my6sense.com/website/a/MainPage : analysé par netexplorateur dans son rapport d'étude 2011.

Vers des self-médias ?

Plus loin que ces *kin medias*, on peut envisager une floraison de médias artisanaux, d'initiatives privées ou micro-associatives, aux dimensions d'un quartier, d'une communauté, d'un réseau amical ou d'une famille.

Internet en offre déjà l'opportunité : qu'est-ce qu'un groupe d'*e.amis* sur Facebook, un *fanzine* ou un *blog*, sinon un self-média ? À l'inverse, une réaction anti-numérique pourrait aussi se faire jour, en faveur de supports à l'ancienne (papier imprimé, films amateurs de style volontairement artisanal), comme la culture bio redécouvre le charme des variétés anciennes de légumes tout cabossés, « naturels ».

TRANCHES DE VIE MÉDIATIQUE 2020

TRANCHE DE VIE 2020

Voyage en réalité augmentée

Denise a décidé de partir en Mongolie extérieure par un vol direct pour Oulan-Bator. À bord, elle a téléchargé le programme géopolitique du quotidien Le Nouveau Monde correspondant à la région, ainsi que le programme culturel et touristique de Géodésirs Magazine. À peine débarquée, elle a chaussé ses lunettes de réalité augmentée AR Walker.8 : elle n'est jamais plus seule ni perdue.

Sur le verre de ses larges lunettes, elle lit son environnement comme s'il elle avait toujours vécu là. Superposés à sa vision naturelle, tout ce dont elle a besoin apparaît : le plan de la ville, les hôtels et restaurants, l'histoire des monuments, les commerces, tout y est, même le message laissé sur un mur de l'aéroport par un pote, elle savait où le trouver. Plus besoin de se balader une carte et un guide à la main : elle est informée, guidée, conseillée par ce média impalpable, immatériel, qui enrichit directement son regard. Elle se sent extralucide, elle voit au-delà des apparences, un monde remodelé selon ses besoins ou envies.

Bien sûr, la plupart des programmes disponibles sont de nature commerciale : les programmes gratuits de réalité augmentée touristique vous conduisent toujours dans les mêmes boutiques et restaurants qui ont payé pour cette pub. Exaspérant ! Mais elle a réussi à tout reparamétrer selon ses goûts, en payant pour un programme sans publicité.

Au bout du monde, ou presque, Denise reste en contact avec la France. Elle a programmé les alertes de tous ses journaux et émissions favoris, et le fil des news, tout comme le défilé de mode de Jean-Paul Gaultier qu'elle adore, se superposent de temps en temps, à sa découverte d'Oulan-Bator.

L'année prochaine, c'est sûr, elle fera le Pérou et le personnage qu'elle choisira pour la guider sur ses lunettes AR sera Jiminy Cricket.

Tranche de vie 2020

Et si l'on réfléchissait un peu ?

Alissa a pris une décision radicale, il y a six mois déjà, après une grosse indigestion de RSS. C'était après ce chapelet de révoltes et révolutions qui enflammait les rives sud de la méditerranée, dix ans après « le grand échec sanglant »... Passionnante, cette cyber-révolution où Facebook semblait de nouveau orchestrer les manifestations, et Twitter le seul photojournaliste aux premières loges des répressions !

Alissa est restée collée à son écran pendant des jours et des nuits ; et quand elle devait sortir, elle restait connectée sur son smartphone. Elle était droguée, incapable de se détacher du flot d'informations ; elle zappait d'un réseau à l'autre, paramétrait des alertes pour ne rien rater ; elle s'était inscrite comme follower de dizaines de comptes Twitter... « Une vraie somnambule », lui a dit son arrière-grand-mère : « J'étais comme toi, collée à mon transistor de campagne, en Mai 68 » (mais Alissa était trop obsédée pour demander de quoi il s'agissait).

Un jour elle s'est réveillée avec la gueule de bois : certaines révoltes avaient réussi, d'autres étaient noyées dans le sang, d'autres encore viraient à l'anarchie... Elle s'est aperçu qu'elle avait tout vu, tout suivi en temps réel, qu'elle s'était gavée jusqu'à l'indigestion, presque l'overdose, mais qu'elle n'avait rien compris. Elle avait vibré et vécu ces évènements, mais sans les analyser.

Alors Alissa a décidé de laisser tomber les flux tendus de news et de rumeurs online. Internet, elle aime bien, mais elle s'en sert maintenant comme d'un outil, pas d'un média.

Elle ne lit plus de quotidien, n'écoute ni France Info ni BFM TV en continu, elle s'est désintoxiquée de Twitter. En échange, elle s'est abonnée à Tempo Perspectives, un mensuel imprimé sur beau papier, qui traite quatre sujets par numéro, pas plus, mais à fond, avec analyses, débats contradictoires, reportages photos, témoignages. Après l'avoir lu et relu, elle va sur leur web-forum pour continuer le débat.

« Je ne suis plus une oie qu'on gave, je choisis les graines et je prends le temps de les mâcher », a dit Alissa à son aïeule... « Et, à propos, c'était quoi ton histoire de 68 ? ».

Tranche de vie 2020

L'audience mystère

« Appelez-moi Vlad »... Il se définit comme « un internaute extrême : extrêmement connecté mais extrêmement méfiant ». Il dit avoir six pseudos et de multiples avatars, tous différents selon les réseaux sociaux et les sites qu'il fréquente.

Car Vlad refuse d'être tracké ou fiché, mais il veut exploiter à fond toutes les possibilités du net. Sous le nom de CoolGeek21, il est abonné à Techno Clash, un observatoire d'innovations hi-tech. Sous l'avatar d'un tchat nommé Tartuffe, il se connecte à Contest2.0, un site d'activistes d'altermondialistes. Il s'appelle JustDoNot pour accéder à un flux de news économiques, pour son travail, dit-il. Etc. Car il ne dit pas tout, méfiant. Un point commun à toutes ces connexions soigneusement choisies : Vlad a pris le temps de paramétrer exactement ce qu'il veut recevoir comme contenu, à quel rythme, à quelle heure et sous quelle forme. « Pas question de me laisser noyer par du story telling ou du bullshit ! » : On peut traduire qu'il refuse de biberonner n'importe quoi sur la toile.

Pour expliquer, il montre un tableau de paramétrage sur WorldEyelight, une plate-forme d'infos mondiales qui compile une foule de médias sur la planète : il a d'abord coché les rubriques correspondant à ses centres d'intérêt (économie et finances, sports, santé/vitalité et fitness...) et décliqué tout le reste ; ensuite, il a défini la longueur acceptable des articles (il les exige courts), leur ancienneté (rien de plus de cinq jours), leurs sources et leur degré de redondance (Vlad exige une double source pour crédibiliser l'info), le degré d'illustration (il n'est pas très visuel, refuse les clichés sensationnalistes)... « C'est un journal qui me ressemble, c'est tout. »

Pour réduire encore le champ des informations entrantes, ce pro de l'internet s'est inscrit (sous un pseudo bien sûr) à MyMedias.eu : c'est un journal quotidien, exclusivement composé à partir de ce que disent les e.amis de Vlad sur ses réseaux sociaux, à propos des sujets de ses centres d'intérêt.

Mais quand on a lui demandé s'il n'avait pas l'impression de se regarder dans un miroir, au lieu de regarder le monde, il l'a plutôt mal pris. Fin d'interview.

Tranche de vie 2020

Self-médias cuisiné maison

Roro en a marre depuis longtemps de cette eau tiède et des copiés-collés que nous servent la télé, les radios, les magazines ; et tout ça pour nous gaver de pub ! Il a longtemps rêvé d'un ton plus engagé, de nouvelles qui le concernent vraiment, de libres écrits politiques et littéraires, d'une vision acide de l'actualité, de photos inspirées qui rendent le proche exotique, bref un journal plein de sincérité... et gratuit, généreux, cadeau.

Alors, avec quelques amis, ils ont fondé une feuille de chou dont le territoire d'influence se définit par l'ensemble des lieux fréquentés par l'équipe de rédaction dans l'arrondissement de leur ville : tout a commencé dans le XXIe arrondissement de Paris. Voilà Roro patron de presse : rédac-chef, écrivailleur, photographe, metteur en page et quelquefois livreur ! On l'appelle « mon prince ». Mais avec la satisfaction de produire un média alter-localiste, satirique, indépendant gratuit et sans publicité : Le Vantard.

Rétro mais hi-tech : vive l'informatique ! Ce journal à l'ancienne se compose sur écran, grâce à des logiciels up to date. Selon la générosité de gentils donateurs et de sponsors bistrotiers, ce petit canard microcosmique compte parfois autant de pages que l'autre Canard, l'Enchaîné.

Grâce au relais des réseaux sociaux (merci internet !) Le Vantard a fait des petits : il est imprimé et distribué dans chaque arrondissement, de Paris, Lille et Marseille, même de facétieux Bruxellois semblent être intéressés. Ce qui semble avoir plu, c'est cette possibilité avec très peu de moyens de lancer des journaux en regroupant les talents locaux, en herbe ou confirmés, au service d'une vie locale intensifiée par des regards originaux et proches à la fois.

Et cet arrière-arrière-petit-fils de Gutenberg ne veut pas tuer le numérique : tout le monde est bienvenu sur le blog du Vantard pour discuter du contenu passé et du prochain sommaire.

Cerise sur la gâteau : des « informations sensibles » commencent à arriver... Le sous-site Vantard-Leaks est en construction.

« Tout le monde peut le faire ! », c'est écrit juste sous le titre du Vantard.

VOX POPULI

PLACE AUX WIKIMÉDIAS

Les pistes d'évolution des médias sont multiples : il y en aura pour tous les profils d'audience, dont la diversité typologique ne se démentira pas. Mais l'observatoire du CCA détecte cependant quelques axes tendanciels qui marqueront la prochaine période.

Le web est dans les mœurs

Comme exposé dans le chapitre 1, « La France cabossée », l'internet ne fait plus peur, même aux ruraux, même aux seniors. Il est entré dans les mœurs. Pendant quelques années encore, les générations de plus de quarante ans vivront une double culture médiatique, mais les plus jeunes sont tombés tout petits dans la marmite et sont *addicts* à cette potion magique.

Le net est déjà *leader* des médias dans tous les domaines, y compris l'information crédible (CCA). On ne reviendra pas de sitôt en arrière... du moins tant que l'on n'aura pas pris conscience des possibilités de *tracking* et *profiling* de cette connexion, de son indiscrétion par rapport aux données privées[1].

Une redistribution des fonctions médias

Il résulte de cette accoutumance une mutation des besoins des audiences. Le contre-pouvoir du net, qui faisait partie de son ADN natif, libertaire et égalitaire, sert de révélateur à une évolution des besoins envers les médias :

- **plusieurs sources** d'informations ;
- **proximité :** des informations qui me concernent, produites par des alter-égo ;
- **distanciation** par la réflexion ;
- documentation, des enquêtes argumentées, de véritables **investigations** ;
- **sélecteur,** centralisateur et ordonnateur de toutes mes sources d'information ;

1. Voir le rapport 2011 de netexplorateur : www.netexplorateur.org/netexploratrend/etude.

- régulation interactive par des **forums** répondant au besoin d'expression libre, de **contribuer** en tant que témoin privilégié ou journaliste citoyen ;
- **évasion,** légèreté, futilité ;
- **impertinence**, au contraire des médias donneurs de leçons ou coagulés dans une idéologie.

Une dynamique « web.ego[1] »

- L'*egomédia* est centré au maximum sur la personnalité de son audience réduite à l'individu, qui se sait écouté et reconnu, considéré comme unique puisqu'il se retrouve lui-même dans un contenu médiatique en miroir. Il peut **jouer au rédacteur en chef,** sélectionner les sources et l'offre, l'organiser selon ses désirs, l'enrichir de données des réseaux sociaux puisées sur les pages de ses amis, interagir en temps réel en interrompant et en reprenant un programme en direct selon ses désirs ;
- l'*egomédia* met à la disposition de chaque *Narcisse* un territoire personnel, une base individuelle de données, **une scène où s'exprimer**. Il s'oppose au support de masse de simple exposition et contact indifférenciés. Ces plateformes informatives *online* peuvent traiter beaucoup de gens mais chacun personnellement, en recherchant la satisfaction de chaque individu-audience ;
- l'*egomédia* ne prétend pas développer une forte personnalité éditoriale, ni stylistique, mais au contraire développer une **fonction d'écho** qui renvoie à son consommateur le reflet fidèle de ses centres d'intérêt, de ses valeurs, de ses *a priori* et préjugés, de sa hiérarchie de motivations correspondant à celles des amis qu'il aura choisis comme sources d'informations.

Ce scénario n'est pas sans risque : en le poussant à l'extrême, il promet un monde où chaque personne, pour mieux échapper aux agressions extérieures, s'enferme dans un autisme, dans un comportement de rumination de ses propres certitudes, seul face à son reflet dans le média-miroir ; un monde sans stimulation, sans désir, sans provocation, sans choc des contraires, sans remise en cause.

L'AVENIR DES MÉDIAS EST-IL UNE QUESTION POLITIQUE ?

- **Non**, si l'on considère l'univers des médias comme un marché qui évoluera spontanément.
- **Non**, si l'on craint d'apparaître despote, car les pouvoirs sont toujours malvenus à vouloir formater les supports d'information et de culture.
- Mais **oui**, car la survie de la presse, des radios et télévisions est une question sociopolitique majeure qui a à voir avec la démocratie.

1. Voir le rapport 2011 de Netexplorateur : www.netexplorateur.org/netexploratrend/etude.

- **Oui** aussi car la liberté absolue de l'internet confine à l'anarchie d'une zone de non-droit, avec de multiples possibilités de manipulation de l'opinion, de tracking numérique des individus…
- **Oui** enfin car une guerre est déclarée entre le web et les médias classiques : un État peut-il laisser se dérouler cette guerre sans intervenir ?

Les politiques sont rarement les bienvenus dans la régulation de l'univers des médias, sauf pour subventionner. On les soupçonne trop facilement de vouloir asservir les médias. Mais les médias, tous, façonnent les mentalités, diffusent les idées et les modes, mettent en scène des modèles exemplaires : ils contribuent à modeler une civilisation. **Et cela est profondément politique.**

De la théorie à la pratique

Questions

Questions économiques

- Faut-il défendre les médias classiques (télévisions, radios, presse écrite, cinéma, affichage) contre la concurrence d'internet ? Même les médias privés ou seulement les medias de service public ?
- Faut-il que l'État subventionne leur survie, en les détaxant ? et pourquoi ?
- Faut-il taxer la diffusion de l'internet à travers les fournisseurs d'accès (FAI) pour subventionner les médias classiques menacés de faillite ?
- Faut-il taxer la publicité sur le net et détaxer la publicité dans les médias classiques pour rééquilibrer la concurrence ?

Questions de contenus

- Faut-il (tenter de) censurer l'accès aux sites internet qui sont en contradiction avec les lois, les coutumes de notre pays (exemples : pornographie, pédophilie, propagande raciste, diffamations et rumeurs, apologie des drogues, appels aux guerres saintes, apologie du terrorisme, atteinte au chef de l'État) ?
- Faut-il censurer des réseaux sociaux lorsqu'ils appellent à des manifestations interdites, comme des apéros géants non autorisés ?
- Faut-il couper les réseaux sociaux en cas d'émeutes, pour éviter que la violence s'organise sur le net ?
- Faut-il interdire ou contrôler sévèrement tout monopole de réalité augmentée dans un environnement, pour imposer que les internautes aient le choix du fournisseur de cette réalité enrichie ?

Questions d'usages

- Faut-il punir les pirates qui téléchargent gratuitement des films, séries télé, livres, musiques ?
- Faut-il traquer et punir les internautes qui usurpent une identité et disent n'importe quoi au nom de cette personne ?

Interactivité

Voulez-vous exprimer votre opinion sur ce thème, sur les évolutions passées, sur les scénarios alternatifs et sur la tendance sociale ?

Nous vous donnons rendez-vous sur notre site internet où vous pourrez voter et comparer votre opinion à celle d'autres lecteurs. Connectez-vous à : http://www.agorascope.com/sesame/12media

Chapitre 13

Démondialisation ?

De la planète au village

Héritage

L'utopie de progrès par la mondialisation

La globalisation envahit tous les mondes, politique, culturel et économique. Certains y adhèrent pour une fraternité métissée universelle, d'autres pour une nouvelle forme d'influence postcoloniale, d'autres encore pour constituer des blocs forts en prévision d'affrontements continentaux à venir. D'autres se braquent contre elle, en arguant de l'identité qui se dilue, de la cohésion sociale qui s'évanouit aux profits des intérêts quasi claniques, de la puissance industrielle qui quitte la France pour s'installer ailleurs et ainsi augmente la perte d'emploi[1].

La globalisation imposée

La mondialisation économique

Son grand marché planétaire échappe aux lois nationales pour s'épanouir sur le mode ultralibéral, incarné dans les *world companies.*

Des gouvernements socialistes ont tenté de s'y opposer, au moins de la freiner, mais ont dû se soumettre à l'oukase du gigantisme économique. Tout État est en rapport de force défavorable avec les mégafirmes mondiales, les fonds de pension, les agences de notation, les grands financiers. Depuis 2008 (chute de Lehman Brothers) un combat est en train de s'instaurer entre les financiers mondiaux et les États.

1. La démondialisation est aussi abordée dans les chapitres 1 « La France cabossée » et 10, « World Company, et après ? ».

La social-démocratie s'est résignée à ne plus diriger l'économie, faute de pouvoir le faire, mais essaie de limiter la casse et réparer les dommages collatéraux de l'ultralibéralisme mondialisé.

La politique de droite, plus favorable au libéralisme, est sur un terrain ambigu : **laisser décider les lois du marché ou garder un droit de regard,** une influence sur des secteurs sensibles, par une présence au capital et au conseil d'administration d'entreprises stratégiques ? La droite est en train de se reconstruire sur cette question, car elle comprend que le *libéralisme ultra*, lorsqu'il génère plus de dégâts que de richesses ou que celles-ci ne profitent qu'à certains, lui fait perdre des électeurs.

Mais gauche comme droite pensent à l'identique. La France doit trouver de nouvelles ressources de développement qui ne peuvent être la seule continuité des activités d'un siècle passé, le XXe : l'agriculture, l'industrie.

Mais est-ce si sûr ? Les microproductions de proximité locale, à forte identité et sur mesure, sont des demandes de nouveaux styles de consommation : **une micro-économie relocalisée** pourrait bien être une des formes de la nouvelle modernité du XXIe siècle, complémentaire aux innovations technologiques, délocalisée des *world companies* de l'économie mondialisée.

La mondialisation culturelle

Fille de la mondialisation économique, **elle vise la standardisation des modes de vie.** Une *world culture* nous baigne de façon presque insensible. Nous sommes accoutumés à consommer au quotidien les productions hollywoodiennes : on adopte des styles mais aussi des modèles de héros des jeux vidéo et mangas, de stars des *music awards*. On pense sous perfusion des codes sociaux des séries, *reality shows* et jeux télévisés américains ou japonais. Les spécificités et les identités culturelles microlocales sont en ballottage défavorable face à cette civilisation planétaire. Non seulement les créations culturelles, mais aussi les programmes télévisuels, les produits de consommation et leurs publicités véhiculent des codes vestimentaires, corporels et un langage, mais surtout une vision du monde et de la société, une philosophie du bonheur, une morale des relations humaines, un imaginaire de héros et démons…

Quiconque reçoit les chaînes de télévision par satellite, utilise des consoles de jeux et surtout surfe sur l'internet subit ces influences.

C'est la forme de mondialisation facilement digestible, distractive et ludique, mais peut-être la plus décisive pour savoir si, dans vingt ans, nos enfants vivront une civilisation planétaire monolithique standardisée ou dans un monde mosaïque encore multiculturel.

Les pays émergents puissants voudront-ils perpétuer l'attractivité d'une civilisation mondialisée d'inspiration états-unienne ou voudront-ils faire contrepoids, peut-être se mettre en compétition contre cette culture industrialisée ? À titre d'exemple, le cinéma exprime des cultures qui se distinguent de la doxa hollywodienne. D'Iran, de Turquie, de Palestine, le cinéma affiche la diversité des identités culturelles contemporaines. Et, bien sûr, il est presque toujours un cinéma de combat contre l'ordre en place.

La mondialisation politique : un objectif inverse de régulation

Les organisations internationales, malgré toutes les critiques et quelques grands échecs, sont des facteurs de pacification après des guerres mondiales destructrices comme jamais dans l'histoire. La vraie victoire de la construction européenne, malgré toutes ses carences, est de nous avoir épargné toute guerre entre ses membres depuis soixante ans ; mais les moins de cinquante ans en ont-ils seulement conscience[1] ?

La mondialisation politique existe-t-elle vraiment, hors de brefs épisodes opportunistes ? À la vérité, un parapluie supranational ne s'ouvre que lorsque quelques grandes puissances occidentales y trouvent leur intérêt en se réclamant d'une mission. L'intérêt est le pétrole ; la mission, les droits de l'homme :

- il est des moments de crises aigües où la communauté internationale construit en urgence des blocs d'alliances : guerre d'Irak, intervention en Lybie, krach financier, sauvetage de la Grèce, de l'Irlande, du Portugal… Les G8 et G20 sont nés de la nécessité pour les États de se coordonner ;
- mais sur les crises permanentes, comme le conflit israélo-palestinien, ou chroniques, comme les risques d'attentats, cette communauté internationale se délite vite. Toutes les élections nationales ne se font que sur des clivages domestiques et des questions locales, et plus qu'ailleurs, chez les (encore) maîtres du monde, les États-Unis.

La mondialisation contestée

Un sentiment de dépendance

- **Ce sentiment résulte de la mondialisation** car elle touche à la **richesse collective**… mais celle qui importe aux électeurs français se traduit en emplois et en pouvoir d'achat ;
- on touche à **l'autonomie nationale**… mais celle qui touche les citoyens se concrétise en capacité de défense contre la sauvagerie de la concurrence extérieure ;
- on touche au **progrès**… mais s'il ne se traduit pas en bonheur, confort ou, au moins en sécurité pour chacun, il ne sera que frustration.

---

1. Voir chapitre 1 : « La France cabossée ».

L'internationalisation politique est plus contestée

Un mouvement contradictoire fait comprendre d'un côté les bienfaits de l'entente et de l'autre des exigences d'autonomie régionale (la Flandre et la Wallonie ; l'Écosse et le reste de la Grande-Bretagne, le pays Basque, etc.). Beaucoup de Français sont partagés entre ses bienfaits, la paix et ses méfaits la diminution d'indépendance.

Déjà, l'hypothèse d'une sortie de l'euro est sur la table des débats pré-électoraux. Sur ce sujet, gauche et droite ne sont pas les marqueurs de différence.

La globalisation économique est le diable

Elle devient le mal absolu mais sans véritable scénario alternatif. **Ce dogme de la globalisation uniformisatrice est de moins en moins attractif pour les populations, influencées par une tendance réactionnaire, celle due au retour des clans**[1]. L'Observatoire du CCA a souligné, il y a quinze ans déjà, ce courant mondial qui transcende pays, civilisations et religions, régimes politiques et niveaux de développement. Le réflexe sociologique majoritaire s'est inversé aussi chez les Français : les mégastructures, gigafirmes, organisations supranationales ne sont jamais mobilisatrices ; au mieux laissent-elles indifférents, ignorées ; au pire elles sont haïes comme des autorités étrangères.

L'uniformisation culturelle est la moins rejetée

Elle se paye d'une déconstruction des identités, qui elle-même génère en retour une résurgence des fondamentalismes divers, des nationalismes et régionalismes étriqués et un refus des institutions supranationales.

Recentrage sur la niche : la dynamique sociologique majoritaire pointe résolument vers un objectif de recentrage défensif.

Haro sur la mondialisation

La caverne d'Ali Baba touristique

Les cuisines et décorations exotiques donnent une image positive du vaste monde, car le consommateur se sent maître des influences extérieures qu'il accepte dans sa vie. La découverte du *tandoori*, du *sushi*, le plaisir de manger des fraises sud-africaines et du raisin chilien à noël, en offrant des jouets discountés fabriqués en Chine ne fait pas de doute. Ce fut pour la génération

1. Voir *Le Retour des clans*, sous la direction de Bernard Cathelat, collection Foreseen de tendances prospectives sociales, Denoël 1998.

des *baby-boomers* un émerveillement du bon génie mondialiste ; c'est pour leurs enfants une évidence, un acquis, une habitude.

Les Français sont encore attachés à ces facilités du supermarché mondial. Pourtant, ils commencent à mettre en parallèle ces plaisirs et leur coût social en termes d'emplois pour la collectivité française, la misère pour des secteurs entiers (l'agriculture), la disparition de pans entiers de notre industrie (textile, jouets, chaussures…).

La prise de conscience

Le coût social de cette organisation mondiale du commerce – délocalisations, fermeture d'usines, disparition de secteurs entiers de production – a mis des décennies à atteindre la conscience des Français, mais maintenant elle est répandue.

Les économistes et politiques évangélistes de la globalisation promettaient des bénéfices du marché mondial supérieurs aux inconvénients : la délocalisation des emplois pénibles, mal payés et sous-qualifiés serait compensée par la création de métiers tertiaires *hi-tech*, de la matière grise aux mains blanches. On n'aurait même plus besoin de mains, uniquement de cerveaux. Pas un gouvernement, de gauche ou de droite, n'a dévié de ce discours, comme s'il n'y avait pas d'autres solutions. Peut-être peut-on rendre un hommage posthume à une personnalité, Philippe Seguin, qui défendit la valeur des *petits emplois* avec un succès peu manifeste.

Le rejet

Aujourd'hui, la mondialisation économique et financière est honnie **par 70 à 80 % des Français** : 75 % la rendent directement responsable de la crise ; 70 % refusent ses lois ultralibérales, car elle est perçue comme destructrice d'emplois (81 %), dangereuse pour notre économie (72 %) et même mauvaise pour la consommation (prix cassés mais mauvaise qualité, 63 %). Les plus modestes se sentent déjà victimes économiques des lois de cette jungle ; les milieux plus privilégiés craignent, de plus, une disparition de la diversité culturelle par standardisation[1].

Le retrait

Déconnexion d'un monde poudrière

La politique internationale n'est pas motivante pour une partie importante de la population ; surtout depuis que la France est redevenue un pays moyen après les décolonisations. Les Français sont en passe de rejoindre les Américains dans

1. Source : CCA.

la méconnaissance du monde et le désintérêt pour ses turbulences. Il faut dire que la planète apparaît, au journal télévisé, comme un sac de grenades dégoupillées : « **Mieux vaut ne pas s'en mêler** » est le sentiment le plus répandu.

La grande ouverture d'esprit au monde extérieur, typique de la décennie 1970, semble bien loin. Des exceptions apparaissent cependant comme, en mars 2011, le soutien de 71 % des Français à l'intervention militaire en Lybie... sous conditions qu'elle ne dure pas plus d'un mois (58 %) et qu'on se dégage en cas d'attentat antifrançais (60 %)[1].

L'opinion, majoritairement, oublie le monde extérieur tant que les médias ne lui servent pas de drame humain émouvant.

Déconnexion d'une Europe parasite

- **La construction européenne a raté le coche sociologique** dans ces mêmes années 1970, lorsque la jeunesse vibrait d'ouverture d'esprit internationale, de fraternité universelle plutôt que de nationalisme égocentré. La construction d'une Europe politique fédérale était sociologiquement possible jusqu'en 1990, à l'exception notable des Britanniques ;
- par la suite, l'Europe est apparue comme **un carcan réglementaire**, un laminoir d'identités culturelles. Standardiser nos fromages !... Mais qui sont ces bureaucrates sans légitimité démocratique qui prétendent modifier et standardiser nos goûts et nos traditions ?
- puis l'hypothèse même d'une identité socioculturelle européenne s'est dissoute dans les élargissements successifs, non voulus par l'opinion des *vieux pays fondateurs*. Nouveaux européens lointains, mal expliqués et mal compris, interprétés avec des relents xénodéfensifs. Peu de gens sont capables de réciter la liste des pays membres, dont un bon tiers est clairement ressenti comme étranger.
- De plus une majorité de Français a l'impression qu'il faut payer les erreurs et malhonnêtetés de gouvernants irresponsables, *grec* devenant le mot pour dire euro-malhonnête, et *portugais* pour euro-incompétent.

Déconnexion de l'État jacobin

Alors, ne reste-t-il que la France comme centre d'intérêt et de mobilisation ? À peine, car l'État, perçu plus centralisateur que jamais, inspire de plus en plus de méfiance : pour résoudre nos problèmes de vie, 76 % de notre population ne fait plus confiance au gouvernement, à ses technocrates parisiens et ses administrations centralisées ; 75 % se défient des élus nationaux et reportent leurs espoirs sur les élus locaux de proximité (CCA).

1. Sondage Obéa-Infraforces, 4 avril 2011.

Un rejet majoritaire se développe dans la population française envers tout ce qui s'éloigne de la proximité quotidienne du citoyen et de sa tribu de confiance. De la mondialisation supranationale à la centralisation jacobine française, **toute macrostructure sociale est perçue avec scepticisme et démobilisation.** L'Élysée et l'ONU, Bruxelles et le G20 sont mis dans le même sac des technocraties déshumanisées, monde des politiques, des économistes, des *businessmen*, manipulateurs indifférents ou insensibles aux réalités de notre vie.

La tentation du « protect'isolement[1] »

Cette dynamique défensive, craintive et méfiante, explique la progression des thèses isolationnistes dans l'opinion française et dans les discours de certains partis politiques, de l'extrême droite à l'extrême gauche. Démagogie ou avant-garde d'une nouvelle sociopolitique ?

C'est un fait qu'une majorité de nos concitoyens refuse l'économie de jungle mondialisée. Ils se disent tentés « d'imposer le *made in France* et d'interdire les délocalisations » (82 %), de surtaxer les importations (81 %), de limiter drastiquement les travailleurs étrangers (58 %) (Observatoire CCA).

La préférence nationale n'est pas qu'un slogan répétitif du FN, c'est aussi une réalité psychosociologique actuelle. Il serait irréaliste de se le cacher.

Reconstruire à partir des microcosmes

Mais cette préférence doit être interprétée, au moins pour une majorité, dans un sens moins nationaliste et xénophobe qu'on ne l'imagine. **C'est d'abord un rêve d'oasis social à taille humaine où l'on s'organiserait entre voisins partenaires pour mieux vivre, face au chaos général.**

La plus récente enquête du CCA a mesuré l'attractivité des microcosmes humains comme écosystème de survie et modèle de reconstruction en sortie de crise :

- concernant des gens, on choisit d'abord les voisins (54 %) et collègues (48 %), les gens de « ma communauté » (48 %) ;
- concernant des institutionnels, on préfère les élus locaux que les députés ;
- et si c'est une structure, alors pas d'hésitation, c'est une petite entreprise (TPE ou PME), de préférence une mutuelle ou une coopérative, et plus encore les associations et les clubs bénévoles.

---

1. Voir chapitre 11 : « Intégration, assimilation et communautarisme ».

À la croisée des chemins

Ouverture ou repli ?

La question n'est pas nouvelle. Dans les études de *sociostyles de vie* du CCA, depuis plus de quarante ans, cette opposition **entre l'ouverture aventureuse au monde extérieur et le recentrage prudent sur le chez-soi traditionnel est l'axe majeur qui structure le corps social.** Mais l'enjeu est devenu plus dramatique au fil des quinze dernières années, d'une part, avec la crise de la mondialisation économique et, d'autre part, avec le fantasme du *choc des civilisations*.

Tout rendez-vous électoral national rediscute **le rôle de la France** dans ce réseau planétaire d'interdépendances politiques et économiques :

- quelques voix internationalistes, surtout chez des intellectuels formés dans les années 1960-1980, défendront **une politique d'ouverture** extrême au monde (concrètement aux immigrations) et de *droit d'ingérence* partout où seraient menacés les droits de l'homme, l'écologie... Ce courant intellectuel fut le ferment d'une ouverture des esprits au monde, mais aussi de fascinations pour des dérives totalitaristes au nom de l'internationalisme (stalinisme, maoïsme), jusqu'à soutenir l'insoutenable. Aujourd'hui ce courant n'a jamais été aussi minoritaire dans l'opinion ;
- de nouvelles voies, qui ne se fondent pas sur une idéologie politique mais sur une urgence planétaire, proposent **un changement total de paradigme** : « repenser la pensée »[1], seule façon de ne pas manquer le XXIe siècle, en le pensant planétaire. Mais, là encore, l'influence sociale est très limitée ;
- le discours du « c'est selon », une ***realpolitik* opportuniste** au coup par coup qui ne dit pas son nom, sera commun aux *leaders* qui prétendent gouverner et savent la difficulté de l'idéalisme appliqué. Mais cette tactique n'a aucune chance de réconcilier les électeurs avec le monde des organisations technocrates considérées comme des adversaires des citoyens.

Alternative

Quelle position adopter face au vaste monde, entre la dynamique économico-financière de la mondialisation globalisée et les tendances aux replis particularistes des populations ?

Vers un scénario de France *bunker* ?

Ce scénario eût paru rétrograde, irréaliste et fou il y a quelques années ; il apparaît aujourd'hui comme **une alternative possible**, lorsque semblent chanter à

1. *La Voie*, Edgar Morin, Éditions Fayard, 2010.

l'unisson des voix de tous bords. Plus que jamais, comment s'y reconnaître entre gauche et droite quand certains de chaque bord dénoncent l'Europe, plus concrètement l'euro, comme la cause du mal ?

Cette perspective sociopolitique de recentrage national s'articule autour de trois axes principaux.

Un protectionnisme économique assumé

Contre la mondialisation sauvage et ses dérégulations, il est fondé sur le refus que notre économie ne soit qu'une *proie* sans défense pour les *prédateurs* de cette *jungle* internationale. Il faut rétablir des filtres ou des boucliers qui protègent la France du *dumping* des *jeunes tigres* des pays émergents.

Cette orientation est la plus partagée entre extrême droite (FN) et certaines gauches radicales.

Une reconquête de souveraineté

Elle se place dans un esprit de nationalisme indépendant. Ses objectifs ? Ne dépendre de personne et ne se laisser imposer aucune décision d'entités supranationales, qu'il s'agisse de privatiser les services publics, d'engager notre armée dans une opération lointaine ou de renoncer à nos fromages au lait entier.

Fini l'Otan et son influence américaine, fini l'Europe et ses fonctionnaires non élus, fini l'axe franco-allemand, puisque l'Allemagne semble tenter de nouveau par un « *Deutschland über alles* » mais de repli et non d'expansion.

Une préférence nationale, jusqu'à la fermeture aux immigrés

Ce scénario le plus polémique touche aux principes de la République, mais il existe, et banalise l'option *xénodéfensive.* **C'est un scénario non seulement de préférence nationale, mais implicitement de préférence religieuse, de fait anti-islamique aujourd'hui.** Il vise à limiter l'afflux, dite *invasion,* d'étrangers sur le territoire, mais aussi à priver, ceux qui sont déjà ici, des avantages sociaux pour rendre la France moins attractive aux pauvres du Tiers Monde.

Sur ce terrain, droite et gauche se distinguent plus clairement : le scénario du repli nationaliste *xénodéfensif,* depuis longtemps typique du FN, est désormais assumé sans complexe par l'aile la plus droitière de l'UMP.

Cette vision à trois dimensions ne manque pas de propositions concrètes, souvent polémiques. **Ce scénario de repli** est authentiquement révolutionnaire par sa rupture radicale avec les quarante dernières années d'ouverture. D'aucuns diront **une révolution réactionnaire**, tout sauf innovante, simple retour aux nationalismes d'avant-guerre, avec leurs risques bien connus…

Vers un scénario de France interactive ?

Cet autre scénario est détecté par l'observatoire CCA des tendances sociologiques, comme une option pour éviter un repli frileux sur une niche nationaliste régressive, tout en maîtrisant une ouverture à géométrie variable, en libres interactivités extérieures.

Une reconstruction « par le bas » de la société française

Le point de départ est un diagnostic d'implosion sociale. L'État jacobin, ses bureaucraties parisiennes et les élus nationaux ont perdu en confiance et capacité de mobilisation ; la rupture vers le libéralisme ultraconcurrentiel ne favorise que les individualismes désolidarisés ; l'identité française est floue…

Si, au contraire, les Français reportent leurs espoirs et leurs énergies sur leurs microcosmes de vie, sur des groupes à taille humaine, sans doute faut-il reconstruire la société à partir de ces entités locales, de ces associations collaboratives, de ces identités microculturelles qui sont les briques élémentaires du *Lego social*.

Un scénario de micro-ouvertures sélectives

À partir d'une France remobilisée sur ses microcosmes régionaux, moins effrayée par le monde extérieur, pourrait s'envisager une nouvelle forme de **coopérations internationales, décentralisées et à géométrie variable**. Si les relations d'État à États sont inadaptées, si le pouvoir central est paralysé par ses obligations à l'égard de la machine européenne… pourquoi ne pas **laisser l'initiative aux régions françaises** pour passer des accords de coopération avec d'autres régions européennes ou du vaste monde ? Chaque microcosme social pourrait ainsi se jumeler avec d'autres, par affinités culturelles, similarités économiques ou complémentarités, de façon flexible sur des objectifs partagés, précis et limités.

N'est-ce d'ailleurs pas d'un tel scénario que rêvent les Italiens de la Ligue du Nord et certains Flamands belges ?

La logique de ce scénario virtuel conduirait à **une Europe des provinces**. Les études du CCA ont depuis longtemps identifié cette Europe comme plus attractive pour les citoyens que l'Union des 27 nations ou une fédération, mais les risques apparaissent immédiatement : notamment des alliances de régions riches au détriment des microcosmes sous-développés, et peut-être l'émiettement d'une féodalité du XXIe siècle.

Une prospective 2.0

Elle serait révolutionnaire, car en rupture avec deux siècles de centralisation jacobine… Mais la remobilisation des Français, leur réconciliation avec la politique, leur résilience face à la crise seraient à ce prix.

Ce serait un scénario typique de la web-culture : la civilisation de l'internet favorise les contacts et coopérations à géométrie variable, les décisions rapides, les échanges faciles et économiques entre égaux, dans une structure européenne horizontale, sans transiter par les pyramides hiérarchiques et bureaucratiques des États et de la Commission européenne.

Cependant, le risque majeur n'est-il pas de perpétuer le marasme sociologique actuel qui laisse une majorité de nos concitoyens détester une Europe techno-bureaucratique et fantasmer sur le méfait de l'étranger ?

Quels territoires de vie pour 2020 ?

La stratégie française d'être au monde peut être traduite en géopolitique, mais aussi en modes de vie, car le monde extérieur est à nos portes, déjà chez nous.

TRANCHE DE VIE 2020

L'entre-nous

La résidence HLM a bien changé ces derniers temps, se dit Geneviève, qui habite là depuis quinze ans.

À commencer par le centre commercial : elle a failli tomber à la renverse quand elle est venue acheter les jouets de noël... ils avaient doublé de prix. « C'est à cause de la politique antichinoise du gouvernement », lui a dit Marcel, son collègue de travail : « On protège maintenant notre industrie française. Mais il n'y a pas que du bon. Je voulais acheter une voiture, la KIA coréenne, et vlan : plus 28 % ! » Les fraises par avion du Chili en janvier n'étaient déjà pas dans son budget, mais elle a entendu au supermarché une dame plutôt bien mise se plaindre d'une « augmentation folle ». Est-ce que c'est bon, au moins, pour les fraisiers français ?

Les voisins changent aussi. Depuis quelque temps, elle ne croise plus Fatima, ni ses quatre enfants qu'elle élevait seule, à l'étage au-dessus ; le gardien d'immeuble insinue qu'on lui a supprimé les allocations familiales et son chômage, « suite à la nouvelle politique » : elle ne pouvait plus payer et elle est partie, on ne sait où...

Geneviève se sent un peu bizarre, peut-être parce qu'elle était communiste autrefois ? Plus embêtant, Mamadou et sa femme ont disparu du jour au lendemain : voilà Geneviève sans baby-sitter ; dommage, Alia était si douce avec les petits. Il y a donc de nouveaux locataires un peu partout, plus « français de souche », dit le gardien... Mais dans les halls, le soir, il y a toujours autant d'ados qui tiennent les murs, un peu plus blancs, pas vraiment plus aimables.

TRANCHE DE VIE 2020

L'Europe des provinces

Maxence n'en revient pas : il part à Barcelone pour six mois de stage école en fitness hôtelier quatre étoiles. Il faisait ses études de kiné-gym-fitness tranquille à Lille, pas loin de frontières européennes, mais à quoi bon rêver : seuls les universitaires, les intellos, ont droit au programme Erasmus.

Mais, depuis deux ans que la région a son autonomie, elle s'est beaucoup agitée pour monter des partenariats avec d'autres régions européennes, bien plus vite que l'Europe de Bruxelles. Ce stage est une initiative de jumelage entre provinces européennes. L'an dernier, un projet de stage à Istanbul a capoté : les deux régions n'étaient pas d'accord sur les stages de filles. Ce sera donc la Catalogne. Bon, il va falloir apprendre le catalan, car là-bas, ils ne rigolent pas avec leur particularisme culturel ! En échange, les hôtels chics du Nord recevront des stagiaires catalans et aussi Italiens – non, pardon, de Toscane !

Son cousin Willie de Bordeaux, qui a déjà son diplôme d'ostéopathe, part s'installer en Bosnie ; carrément ! Il paraît qu'ils en manquent là-bas et font des conditions avantageuses. En échange, la région bordelaise va former 150 œnologues en deux ans. Des œnologues bosniaques, on aura tout vu !

Ça c'est une Europe vivante et utile, affichent ces jeunes sur leur mur Facebook : ils ne s'étaient jamais sentis Européens avant. Maintenant oui, mais plutôt citoyens des provinces d'Europe, du moins celles qui nous ressemblent et échangent avec nous. Demain, Maxence sera supporter du Barça et prendra l'accent catalan. D'ailleurs, il a un copain qui est en train de monter un club des supporters du Barça, car Bordeaux, c'est plus ça depuis que Laurent Blanc est parti !

De la théorie à la pratique

Questions

- Faut-il sortir de l'Europe ?
- Faut-il se replier sur une Europe plus petite, de nos quelques pays immédiatement voisins, plus proches culturellement, de niveau de développement comparable et « sérieux » ?
- Faut-il refuser de payer pour « les mauvais élèves » qui se retrouvent en faillite comme la Grèce, l'Irlande ou le Portugal ?
- Faut-il abandonner l'euro et revenir à notre monnaie à nous, comme les Anglais ?
- Faut-il rétablir nos barrières douanières ?
- Faut-il interdire l'importation ou taxer de façon dissuasive les produits fabriqués dans des conditions ne répondant pas aux critères du BIT et/ou au respect de l'environnement ?
- Faut-il rétablir des droits de douane dissuasifs sur les produits asiatiques pour défendre nos fabrications françaises ? Faut-il leur imposer des quotas d'importations plus sévères ?
- Faut-il pénaliser fiscalement une firme qui délocalise ses usines ? Et ensuite surtaxer l'importation de productions délocalisées à l'étranger ?
- Faut-il fermer complètement l'arrivée de nouveaux étrangers en France pendant deux ans ? Ou, au contraire, accepter l'immigration car elle enrichit plus notre démographie et notre économie qu'elle ne lui coûte ?
- Faut-il fixer des quotas annuels pour dire combien d'immigrés on accueillera ?
- Faut-il sélectionner les immigrés ? Uniquement les métiers dont notre économie a besoin ? Uniquement certaines origines ethniques, culturelles, religieuses ?

.../...

- Faut-il imposer un examen aux immigrés avant de les accepter (parler le français, connaître nos lois essentielles et coutumes) ?
- Faut-il supprimer « le droit du sol » pour que les enfants d'immigrés nés en France n'obtiennent plus automatiquement la nationalité ?
- Faut-il régulariser les immigrés sans papier qui ont un vrai travail depuis plusieurs années ?
- Faut-il aller plus loin dans la décentralisation pour donner plus d'autonomie aux régions, ou à des entités plus petites comme les départements, les communautés d'agglomérations, les pays ?
- Faut-il leur permettre de développer leur propre identité, un nom et un drapeau, un hymne comme le font d'ailleurs les clubs sportifs ?
- Faut-il faire de la France un pays fédéral où les citoyens se remobiliseraient sur leur région, son projet économique, son art de vivre, sa politique de peuplement et d'immigration ? Ils déménageraient pour trouver la province qui leur ressemble !
- Faut-il régionaliser, encore plus, l'université, avec des diplômes à valeur régionale et non nationale ? Régionaliser l'hôpital avec des soins à géométrie et coûts différents ? la police avec des politiques répressives différentes d'une région à l'autre, comme aux États-Unis.

Interactivité

Voulez-vous exprimer votre opinion sur ce thème, sur les évolutions passées, sur les scénarios alternatifs et sur la tendance sociale ?

Nous vous donnons rendez-vous sur notre site internet où vous pourrez voter et comparer votre opinion à celle d'autres lecteurs.

Chapitre 14

Help ! Qui va m'aider ?

L'urgence des médiateurs sociaux

Confrontés à une situation mondiale et des réformes nationales déstabilisantes, les Français sont inquiets et pessimistes, à la fois sur la prospective de vie que la société va offrir à leurs enfants et sur les mille problèmes de vie quotidienne[1]. L'obligation de repenser le *modèle social français* va provoquer des tensions, voire des révoltes : elles sont déjà là chez nos voisins, Espagne, Grande-Bretagne et Grèce.

Nos concitoyens sont en recherche de guides, de *coachs*, de *leaders*, en pleine défiance devant les politiques, méfiants envers les médias, orphelins en quelque sorte[2].

Que peut faire une classe dirigeante nationale moralement démonétisée pour rétablir un lien de confiance avec les citoyens assez fort pour faire avaler les couleuvres de l'austérité économique ? Et si ce n'est cette élite parisienne, *qui d'autre* pourrait assumer l'indispensable rôle de médiateur et guide vers les nouveaux styles de vie qu'exige la conjoncture ? Sur qui compter pour comprendre les enjeux et les solutions, les discuter, choisir les meilleures adaptations ? À qui s'adresser aujourd'hui pour mieux vivre au quotidien et mieux choisir une stratégie de survie ?

---

1. Voir le chapitre 1 : « La France cabossée ».
2. Voir le chapitre 17 : « À qui confier les clés ? ».

Héritage

Grandeur et décadence des relais sociaux intermédiaires

La gloire des petits notables

Il y a un siècle, nos grands ou arrière-grands-parents ne bougeaient guère, ne voyaient jamais de sommités nationales. Lorsqu'ils avaient besoin de lumières, d'informations, d'explications et de conseils pratiques, ils n'avaient pour tout recours que des petits notables de voisinage : le maire, le curé, l'instituteur, le médecin, le pharmacien et le notaire. Modestes *coachs* en vérité ; mais, à la différence de *l'ancien* de la famille, ils étaient les plus diplômés (donc *savants* en toute chose, pour l'époque) les plus proches du quotidien. Ils détenaient un savoir généraliste et jouaient un rôle de relais médiateur entre leurs *ouailles* et la complexité du *monde extérieur.*

Cette rente de situation leur conférait une triple fonction sociale irremplaçable :

- ils jouaient **les pédagogues sociaux** de la marche du monde et des choix politiques : le conflit social entre laïcité et religiosité se jouait localement entre l'instituteur et le curé ; leur influence électorale était importante ;
- ils étaient **les relais descendants de la modernité**, mais le plus souvent avec un rôle de filtre conservateur ;
- ils étaient **les relais montants de l'opinion publique**, faisant savoir la *vox populi* aux députés ou évêques, aux corporations, pour finir par informer les pouvoirs ;
- **ils étaient le recours** : ils donnaient un conseil familial, trouvaient un emploi pour le fils de X chez la cousine de Z, obtenaient une recommandation pour conduire le petit retardé de Jean chez un médecin spécialiste à la ville, écrivaient un lettre officielle, secouraient les nécessiteux et visitaient les malades, donnaient un coup de main bricoleur après un incendie, gardaient les enfants des voisins, organisaient une pétition, calmaient ou attisaient les grognes collectives, faisaient la cuisine pour le mariage de Paulette et trouvaient un logement au jeune couple, ils réglaient les conflits de voisinage…

Qui s'en charge aujourd'hui ?

Décadence des relais d'opinion

Ces notables et experts de proximité, ces (supposés et autoproclamés) *sages* polyvalents de voisinage ont perdu leur pouvoir et leur prestige sous l'impact d'une série de transformations sociales. **Ces icônes de la France rurale n'ont pas résisté aux Trente Glorieuses** éprises de liberté de mouvement et de libre choix individuel, dans un monde en transformation permanente où l'expérience est démonétisée et où l'activisme des jeunes innovateurs supplante la sagesse des anciens :

- les paysans employés aux usines urbaines, les migrants de l'exode rural vers les villes, ont acquis une expérience du monde extérieur ;

- les enfants plus nombreux à faire des études plus longues sont revenus au village ou au quartier, plus savants souvent, plus modernes assurément que leurs maîtres ;
- la vie urbaine a dénoué le tissu social qui imposait la prééminence de ces notables : en ville, le curé et l'instituteur sont moins importants que le *café du commerce* ;
- les médias ont progressivement joué ce rôle de relais pédagogique, d'informateur et professeur de leçon de choses quotidienne ;
- Mai 68 a couronné cette évolution en contestant la légitimité de ces petits mandarins arrogants, dogmatiques, donneurs de leçons réactionnaires. Depuis quarante ans, les experts doivent prouver leur compétence pour être écoutés, et dans un domaine bien précis. Depuis dix ans, le scepticisme ne cesse de progresser envers tous les notables, les discoureurs et donneurs de leçons[1].

Mais qui, désormais, sert de relais entre le sommet et la base de la pyramide ?

La médiation des médias

Les organes d'opinion se sont emparés de ce rôle d'*ombudsman* aux multiples visages, pour jouer ce rôle de relais entre la tête et les membres du corps social :

- **les médias ont pris en charge la médiation descendante** : les quotidiens locaux se sont chargés du bouche à oreille de commère ; les quotidiens nationaux ont servi de café du commerce pour débattre des grands sujets ; les magazines se sont emparés de la fonction *how to*, des conseils pratiques ; la radio s'est faite confesseur et psychanalyste ; des chaînes de télévision se sont installées pédagogues... Mais nos enquêtes mesurent aussi le poids de la défiance à leur égard : 78 % (CCA)[2] ;
- **les sondeurs se sont arrogé le rôle de médiation montante**, l'expression de la *vox populi*. Mais l'inflation des sondages pour le moindre événement médiatisable par un groupe de pression engendre une saturation *décrédibilisante* ;
- l'un et l'autre de ces relais sont aujourd'hui en mal de crédibilité, démodés par l'internet.

Un système en panne d'embrayage

Le résultat de cette évolution est **une société désarticulée** :

- *la tête* ne cesse de parader dans les médias : dirigeants politiques nationaux, grands patrons, philosophes starisés, journalistes réputés, people du *show business* ;

1. Voir le chapitre 1 : « La France cabossée ».
2. *Idem.*

- mais qui les écoute vraiment, à la base, parmi *les mains et les pieds* du corps social, les petites gens ordinaires, les *citoyens lambda* ? Les études du CCA mesurent depuis des années l'effondrement de crédibilité de ces grandes marionnettes du théâtre social.

Nous héritons de la célèbre caricature de l'armée mexicaine, riche en généralissimes et colonels galonnés, coupée d'une troupe éteinte et démotivée, l'arme au pied par manque des indispensables sous-officiers :

- les notables locaux étaient souvent réactionnaires, pédants et dominateurs, mais leur rôle d'embrayage, même grippé et grinçant, n'a pas été remplacé ;
- les dirigeants politiques s'adressent directement au peuple, mais qui traduit et commente ce discours standardisé ? Des journalistes, éditorialistes eux-mêmes loin de leur audience ;
- les patrons de grandes structures ont, de même, négligé leur encadrement moyen et leur maîtrise opérationnelle[1].

Nous voilà donc dans une société :

- où la bureaucratie ne liste que des *impossibilités* ;
- devant une gouvernance qui ne cesse d'adresser des fins de non-recevoir aux problèmes de société, sous prétexte de financement ;
- soumise à des réglementations incompréhensibles, inadaptées et inadaptables aux cas réels…[2]

Le système D contre le vide

Que reste-t-il donc aux citoyens, si ce n'est la débrouillardise des organisations parallèles ?

Entre fronde et pragmatisme amateurs

Il y a une dimension frondeuse dans ce regroupement spontané de *citoyens lambda* face au système, aux puissants, à la bureaucratie. Le *système D* est, sinon une philosophie, du moins une pratique subversive : il vise à doter *les petits* d'un savoir et d'un pouvoir qu'on leur a dénié au départ. **La débrouillardise est le contre-pouvoir du petit peuple,** roublard, espiègle, rusé et malin, face aux titulaires du pouvoir ; c'est ainsi une forme de contestation de *l'establishment.*

Le but premier est terre à terre. Devant l'effacement des notables intermédiaires d'antan et la distanciation de l'État, de nouveaux liens sociaux se créent

1. Voir les chapitres 8 et 9 sur le travail.
2. Voir le *Rapport* 2011, dernier du genre, du Médiateur de la République : une sévère analyse d'un État fuyant ses citoyens.

pour combler le manque de prise en charge et simplement apporter des réponses pragmatiques de *comment faire.* Née de la nécessité, la débrouille repose sur des qualités éternelles telles que l'imagination, l'inventivité, l'ingéniosité de réaliser l'impossible avec des bouts de ficelle, trois sous, beaucoup de passion et ce qu'il faut d'éloignement par rapport aux lois.

Le pouvoir des amateurs s'en trouve valorisé. La dénonciation des carences de l'État et cette démonstration pragmatique de survie est un éloge de l'amateurisme efficace : nul besoin de sortir de la botte de l'ENA pour faire fonctionner la société pour le bien de tous.

En France, *le système D* est plutôt vu par les élites de façon dédaigneuse, comme un bricolage qui confie des problèmes sérieux à des non-spécialistes armés des seuls moyens du bord… à la différence de la notion de *ressourcefulness* pour les Anglo-Saxons, connotée plus géniale. Mais cet amateurisme fait marcher une grande partie du système social que le pouvoir lui a abandonnée, par avarice ou indifférence, par calcul ou ignorance.

Une partie de la vie sociale fonctionne donc sur le mode de l'amateurisme de bonne volonté et du financement caritatif : l'aide et assistance aux séropositifs, le sort des petits autistes, le débat sur les OGM, la survie des SDF, l'interrogation altermondialiste et bien d'autres sont pris en charge par des associations plus ou moins formelles. Ce sont elles qui sensibilisent la population, font du *lobbying*, frappent aux portes des nantis et en appellent au bon cœur des pauvres… Ce faisant, un nouveau pouvoir informel se crée : ces militants autoproclamés experts deviennent les interlocuteurs obligés des élus, des intermédiaires uniques qui prétendent représenter toute l'opinion publique.

Le phénix de l'entraide

Le phénomène n'est pas nouveau mais se réactive dès qu'un rouage social est défaillant :

- on se souvient de l'importance des **clubs** pendant la Révolution française : ils palliaient l'absence de relais entre le roi et le peuple, la défaillance de la noblesse et du clergé à servir de courroie de transmission. Ils ont été le creuset des pensées révolutionnaires, le catalyseur des mouvements de révolte ;
- au XIXe siècle, le **mutualisme** et le **coopérativisme** se sont développés en réaction contre une désorganisation sociale : la révolution industrielle et la concentration des capitaux laissaient sans recours les paysans et ouvriers, livrés aux lois de la finance, déjà[1] ;

1. Voir : fr.wikipedia.org/wiki/Mutualisme_en_France - http://blog.tcrouzet.com/2006/05/06/histoire-du-mutualisme/ et www.aquitaine-credit-agricole.fr/Vie-Mutualiste/histoire-mutualisme.htm.

depuis longtemps, dans une France centralisée autour de ses centres de décisions traditionnels, ministères et administrations pauvres en participation citoyenne, des relais informels et parallèles ont émergé pour pallier les lenteurs bureaucratiques : ils ont encouragé une résistance passive aux ukases technocrates des *fadas de Paris* et bricolé des solutions pragmatiques. Qu'il s'agisse de sauvegarder un folklore, d'organiser un ramassage scolaire ou de venir en aide aux victimes collatérales de la guerre économique, la vie associative fleurit particulièrement riche en France, dans tous les interstices de la grande pyramide sociale fissurée.

En ce début du XXIe siècle, **la crise est en passe de réveiller ces microsolidarités**. L'abandon des citoyens les plus vulnérables par l'État-providence renforce ce besoin de retisser un réseau social d'entraide.

Si le *système D* reprend de l'importance en 2011, sous d'autres formes, c'est comme une philosophie optimiste qui parie sur le possible dans un monde de marasme, en apportant au jour le jour des solutions opportunistes aux problèmes pratiques de la vie.

Le caméléon de la solidarité

L'expression sociologique du *système D* prend de multiples formes. Leur premier point commun est le regroupement volontaire d'individus qui s'organisent pour prendre en charge un problème social délaissé ou mal traité par les pouvoirs publics. Leur seconde caractéristique est d'installer un relais *amateur* dans le vide social entre la population de base et ses hauts dirigeants élus.

Une double rentabilité sociale

D'un côté, **les citoyens prennent en main leur destin**, s'assument responsables d'un pan de vie sociale, se sentent utiles aux autres, deviennent des rouages sociaux ; à l'heure où s'effondrent les militantismes politiques et syndicaux, la vie associative se porte mieux car elle vise l'amélioration du microcosme de vie[1].

De l'autre, **l'État fait des économies**, en laissant des bénévoles faire le travail de fonctionnaires.

1. Voir le chapitre 1 :« La France cabossée ».

À LA CROISÉE DES CHEMINS

MÉDIATEURS FONCTIONNAIRES OU CITOYENS ?

On peut ainsi résumer **la situation actuelle** :

- un État plus technocratique, moins providenciel et plus gestionnaire dans sa gouvernance, moins compassionnel et plus concurrentiel ;
- éloigné de sa base, ressenti même comme abandonniste, indifférent ;
- laissant en friche des pans entiers de la vie collective ;
- avec des relais institutionnels plus rares et moins satisfaisants.

L'enjeu est de savoir comment mieux gérer ces vides sociologiques.

On les observe comblés par le *système D* social :

- celui, traditionnel, des associations et militantismes ;
- celui, nouveau, de l'internet et ses réseaux sociaux.

Pédagogie sociale

- On pense aux **relais d'opinion sous l'angle de la transmission d'information**... Mais ces intermédiaires sociaux de proximité vont avoir pour mission première, à court terme, de rassurer les Français sur la possibilité de survivre et bien vivre malgré la crise et l'abandon de l'État-providence, par le *système D* coopératif solidaire. Ils vont être **les *coachs* de la survie**, les *Mac Gyver* de la société ;
- on pense aussi **aux activités caritatives des médiateurs sociaux**, au service des inadaptés, victimes ou exclus du système... Mais leur rôle principal sera de préparer toute la population pour **guider, dans les indispensables changements** de modèle social et économique, les citoyens ;
- on pense encore au **monde associatif, distractif et culturel**... Mais un besoin social urgent émerge : la gestion de la frustration et de la colère d'une majorité de concitoyens, les conflits entre groupes sociaux ou communautés qui en résulteront. Les médiateurs-relais vont devoir jouer un rôle de **régulateur social pacificateur**.

C'est dans cette fonction d'apaisement et de réadaptation des Français aux nouvelles conditions de vie *post-déflagration* que les médiateurs sociaux peuvent agir : ils sont une forme de média social et même d'agents idéologiques. Leur rôle n'est pas limité à une simple transmission d'information, mais aussi de préconisation. Ainsi **sont-ils en partie des miroirs de notre société, ce qui leur permet d'agir en régulateurs d'un certain équilibre social**. Ces agents de réseaux peuvent aussi être des moteurs, non seulement du changement, mais surtout **catalyseurs d'éducation** au changement pour la population.

ALTERNATIVES

Deux scénarios d'avenir répondent à ce problème.

Vers des médiateurs sociaux professionnalisés ?

L'État, les collectivités locales pourraient vouloir reconquérir ce terrain de gestion de la vie quotidienne : c'est en effet le champ où se joue le sentiment d'être écouté avec respect ou méprisé, d'être aidé ou abandonné, d'être traité en *wikicitoyen* appelé à coopérer, ou en marionnette. C'est donc **un terrain électoral** de mobilisation essentiel.

Il faudrait créer un corps de **fonctionnaires chargés de jouer les relais sociaux** : des agents des pouvoirs publics, décentralisés en implantations microlocales ou communautaires, au plus près de la vie citoyenne :

- c'est la fonction de principe des assistantes sociales ;
- c'était la mission de la police de proximité[1] ;
- c'est le rôle des animateurs sociaux dans les cités ;
- c'était le travail des médiateurs de la République départementaux (mais trop lointains encore).

L'idée n'est donc pas neuve, mais son application est en déshérence et s'étiole pour des raisons budgétaires et par indifférence pour ces fonctions de *petits* médiateurs sociaux.

Vers une médiation d'amateurs motivés ?

Les pouvoirs publics voudront-ils se mêler de ces mille interrogations et problèmes de vie quotidienne ?

Car le système sociopolitique gagne, et sur deux tableaux, à se décharger sur des citoyens bénévoles qui, de surcroît, paient ou financent eux-mêmes leurs actions :

- l'esprit frondeur de citoyens révoltés se dissout dans le pragmatisme : trop occupés à produire des solutions, les contestataires en oublient de dénoncer le fond du problème et le laissent se perpétuer : le *système D* associatif est donc un allié objectif de l'inertie ou de l'abandon étatiques ;
- l'État fait des économies en laissant la population financer, par dons ou bénévolat, des chantiers sociaux entiers (le Téléthon, le Sidaction en sont les exemples les plus médiatisés).

On peut donc envisager ce scénario alternatif où les dirigeants, du gouvernement aux mairies, abandonneraient plus encore de chantiers sociaux à ces corps intermédiaires : pourquoi pas une partie des services de santé (la partie hôte-

1. Voir le chapitre 15 sur la loi et l'ordre.

lière, par exemple), pourquoi pas la survie des personnes âgées seules, pourquoi pas crèches et maternelles ?

Ce serait une solution intermédiaire entre le service public et la privatisation en économie de marché.

Quels styles de médiateurs d'ici 2020 ?

De la carence actuelle de relais sociaux et médiateurs intermédiaires, des options étatiques ou associatives, on peut imaginer des styles de vie différents.

TRANCHE DE VIE 2020

La médiation publique

Mouloud est doublement content. Il galérait de stages en petits boulots depuis quatre ans, malgré son BTS ; habiter une cité du 9.3 n'est pas un atout sur un CV (lui, il dit plus clairement : « C'est une tache ! »). Et voilà qu'il vient de décrocher un poste de médiateur de quartier. Et ce n'est pas un petit boulot aidé, comme avant : il lui a fallu passer un concours. Le voilà fonctionnaire, ou presque, agent de collectivités territoriales, il ne sait pas trop, mais il travaille pour la communauté de communes, en CDI.

Il commence la semaine prochaine, mais il a déjà fait un stage de dix jours : son travail sera d'écouter tous les problèmes des gens et essayer de trouver des solutions pratiques, les aider en tout cas. On lui a bien dit qu'il n'y a pas de budget : « Soyez débrouillard ! Le système D pour faciliter la vie de vos voisins ». Fastoche, pense Mouloud, l'année dernière il a déjà rédigé la déclaration d'impôts des Fernandez et il a écrit une lettre de réclamation à l'administration pénitentiaire pour la voisine du 7e (son fils fait huit mois).

Doublement content, oui : sa grande sœur habite la cité des Mésanges et n'arrive pas à trouver de bonne nounou pour ses trois petits. Mais, au stage, il a rencontré Melissa qui va être médiatrice là-bas, justement. Il va pistonner sa sœur… et se faire bien voir de la jolie Mélissa avec un premier dossier.

Un autre qui a l'air content, c'est le maire. Au stage, on lui a dit que c'était son initiative : d'ailleurs il va faire des réunions dans tous les quartiers pour présenter ses nouveaux médiateurs : ici, cité des Mouettes, il y aura Mouloud pour les questions familiales, et un jeune flic, Elie, qui va jouer « la sécurité de proximité », comme ils disent et Mireille, avec aussi une avocate qui va débrouiller les questions juridiques plus compliquées.

TRANCHE DE VIE 2020

La médiation amateur

Zoé ne sait plus où donner de la tête. Elle a ses cours à la fac, elle fait quelques heures dans un MacDo pour arrondir ses fins de mois et, en plus, sa permanence de l'association « Coup de Pouce ». Tous les mardis et jeudis soir, toute l'année, de 18 à 21 heures au café PMU de la rue Tiretaine, elle est là, mobile et portable sur le zinc, disponible pour tous ceux qui ont besoin de ce fameux coup de pouce.

Tout ça a commencé quand le gouvernement a décidé de faire des économies dans le social : les animateurs de quartiers, les répétiteurs scolaires, les assistantes sociales, les services d'aide et d'orientation, tout un pan de Pôle Emploi... au chômage ! À la télé on a entendu le Premier ministre dire qu'il faisait « toute confiance au grand cœur des initiatives privées pour faire jouer la solidarité nationale »... C'est alors qu'est née l'association « Coup de Pouce ». Ça a mis du temps à démarrer, mais maintenant, le téléphone arabe a fonctionné et elle reçoit du monde dans son bistrot-bureau ; il y a parfois même la queue.

À l'association, ils l'ont parachutée « dispatcheuse » : un vilain mot pour dire qu'elle écoute, elle essaie d'identifier le problème et envoie la personne à un ou une collègue spécialisé(e) :

- *ce soir, pour Iman qui n'écrit pas très bien le français : une lettre compliquée à envoyer à plusieurs administrations, en recours sur un problème de regroupement familial... C'est juridique. Zoé appelle immédiatement Lucien, le juriste de l'association, et prend un rendez-vous pour Iman ;*
- *ensuite Martine, qui a un problème de voisinage dans son immeuble : elle travaille de nuit et dort le jour ; mais pas les voisins qui aiment la musique à fond. Zoé envoie un SMS à Elvis pour qu'il passe discuter avec les voisins, c'est son quartier de médiation ;*
- *un jeune père énervé parce qu'il n'arrive pas à trouver une place d'école pour sa petite Aïcha de quatre ans, depuis que le gouvernement a fermé les maternelles publiques. Heureusement « Coup de pouce » est en relation avec la nouvelle maternelle associative parentale « Nid de Coucou » : Zoé se connecte sur leur site et prend rendez-vous en remplissant déjà le formulaire ; on va lui trouver une place, à cette petite puce ;*
- *un couple maintenant, au bord de la crise de nerfs : leur ado n'arrête pas de faire de petites fugues, il ne va plus au collège, il dit vouloir travailler... mais avec sa dégaine, son look et ses piercings ! Zoé envoie un mail à Camélia. À l'association, on l'appelle Miss Casting : elle s'est spécialisée pour caser les incasables, leur trouver un boulot, un stage. Pour ce jeune, il faudrait un apprentissage ;*
- *vite fait, une maman qui cherche une baby-sitter de confiance : Zoé a une liste ;*
- *aïe ! Un jeune gars désespéré succède : Romain vient d'apprendre qu'il est séropositif. Il est sorti en courant de chez le médecin, paniqué ; personne à qui parler ; pas la moindre idée de quoi faire ; envie de suicide. Il est venu la voir parce qu'elle l'avait déjà dépanné sur un banal conseil de boulot. Pendant qu'elle reçoit un dernier « client », Zoé se connecte à internet et branche Romain sur un forum où des « séropo » discutent et se conseillent mutuellement. Ensuite, vite, elle ferme boutique et l'emmène elle-même directement à une antenne Sidaction ouverte tard le soir qui le prendra sous son aile.*

Sacrée soirée encore une fois. Elle a mis en branle une douzaine de bénévoles, comme elle, pour faire face à une douzaine de problèmes... En rentrant à minuit, épuisée, elle se demande souvent pourquoi elle fait ça. Pourquoi se charger gratuitement de ce que l'État devrait assumer ? Oui, mais, si des bénévoles comme elle ne le font pas, qui s'occupera de ces gens ?

VOX POPULI

LES MÉDIATEURS VIRTUELS

Ce problème des relais sociaux de *coaching* et d'entraide est encore diffus dans la société. On ne dispose ni de sondage, ni de statistiques pour sentir le vent de l'opinion publique, mais on peut observer les pratiques sociales qui sont des tendances concrètes.

Que fleurissent mille associations !

La meilleure preuve d'une tendance sociale à bricoler par soi-même les relais sociaux manquants est la vitalité de la vie associative. **On évalue à un million le nombre d'associations en activité,** en augmentation constante, appuyées sur treize à quinze millions de bénévoles[1].

Rien n'a changé car, encore aujourd'hui selon le CCA, 76 % des citoyens reportent leur confiance sur leurs relations de proximité[2].

Dans le passé, la proximité géographique d'habitat microlocal imposait autant qu'elle rassurait par cette solidarité prioritaire entre voisins.

Tout a changé : de nos jours, la notion de *voisinage* a évolué vers une proximité psychologique à distance. Ce sont les centres d'intérêt qui fédèrent sur l'internet des communautés volontaires de choix personnel, par cooptation, dont les animateurs et *leader*s d'opinion sont plus modernistes et dynamiques, plus ouverts au monde que le curé et l'instituteur d'antan.

La médiation 2.0

Nous allons vivre dans un écosystème humain nouveau que remodèle internet, **un monde virtu-réel**[3] :

- c'est un mélange de réalité tangible matérielle et d'informations, d'images, de conseils et commentaires de *réalité augmentée* disponibles par magie numérique ;
- c'est une société de relations humaines face à face avec de vrais amis ou ennemis, et d'*e.amitiés* virtuelles avec des avatars dans les réseaux sociaux ;
- c'est la complémentarité du travail en équipe côte à côte et de collaborations communautaires à distance avec des gens qu'on ne rencontrera jamais.

---

1. Source : Conférence de la vie associative (www.associations.gouv.fr/.../dp-conf-vie-associative_230106.pdf - www.addes.asso.fr/IMG/pdf/2007-5_Tchernonog-2.pdf).
2. Voir le chapitre 1 : « La France cabossée ».
3. Netexplorateur, rapport 2011 : www.netexplorateur.org/netexploratrend/etude.

Relais virtuels pour une société virtu-réelle

Cet écosystème a besoin de relais sociaux nouveaux. Aujourd'hui, de nouvelles formes de coopérations se développent, de nouvelles structures associatives s'organisent, de nouvelles initiatives regroupent dans cet **espace relationnel et collaboratif virtuel** qu'est le net :

- spontanément les internautes se connectent à la toile pour poser une question, demander conseil, ouvrir un débat, donner un avis, comparer des solutions, établir des contacts collaboratifs, organiser un militantisme… Dans une société de plus en plus virtuelle, les jeunes cherchent ou créent eux-mêmes leurs relais et médiateurs *on-line* ;
- les sites d'information et conseils, les *forums* de questions-réponses entre internautes, **les réseaux sociaux sont de nouveaux outils de collaboration sociale et d'entraide pragmatique**. Les jeunes générations vont y chercher tuyaux, coups de main et bons plans pour trouver solutions à leurs questions, des plus affectives (adopter à l'étranger, vivre le cancer, résister au harcèlement moral) aux plus pragmatiques (la recette du gaspacho ?). Le point commun est un échange de débrouillardises, de particulier à particulier ;
- de façon plus exceptionnelle, ces réseaux numériques servent de **plateforme de mobilisations citoyennes**, que ce soit pour témoigner d'une répression ou pour diffuser des mots d'ordre : 2011 a vu ces nouveaux *intermédiateurs* à l'œuvre en Tunisie, Syrie, Égypte, mais aussi à Madrid. Les gouvernants devront compter de plus en plus avec ce nouveau rouage de pouvoir que sont les communautés virtuelles de citoyens.

Robin des Bois virtuel

Le succès même de l'internet des forums et réseaux sociaux, la mutation culturelle qu'il entraîne, notamment chez les adolescents et jeunes adultes est la démonstration d'une tendance en marche :

- des ***wikicitoyens*** (CCA) s'organisent pour se doter des rouages intermédiaires dont le monde réel les a privés. Sans être d'abord contestataires, ces nouveaux relais d'opinions et conseils sont ailleurs, dans le flou du monde virtuel, moins repérables, plus indépendants à coup sûr ;
- des ***wikimédiations*** s'installent, accessibles de chez soi, plus disponibles et rapides, plus conviviales, plus désintéressées et gratuites, surtout plus interactives. On est bien loin de la lourdeur bureaucratique que dénonce le Médiateur de la République en 2010[1] ;

1. www.mediateur-republique.fr/.../1300723881_Mediateur_RA2010_VDallege.pdf.

- des ***wiki-associations*** s'organisent plus vite et avec un recrutement élargi, en communautés collaboratives :
  - certaines sont purement narcissiques égocentrées, ludiques ;
  - d'autres pallient avec pragmatisme les carences du système sociopolitique ;
  - d'autres encore le contestent dans l'esprit de l'activisme 2.0[1].

L'État peut y trouver son compte. Sa tendance est à se débarrasser des services aux personnes pour se consacrer aux jeux économiques mais ce faisant, la puissance publique prend le risque de perdre des pans entiers de son autorité et de sa légitimité à légiférer :

- imaginons, par exemple, que l'État abandonne aux associations le soin des personnes âgées dépendantes ou des grands malades en fin de vie (charges très onéreuses pour la Sécurité Sociale : il serait tentant d'en faire l'économie) : de quel droit alors pourrait-il imposer sa loi sur l'euthanasie[2] ?
- imaginons encore que l'Éducation nationale abandonne les classes maternelles aux initiatives privées : outre les dérives commerciales prévisibles, de quel droit l'État pourrait-il se mêler des enseignements éventuellement sectaires de nouveaux intermédiaires sociaux indépendants et bénévoles ?

À LA CARTE

MÉDIATEURS SOCIAUX À LA CARTE

Le CCA diagnostique en 2011, en croisant le *nega trend* d'abandon et le *wish trend* de maternage[3] une forte demande chez les Français de mettre en place une autre organisation sociale qui remette au centre l'homme, parce que les laissés-pour-compte sont de plus en plus nombreux : le rôle de ces médiateurs sera essentiel à la paix sociale des prochaines années.

Quels profils de médiateurs sociaux ?

Si le rôle de ces intermédiaires est dévolu à l'État, il se traduira par les organismes bureaucratiques qui lui sont propres. On connaît leur qualité professionnelle, leur neutralité, mais aussi leur lenteur, leurs rigidités réglementaires, leur inhumanité.

---

1. Netexplorateur, rapport 2009 : www.netexplorateur.org/netexploratrend/etude.
2. Voir le chapitre 2 consacré à la bioéthique.
3. Le CCA distingue des *nega trends* (tendances sociales de négation de la conjoncture et résistance au changement), des *wish trends* (tendances utopistes) et des *adap trends* (tendances réformistes d'adaptation *a minima* aux circonstances. Voir la note introductive sur le CCA.

Si les pouvoirs publics remettent ces responsabilités **au secteur privé**, ces rouages sociaux intermédiaires fonctionneront sur le mode de l'entreprise, avec des salariés poussés au chiffre par un *management* d'objectifs.

Les nouveaux réseaux collaboratifs de médiateurs et relais d'opinion appellent **des profils d'animateurs associatifs bien différents** d'une bureaucratie publique ou d'une entreprise :

- car les acteurs ne sont pas des professionnels mais des **amateurs** ;
- ils ne sont pas des employés corvéables à merci, mais de **libres partenaires** volontaires qui s'investissent par motivation altruiste ou affective ;
- ils ne sont pas des salariés mais des **bénévoles** dont la rémunération est psychologique et morale.

Surtout, les nouvelles formes d'échanges d'informations, débats et services sociaux sur le web, exigent des modes d'animation différents :

- un réseau fonctionne mieux avec **un animateur-catalyseur** plutôt qu'un patron d'autorité : il ou elle mobilise par son influence, et non par son pouvoir ; on est ici plus près de la maïeutique que du *management* ;
- la collaboration en réseau ouvert à toutes bonnes volontés requiert un fédérateur pour transformer en consensus les différentes tendances présentes et les harmoniser ;
- enfin, le nouveau relais social doit incarner des valeurs autour desquelles se réunit une communauté de convictions, animée par une éthique. Bien qu'il intervienne de façon très pragmatique, pour mieux faire fonctionner la machine sociale grippée, son moteur est moral.

Cinq profils de médiateurs sociaux

Cette fonction de *catalyseur-fédérateur*, animateur de ces nouveaux réseaux d'entraide sociale peut se concrétiser en cinq styles différents.

Le médiateur-mécanicien

Ce profil considère les problèmes sociaux comme des problèmes de logistique matérielle et financière. Pour lui, le rôle de service social n'est pas très loin d'un management d'entreprise, économique, efficace, un peu militaire dans son organisation et son fonctionnement. C'est **un *manager* aussi technocrate** dans l'action sociale désintéressée que dans la course au profit ; il pourrait être chef d'entreprise.

Dans son action sociale, généreuse et altruiste, il ne fait pas étalage de compassion émotionnelle ni de préceptes moraux : il se veut performant sur des challenges pratiques.

Il existe déjà dans les grandes fondations et associations, les ONG qui gèrent de véritables usines humanitaires, mais les nouvelles organisations virtuelles de relais sociaux sur internet vont en avoir plus encore besoin :

- elles sont ouvertes à tous et peuvent très vite devenir énormes, avec les problèmes afférents ;
- l'identité des acteurs reste floue ;
- la participation des inscrits est libre, donc aléatoire, fluctuante ;
- la complexité d'organisation (par exemple : la collecte de médicaments, leur tri, la traduction de modes d'emplois en x langues et leur envoi vers différentes destinations, la vérification de leur distribution et un service d'assistance téléphonique multilingue...) est difficile à formaliser avec ce genre d'équipe à géométrie variable, dispersée dans l'espace.

Il faut à cette association virtuelle **un véritable ingénieur mécanicien** pour tirer de l'efficacité du flou des collaborations *online.*

Le médiateur-défricheur

Cet acteur social aime agir sur des problèmes complexes alors que les solutions n'existent pas encore et que les opinions divergent. Il se motive plus encore sur les mutations en cours de valeurs morales ou de méthodes de gestion sociale des problèmes. Il se voit comme **un chef de cordée** qui explore de nouvelles voies pour entraîner derrière lui la société :

- **son action sociale** est celle d'un pédagogue, sensibilisateur, parfois provocateur pour ouvrir les esprits à un nouveau modèle social : il ne cherche pas seulement à changer les choses, mais aussi les esprits. C'est un *leader* d'opinion qui propagera le changement, voire la révolution. Il représente **le contre-pouvoir de mutation** audacieuse face au conservatisme majoritaire et à l'inertie étatique. Il peut même agir aux frontières de la légalité, **transgresser les normes** pour provoquer le changement ;
- dans son **animation de réseau,** il demande donc de l'ouverture d'esprit, de la sensibilité au changement, de l'audace pour innover : ses membres doivent être explorateurs.

Le médiateur-évangéliste

Ce militant est le plus idéologique et moraliste de tous, animé de fortes convictions dogmatiques ; il est donc plus conservateur, moins ouvert au monde :

- **son action sociale est une croisade.** Il ne servira que ceux qui partagent ses valeurs et son projet. Son rôle est la préservation de l'histoire, des traditions, des valeurs humanistes universelles et éternelles ;
- **dans son animation de réseau**, il est un *leader* charismatique, presque un *gourou* qui projette une vision intuitive et y rallie ses militants, à partir de quoi il est directif, intransigeant.

Le médiateur-rassembleur

Cet acteur social est discret : il ne veut être que le porteur d'une bonne volonté collective, celle des acteurs mobilisés dans une organisation, il est adapté aux *militantismes collaboratifs 2.0* de l'internet qui détestent le vedettariat :

- **dans son action sociale**, il n'a pas d'obsession ni de spécialité exclusive : il s'investit dans les problèmes de l'heure et du lieu, tels qu'ils se présentent, avec la souplesse du polyvalent, fédérateur d'une communauté d'acteurs sociaux partenaires. Il est **un urgentiste social**, prêt à se parachuter sur les crises ;
- **dans son animation associative**, il est non directif, à l'écoute avec finesse de toutes les personnalités à faire travailler ensemble, capable de révéler un dénominateur commun mobilisateur. Il a un talent de diplomate, un peu manipulateur. Il distribue le jeu, fait briller les autres en restant dans l'ombre.

Le médiateur-chef d'escadrille

Voici, au contraire, une star de l'action sociale qui aime les feux de la rampe, les médias, mais aussi le pouvoir. **Son but est de devenir un modèle cité en exemple et imité** : c'est donc un pionnier dont les médias sont le levier :

- **dans son action sociale,** il aime défricher ce que personne encore n'a osé, quels que soient les risques et complexités. Le problème sociologique auquel il se consacre compte moins que **le geste héroïque**, le *challenge*, l'aventure. On le trouve donc souvent dans les ONG qui interviennent dans les conditions les plus difficiles ;
- **sur son organisation,** il exerce un *leadership* exclusif, magnétique et séducteur, assis sur sa notoriété publique de *people*, faisant de l'ombre à tous les autres.

De la sociologie à la politique

Des pouvoirs antagonistes

Les politiques n'ignorent pas le potentiel d'influence des médiateurs et relais d'opinion, comme leviers de pouvoir à l'intérieur de la société française.

Mais, **ces rouages apparaissent beaucoup plus indépendants qu'autrefois des intérêts du pouvoir**, de gauche ou de droite… à la différence des notables de proximité anciens, plus favorables à l'organisation en place qui leur a reconnu ce statut.

Les médiateurs sociaux et relais intermédiaires d'opinion ont pris une place prépondérante dans notre société :

- leur pouvoir va s'accroître au fur et à mesure que l'État-providence se retire de ses missions et abandonne les citoyens au marketing privé ou à la charité publique ;

- leur recrutement, leur ubiquité géographique, leur liberté d'action sont multipliés par les outils numériques et les réseaux de l'internet ; en même temps, leur fonctionnement dans la vie réelle est compliqué par le flou inorganisé des communautés virtuelles.

Des cultures contradictoires

Le paradoxe est que les associatifs et les politiques se partagent le même rôle de soins sociaux, mais avec des valeurs et des modèles de fonctionnement tout à fait différents.

Les dirigeants et gouvernants devront prendre en compte le pouvoir de ces relais et leviers sociaux, infiniment plus crédibles que les politiciens eux-mêmes :

- forts de leur **omniprésence** ;
- plus encore de leur **proximité** psychosociologique : des gens comme nous au service de leurs *alter ego* dans le besoin ;
- forts surtout de leur image d'**honnêteté désintéressée** (première qualité exigée par les Français aujourd'hui, en politique et gestion sociale).

À ces caractéristiques connues du monde associatif classique, il faut ajouter **la nouvelle conception de la vie sociale que véhiculent des relais sociaux *on line*,** le *système D virtuel* qui s'y développe.

Le plus grand changement est le passage d'un fonctionnement social pyramidal, de haut en bas, à **une socialisation horizontale**, entre internautes tous égaux, de particulier à particulier :

- le relais d'information descendant devra se faire lui-même relayer par des rebonds horizontaux, sur le mode du *flipper* ;
- le relais d'opinion remontant des experts intermédiaires devra attendre qu'une *crowd intelligence* se soit dégagée des échanges en réseaux et forums ;
- l'entraide se fera directement entre particuliers ou microstructures, via le net, sans transiter par des organisations centrales ;
- le *temps réel* que permet le web imposera une réactivité immédiate, une souplesse d'adaptation ;
- les acteurs sociaux, militants et caritatifs, gagneront plus en pouvoir individuel… ce qui est étranger aux politiques, habitués à l'obéissance de leurs troupes ;
- les collectifs, associations, organisations deviendront plus floues de structure, moins formelles (donc moins contrôlables), plus éphémères à géométrie variable : elles pourront moins compter sur les militants encartés à vie, et devront remobiliser les bonnes volontés sur chaque sujet, sur un objectif précis et à durée limitée ;

- ces ensembles humains *modulables* seront pilotés par une hiérarchie informelle, fondée sur la sympathie, la cooptation et une interdépendance qui n'exclut pas une totale liberté d'implication.

De la théorie à la pratique

Questions

- Sur quels sujets aurait-on intérêt à ce que l'État se désengage et passe le relais à des organisations de citoyens ?
- La France a-t-elle vraiment besoin d'informateurs, de médiateurs, de conseillers, de secouristes sociaux, d'animateurs décentralisés au plus proche des citoyens ?
- Est-il acceptable que l'État se désengage de plus en plus de ses fonctions coûteuses ?
- Faut-il confier à nouveau aux communautés, y compris religieuses, des pans de l'organisation sociale (santé, éducation, entraide) ?
- Faut-il créer des quasi-fonctionnaires médiateurs dont la tâche sera l'aide et non l'application formelle des textes ?

Interactivité

Voulez-vous exprimer votre opinion sur ce thème, sur les évolutions passées, sur les scénarios alternatifs et sur la tendance sociale ?

Nous vous donnons rendez-vous sur notre site internet où vous pourrez voter et comparer votre opinion à celle d'autres lecteurs. Connextez-vous à : http://www.agorascope.com/sesame/14relai

PÔLE GOUVERNANCE

Chapitre 15

L'éducation ou le bâton ?

La loi et l'ordre en question

Héritage

De la maman éducative au père fouettard

Le père sévère

Selon le principe républicain, la police est censée inspirer confiance et sécurité par sa seule présence apaisante, et n'étaler sa force qu'en dernière extrémité.

Dans la tradition française, la peine infligée à un délinquant ou criminel devait servir à protéger la société d'un élément dangereux et lui imposer une éducation négative, la pénibilité de la peine, supposée lui apprendre à se conduire bien.

Ce n'est que bien plus tard que le souci de la victime fut considéré.

Tout ceci est en train de basculer à 180 degrés, depuis longtemps déjà mais en accélération récente.

De la providence maternaliste à la répression !

Un changement global d'orientation sur la gestion de la paix sociale et de la sécurité des personnes est en cours, engagé depuis longtemps déjà à pas feutrés, mais plus ouvertement depuis 2007.

Notre société sécrète un niveau de frustrations, matérielles et psychologiques, qui a fait exploser une petite et moyenne délinquance violente, particulièrement chez des jeunes et plus encore chez les bannis des cités-dortoirs. Ce n'est donc pas d'aujourd'hui que l'insécurité inquiète les Français ; et tout aussi longtemps que c'est une thématique démagogique en politique, mais réservée autrefois à l'extrême droite.

La gauche « maternaliste »

Les socialistes au pouvoir sont **mal à l'aise avec ce problème**, du fait de leur traditionnelle philosophie sociale :

- elle tend à trouver des **circonstances atténuantes** aux délinquants pour reporter la responsabilité sur l'environnement socio-économique ;
- elle envisage donc d'abord de **réformer les conditions de vie** pour couper les racines du mal ;
- elle préfère la **prévention** à la répression : orientation concrétisée par la mise en place d'une *police de proximité,* par le gouvernement Jospin en 1998 ;
- elle répugne à la punition et rêve d'un système judiciaire compréhensif, mesuré, conduisant à des peines personnalisées dans un **système rééducatif.**

La gauche aux affaires a plutôt développé, au détriment de la sévérité punitive, une *prévention maternante*, critiquée par ses adversaires comme un angélisme laxiste. Mais la gauche future, si elle revient au pouvoir tient, sous l'influence de Ségolène Royal et Manuel Vals en particulier, un propos plus répressif.

La droite « répressive »

Notre héritage le plus récent est une stratégie de gestion répressive. C'est **Nicolas Sarkozy** qui a apporté plus de vigueur et assumé avec plus de clarté une politique de répression :

- dès qu'il fut ministre de l'Intérieur, en 2002, conscient de l'écho populaire d'une fermeté répressive, **il se fit offensif :** dénonciation d'une France dérivant vers le *Bronx* mythique de *cités* banlieusardes de *non-droit* ; critique du laxisme des juges et encouragement à une activité policière plus intense et plus musclée, complétés d'un appel directif à une justice plus sévère ;
- au point que Jacques Chirac, alors Président, dut faire le tampon entre son ministre de la police et la grogne des plus hauts magistrats du pays, à propos d'une « guerre police-justice réengagée par Nicolas Sarkozy, sur le thème de la justice laxiste et démissionnaire, particulièrement en Seine-Saint-Denis » ;
- celui-ci n'en poursuivit pas moins son offensive : « Comment puis-je assurer durablement la sécurité des Français, et notamment des Français en Seine-Saint-Denis, si je me retrouve avec une chaîne pénale où les policiers arrêtent toujours les mêmes et où la réponse pénale n'est pas à la hauteur de la réponse policière ? »[1] ;
- **l'insécurité dramatisée fut un thème majeur de sa campagne en 2006-2007 :** surenchère à succès qui lui permit de siphonner les voix du FN. « Et

1. Propos rapportés sur un forum des Amis de la Police nationale : police.naturalforum.net/t704-police-justice-chirac-tente-de-calmer-le-jeu.

Sarko d'interroger et d'asséner : quel est mon juge ? Les Français », se félicitent les Amis de la Police nationale[1].

Zéro tolérance

Au-delà des réformes techniques des forces de l'ordre et de la justice, au-delà de l'évolution des lois, systématiquement dans un sens plus répressif, **c'est une philosophie nouvelle de la loi et l'ordre qui se met en place depuis 2002.**

De la loi générale aux faits divers

Les faits divers ont toujours été utilisés pour dramatiser une situation. On se souvient du cas d'un vieillard agressé à quelques jours du premier tour en 2007 : providentiel pour certains candidats.

Le fait nouveau du mode de gouvernement actuel est de rebondir sur les faits divers dramatiques pour ériger ces cas particuliers en phénomène général, dénoncer le laxisme (des juges, des médecins…) et proposer immédiatement un durcissement de la loi.

De la régulation sociale à la vindicte

Partager la douleur des malheureux et des victimes est un rôle naturel des élus, mais la compassion devient un acte politique lorsque le Président, censé être garant de la neutralité de la Justice, se fait avocat de la *partie civile*, **porte-parole des victimes**, invitant la justice à plus de sévérité au nom de leur juste vengeance ; censé être protecteur de la Justice contre toute ingérence, il réclame des peines en avocat général.

De la sérénité publique à la guerre

- **Le langage employé est devenu de plus en plus guerrier :** contre les « zones de non-droit », « le nettoyage des cités au *karcher* »[2]. Cette dernière formule a gagné sa place dans les expressions populaires : elle signifie une action autoritaire et définitive. Elle correspond donc bien à un état d'esprit, libéré par la parole de celui qui était alors ministre de l'Intérieur ;
- **le *design* policier** est appelé en renfort : CRS et gendarmes sont désormais déguisés en *robocops* dès le moindre défilé pacifique, occupant en armures l'espace public avec ostentation, avant même tout rassemblement. La visibi-

1. *Idem.*
2. Citation de Nicolas Sarkozy en visite à La Courneuve, en banlieue, en juin 2005 : www.lepetitjournal.com/content/view/1522/315/ et www.rue89.com/carte-delecteur/2011/06/22/banlieues-et-politique-le-kaercher-de-sarkozy-a-fait-mal-210064.

lité d'une police de stylisme guerrier est une méthode qui vise une dissuasion par la peur : à six mois de la Présidentielle, le nouveau ministre de l'Intérieur appelle encore à une visibilité accrue[1] : une coïncidence ?

Cette mise en scène n'est pas fortuite : elle ne parle pas de paix sociale mais de tension, d'affrontement, de guerre. Le parti pris de gérer la sécurité des espaces publics sur le mode combattant est évident : est-ce la meilleure façon d'abaisser les tensions ?

De la paix à la peur

Même lorsqu'on parle de *prévention*, les mesures proposées ne parlent que de répression par une pédagogie de la **peur policière** ou de la crainte de **peines judiciaires aggravées**.

Un moment fondateur est une intervention soigneusement médiatisée où Nicolas Sarkozy fustigeait la police de proximité et ses activités relationnelles pour les inciter à faire leur vrai travail : des arrestations. « La police n'est pas là pour organiser des tournois sportifs, mais pour arrêter des délinquants, vous n'êtes pas des travailleurs sociaux.[2] »

La politique du chiffre, dénoncée par certains policiers eux-mêmes, ne mesure pas la paix sociale ni la sécurité, mais les tableaux de chasse.

- On connaît le risque d'engendrer la haine des forces de l'ordre par excès de contrôles et arrestations (c'est déjà le cas dans de nombreuses cités de banlieues, même les plus calmes, comme le relèvent les études locales du CCA).
- Il ne faut pas négliger le risque symétrique d'inciter la police à voir en tout individu dans la rue (aggravé par la tentation du délit de faciès) un délinquant potentiel, une cible à pourchasser, au moins une ligne de plus au tableau *pour le chiffre.*

Notre répression reste encore cependant plus au niveau du discours, de la loi que de ses applications. Le ministre Nicolas Sarkozy a géré avec beaucoup de retenue policière les émeutes de banlieues en 2005.

---

1. www.lexpress.fr/actualites/1/politique/a-sevran-gueant-assure-que-la-police-republicaine-retablira-la-securite_999273.html.
2. À Toulouse, le 3 février 2003, discours aux policiers du commissariat de Bellefontaine.

À LA CROISÉE DES CHEMINS

CAROTTE OU BÂTON ?

Le réel et l'imaginaire

La délinquance, évènements et comportements définis et mesurables, est un fait, même si les scores de la *culture policière du chiffre* sont objets de polémiques sans fin.

Les chiffres officiels

- Selon une enquête de l'ONDRP[1] et de l'Insee sur 16 000 ménages sondés, les atteintes aux biens ont diminué, tandis que les violences ont augmenté, entraînant une légère hausse du sentiment d'insécurité (de 19,5 % à 20,5 % entre 2006 et 2009) ;
- en janvier 2011, le ministre de l'Intérieur annonce ses **performances de l'année 2010**, portant sur les plaintes et délits découverts par la police :
  - 2,1 % de diminution (« pour la huitième année consécutive ») de la délinquance globale, notion floue qui confond : meurtres, viols, hold-up, vols à la tire, voitures brûlées (42 000 voitures brûlées en 2010 selon *Le Monde* de juin 2011), bagarres, escroqueries...
  - mais hausse de 2,5 % des violences aux personnes (surtout des vols touchant des femmes dans l'espace public : + 13 %) due à la progression des violences crapuleuses (+ 5 %), alors que les vols sans violence diminuent de 2 %... Anecdotiquement, on note + 40 % de vols de smartphones dans les transports en commun de l'Île-de-France.
- Surtout, **l'insécurité, ressenti psychologique subjectif, est une inquiétude partagée dans toutes les classes sociales**. Qu'elle soit fondée ou fantasmée, qu'elle émane de l'expérience vécue, des conversations de bistrot ou de la propagande politique, qu'importe : c'est un fait sociologique.
- En 2010, 59 % des sondés estimaient que « l'insécurité est en augmentation » et 36 % qu'elle était stable ; les plus inquiets étaient les femmes (62 %), les plus de 35 ans (64 %), les électeurs les plus à droite... La sensation de *peur* (43 %) est en augmentation : + 16 % qu'en 2007.

Discours et performances

La politique sécuritaire n'est pas un succès évident :

- la délinquance violente qui s'en prend aux personnes augmente ;

1. Office national de la délinquance et des réponses pénales, créé par N. Sarkozy en 2003 : www.inhesj.fr/?q=content/pr%C3%A9sentation-de-londrp.

- le sentiment d'insécurité se propage, y compris dans des lieux sanctuarisés, comme les écoles.

Les mouvements de menton, les discours guerriers, l'accumulation de lois plus répressives, la suppression de la police de *proximité* au profit d'une police de *commandos*, l'omniprésence policière (mais est-elle aux bons endroits ?), les adolescents délinquants traités comme des adultes, les nouveaux centres de redressement pour jeunes... n'ont rien enrayé.

Le discours politique ne change pourtant pas d'un iota dans l'injonction répressive comme unique remède. La vraie raison de cette persévérance ne serait-elle pas qu'elle est une démagogie électoralement payante ?

Alternatives

La période électorale qui s'annonce permettra de remettre le sujet en réflexion :

- à la fois le problème bien réel de personnes désintégrées qui ne voient d'autre issue, dans une société frustrante, que la délinquance violente (et nous ne sommes pas seuls dans cette situation, comme le montrent les émeutes britanniques de l'été 2011) ;
- et le problème d'un corps social devenu plus fragile, plus paranoïaque et plus effrayé. Une incivilité vulgaire, un regard dur sont interprétés comme une quasi-agression.

Vers un scénario d'ordre « maxi-répressif » ?

La logique dans laquelle s'est engagée notre société, surtout depuis dix ans, ne demande qu'à se prolonger et se radicaliser vers plus de sévérité.

Le modèle de référence est américain :

- on développe la *peur du gendarme* et sa traque impitoyable ;
- peuvent s'y ajouter les techniques numériques modernes (*tracking* par vidéosurveillance, logiciels de reconnaissance des visages, détecteurs) et celles de la police scientifique : les séries télévisées comme *Les Experts* popularisent l'idée que le criminel ne peut plus échapper à l'œil technologique ;
- on dénonce sur le pilori médiatique des criminels et même des suspects : les cadres « espions » de Renault en ont fait la démonstration en 2011 ;
- le système répressif mise surtout sur la prison, conçue comme une mise à l'écart du délinquant abandonné à cette culture de la criminalité sans aucune stratégie de réhabilitation ;
- la Justice est poussée à surpénaliser la récidive qui aboutit vite à des peines longues.

Surtout, dans ce modèle, la ligne de démarcation entre bon citoyen et délinquant asocial est très mince, vite franchie et considérée comme sans retour : la théorie de *la deuxième chance* n'est pas appliquée en pratique.

Vers un scénario « pacificateur » ?

Il s'agirait d'une **véritable alternative**, à la fois en contradiction avec la stratégie politique du *tout répressif* et avec la sensibilité dominante d'opinion publique actuelle.

Un tel scénario pourrait s'appuyer sur **la tendance au microcosme** : les citoyens doutent de plus en plus de l'efficacité et même de la bonne volonté des politiques aux niveaux national ou international : ils recherchent solidarité et sécurité dans des entités à taille humaine, microlocales ou identitaires, dans leurs *leaders*-voisins de proximité et leurs organisations coopératives civiques[1].

Un modèle est à inventer :

- en constituant un grand corps de **forces de paix** dans des rôles complémentaires bien définis, de l'assistance sociale à la répression, des pompiers au GIGN, des îlotiers aux commandos ;
- plus encore en définissant **une graduation** de leur intervention, de la prévention amicale à la réinstallation en force de *l'État de droit* ;
- en réinventant **une police socialement intégrée** – *embedded,* disent les Anglo-Saxons pour souligner une cohabitation quotidienne de familiarité – par son implantation de proximité géolocale mais aussi par son *casting*, miroir de la mosaïque sociale ;
- en différenciant mieux des niveaux de délinquance, non seulement en termes de gravité de la faute, mais aussi de **niveaux de marginalisation sociale** ;
- en évitant de mélanger en prison les voleurs de mobylette, dealers de drogues et violeurs de mineurs ;
- en différenciant donc différents types de peine, pas seulement dans la durée, mais dans leur nature ;
- en associant systématiquement à la peine punitive une action d'éducation, de qualification professionnelle et de réinsertion… ce qui rendrait plus acceptable une aggravation des sanctions pour récidive ;
- en organisant cette Police et cette Justice avec une flexibilité microsociale, à disposition des élus locaux… au risque, bien sûr, d'un *patchwork* de niches locales ou communautaristes, diversifiées entre laxisme et brutalité.

---

1. Voir le chapitre 1 : « La France cabossée ».

Quels styles de loi et d'ordre vers 2020 ?

TRANCHE DE VIE 2020

Connu des services de police

Sam balise : il se sait fiché, dans le collimateur des keufs, même quand il promène au parc sa petite Yasmine. Il s'est pourtant rangé, a trouvé un travail, s'est marié ; il paie ses impôts, ses PV et aimerait bien épargner un peu pour peut-être devenir propriétaire. Mais pas facile, quand on a eu quelques erreurs de jeunesse collées dans le dos comme des étiquettes fluorescentes qui clignotent « délinquant ! ».

Quelques scooters empruntés, des bagarres de bandes, de la fumette, un peu trop de crack dans les poches à côté d'un cran d'arrêt ; péchés véniels dans la cité de Sam ; mais ça a conduit l'ado dans un genre de maison de redressement… qui n'a rien redressé du tout. Il y a fréquenté un peu plus caïd que lui, plus asocial, plus violent. À peine sorti, le voilà donc dans un circuit de dealers jeunes mais très pro, armés. Par chance, avant de replonger en prison, il s'en est éloigné, écœuré par une tournante et par des règlements de comptes mortels.

Mais il était « connu des services de police », a priori suspect de tout délit dans un rayon de 10 km, sans cesse raflé, cuisiné, incité à faire l'indic (mais il tient à sa peau).

Il a dû déménager et c'est là qu'il s'est trouvé un amour et un travail. Mal payé le boulot, en CDD sans fin, car son patron a accès aux « fichiers de sécurité » : c'est la loi maintenant, et ça lui permet de le traiter de « voyou ». Son casier judiciaire est léger, mais ce fichage policier le suit partout : à la Sécu, à la maternelle, au club de foot qui l'a refusé comme entraîneur des petits, chez son banquier… il a l'impression que tout le monde a lu ses exploits de jeunesse ; ils en ont le droit.

Il est sûr que sa carte bleue est surveillée automatiquement, que l'on suit ses déplacements par le GPS de son smartphone, que ses horaires de présence au travail sont vérifiés régulièrement. Il ose à peine surfer sur le web, il n'écrit rien sur les réseaux sociaux : un flic lui a dit un jour que le logiciel netSafe pouvait analyser ses fréquentations et ses conversations.

Sa dernière peur : suite à l'arrachage d'un distributeur de billets, pas loin de chez lui, il a été convoqué et gardé quatre heures. En partant, on l'a menacé d'un bracelet électronique : il paraît qu'il ne faut même plus être condamné pour y avoir droit : « simple précaution », qu'ils ont dit.

TRANCHE DE VIE 2020

Deuxième chance

Idra s'en sort bien, pense sa mère.

Quand les flics sont venus l'arrêter, polis, sans violence, il y avait aussi deux de ces nouveaux auxiliaires de police, uniforme beige, des femmes d'ailleurs, à peine plus âgées qu'Idra, qui se sont occupées de la maman et des petits qui avaient peur. Elles lui ont expliqué ce qui allait se passer pour sa fille, où et quand elle pourrait la voir…

Ça lui pendait au nez à Idra : déjà elle avait zappé l'école à quatorze ans, ensuite des petits vols en magasins l'avaient emmenée au commissariat plus d'une fois, et devant le juge de la jeunesse. Puis il y eut cette histoire de trafic de faux passeports : rien de trop grave, rien de violent, la petite ne faisait que du transport, mais en gros.

Première chance : une garde-à-vue raccourcie, avec avocat et assistante sociale.

Seconde chance : elle a été condamnée à trois mois quand même (ils sont durs avec tout ce qui favorise l'immigration clandestine) ; mais elle n'a été incarcérée que trois semaines, dans une petite unité de jeunes délinquants à leur premier faux pas ; des voyous dans le tas, mais pas de vrais truands, pas de criminels. Ensuite on lui a donné le choix : finir ses trois mois en prison ou sortir avec un bracelet électronique, mais neuf mois de mise à l'épreuve.

Sortie « en liberté à l'épreuve », Idra suit des cours de puériculture pour devenir assistance maternelle et, en plus, elle fait des travaux d'intérêt général pour la commune : accompagnement de personnes âgées. Idra n'a jamais été aussi occupée ! Et déjà la commune lui a fourni une liste d'employeurs possibles pour l'année prochaine : des gens sélectionnés, pas effrayés par ses écarts et qui ne la traiteront pas en paria. « Tu vas avoir une seconde chance, répète la maman, ne la gâche pas ! »

Mais depuis qu'elle a vu ces « auxiliaires de pacification », elle se dit : « Pourquoi pas moi ? »

Vox populi

Surveiller et punir !

Plusieurs sondages, au printemps 2011, donnent une indication sur **les tendances répressives** de l'opinion publique.

Bémol : sur ce sujet délicat, les polémiques sont aussi nombreuses que les résultats contradictoires :

- à noter d'abord que certaines de ces enquêtes sont très conjoncturelles, réalisées dans une période d'intense médiatisation d'un fait divers de violeur récidiviste[1] ;
- à noter aussi que des différences très importantes apparaissent parfois entre des mesures, dues surtout à des formulations des questions et des réponses différentes, éventuellement orientées.

1. Sondage CSA pour LCI, par téléphone, 9-10 février 2011 sur 947 personnes ; sondage Ifop pour *Le Figaro*, 10-11 février 2011, sur 1 003 personnes sur internet ; sondage CSA, 5 mai 2011, sur 999 personnes, pour l'association Institut pour la Justice.

Justice : peut mieux faire !

- **Les juges** ont une bonne image pour plus de 79 % des citoyens : « compétents » et « respectueux de la loi »... mais une majorité faible (53 %) les croit « indépendants des intérêts économiques »[1] ;
- **l'institution judiciaire** inspire confiance à 55 % des sondés : c'est moins que les hôpitaux (83 %) et l'école (72 %), mais bien plus que les médias (30 %) et les élus politiques (22 %)[2] ;
- **cette justice fonctionne mal...** mais à taux très variables : de 35 %[3] à 77 % selon les sondeurs[4], principalement parce qu'elle manque de moyens pour faire son travail (77 %)[5].

Police et Justice : pour quoi faire ?

Prévention ?

Un sondage de styles de vie du CCA observait, en 2010, 59 % des Français donnant la **priorité à la prévention policière et la rééducation**, plutôt qu'à la pure répression.

Pourquoi ?

- passée la campagne électorale de 2007 où le thème avait été surdramatisé, le soufflé de la peur est retombé, un peu ;
- les résultats de presque dix ans de coups de *karcher* et des durcissements législatifs à répétition ne sont pas spectaculairement positifs, en tout cas objets de polémiques.

Répression !

Mais l'opinion semble s'être crispée de nouveau dans la peur. **Un courant répressif se renforce** aujourd'hui dans l'opinion, proche de celui sur lequel le candidat Sarkozy avait déjà surfé dans les années 2003-2007.

Les causes sont multiples et convergentes :

- la renaissance du Front national, avec Marine Le Pen, qui multiplie des campagnes locales à base de faits divers[6] ;

---

1. Sondage Ifop *op. cit.*
2. *Idem.*
3. Sondage CSA *op. cit.*
4. Sondage Ifop *op. cit.*
5. Sondage CSA *op. cit.*
6. www.frontnational.com/?tag=securite ; www.voxfnredekker.com/archives/2011/05/21/21194198.html.

- et tout le monde, UMP en tête, se sent obligé de courir derrière cette thématique d'angoisse. « En 2011, je veux en appeler à l'union sacrée contre la délinquance et l'insécurité » : la phrase est de Brice Hortefeux (janvier 2011) promettant toujours plus « d'actions coup de poing », notamment contre le trafic de drogue[1] ;
- le PS est animé de courants contradictoires sur un sujet qui divise son aile gauche plutôt libertaire, et son aile droite plus répressive sur le sujet. Cependant, le discours général socialiste est plus proche de celui de la droite qu'il ne l'a jamais été ;
- le point de vue sur la répression est devenu un thème partagé par presque tous les politiques[2] ;
- des élus locaux perdent espoir dans la police devant des violences urbaines non *karchérisées* et se déclarent dans un état de guerre civile, réclamant l'armée dans les cités : exemple à Sevran en juin 2011, le maire écologiste soutenu par Ségolène Royal. Celle-ci avait déjà auparavant fait de l'intervention de l'armée un de ses thèmes distinctifs quant à la politique de répression[3].

Résultat : les Français trouvent **la Justice pas assez sévère,** surtout pour les récidivistes (70 % selon CSA à 85 % selon Ifop), et particulièrement (85 %) concernant les crimes sexuels, mais aussi (83 %) dans les affaires politico-financières ; un peu moins, mais encore majoritaire, le manque de sévérité envers les mineurs délinquants est dénoncé par 73 % (Ifop). Ainsi, 70 % des Français disent « la justice française trop indulgente vis-à-vis des criminels récidivistes » : surtout les sympathisants de droite, mais aussi 66 % des électeurs de gauche ; et particulièrement les jeunes (moins de 30 ans) : 76 % voudraient une législation plus sévère[4].

Conséquence : une sévérité accrue est demandée, qui vise notamment les crimes sexuels traumatisant l'imaginaire collectif :

- 62 % des sondés de CSA sont favorables à une nouvelle loi plus sévère ;
- 84 % sont favorables à « une peine à perpétuité réelle pour les criminels sexuels les plus dangereux » (ce qui implique l'acceptation que le criminel est *a priori* récidiviste).

1. info.france2.fr/france/les-chiffres-2010-de-la-delinquance-66969771.html.
2. insecurite.blog.lemonde.fr/2011/06/05/la-posture-autoritaire-et-populiste-de-manuel-valls/ ; www.parti-socialiste.fr/lepspropose/ma-securite ; pslasource.wordpress.com/2011/05/05/le-changement-lespropositions-socialistes-securite.
3. abonnes.lemonde.fr/societe/article/2011/06/03/le-maire-de-sevran-demande-a-l-etat-d-intervenir-contre-les-violences-dans-sa-commune_1531267_3224.html.
4. Sondage de CSA au printemps 2011 pour l'Institut pour la Justice, association militante sécuritaire. Chiffres rapportés sur le site du *Figaro* : www.lefigaro.fr/actualite-france/2011/05/16/01016-20110516ARTFIG00679-recidiveles-francais-reclament-la-severite.php.

Réprimer par le peuple

C'est sur cette tendance sociale répressive que surfe le Président Sarkozy lorsqu'il propose d'introduire des *jurys populaires*, sur certaines affaires dans les tribunaux correctionnels et d'associer des citoyens aux juges d'application des peines :

- le but déclaré est « des jugements plus légitimes » ;
- le but caché pourrait bien être d'accroître la sévérité des jugements et des libérations conditionnelles.

Certains critiquent un populisme pénal ; mais s'il y a démagogie, elle entre en résonance avec **une majorité des citoyens** (64 % selon le sondage cité de CSA).

DE LA THÉORIE À LA PRATIQUE

Questions

Quels que soient le jugement personnel et l'évaluation socioculturelle devant cette tendance répressive de la population française :

- c'est un problème clé pour la gouvernance du prochain quinquennat, quel(le) que soit l'élu(e) : dans quelle mesure échappera-t-on à la démagogie ?
- c'est aussi une question de civilisation : la France échappera-t-elle à la paranoïa sécuritaire qui fait de la société un *no man's land* militarisé ?
- Faut-il appeler l'armée pour rétablir l'ordre dans des « zones de non-droit » ?
- Faut-il réinstaller une police de proximité ?
- Faut-il multiplier la surveillance technologique : caméras dans les lieux publics, avec logiciels de reconnaissance des visages et de lecture sur les lèvres ?
- Faut-il juger et punir des jeunes délinquants de quatorze ans comme les adultes (mêmes tribunaux, mêmes juges, mêmes peines, mêmes prisons) ou conserver « la justice des mineurs » ?
- Faut-il envoyer les jeunes délinquants les plus durs dans des camps gérés par l'armée pour leur apprendre la discipline, façon militaire ?
- Faut-il punir plus sévèrement les récidivistes ? et les adolescents récidivistes ?
- Faut-il faire exécuter les peines de prison jusqu'au bout ?... ou permettre une libération conditionnelle dès qu'on perçoit une chance de réinsertion ?
- Dans notre situation sociale : faut-il plus de peines de prison ferme ?... ou plus d'autres formules (bracelet de télésurveillance, travaux d'intérêt général) assorties de formation professionnelle ?
- Faut-il revenir à la peine de mort pour des crimes graves (meurtres de policiers, viols récidivistes, assassinats d'enfants, criminels en série) ?

Interactivité

Voulez-vous exprimer votre opinion sur ce thème, sur les évolutions passées, sur les scénarios alternatifs et sur la tendance sociale ?

Nous vous donnons rendez-vous sur notre site internet où vous pourrez voter et comparer votre opinion à celle d'autres lecteurs. Connectez-vous à : http://www.agorascope.com/sesame/15justice

CHAPITRE 16

Le cocon ou la jungle ?

Le « modèle social français » en péril

HÉRITAGE

GRANDEUR ET DÉCADENCE DU MATERNAGE SOCIAL

Ce qu'on appelle **le modèle social français** est né de la Libération, en 1945-1947, sous l'impulsion du CNR et du général de Gaulle, avec pour but de fonder une politique sociale plus solidaire. Un but implicite de certains des initiateurs, dit-on, était de limiter les risques de bascule du corps social vers le communisme.

Ainsi s'est fondé **l'État-providence** : une appellation autrefois positive, une fierté nationale, mais devenue péjorative sous l'impact de la pensée ultralibérale.

Principes fondateurs... et exceptions

René Soubie (ancien conseiller de Raymond Barre puis de Nicolas Sarkozy jusqu'en 2010) définit ainsi ce modèle : « une protection sociale élevée, un droit du travail fortement réglementé et un rôle de l'État qui reste important. »

Le principe de base est moral et non économique : tout individu est en droit d'attendre de sa collectivité, en échange de son respect des lois, aide et assistance, même s'il est socialement peu productif et compétitif, s'il est personnellement en échec ou handicapé et même un poids mort pour le groupe.

Le principe de fonctionnement est **la gestion paritaire** des prestations sociales par l'État et les partenaires sociaux des syndicats et du patronat :

- ils assument une mission de justice sociale, de tendance égalitariste, qui prend forme dans la **proportionnalité des contributions sociales**, par l'impôt et les cotisations en proportion des revenus. Mais les *niches fiscales* ont significativement détourné ce principe ;
- ils gèrent ensuite un égalitarisme de bénéfices, par le **principe de répartition** : les prestations sociales financières et matérielles sont accessibles à tous

et à égalité. La gratuité devrait même être de règle pour des fonctions vitales incontournables, comme la santé, l'éducation. La Sécurité Sociale en était l'incarnation. Mais de nombreux avantages sociaux ont été progressivement sortis des principes de gratuité et d'égalité, au nom d'un principe nouveau de contribution équitable, en fonction des revenus ;

- enfin cette répartition est financée selon un **principe de solidarité en temps réel** : le régime d'Assurance Maladie est financé par les travailleurs, les retraites d'aujourd'hui dépendent de la collectivité des actifs d'aujourd'hui. Mais les nombreuses dérogations des régimes spéciaux ont créé des niveaux de solidarité bien différents dans la société[1].

L'État-providence est donc **un hybride** :

- de *père* équitablement sourcilleux pour compenser les inégalités de situations ;
- de *nounou* compassionnelle qui veille sur les plus faibles de la nichée sociale ;
- de *gestionnaire* impartial d'un trésor public issu de cotisations citoyennes.

La morale sous-jacente ne réprouve en rien les enrichissements personnels, mais veut en répartir plus équitablement les bénéfices.

La providence confirmée

- Les successeurs de droite de Charles de Gaulle n'ont guère osé toucher aux principes fondamentaux, même si les discrets coups de canif dans le contrat ne manquent pas ;
- **François Mitterrand** reste dans l'opinion un Président qui a endossé le rôle de *Monsieur Plus*, pour marquer de son empreinte l'histoire du *modèle français*. Si le principal héritage de sa mandature, pour 53 %, des Français, est l'abolition de la peine de mort, vient ensuite le renforcement des protections sociales : retraite à 60 ans (52 %), cinquième semaine de congés payés (47 %), 39 heures (37 %), RMI (33 %)[2] ;
- les 35 heures ont poursuivi, en 2000, cette logique socialiste ;
- dernier né de cette protection : le RSA, en relais du RMI en 2009, doit beaucoup à Martin Hirsch dans le gouvernement Fillon : une mesure de *droite sociale ou de gauche libérale* ?

1. Rappelons que pour des Américains ce dogme est incompréhensible et dépasse le clivage Démocrate-Républicain : pourquoi payer pour soigner des gens qui me sont étrangers ? Et si le Président Obama a réussi à faire voter sa réforme, déjà certains Républicains annoncent qu'ils reviendront au système privé dès qu'ils seront au pouvoir.
2. Sondage Ifop pour *Le Journal du Dimanche*, par téléphone, en décembre 2010 (échantillon de 966 personnes).

La providence contestée

Les quinze dernières années ont connu une contestation progressive de ces principes que la génération des *baby-boomers* croyait sacrés et orgueil national :

- dès 2005, le journal *Le Monde* titrait : « **Le modèle social français à bout de souffle** ». À quelle aune mesurer l'épuisement du modèle ? à l'irruption répétée de la violence urbaine ? à la proportion d'actifs sans emploi (jusqu'à quatre sur dix dans certains quartiers) ? à la ségrégation sociale et territoriale que le sociologue Éric Maurin désigne sous le nom de « ghetto français » ? « L'État-providence et le paritarisme s'épuisent. L'école n'est pas seule à être en crise. L'État-providence se résout peu à peu à admettre qu'il vit au-dessus de ses moyens [...]. Le modèle français social s'est transformé en contre-modèle, ruinant jusqu'à l'idée même de progrès. »[1] ;
- l'idée d'un système luxueux, trop généreux, dispendieux, dépassé, **impossible à financer** s'est installée au fil des déficits annoncés de la Sécurité Sociale. S'y est ajoutée l'idée d'un système **inéquitable** qui profite plus aux fonctionnaires qu'au privé, aux salariés qu'aux indépendants, aux CDI qu'aux CDD...
- ce modèle a été attaqué au nom des *réalités incontournables* du libéralisme mondialisé. En juin 2006, un colloque de Génération entreprise[2] et l'Ifrap[3], au Sénat, labourait le terrain pour la campagne présidentielle : « Le modèle social français est un mythe [...] le prétendu modèle social français a vécu [...]. Aujourd'hui, le modèle social français produit de la pauvreté et de l'assistanat »[4].

La providence débrayée

Depuis 2007, chacun a compris que les protections sociales devraient obéir à une règle comptable : équilibrer leur budget. Elles ne sont plus conçues comme un investissement de la collectivité dans la qualité de vie de ses citoyens, mais comme une dépense de ses consommateurs à réduire.

Le principe de solidarité collective par répartition est toujours défendu en parole, mais en favorisant la mise en place de programmes individualistes de retraites par capitalisation et d'assurances santé complémentaires. La politique

---

1. abonnes.lemonde.fr/societe/article/2005/06/02/le-modele-social-francais-est-a-bout-de-souffle_657333_3224.html.
2. Association française fondée en 1997 par des chefs d'entreprise et des hommes politiques, actuellement présidée, en 2011, par Charles Beigbeder, président fondateur de Poweo.
3. Ifrap : Institut français pour la recherche sur les administrations et les politiques publiques, fondé en 1985 par Bernard Zimmern sur le modèle des *think-tanks* anglo-saxons, qui édite un mensuel : *Société Civile*.
4. www.larevueparlementaire.fr/pages/RP889/RP889-AP-modele-social-francais.htm.

à venir se dessine : **le transfert partiel et progressif de dépenses du portefeuille public vers les porte-monnaie privés.**

De cette évolution ressort l'image, bien perçue par les citoyens, d'une société moins protectrice, d'un État plus dur, cynique, d'une technocratie financière insensible aux objectifs humains.

À LA CROISÉE DES CHEMINS

ÉTAT MATERNANT OU MAUVAISE MÈRE ABANDONISTE ?

Le choix n'est pas si simpliste.

Philosophie ou économie ?

Un problème récurrent pour la politique est de choisir :

- si elle est d'abord **une éthique** qui privilégie un modèle de vie en société et tente ensuite de s'en donner les moyens. On peut alors discuter de construction idéaliste d'une meilleure société ou d'utopie irréaliste ;
- ou si elle d'abord **une gestion** des contraintes économiques, démographiques et matérielles, auxquelles elle doit soumettre ses citoyens. On peut alors débattre du pragmatisme réaliste ou du cynisme démissionnaire.

Le modèle social français est attaqué de toute part, non sans quelques raisons de l'interroger :

- sous un angle pragmatique, il éprouve de plus en plus de **difficultés à se financer** sans creuser le trou de la dette publique ;
- surtout, la pensée libérale de l'économie mondialisée l'accuse d'entretenir une **mentalité d'assistés**, incompatible avec les réalités de la compétition économique ;
- d'autres critiques dénoncent son **caractère corporatiste inégalitaire**, concrétisé dans les niches des *avantages acquis* (par exemple les régimes spéciaux de retraites de certaines catégories de travailleurs).

Les interrogations sur le financement de ce modèle historique de protections sociales sont légitimes. Un débat sur son fonctionnement, des critiques sur ses éventuelles dérives, gaspillages, privilèges indus font partie d'un utile audit démocratique.

Mais le plus important de ces diatribes contre les régimes de santé ou de retraites est la **remise en cause des principes même de ce modèle social historique.** On ne parle pas d'optimiser et moderniser la mise en œuvre de sa philosophie sociale, mais de la changer pour **adopter le modèle américain.**

Ces attaques ont une signification socioculturelle, en rupture avec les intentions de 1945. **Le critère comptable prime** sur l'objectif social et donc sa conception de l'égalité. L'ultralibéralisme conduit cette conception de rupture avec les fondements du système : comme la main-d'œuvre[1], la protection sociale doit coûter le moins cher possible.

Au fond, il ne s'agit pas d'adapter l'économie aux besoins sociaux qu'elle pourrait servir, mais « de réconcilier les Français avec les réalités sociales et économiques »[2]. Ce qui réduit la politique à n'être rien d'autre que du contrôle de gestion financière, avec une méthode première de *cost cutting.*

L'enjeu sociologique

- C'est un fait que la mutation économique vers la mondialisation ultralibérale a mis notre pays en brutale concurrence avec des pays à bas salaires, sans charges sociales ;
- c'est un fait que notre économie est piégée dans un cercle vicieux de chômage qui diminue les cotisations et augmente les dépenses sociales ;
- c'est un fait que le financement des protections sociales est un problème complexe.

La question, pour le prochain quinquennat, est de savoir s'il y peut y avoir une alternative au *cost cutting*, seule réponse à ce jour imposée par les contrôleurs de gestion de la finance ultralibérale, mais qui ne répond jamais à la question politique de la finalité de l'argent public.

État-providence : cap au sud ou au nord ?

Une typologie d'États-providence oppose un modèle ouest-européen, un modèle nordique scandinave et un modèle anglo-saxon[3] :

- *cap au sud* : on peut rattacher le modèle français (comme d'autres pays ouest-européens : Italie, Belgique, Allemagne et Autriche) à une catégorie « **conservatrice-corporatiste** », ou « bismarckienne » : l'État cherche à se substituer aux lois du marché en tant que producteur et répartiteur de bien-être ;
- *cap au nord* : à cet État paternaliste s'oppose une autre pratique, typique des pays scandinaves, qualifiée de sociale-démocrate. Pour créer du bien-être, on mise sur le plein emploi par des investissements en formations qualifiantes et

1. Voir les chapitres 8 et 9 sur le travail.
2. www.larevueparlementaire.fr/pages/RP889/RP889-AP-modele-social-francais.htm.
3. Selon Gosta Esping-Andersen, professeur à l'université de Barcelone, auteur de *Les trois mondes de l'État-providence,* Éditions PUF, Paris, 2007.

recherches, pour donner aux travailleurs la possibilité d'une indépendance individuelle, tout en offrant un niveau élevé de services sociaux ;

- *cap à l'ouest* : le modèle de « ***welfare state*** », typique de l'économie libérale nord-américaine, là où les lois du marché déterminent les niveaux de vie, à peine corrigés par des mesures étatiques de protection des plus faibles.

Ce genre de classification alimente depuis quelques années des débats en France sur une alternative possible à notre modèle 1945, calquée sur le *modèle scandinave*. Celui-ci est aujourd'hui analysé plus efficace que le *modèle français* en termes d'emploi et de redistribution, tout en maintenant un meilleur niveau de prestations sociales. L'État y apparaît moins caritatif et réparateur de la casse sociale, qu'investisseur dans des facteurs économiques d'améliorations du niveau de vie[1].

Alternatives

Trois scénarios sont envisageables.

D'abord **partir d'une réalité**, désagréable et nécessaire, pour en tirer les conséquences. D'une part le système de protection ne parvient plus à se financer par ses propres cotisations, d'autre part l'État, surendetté pour longtemps, ne pourra plus longtemps combler ce déficit.

Vers un scénario de providence fiscale ?

La première orientation est un classique de la pensée de la *Gauche gauchisante*. Il s'agit de **faire payer les riches** pour compenser le déficit des régimes sociaux, en sus des cotisations inchangées.

Cet impôt de financement social existe avec **la CSG**, instaurée en 1990 par Michel Rocard. Il taxe les revenus d'activité et d'épargne pour cofinancer la Sécurité Sociale, mais sans ouvrir à tous les payeurs les prestations sociales qu'ils renflouent.

- Le taux pourrait être encore relevé : il n'a cessé d'augmenter depuis l'origine, de 1,1 à 7,5 % ;
- le principe d'une taxe pourrait être étendu aux transactions financières, au patrimoine global (ISF social), aux primes et bonus, aux stocks options ;
- il pourrait être appliqué aux entreprises, sur le chiffre d'affaires, les bénéfices ou les dividendes distribués ;

---

1. Voir le livre d'Alain Lefèbvre et Dominique Méda : *Faut-il brûler le modèle social français ?*, Éditions du Seuil, 2006.

- il pourrait taxer les délocalisations qui détruisent de l'emploi, donc créent un besoin accru d'allocations distribuées tout en diminuant les cotisations collectées.

Ce scénario resterait dans les rails des principes de 1945 : les prestations sociales sont un dû pour tous ; il appartient à l'État de collecter le financement nécessaire car il s'agit, faut-il le rappeler, de protéger l'homme.

- Une conséquence serait de diminuer le poids des partenaires sociaux dans la gestion paritaire, car l'impôt relève de l'État seul ;
- l'avantage, avec *un cœur à gauche*, serait de concrétiser une solidarité civique non corporatiste, proportionnelle à une richesse, en demandant un effort bien supérieur aux plus aisés ;
- l'inconvénient, *avec le cerveau à droite*, serait d'augmenter encore le taux de prélèvements, de décourager les actifs entreprenants performants.

Mais comment faire pour maintenir un haut niveau des protections, avec moins d'argent ?

Vers un scénario de providence sélective ?

Un deuxième scénario mérite le détour : et si *l'État maternant* avait une préférence pour certains de ses enfants ? Ne pouvant les nourrir ni les soigner tous, s'il en privilégiait certains, abandonnant les autres à leurs seuls moyens ?

On peut imaginer des *populations-cibles* différentes, selon la majorité politique au pouvoir, mais le principe commun serait **le principe d'inégalité par discrimination sélective** :

- **un gouvernement fortement influencé par l'extrême droite** mettrait en pratique une *préférence nationale* avec des prestations diminuées ou supprimées aux étrangers de passage, aux immigrés légaux, peut-être même aux binationaux, aux gens nés hors de notre sol ;
- **une présidence de droite ultralibérale** pratiquerait une autre forme de discrimination par la performance : seraient mieux remboursés *les meilleurs contributeurs à la croissance*, les preneurs de risques, les gros travailleurs. Déjà plus riches que les autres ? Qu'importe si ceux qui ont le plus de besoins sont les moins bien lotis : dans cette logique, il s'agirait de récompenser une élite économique et de sanctionner les improductifs ;
- **une gouvernance de gauche** privilégierait *les plus démunis* selon une hiérarchie des besoins et des manques. On pourrait imaginer que les riches soient imposés de cotiser pour la collectivité, tout en étant moins bien couverts eux-mêmes, sous prétexte d'un niveau de revenus et de capital ;
- **un État écologiste,** quant à lui, pourrait choisir ses ayants droit préférés parmi *les bons écolo-citoyens* sur des critères de contribution à la protection de l'environnement, au développement durable.

Ce scénario est **en rupture radicale avec le *modèle social français* historique**, en assumant des inégalités sociales devant la maladie, les aléas de la vie, le chômage, la vieillesse.

Vers un scénario de providence collaborative ?

Ce troisième scénario miserait sur la tendance sociologique à la *wikicitoyenneté* (CCA) :

- les Français sont déçus, pessimistes et sceptiques devant les protections étatiques macrosociales ;
- ils vont rechercher plutôt la sécurité et l'entraide dans les microcosmes sociaux à taille humaine et identitaires : voisinages microlocaux, communautarismes identitaires, réseaux sociaux de communautés virtuelles.

S'il n'y a plus assez d'argent en caisse pour financer toutes les protections et prestations sociales, pourquoi ne pas demander aux citoyens eux-mêmes de mettre la main à la pâte (plutôt que leur portefeuille sur la table) en **bénévoles de la solidarité** ?

C'est ce que font les associations caritatives, mais selon leurs propre critères et ciblés sur les cas extrêmes. L'État pourrait-il déléguer à certaines ONG des pans de protection sociale pour le plus grand nombre ?

Quels styles de protection sociale pour 2020 ?

TRANCHE DE VIE 2020

Le parapluie de l'impôt

Fleur n'en revient pas : encore un impôt santé ! Une belle lettre signée du Président accompagne l'avis d'imposition : il y est dit que nos chers anciens ont besoin de retraites plus décentes, et pendant plus longtemps, et qu'il remercie d'avance ceux qui ont la chance d'être jeunes et de gagner correctement leur vie de mettre la main à la poche. Il dit même que c'est un « impôt filial, le plus bel impôt qui soit ! ». Ce n'est pas faux si Fleur pense à sa vieille maman : sans retraite, elle serait complètement à sa charge à elle.

Mais, il y a trois mois, c'était aussi une taxe qui était tombée, celle-là pour financer les congés de maternité. Bien sûr « un impôt pour nos bébés : quoi de plus juste et beau ? ». Elle a râlé un peu trop dans un dîner de famille et s'est fait traiter de bourgeoise égoïste par une belle-sœur employée de bureau qui vient d'accoucher de jumeaux et n'arrive plus à joindre les deux bouts.

Fleur va liquider ses stocks options de cadre chez World Display : il paraît qu'elles vont être taxées dans le prochain « impôt Pôle Emploi ». 20 % de son bonus a déjà été donné pour le trou de la Sécu.

Vivement la retraite ? Mais non, les retraités sont taxés eux aussi sur leur patrimoine et leur épargne, certainement pour le plus émouvant impôt du monde : le financement des mères porteuses.

TRANCHE DE VIE 2020

Le parapluie coopératif

Zizou est coordinateur, bénévole, du Hub Social du grand Bordeaux.

Depuis quatre ans, l'État a délégué aux départements les protections sociales ; et les départements ont passé la balle aux communautés de communes. La loi autorise ces collectivités locales à choisir dans une fourchette le niveau des prestations. Elles peuvent aussi lever des impôts pour les financer ou faire des économies en les déléguant à des ONG. C'est ainsi que s'est créé le Hub Social, un rassemblement d'associations qui s'est porté volontaire pour gérer le suivi des chômeurs, pour pallier les insuffisances d'effectifs et de disponibilité de Pôle Emploi.

Le chômage, Zizou l'a connu, malgré son BTS de gestion. Deux fois. Et il a très mal vécu ses contacts improductifs avec les bureaux étatiques : un grand sentiment de solitude ! Il a retrouvé un job dans une compagnie d'assurance, mais il donne de son temps libre au Hub Social.

Sa mission est le suivi de vingt chômeurs, souvent des « longue durée », déprimés : il entretient le contact par téléphone, par mail mais surtout il les rencontre tous : prise de rendez-vous, rédactions de CV et réponses aux annonces ; il en a même accompagnés, les plus paniqués, jusqu'à des rendez-vous. Certains sont devenus des copains ; il en a invité une douzaine à un apéro chez lui pour la dynamique de groupe.

« Utile ? Vous parlez ! Jamais les fonctionnaires de Pôle Emploi feraient tout ça. Ils n'ont ni le temps ni la motivation. Et de toutes les façons, ni l'État ni la ville ne veulent plus payer pour tenir la main des gens dans la mouise. On est là en voisins, parce qu'on a connu la même galère.

TRANCHE DE VIE 2020

Le parapluie à trous

Stef et Gi se sont disputés : pas d'accord sur la votation (on joue aux Suisses maintenant, aussi bien pour l'extrême droite au gouvernement que pour les méthodes de référendum).

Dans deux semaines il va falloir décider « qui » exclure de la Sécurité Sociale, des Allocations Familiales et des indemnités chômage. Le nouveau gouvernement a dit qu'il n'y avait plus assez d'argent en caisse pour assister tout le monde ; il demande donc aux citoyens de choisir sur le dos de qui on va faire des économies.

Comme le gouvernement est une coalition, il y a plusieurs choix : mais l'objectif est de supprimer 20 % des dépenses de prestations sociales.

Gi est d'accord : il ne faut pas que des étrangers viennent se faire soigner gratuitement chez nous à nos frais, en touristes ; mais il est gêné devant l'hypothèse de priver de tous avantages sociaux les Français nés hors de France ; il est carrément contre l'exclusion des prestations chômage pour ceux dont les deux parents ne seraient pas nés ici, même s'ils ont le même passeport que lui.

Stef est carrément hostile à cette « préférence nationale » vaguement raciste : elle se rappelle avoir voté Chirac contre Le Pen. Elle, elle voudrait plutôt faire des économies sur le dos des riches : qu'ils cotisent, mais qu'on diminue de moitié leurs remboursements et avantages, car ils ont les moyens de payer, et en plus ils ont des mutuelles et des épargnes retraite.

Mais Stef et Gi sont d'accord sur deux choses :

- *il faudrait réserver ces protections sociales aux « gens méritants », ceux qui élèvent bien leurs enfants, ceux qui cherchent vraiment du travail. Qu'on supprime les alloc' aux parents de délinquants ou à ceux dont les enfants sèchent l'école et insultent les profs !*
- *et les gens vraiment pauvres, il ne faut plus leur donner d'argent mais des bons d'achat pour des dépenses indispensables.*

L'égalité à tout prix ne veut plus rien dire, de nos jours.

VOX POPULI

RÉSIGNATION

La tonalité générale de l'opinion est plutôt à la résignation, consciente qu'il va falloir payer plus de sa personne, de son temps ou de son porte-monnaie. La dénonciation est virtuelle, certaine que les comptables auront le dernier mot. Le seul choix serait la sauce à laquelle ils vont nous croquer.

Diagnostic

- 69 % des Français se plaignent de l'augmentation des frais de santé et 62 % jugent excessif le montant du « reste à charge » ;
- 40 % dénoncent l'obligation de se surassurer auprès de mutuelles complémentaires ;
- 35 % se sentent « perdants » et seulement 22 % « gagnants » entre ce qu'ils dépensent et ce qu'ils reçoivent comme soins.

Remèdes

Les principaux moyens efficaces de réduire le déficit de la Sécurité Sociale devraient être :

- la lutte contre les fraudes : 83 % ;
- l'hospitalisation de jour ou à domicile : 81 % ;
- imposer une réduction des dépassements d'honoraires par les médecins : 77 %.

Régime

Les avis sont partagés et segmentent les Français sur le principe d'une Sécurité Sociale équilibrée :

- 27 % trouvent plus efficace **une augmentation du temps de travail** (+ 6 % en un an), mais 41 % accepteraient une telle stratégie (+ 13 % en un an) ;
- 26 % croient plus en une **baisse du niveau des remboursements** (+ 6 % aussi), et 42 % se sentent prêts à l'assumer (+ 14 %) ;
- 24 % misent d'abord sur **l'augmentation des cotisations sociales** (+ 7 %) ; mais 42 % sont prêts à l'accepter (+ 16 %)[1].

DE LA THÉORIE À LA PRATIQUE

Questions

- Faut-il aller vers un double système de protections sociales : une partie (quel pourcentage ?) assurée par l'État, sur le mode de la redistribution solidaire (comme aujourd'hui et depuis 60 ans) et une autre partie (quel pourcentage ?) par assurance volontaire, individuelle, auprès d'assureurs privés ?
- Faut-il transférer une partie des protections sociales au secteur privé : ceux qui veulent en bénéficier cotiseront à une assurance privée ?
- Faut-il déléguer certaines protections sociales (les personnes âgées dépendantes, les mères célibataires, les handicapés lourds, l'autisme) à des associations caritatives ?
- Faut-il fiscaliser les protections sociales ? Les faire financer par l'impôt, par tout le monde, selon ses revenus, en complément des cotisations des travailleurs ?... ou totalement, en supprimant les cotisations ?
- Faut-il diminuer plus encore le pourcentage de remboursement de la Sécurité Sociale sur les frais de santé ?
- Faut-il supprimer la couverture à 100 % par la Sécurité Sociale des maladies graves et de longue durée, des grosses opérations ?
- Faut-il imposer aux travailleurs qu'ils aient un plan de retraite personnel par capitalisation ?
- Faut-il que l'État investisse plus dans les recherches sur les maladies (Sida, myopathie, maladies rares) ? ou qu'il délègue cela aux associations et aux opérations de dons publics (Sidaction, Téléthon) ?
- Faut-il exclure (en partie ou en totalité ?) des remboursements de Sécurité Sociale certaines catégories de personnes ?... Si oui, lesquelles (étrangers, immigrés récents, inactifs, improductifs, les riches) ?

Interactivité

Voulez-vous exprimer votre opinion sur ce thème, sur les évolutions passées, sur les scénarios alternatifs et sur la tendance sociale ?

Nous vous donnons rendez-vous sur notre site internet où vous pourrez voter et comparer votre opinion à celle d'autres lecteurs. Connectez-vous à : http://www.agorascope.com/sesame/16providence

1. Pour les trois paragraphes précédents : sondage IPSOS, 10-13 septembre 2010 en face à face sur 967 personnes représentatives de 18 ans et plus.

CHAPITRE 17

À qui confier les clés ?

Quel style de Président(e) pour piloter la France ?

Pour le nouveau quinquennat 2012-2017, tous les chapitres précédents ont posé des enjeux de choix de société et des enjeux, plus modestes mais plus concrets encore, de modes de vie quotidiens. Le choix électoral du printemps 2012 sera **un choix de programme**.

Mais, quel que soit ce scénario socioéconomique, comment sera-t-il mis en œuvre ? À la cravache ou en douceur, d'un coup ou pas à pas, en dialogue ou d'autorité, négocié ou imposé ?

Ce vote sera aussi **un choix de style de *leadership* et de méthode de gouvernance.**

LA PRÉSIDENCE EN MUTATION PERMANENTE

De la République au tribun

Aujourd'hui, **seul compte le Président** ; d'autant plus depuis que la chronologie électorale fait des élections législatives une confirmation du vote présidentiel et lui donne donc une majorité :

- avec l'élection d'un Président au suffrage universel, la fonction s'est à la fois dotée de plus de pouvoirs et de plus de personnalité ; le Président incarne donc un modèle de société qu'il va concrétiser **: la sociologie a fait alors son entrée en politique** ;
- le tempo accéléré du quinquennat donne plus d'importance encore au style de gouvernement Présidentiel. **La communication a fait son entrée en politique**.

Le choix d'un(e) Président(e) est tout à la fois un choix de programme et un choix humain, mais les élections précédentes montrent que ***le facteur personnalité*** pèse plus que le programme, du moins pour les 5 à 10 % d'électeurs indécis, peu politisés, qui finalement font l'élection comme un pari de confiance envers un décideur : *un pilote dans l'avion*.

De la personnalité à la méthode

- **L'apparence**, le style personnel, le physique, le costume, la mine, la diction – comme dans la vie ! – sont des éléments qui déterminent une appréciation d'autant plus importante que le citoyen est peu impliqué ;
- plus important encore est **le charisme**, cette qualité imprécise, ambiguë même, qui joue un rôle de catalyseur d'attachement et de mobilisation de foules diversifiées autour d'une personnalité virtuelle cristallisée dans l'imaginaire collectif.
- Au cours des primaires au sein du PS en 2007, le charisme de Ségolène Royal l'a fait désigner candidate, par la volonté de militants dans un acte de confiance, alors que ses deux opposants – Dominique Strauss-Kahn et Laurent Fabius – offraient une crédibilité d'expérience et de compétence supérieure ;
- mais face à un(e) candidat(e) en posture de promesse, on oublie trop souvent **la méthode de gouvernance** de l'élu au pouvoir suprême. C'est toute la différence entre un jeu de rôle de *candidat* et une fonction exercée de *leader*.
- Or **c'est ce style de *leadership* qui marquera ensuite les esprits**, au moins autant que les initiatives et les actions concrètes. Et cette image du *leader* reste plus claire, parce que plus simple et stéréotypée aussi, que la liste de leurs décisions. Surtout, le style échappe mieux aux clivages des jugements partisans.

L'exercice de la Présidence n'est plus un magister ni une vision, c'est désormais **une « gouvernance »** : une méthode de gestion de la société, souvent un pilotage à vue réactif au risque de privilégier la tactique sur la stratégie.

De la gouvernance au *leadership*

La méthode de gouvernance fait la différence entre une autorité imposée et une autorité acceptée, même sur des décisions douloureuses.

L'élection confère le pouvoir légitime de **gouverner** mais c'est un tout autre pouvoir que celui de faire accepter ses décisions et **mobiliser** la collectivité sur un projet, des efforts et sacrifices.

L'élu(e) suprême oriente, arbitre, commande et fait voter ce qu'il veut, s'il a la chance de disposer d'une majorité confortable au Parlement… Mais a-t-il aussi la chance d'obtenir en même temps mobilisation et soutien populaires, au moins une acceptation compréhensive de la part des Français ?

En faisant de la politique une sociologie, les dirigeants se sont imposé une charge nouvelle : il ne suffit pas d'emporter une élection un jour pour ensuite gouverner à sa guise, en toute légitimité… il faut encore **obtenir une légitimité quotidienne**, sans laquelle un chef gouverne contre sa population.

Les deux légitimités

Il ne suffit plus d'être Président(e)-élu(e), légalement légitime : il faut aussi être un(e) *leader* accepté, doté d'une **légitimité sociologique complémentaire**. Facteur plus déterminant de légitimité sociologique, le *leadership* fait d'un chef le guide d'une population qui le suit.

Ce pouvoir ne se réduit pas à la personnalité psychologique d'un individu, son cœur, son intelligence ; ni à ses compétences techniques, son expertise professionnelle, pas plus qu'à son autorité décisionnaire ni son charisme séducteur.

Le *leadership* est une capacité motrice à inspirer confiance, à fédérer et à mobiliser les énergies autour d'un projet collectif et d'une méthode pour l'atteindre.

Le Président Sarkozy en fait l'expérience :

- un **charisme indéniable** l'a fait élire en 2007 sur *l'énergie dégagée* par son personnage ;
- un **pouvoir incontesté,** institutionnellement légitime, lui permet de faire voter ses réformes, à jet continu, sans tenir compte des contestations ;
- mais son potentiel de confiance, de mobilisation et de simple acceptabilité, donc sa légitimité sociologique se sont effondrés petit à petit. **Sa personnalité bruyante** et son style de gouvernement à la hussarde sont responsables de sa **perte de *leadership*.**

Son style était pourtant lisible dès sa campagne, prévisible pour le quinquennat : mais il n'a jamais fait l'objet d'un réel débat. Les journalistes n'ont guère interrogé les candidats sur ce point fondamental de méthode, et les sondages d'opinion ont laissé dans l'ombre cette dimension du futur Président.

En quête de nouveau leadership politique

La France cabossée, décrite en introduction à ce livre est en panne de mobilisation et de confiance, à la fois en manque de scénario d'avenir et de guide pour l'y conduire à moindre casse.

C'est là que se situe **le double problème pour le quinquennat 2012-2017,** dans ce climat de pessimisme social ultramajoritaire et de défiance massive envers la classe politique, sachant que des sacrifices et efforts caractériseront la prochaine décennie :

- quel style de *leadership* peut transformer le vote en **un acte de foi ?** Le candidat Sarkozy y avait parfaitement réussi en 2007 ;
- quel style de *gouvernance* ensuite, au fil des années, peut transformer cet acte de foi fondateur en **une acceptation citoyenne et une mobilisation renouvelées ?** À ce jour, le premier quinquennat du Président Sarkozy y a échoué.

C'est pourquoi il est important d'interroger tout candidat à la présidence :

- sur son **programme,** ses projets, son scénario d'évolution de la société et de nos modes de vie ;
- sur sa **personnalité** (mais les médias *people* s'en chargent, à l'excès) ;
- mais aussi sur sa démarche de prise de décision et de mise en œuvre, son attitude face à l'opinion publique, aux pouvoirs et contre-pouvoirs : **quel style de *leader* serez-vous ?**

C'est l'enjeu que nous tentons d'éclaircir dans ce chapitre.

HÉRITAGE

GALERIE DE NOS ANCÊTRES GOUVERNANTS

Inventorier le passé n'est pas toujours rétrograde… ce peut être une manière de regarder le présent et préparer l'avenir avec une distance qui permet de balayer un large éventail de choix et, pourquoi pas, tenir compte des leçons du passé.

Peut-on trouver dans notre passé récent de la Ve République des modèles de *leadership* qui seraient adaptés à la conjoncture sociologique de notre actuelle *France cabossée* ?

En plus de soixante ans de Ve République, chaque Président a eu son mode de gouvernance. Chacun s'est bien distingué du précédent. Affaire de personnalité bien sûr, mais aussi de conjonctures politique et sociale : chacun d'eux a été élu parce que son style de ***leadership* répondait au besoin de son époque**… mais chacun d'eux a ensuite déçu par incapacité ou refus – avec la certitude d'avoir raison – de s'adapter à l'évolution socioculturelle des mentalités et aspirations des citoyens. Alors les citoyens ont voté pour un autre profil de *leader* en résonance avec son temps.

Six présidents, six modèles de *leadership.*

Un modèle de *leadership* « tutélaire »

La France a choisi ce style de pilotage par deux fois, avec Charles de Gaulle, en deux moments historiques, 1945 et 1958, alors que la patrie et la République semblaient en danger.

Quel modèle de Président reste-t-il de cette double expérience du gaullisme ?

- Un *leadership* **messianique** d'homme providentiel : « Moi ou le chaos » résume assez bien une conception de sauveur, choisi par le destin, inspiré, irremplaçable, indiscutable ;

- un *leadership* **biface** qui sépare soigneusement :
  - le magistrat solennel et rigide incarnant la République en une « statue du Commandeur », les yeux fixés sur des horizons historiques qui échappent au commun…
  - le manipulateur cyniquement pragmatique, n'hésitant pas à mentir – trahir diront certains – une fois acquise la légitimité démocratique de l'élection. Ce mode de gouvernance lointaine se permet tous les changements de cap et manipulations, avec un pragmatisme total ;
- une dimension donc de *leadership* **moraliste** aussi rigoriste et rigide pour lui-même et ses collaborateurs que pour la société et les citoyens : on peut lui confier notre sort les yeux fermés, certains qu'il œuvrera pour un bien public et non pour lui-même ;
- un *leadership* **suprapolitique :** même s'il n'est pas totalement neutre, il est capable de gouvernement d'union nationale et surtout, il rassure le corps social comme un père qui veille au bien-être de tous ses enfants et non d'un clan partisan. On est donc aux antipodes d'un Président agissant en chef de parti ;
- un *leadership* **prophétique,** visionnaire, qui peut se permettre des scénarios volontaristes, des impulsions industrielles, des schémas géopolitiques à long terme : le corps social fait primer la confiance sur la compréhension et même l'adhésion ;
- mais aussi une **gouvernance opaque** qui estime n'avoir d'explications ni de comptes à rendre à personne, entre deux élections ;
- un ***leadership*** **mutique** qui communique rarement, toujours en majesté, par message descendant autoritaire et péremptoire, répugnant à « jaspiner dans les étranges lucarnes », n'acceptant que des interviews de complaisance et des médias aux ordres pour relayer *la voix de la France* ;
- **un** *leadership* **autocrate** : le Président est un monarque républicain (*Le Canard Enchainé* rédigeait une malicieuse « chronique de la cour » sur les coulisses du gaullisme) qui s'appuie sur le soutien sans faille de ses *godillots* et ignore l'opposition. À la première mise en minorité, il se retire et laisse le pays ingrat se débrouiller seul. Ce modèle n'est donc adapté ni aux régimes parlementaires ni aux cycles courts électoraux.

La relation sociale instaurée par ce style de pilotage de la nation est une **infantilisation** de la population qui délègue toutes décisions à une personnalité providentielle, avec la foi du charbonnier.

La cohérence sociologique de cette gouvernance fut excellente en 1945 et 1958, en réponse à une attente sociale de sécurisation paternaliste pour reconstruire une identité nationale. Le général de Gaulle était le Président naturel pour les styles de vie *Utilitaristes* majoritaires…

Mais cette gouvernance tutélaire s'est trouvée en décalage sociologique complet avec le climat de Mai 68 et surtout avec *les styles de vie d'aventure* des nouvelles générations (CCA).

Actualité du leadership tutélaire

Ce modèle serait-il attractif aujourd'hui ?

Non, car l'héritage d'individualisme et d'esprit critique des quarante dernières années rend les citoyens rétifs à ce genre de dirigisme paternaliste.

Non, car la demande actuelle de *wikicitoyenneté*[1] est incompatible avec le refus de dialoguer, et même de communiquer, de ce chef lointain.

Mais la crise ne cesse, depuis quinze ans, d'élever le niveau d'angoisse. Si le sentiment de *trou noir sociologique* s'aggrave encore, si les tensions sociales et communautaires s'exacerbent, si une paranoïa d'assiégés par la mondialisation se répand, alors **le besoin d'un héros providentiel pourrait bien renaître**.

Un modèle de *leadership* « passeur »

En 1969, la *figure tutélaire* s'effaça, n'accepta pas un résultat démocratique, faisant d'un vote qui refusait la réforme régionale (dont le but était de donner d'avantage de pouvoirs aux régions pour rapprocher les décisions des Français) une raison de son repli. L'opinion et la parole du *leader* valaient plus que celles des électeurs.

La France a choisi ce nouveau profil présidentiel aux lendemains de Mai 68, à la démission de de Gaulle, à travers **Georges Pompidou**.

Quel modèle a légué cette expérience pompidolienne ?

- **Un *leadership* bipolaire** : en charge d'une société hétérogène, face à des populations très différentes, dans un contexte d'antagonisme culturel ou économique potentiellement explosif, ce profil de Président doit incarner en lui-même les contrastes de sa société pour démontrer qu'ils ne sont pas incompatibles. Ce doit être une **personnalité paradoxale**, qui prouve que la cohabitation des contraires est possible ;
- **un *leadership* de compromis**, non doctrinaire dans les principes, ni psycho-rigide, ni caractériel, mais patient et calme. Il ne paraît pas obsédé de remporter le bras de fer, préférant le gagnant-gagnant ; sans se bloquer sur une position indiscutable, il recherche une solution consensuelle pour servir de large dénominateur commun. Un exemple de ce compromis : pour justifier le développement de la place donnée à la voiture dans Paris, il se réfugia sous

1. Voir le chapitre 1 : « La France cabossée ».

cette formule qui indiquait non pas son choix, mais un compromis : « Les Français aiment la voiture ! » ;

- **un *leadership* de démineur,** de pompier qui gère une situation complexe pour en désamorcer les risques à court terme. C'est donc une gouvernance de transition et d'attente, plutôt que de vastes projets et de mutation.

La relation sociale instaurée par ce style de pilotage sociopolitique est la confiance fondée sur la prudence, le bon sens, l'absence d'excès, la recherche d'une voie moyenne.

La cohérence sociologique de cette gouvernance fut excellente au moment où **la société apparaissait déchirée** entre son conservatisme bourgeois historique, les revendications matérialistes des classes populaires et les jeunes contestations débridées d'utopies révolutionnaires.

À qui confier le soin de renouer les fils, de neutraliser en douceur les extrêmes, de noyer la révolution dans la consommation, d'empêcher les explosions, de faire évoluer calmement la France vers la modernité ? Le Président Pompidou était l'homme de la situation. Son personnage biface le prédisposait à **un rôle politique de médiateur** : fils de paysan de la France profonde mais brillant normalien, exemple vivant de la méritocratie récompensée, banquier, amateur d'art moderne, il se présentait comme un trait d'union rassurant entre la ruralité traditionnelle et la mutation du pays grâce à la fée progrès, au centre d'un champ de force entre changement et permanence.

Actualité du leadership passeur

Ce modèle serait-il une alternative attractive aujourd'hui ?

Oui, car ce modèle de fédérateur d'un consensus social, capable de faire évoluer sans heurt ni drame la société en faisant cohabiter les contraires, de rassurer sur le partage des fruits du progrès est **une dimension de leadership politique qui manque à la France cabossée d'aujourd'hui**.

Quel candidat pourra endosser ce rôle en 2012 ?

Un modèle de *leadership* « tech'novateur »

Ce fut le choix des électeurs français en 1974, incarné par **Valéry Giscard d'Estaing**.

Quel modèle s'est concrétisé pendant ce septennat giscardien ?

Il se met en scène **en rupture** avec les présidences précédentes et avec les *apparatchiks* politiques des vieux partis, sur toute une série de traits :

- **un *leadership* générationnel,** délaissant la gérontocratie politique : VGE fut élu à 48 ans (à peu près l'âge que souhaiteraient les électeurs aujourd'hui pour leur futur Président(e)[1]). Il veut, en tout cas, *faire jeune*, en choisissant pour affiche électorale une photo avec une de ses filles alors adolescente, au risque de se couper d'un électorat plus âgé et traditionnel... ce qui fut fatal ensuite à VGE, en 1981 ;

- **un *leadership* de grand frère** qui prétend abolir la distance entre le Président et ses administrés, en tournant résolument le dos au statut de monarque. On met en scène un Président accessible, désacralisé, descendu du piédestal pour favoriser une identification à la population. Mais, pour avoir inauguré trop tôt la Présidence-*people*, VGE est devenu une cible plus facile de rumeurs sur sa vie privée comme sur son comportement public (affaire des diamants de Bokassa, président puis empereur autoproclamé de Centrafrique) ;
- **un *leadership* d'expert**, fondé à la fois sur une spécialité (de préférence économique), le savoir (des études brillantes) et le savoir-faire (un passé de ministre)... Le revers de cette médaille étant une image **d'énarque technocrate** loin des réalités quotidiennes ;
- mais cette expertise s'est exprimée à travers un ***leadership* pédagogue** où le Président se fait professeur, pour expliquer le monde, l'économie aux Français à l'heure de grande écoute à la télévision ;
- c'est donc l'amorce d'un ***leadership* communicant,** où la stratégie d'apparitions médiatiques, soigneusement scénarisées, riches en symboles, devient un mode de gouvernance majeur. VGE fut le premier Président si ostensiblement autoscénarisé, jusqu'à ses adieux à la télévision (le mémorable sketch de la chaise vide) ;
- un *leadership* de modernité qui se traduit par :
  - une **gouvernance progressiste :** sans parler encore de rupture, le candidat VGE avait promis « le changement dans la continuité ». Mais le tout nouveau Président met le curseur plus nettement du côté du changement : « J'entends encore l'immense rumeur du peuple français qui nous a demandé le changement. Nous ferons ce changement avec lui, pour lui, tel qu'il est dans son nombre et sa diversité »[2] ;
  - un **management sociétal :** alors que ses prédécesseurs s'occupaient de problèmes purement politiques, VGE s'affirme comme un réformateur des modes de vie, de la morale quotidienne, avec la légalisation du divorce par consentement mutuel, de l'avortement, l'abaissement de l'âge légal de majorité de 21 à 18 ans... autant de révolutions des mœurs qui en font un héritier de Mai 68 ;

1. Selon le Sondage Harris Interactive pour M6-MSN-RTL, en 4 mai 2011, sur 1 572 personnes de 18 ans et plus.
2. Discours d'investiture du 27 mai 1974.

- **un *leadership* multinational,** ouvert à l'Europe, au monde, en rupture avec le nationalisme antérieur, au point que VGE sera qualifié de « parti de l'étranger » par son allié Jacques Chirac (« appel de Cochin », 1978) ;
- mais ce personnage présidentiel **manque de dimension éthique** dans son image, par démystification de la fonction présidentielle, par excès de publicité, par modernité anecdotique, ce qui a rendu Giscard d'Estaing très vulnérable en fin de mandat.

La relation sociale instaurée par ce management techno-moderniste de la société française est **un *leadership* segmentant**, au contraire des deux modes précédents de gestion fédératrice et consensuelle. Les partis pris de jeunisme, de modernité, de réformes rapides, de familiarité populaire et de *people'isation* plaisent à une partie de l'électorat et choque les autres.

La cohérence sociologique de ce modèle de management social était excellente avec un dynamisme typique des années 1970, la *mentalité d'aventure*. Les excès soixante-huitards calmés, l'économie en croissance (en attendant les chocs pétroliers à venir), une classe moyenne en expansion, un optimisme technologique, une nouvelle génération de jeunes cadres aux dents longues, ouverts au monde... oui, il fallait un jeune cadre dynamique, en rupture avec les vieux notables dépassés, pour gouverner la France, cap sur le progrès infini.

Mais c'était oublier que ce courant socioculturel n'était qu'à peine majoritaire, face à des styles de vie *recentrés,* inquiets de trop de modernité[1].

Actualité du leadership tech'novateur

Ce modèle serait-il une alternative attractive pour le prochain septennat ?

Non, car la débâcle d'image de la classe politique appelle plutôt une nouvelle sacralisation de la fonction présidentielle et non une poursuite de la vulgarisation en personnage *people.*

Non, car l'angoisse sociologique de la *France cabossée* a moins besoin d'une *tête d'œuf* expert technocrate que d'un *leader* de confiance morale.

Non, car les résistances à la rupture ne se calmeront qu'avec un réformiste patient.

1. Études CCA.

Un modèle de *leadership* « florentin »

C'est **François Mitterrand** qui a incarné ce profil.

Quel modèle s'est installé au long de ses deux mandats ?

C'est encore une rupture réactionnaire par rapport au modèle *Tech'novateur* giscardien :

- **une gouvernance virtuelle :** une fois passée la période de grâce et de décisions qui marquent les débuts d'une nouvelle ère, avec les nationalisations en particulier, les Français ont découvert qu'un Président pouvait être impuissant à appliquer son programme, sans prise sur la macroéconomie, incapable même d'être patron chez lui avec le phénomène *cohabitation.* François Mitterrand a revalorisé en majesté le pouvoir présidentiel, mais s'est avéré pieds et poings liés dans son intention dirigiste étatique, vite contraint (par la crise de 1982, puis les cohabitations) à abandonner tout pouvoir sur l'économie ;
  - ce pouvoir se reporte donc sur un leadership sociétal réformiste des mœurs, dernière expression tardive de l'esprit de Mai 68. La suppression de la peine de mort, contre l'opinion publique majoritaire de l'époque, reste aujourd'hui encore le fait le plus marquant de la Présidence Mitterrand dans la mémoire collective ; mais aussi la régularisation des travailleurs immigrés sans papiers (1981), les radios libres et les nouvelles télévisions, dont l'avènement de Canal+, rupture de programme et de style par rapport à l'allure compassée des chaînes d'État, la cinquième semaine de congés payés et la retraite à soixante ans (1982), puis la création du RMI, l'abrogation de textes réprimant l'homosexualité ;
  - il se limite à un leadership symbolique, concrétisé par François Mitterrand dans les grands travaux architecturaux, que l'on peut décoder comme la statuaire éternelle d'une puissance virtuelle pour compenser l'impuissance conjoncturelle à changer la vie. Plus même que les réformes sociales, l'impact des grands travaux à Paris seront le legs le plus important de François Mitterrand – ne l'appelait-on pas Tonton ou Dieu ! Car certaines réformes sociales ne résistent pas à la pression du temps : travailleurs immigrés contrôlés, radios rentrées dans le moule commercial, retraite repoussée de fait à 65 ans, en attendant plus…
- le pouvoir présidentiel *florentin* n'est plus absolu, mais doit composer avec les réalités imposées : c'est donc **un *leadership* Fregoli,** de caméléon habile à manœuvrer et surfer sur les conjonctures selon les époques ;
- c'est donc aussi **un *leadership* diplomatique,** capable de **fédérer** un *peuple de gauche* disparate, autant que de **cohabiter** avec ses adversaires ;
- apparaît finalement **un *leadership* opaque,** peuplé de demi-mensonges mais surtout d'omissions et d'affaires qui sèment le doute sur l'éthique présidentielle. Pour François Mitterrand : ses relations avec Bousquet, sa fille secrète

Mazarine, son cancer caché, la Françafrique, le *Rainbow Warrior*, le génocide rwandais, l'invitation du général Jaruzelski, les écoutes téléphoniques, le suicide de François de Groussouve, etc.

La relation sociale instaurée par ce style de gouvernance, une fois passé le grand débat idéologique et les excessifs espoirs et peurs de 1981, est celle de « tonton » à un peuple de filleuls qui délèguent à ce *godfather* le soin de piloter à vue une conjoncture chaotique. François Mitterrand **présida le chaos**, changea de cap sous contrainte, gouverna un troupeau égaré.

La cohérence sociologique initiale de ce profil présidentiel correspondait bien au **cycle socioculturel de repli,** d'assistanat plutôt traditionaliste, majoritaire en 1981 :

- les Français ne se retrouvaient plus en majorité suffisante dans le style de gestion sociale de VGE ; les deux tiers d'entre eux se détournaient de l'esprit entreprenant des années 1970 : les sociostyles de *recentrage* regroupaient 50 % des citoyens ; quant aux jeunes modernistes, ils avaient abandonné la mentalité *d'aventure* des années 1970 (réduite à 14 %) pour se replier dans un style de vie de *décalage* (22 %) à la fois humaniste et désimpliqué (CCA) ;
- la France moyenne avait besoin de souffler, de procéder à *une prise de bénéfices de qualités de vie*, après la course au progrès des vingt années précédentes. François Mitterrand offrait sa « *force tranquille* », son imagerie de « tonton » provincial conservateur, son âge et son expérience. Son élection était politiquement progressiste sur le programme pour les électeurs de gauche, mais ce fut pour l'électorat flottant un choix sociologiquement conservateur ;
- **mais il y avait malentendu électoral,** déjà en 1981 et plus encore en 1988 : si une petite majorité de Français avait par deux fois élu François Mitterrand porteur d'un programme de société plus équitable et partageuse, face à des libéraux, **les électeurs attendaient surtout le confort de vie personnelle garantit par un État-providence, sans vouloir en payer le prix, sans accepter les efforts de cohésion et de mutualisme, sans vouloir partager**. Pendant ces deux septennats, ce sont des styles de vie *egocentrés* qui se sont le plus développés (CCA).

Si la première élection, en 1981, fut d'une grande clarté sociologique, sur un programme nettement socialiste étatique, concret… le revirement vers la rigueur a vite brouillé les cartes et, progressivement, ses deux septennats ont perdu tout élan et toute clarté d'objectifs. La *morosité* naissante du début des années 1990 doit beaucoup à son crépuscule de règne incertain et illisible.

Actualité du leadership florentin

Ce modèle serait-il une alternative attractive pour le prochain septennat ?

Non, parce que la transparence a remplacé l'opacité.

Non, parce que le style quasi monarchique est totalement dépassé par la génération internet, celle des *wikicitoyens*.

Mais l'autorité morale, une réserve opposée à l'exhibition, une discrétion personnelle demandent à se réincarner.

Un modèle de *leadership* « statique »

Nous avons expérimenté ce mode de gouvernance, avec **Jacques Chirac**, pendant douze ans.

Quel modèle s'est proposé durant les années Chirac ?

Sous l'angle du profil de *leadership* et du style de gouvernance, on note bien des points communs avec François Mitterrand, en écho à la conjoncture sociologique partagée :

- **la gouvernance virtuelle** s'est prolongée avec l'installation d'une figure présidentielle subissant les évènements macroéconomiques et les incohérences politiques des *cohabitations*. Quelle trace Jacques Chirac laissera de la période entre 1997 et 2002, alors que Lionel Jospin était Premier ministre ?
- on retrouve donc les mêmes dimensions de ***leadership*** **Fregoli** et de **gouvernance opaque** soupçonnée d'une kyrielle d'*affaires* ;
- mais l'originalité du management chiraquien est **un *leadership* tempéré** qui évite les conflits et les radicalisations pour maintenir un équilibre balancé, peu partisan d'apparence. Il sait reculer, sacrifier un projet qui se heurte à une opposition populaire intense (en 1995 sur les retraites) avec le souci de ne pas générer de cassure irrémédiable avec la population pour rester représentatif ;
- il met en scène **un *leadership* bonhomme,** dissimulant sa culture et présentant une image médiatique de gentil gars, pas très futé, jouisseur des choses simples, proche du petit peuple et des traditions rurales. Le grand *prédateur* politique se transforme en *bon berger* de la République, qui protège le troupeau des *mauvais bergers* (Le Pen), des aventures extérieures (la guerre d'Irak), et n'ajoute pas de malheurs aux fatalités de la crise.

La cohérence sociologique de cette gouvernance prudente était pertinente au départ, dans une période où la crise durait et s'aggravait, donnant le sentiment de chaos socioéconomique, de désordre mondial, sans que les Français aient encore compris l'impasse dont on ne sortirait que par une mutation. Des styles de vie ***égocentrés*** (23 %) étaient les plus dynamiques, en attente de confort matérialiste, peu partageurs[1]. Jacques Chirac fit basculer une partie de cet électorat populaire en sa faveur, en endossant une image populaire, voire populiste, en rupture avec le style monarchique mitterrandien.

1. Étude CCA.

Et lors de sa seconde élection, ces mêmes sociostyles *egocentrés* ayant abandonné Lionel Jospin pour Jean-Marie Le Pen, ont aussi favorisé la réélection par défaut du Président sortant.

La morosité se généralisant au fil des années 1990 fut amplifiée par la gouvernance Chirac. Si sa gestion d'une certaine paix sociale consensuelle était rassurante, sa promesse de candidat de réduire *la fracture sociale*, non tenue par le Président, a contribué à la démoralisation. **La mutation de cette morosité en *pessimisme paralysant*, au tournant de 2000, doit beaucoup à la gouvernance statique de Jacques Chirac.** Ce qui fut commenté par les médias et perçu par les Français comme *une inertie politique*, surtout au cours de son second mandat, fut un facteur d'accélération du pessimisme. À la crise s'ajoutait le sentiment de ne pas avoir un *leader* voulant changer la donne, passif devant des événements sur lesquels il n'avait pas de prise. Dira-t-on que sa seule décision présidentielle fut de ne pas accompagner les Américains en Irak (mars 2003) ?

La relation sociale instaurée par ce style de gouvernance est la continuité, la promesse de ne rien bouleverser de façon irrémédiable.

C'est contre cette forme d'immobilisme, finalement décevante pour les électeurs, que se positionneront ensuite tous les candidats de la Présidentielle 2007.

Occasion ratée ? Cette relation passive aurait pu déboucher sur un ***leadership* de rassemblement**, plus dynamique en matière de réformes. Ayant eu, par hasard en 2002, la chance de se positionner comme rempart de la République contre l'extrême droite et bénéficier d'un plébiscite, Jacques Chirac ne s'est pas posé historiquement en rassembleur, sous forme d'un gouvernement d'union nationale au-dessus des clivages partisans.

Actualité du leadership statique

Ce modèle serait-il une alternative attractive pour le prochain septennat ?

Non, parce que le quinquennat se combine avec le vote de la nouvelle Assemblée nationale, ce qui impose d'utiliser ces cinq ans pour agir.

Non parce que l'opinion sait que de nouvelles décisions, dont certaines en rupture avec le passé, sont nécessaires : jusqu'où le libéralisme ? jusqu'où le retrait de l'État y compris dans ses fonctions historiques ? jusqu'où une Europe ingouvernée ? jusqu'où une mondialisation pour 1 % de vainqueurs ?

Mais ce mode de gouvernance prudente pourrait redevenir **une tentation pour une partie de l'électorat,** traumatisé par les ruptures sarkoziennes.

Une leçon sur la **temporalité du pouvoir** ressort de cette rétrospective :

- chaque profil de Président fut élu parce qu'il incarnait la réponse au besoin social dominant, au moment de l'élection ;
- aucun n'a su accompagner l'évolution socioculturelle des mentalités en renouvelant son style de *leadership* et sa méthode de gouvernance ;

- chaque fin de mandat a été marquée par un décalage sociologique du Président sortant avec la sociologie dominante du moment.

Le modèle actuel : un *leadership* « fonceur »

C'est celui que les citoyens français ont sous les yeux avec **Nicolas Sarkozy** :

- une campagne électorale brillante, conjuguant :
  - l'imprécation contre les héritages complices des soixante-huitards et des socialistes, nécessitant « la rupture » ;
  - la mobilisation par la peur de l'insécurité, de l'immigration...
  - la promesse de « gagner plus » sans réelle description d'un scénario prospectif de vie.
- une élection nette, fondement de légitimité politique ;
- un exercice du pouvoir ultrapersonnalisé ;
- une gouvernance à la hussarde (ou *bonapartiste)* : volontariste, prédéfinie, par effet de surprise, en force et au galop, une réforme en faisant vite oublier une autre dans le débat social.

En termes d'opinion publique, tous les sondages montrent que **ce mode de pilotage engendre son propre handicap sociologique :**

- en termes de *popularité*, ce qui n'est pas grave ;
- mais aussi en capital de *confiance* : celui de N. Sarkozy est tombé de 75 % aux lendemains de l'élection présidentielle à quelque 27 % aujourd'hui (juin 2011) ;
- plus encore en incapacité de *mobiliser*, rassembler un consensus (constructif et pas seulement critique), faire accepter des efforts et contraintes, des sacrifices, une certaine prise de risques...

État des lieux

En 2006-2007, le bilan sociopolitique était donc cruel : **aucun de nos récents Présidents n'avait réussi durablement** à rassurer assez les Français pour stopper la spirale du pessimisme, et moins encore à les mobiliser pour une mutation vers un avenir optimiste.

Une remobilisation en échec : Nicolas Sarkozy (2007-2011)

En 2006-2007, les Français se sont passionnés pour l'élection, principalement du fait des personnalités nouvelles et fortes des candidats plus jeunes, Royal et Sarkozy, mais aussi Olivier Besancenot, Nicolas Hulot (même non-candidat, qui joua un rôle important, plus que la candidate des verts, Dominique Voynet, dans le rôle de mouche du coche). **Le renouvellement de la classe dirigeante** était une promesse d'une autre manière de faire : les profils changeaient, le langage était en conformité avec l'époque.

- Sociologiquement, tout avait pourtant bien commencé, dans le contexte de *pessimisme disponible* de 2006[1], avec un **renouveau de vif intérêt pour le débat politique** et une campagne électorale qui mettait au prise des nouvelles personnalités attractives, au style modernisé qui avaient secoué et un peu violé même leurs partis respectifs pour devenir candidats, en rupture contre les *caciques* et les éléphants ;
- au thermomètre de l'énergie et du volontarisme, **Nicolas Sarkozy** l'emportait en 2007 avec son slogan de rupture qui, avec le recul, ne décrivait pas à quels modes de vie il conduisait. Il promettait autre chose que l'impasse de crise. L'électorat flottant, ces 5 à 10 % qui font la différence, l'a choisi comme on parie sur un nouveau cheval de course qui rompt avec l'immobilisme ronronnant et le laxisme ;
- une bien plus forte bouffée de **curiosité intéressée** (72 %) se manifestait même *pour voir*, vaguement optimiste au lendemain de l'élection, mi 2007 ;
- mais elle fut suivie d'un **effondrement de confiance**, un pessimisme dépressif renforcé, dès le premier anniversaire de la rupture.

La relance du pessimisme catastrophiste depuis 2009 est corrélée à la gouvernance du Président Sarkozy. Malgré l'hyperactivité du *commandant de bord*, la déception après l'espoir a poussé 15 % de plus de citoyens à rejoindre le camp de la désillusion pessimiste.

Les racines de la défiance

Dès la campagne présidentielle, en 2006-2007, dès les premiers mois d'action présidentielle en 2007-2008, les analyses socio-sémiologiques du CCA mettaient en évidence que Nicolas Sarkozy défendait et voulait imposer **un éventail de principes et valeurs en fort décalage par rapport à la psychologie collective majoritaire des Français.**

La grille comparative ci-après[2] montre que le projet de société Sarkozy ne rejoignait que marginalement les mentalités françaises majoritaires, sur les trois thèmes de la sécurité répressive, de la méfiance anti-immigrés et du pouvoir d'achat matérialiste. Ce furent, très habilement, les trois thèmes de campagne à succès du candidat.

1. Voir le chapitre 1 : « La France cabossée ».
2. Ce schéma ressort d'une analyse du CCA qui compare les valeurs de la population française, mesurées par sondage, et l'étude sémiologique des valeurs exprimées dans les discours et initiatives du Président Sarkozy et de ses gouvernements. Chaque ligne bipolaire est une échelle qui oppose deux valeurs et principes de gestion sociale ; la position sur cet axe indique de quel côté penchent la population et le *leader* étudié. Les courbes correspondent à l'analyse en 2006-2007 ; les flèches indiquent le sens de l'évolution entre 2006 et 2011. En gris foncé : les valeurs défendues par Nicolas Sarkozy ; en gris clair : les principes majoritaires chez les Français.

- Mais, bizarrement, les politologues n'ont pas souligné à quel point le modèle social sous-jacent était en contradiction, non seulement avec l'héritage socioculturel des quarante dernières années, mais encore avec la mentalité d'une majorité de Français en 2007. La rupture n'était alors qu'un mot abstrait ;
- non seulement une majorité de citoyens a vite retiré sa confiance au Président, dès 2007-2008, mais elle a évolué à contresens du modèle « américain » *boosté* en force par le gouvernement, comme l'a mesuré dès 2010 l'enquête de sociostyles de vie du CCA ;
- cependant Nicolas Sarkozy n'a pratiquement pas bougé dans ses principes directeurs de management social, sauf, en partie, sur la dérégulation ultralibérale, après les folies spéculatives du monde financier. Le fossé s'est creusé, sauf sur la xénodéfiance[1]... Comme par hasard, c'est le thème dominant de la précampagne de la garde rapprochée présidentielle.

On ne peut reprocher à un politique de projeter la mutation de son pays vers une nouvelle civilisation, en changeant la psychologie collective... mais le risque de rejet est important lorsque l'on prétend inverser au pas de charge, à coup de législations imposées, l'héritage socioculturel d'un siècle.

Une désillusion de programme s'en est suivie

Les électeurs n'avaient donc retenu de la rupture promise qu'une prime de pouvoir d'achat dans une société fermement sécurisée.

Mais ils n'avaient pas lu entre les lignes que cette rupture consistait à remplacer *le modèle social français* par une copie de l'ultralibéralisme mondialisé ; ils n'avaient pas décodé les contraintes de modes de vie découlant du *moins d'État*, de la compétition, des dérégulations, de l'application en France des règles du *jeu de Monopoly* de la mondialisation tout azimut. **Nicolas Sarkozy a été élu sur un malentendu de programme** : il a pu faire voter ses réformes au Parlement, mais il a échoué à obtenir l'adhésion sociale et a dû passer en force contre la majorité sociologique (sur les retraites par exemple).

- Parmi les réformes présidentielles du quinquennat, certaines bénéficient cependant d'un **solde positif de satisfaction**[2] :
  - la réforme (allègement) des droits de succession (+ 15 % de jugements positifs) ;
  - le Grenelle de l'environnement (+ 14 %) ;

1. Voir les chapitres 1 (« La France cabossée ») et 11, consacré à l'immigration.
2. Ce solde d'acceptabilité est calculé ainsi : le pourcentage de jugements « positifs » moins le pourcentage de jugements « critiques ».

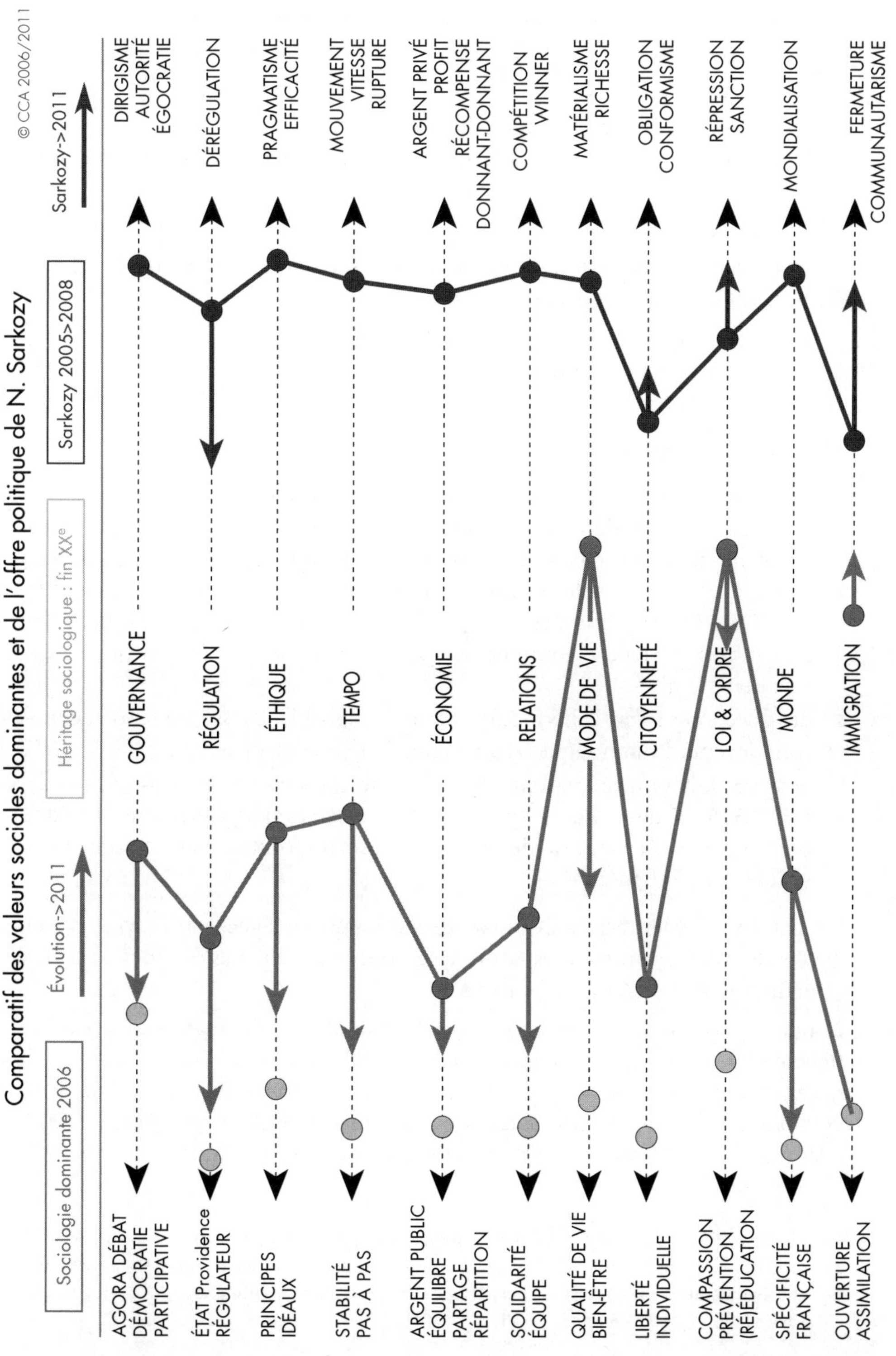
Comparatif des valeurs sociales dominantes et de l'offre politique de N. Sarkozy
Sociologie dominante 2006
Évolution->2011
Héritage sociologique : fin XXe
Sarkozy 2005>2008
Sarkozy->2011
© CCA 2006/2011
AGORA DÉBAT DÉMOCRATIE PARTICIPATIVE
GOUVERNANCE
DIRIGISME AUTORITÉ ÉGOCRATIE
ÉTAT Providence RÉGULATEUR
RÉGULATION
DÉRÉGULATION
PRINCIPES IDÉAUX
ÉTHIQUE
PRAGMATISME EFFICACITÉ
STABILITÉ PAS À PAS
TEMPO
MOUVEMENT VITESSE RUPTURE
ARGENT PUBLIC ÉQUILIBRE PARTAGE RÉPARTITION
ÉCONOMIE
ARGENT PRIVÉ PROFIT RÉCOMPENSE DONNANT-DONNANT
SOLIDARITÉ ÉQUIPE
RELATIONS
COMPÉTITION WINNER
QUALITÉ DE VIE BIEN-ÊTRE
MODE DE VIE
MATÉRIALISME RICHESSE
LIBERTÉ INDIVIDUELLE
CITOYENNETÉ
OBLIGATION CONFORMISME
COMPASSION PRÉVENTION (RÉ)ÉDUCATION
LOI & ORDRE
RÉPRESSION SANCTION
SPÉCIFICITÉ FRANÇAISE
MONDE
MONDIALISATION
OUVERTURE ASSIMILATION
IMMIGRATION
FERMETURE COMMUNAUTARISME

- la loi sur le service minimum des services publics (+ 13) ;
- le RSA (+ 9) ;
- le Grand Paris (+ 6) ;
- la réforme des heures supplémentaires (+ 3) ;

- Mais d'autres sont pénalisées d'un **solde négatif**, les critiques dépassant les supporters :
  - le bouclier fiscal (– 37) ;
  - la réforme des retraites, à égalité avec le grand emprunt (– 18) ;
  - la réforme des universités (– 14) ;
  - la réforme des régimes spéciaux de retraite (– 8) ;
  - la création de Pôle Emploi (– 7).[1]

Une désillusion de personnalité

Elle s'est ajoutée avec dépit à la réticence sur le programme :

- le candidat qui se définissait comme le supporter de « la France qui se lève tôt et ne demande pas de subventions », s'est affiché avec une maladresse quasi incompréhensible comme un ami *bling-bling* des super-riches, dès les premières heures de son élection, dont le dîner de *tycoons* au *Fouquets*. Une image bien difficile à gommer, semble-t-il. Comment a-t-il pu penser que « ça marcherait ? » ;
- des anecdotes à fort écho médiatique (l'inoubliable « casse-toi pauvre con ») sont devenues symboliques d'une agressivité incontrôlée ;
- la surexploitation médiatique de sa famille a, de même, écorné son image : en 2008, 82 % des Français (et 65 % de ses électeurs) jugeaient que son comportement concernant sa vie de famille « correspondait mal » à l'idée qu'ils se font d'un Président[2].

On voit bien **les tentatives de correction d'image** engagées par l'Élysée depuis 2010 : seront-elles suffisantes, alors que l'image de Nicolas Sarkozy s'est déjà structurée dans l'imaginaire collectif ?

D'autant plus que les mises en scène médiatiques de la personnalité présidentielle en 2011 ne sont pas tendres[3] : elles entretiennent une image personnelle négative de cynisme, de vulgarité et brutalité caractérielle, au-delà de l'ambition volontariste du *winner*. Ces images ont contribué au bilan (mai 2011) de désillusion ultramajoritaire de l'opinion publique envers son Président.

---

1. Sondage BVA pour BFM, *Challenges*, Avanques, mai 2011, commenté sur le site TF1 News.
2. Sondage d'OpionWay pour *Le Figaro*-LCI, février 2008, sur 998 personnes de 18 ans et plus.
3. Voir le livre de Franz-Olivier Gisbert, *Monsieur le Président,* Flammarion, 2011, et le film de Xavier Durringer, *La conquête* (2011).

Quelle que soit sa responsabilité personnelle effective, dans la complexe configuration socio-économique de ces années, les 73 % d'électeurs (+ 10 % en un an) qui jugent, en 2011, globalement négatif le bilan de ces quatre années, ont trouvé **un bouc émissaire à leur pessimisme** : celui qui se voulait l'omni-Président, décideur unique, responsable de tout[1].

En bref :

- l'année 2007 avait donc commencé avec **un espoir de nouveau leadership**, incarné par les candidats Royal et Sarkozy... Les citoyens, inquiets de stagner dans un cul-de-sac, voulaient **du mouvement** pour sortir de l'impasse. Ils sont aujourd'hui *désorientés* par quatre ans de décisions peu cohérentes et un style personnel devenu rebutant ;
- la précocité de la campagne pour 2012 est liée à l'impatience due à la **décrédibilisation du Président en place**. La popularité relative des candidats alternatifs se fonde plus sur le *rejet présidentiel* que sur un projet de société et la percée de candidats des extrêmes relève aussi du *rejet provocateur* de la classe politique dominante.

L'impopularité d'un *gouvernant* en phase de gouvernement n'est certes pas prédictive du potentiel électoral de la même personne, en costume de *candidat*. On peut donc imaginer *la bête électorale* Sarkozy capable de retourner la tendance, facilitée par des candidats subissant la déconfiture de l'image de la classe politique.

Déni de confiance envers les gouvernants

Au-delà du Président, c'est toute la classe politicienne qui se voit décrédibilisée pour 87 % de nos concitoyens (CCA).

La **classe politique** dans son ensemble, alors qu'elle est censée représenter le bien commun, éviter le chaos, anticiper les risques, projeter des solutions, dessiner un scénario d'avenir, apparaît de plus en plus démunie.

Cette désillusion politique s'inscrit même dans un courant de méfiance qui englobe plus largement tous les dirigeants, en un a priori systématique, un jeu cynique de pessimisme qui parie sur l'incompétence et l'échec.

« Tous n'en mourraient pas, mais tous étaient frappés »

- **Les acteurs économiques** et surtout le grand patronat et ses actionnaires, rendus responsables et complices, apparaissent les profiteurs de la crise. Dans cet univers, parallèle à la politique mais proche et complice (pour la

1. Sondage BVA pour BFM, *Challenges*, Avanques, mai 2011, commenté sur le site TF1 News avec LCI : lci.tf1.fr/politique/le-bilan-sarkozy-juge-mauvais-par-73-des-francais-6435369.html.

plupart : même milieu social, mêmes études), la perte de crédibilité, de confiance et de pouvoir mobilisateur des dirigeants politiques a son pendant symétrique dans le monde du travail, à peine atténué. Mais les syndicats ne sont pas mieux lotis que les grands patrons, au mieux jugés « perdus » ou impuissants par 87 % des Français interrogés ;

- **les gestionnaires sociaux** : les responsables des administrations et de la fonction publique, taxés de bureaucratisme de masse indifférente aux drames individuels[1] ;
- **les contre-pouvoirs socioculturels** de la société civile se trouvent également démonétisés. Notre époque manque d'intellectuels engagés, à l'exception notable mais discutée de Bernard-Henri Lévy (Sarajevo en 1994, la Lybie en 2011...). Même si des comités de *people* sont réunis lors de la campagne électorale, c'est plus en tant que soutiens du candidat que porteurs d'un activisme social ;
- **les médias** : 78 % des Français pensent que « les médias nous mentent », un chiffre jamais atteint ! Une forme de pensée unique s'en dégage, de conformisme et de mollesse, qui fait préférer à plus de la moitié des citoyens *la pêche au news* sur internet, au risque lucide des rumeurs, pour se faire sa propre idée. Le web apparaît finalement plus crédible en matière d'informations. À l'appui de cette impression, on constate que les informations *dérangeantes* sortent de *Mediapart*, *Rue 89*, *Atlantico*, des blogs... Ces sites d'information se targuent de leur indépendance et même défiance pour assurer de leur objectivité, leur mission de dire la vérité, rien que la vérité[2].

Défiance macro et confiance microsociale

Il faut nuancer cette perte de légitimité et de pouvoir sociologiques (Observatoire CCA) :

- elle frappe **les *big boss***, ceux qui exercent l'autorité décisionnelle ou veulent l'exercer sur de grandes structures, les *maîtres du monde* du public et du privé ;
- les **dirigeants de proximité** conservent, au contraire, un capital de confiance pour plus de 65 % de nos concitoyens : élus locaux, petits patrons de PME et d'artisanat, encadrement de proximité, responsables associatifs.

Le regard porté sur le *leadership* par les Français traduit leur réorientation vers une société de microcosmes à taille humaine et ses *leaders* proches[3].

---

1. Voir le rapport 2011 du Médiateur de la République.
2. Voir aussi le chapitre 12 consacré aux médias et internet.
3. Voir les chapitres 1 (« La France cabossée ») et 13 (« La démondialisation »).

Prime aux impuissants

Les seules personnalités nationales à bénéficier d'une certaine crédibilité auprès des électeurs sont des **non-décisionnaires** :

- c'est le cas de politiciens qui n'ont aucune chance d'accéder au pouvoir et jouent donc un **rôle purement protestataire**, dénonciateur : salutaires ou irréalistes selon les engagements personnels. Philippe Poutou à la place d'Olivier Besancenot pour le NPA, Jean-Luc Mélenchon pour le Parti de gauche (PC, Front de Gauche...)[1] en sont des exemples. Les soutenir (en sondages ou par le vote) est une manière de dénoncer les gens de pouvoirs, les décideurs ou ceux qui veulent le devenir. On a vu renaître un populisme anti-élites sur le thème des *tous pourris.*
- Marine Le Pen occupe un statut intermédiaire : attractive à la fois en tant que protestataire encore, mais avec la perspective, fascinante pour beaucoup, de venir bousculer le jeu de quilles des *vrais* prétendants au pouvoir. Peu marquée par l'histoire, contrairement à son père (la guerre d'Algérie), peu encline à copier son prédécesseur paternel en enfourchant des anathèmes polémiques (le « détail » des camps de concentration, « Durafour crématoire », jeu de mots contre le ministre Durafour en 1988...), la nouvelle génération Le Pen représente mieux que son père un courant qui s'installe d'ailleurs dans une grande partie de l'Europe, celui du repliement nationaliste *xénodéfiant* ;
- **la confiance se déplace donc vers des sages** perçus en recul, sans ambition personnelle, avec un reflet d'humanisme et d'éthique : Simone Veil née en 1927 (45 %), Robert Badinter né en 1928 ; mais cela semble dû au fait qu'ils sont des **retraités actifs** dont on n'attend plus de décisions, mais des conseils. La résurrection de popularité de Jacques Chirac, né en 1932 (41 %), est de cette nature ;
- **la popularité se déplace aussi vers des *cassandres***, purs critiques de la civilisation moderne qui alertent sur les catastrophes à venir, proclament les urgences et disent le « *y a qu'*à » social sur un ton dramatisé. Ces personnalités, entre société civile et politique mais refusant le jeu politicien, scénaristes du long terme, jouent un rôle utile de *whistleblowers* (lanceurs d'alerte) et de *mouches du coche*, de conscience morale de la société, sans ambition personnelle : Stéphane Hessel, né 1917, en est l'exemple médiatique le plus manifeste avec le succès de son opus *Indignez-vous !* vendu à plus de deux millions d'exemplaires. L'écologie est un domaine privilégié pour ces figures prophétiques : Nicolas Hulot (confiance 64 % en 2010), Yann Arthus Bertrand (40 %).
- Mais la popularité de ces politiciens virtuels reste peu mobilisatrice puisqu'ils ne s'engagent en rien dans les choix sociopolitiques à court terme,

1. Voir le livre de Jean-Luc Mélenchon : *Qu'ils s'en aillent tous*, Stock 2010.

ni des responsabilités de gestion du réel. Et quand ils sortent de ce rôle pour entrer dans le jeu politicien, ils risquent fort de perdre de la confiance éthique qui leur est accordée quand ils sont désintéressés : Nicolas Hulot en fait l'expérience ;

- il en va de même avec **les imprécateurs** politiques : la popularité d'un José Bové (33,5 %), d'un Olivier Besancenot (30 %), et même d'un Daniel Cohn-Bendit (26 % : plus polémique de par son passé de *Dany le Rouge*) est bien supérieure à celle de François Bayrou, Ségolène Royal, Rama Yade, Claude Guéant (CCA 2010).

La confiance perdue

Depuis 2010, **jamais l'image de la classe politique n'a été aussi mauvaise,** catastrophique même : non seulement les critiques atteignent des sommets jamais vus depuis cinquante ans, mais elles s'aggravent :

- on entend s'exprimer un reproche d'**incompétence improductive** :
  - 76 % des Français perçoivent leurs dirigeants comme inefficaces malgré leurs discours ;
  - 84 % estiment qu'ils « ne savent pas quoi faire face à la crise » ;
- la critique des dirigeants en place, comme d'ailleurs de leurs successeurs potentiels, tient aussi au sentiment très répandu qu'ils sont **impuissants :**
  - face à la mondialisation dans laquelle la France ne pèse pas lourd ;
  - face à des réglementations d'une Europe mal aimée, qu'une majorité de citoyens regarde maintenant comme un boulet, une contrainte ;
  - face à la loi des marchés, des finances internationales, des agences de notation, des spéculateurs (y compris nos propres banques européennes qui jouent contre les pays de l'Union) ;
  - face à nos propres banques qu'il faut refinancer mais dont le gouvernement ne peut se faire obéir…
- **de l'impuissance à l'abandon** : la puissance et la force du *leader* semblent ne s'exercer que contre sa propre population, pour imposer des réformes impopulaires, au mépris parfois de l'opinion largement majoritaire sous alibi d'une « nécessité incontournable » édictée par ces entités floues que sont *les marchés*, sans sembler écouter ni comprendre…
- mais, plus grave, **les citoyens basculent dans le mépris**. Ce qui est remis en cause est l'éthique des politiques : ils n'écoutent pas, ils vivent sur une autre planète (81 %) ; ils nous mentent (85,4 %) ; ils sont flous et noient le poisson (86,2 %) ; ils changent d'idées comme de chemise, sans croire en rien (85 %) ; ils ne pensent qu'à leur intérêt personnel, leur réélection, leur carrière (87,7 %) ; ils se pavanent comme des stars avec un luxe provocant (76,3 %)… (CCA).

Un film comme *La Conquête,* de Xavier Durringer (sur les écrans en mai 2011), reflète tous ces stéréotypes destructeurs et les encourage, au passage, auprès de ses spectateurs. Il raconte la campagne présidentielle de Nicolas Sarkozy en 2006-2007 (et au passage interprète *l'affaire Clearstream* avant qu'elle ne soit jugée) comme une guerre entre *mafiosi* cyniques, manipulateurs, assoiffés de pouvoir, sans une once de conviction, joueurs opportunistes des sondages sans vision politique, sans respect pour les électeurs, vidés de leur humanité. Aucun des protagonistes n'en sort respectable.

Vraies, excessives ou fausses, **les médiatiques « affaires »** qui mêlent politiciens et combines financières (démission de ministres pour comportements indélicats, Alain Joyandet et un avion loué pour plus de 100 000 euros, Christian Blanc et ses cigares, affaire Woerth-Bettencourt, MAM en Tunisie) ne font que renforcer le mépris ou le désintérêt des citoyens, en attendant les inévitables boules puantes de la campagne électorale.

Un mot peut résumer ce que pense l'opinion publique : **indécence**, mot qui s'interprète aussi bien en termes de comportement que de morale.

Le cas DSK, dont le volet pénal s'efface avec la fin par la justice des poursuites pour agression sexuelle à l'encontre de Nafissatou Diallo, aura des répercussions sur la classe politique entière. Le choc entre l'image d'un présidentiable virtuel, à quelques pas de l'Élysée, et l'autre image d'un accusé de crime, présumé coupable, par son exhibition menotté aux caméras, puis celle d'un miraculé judiciaire, sauvé non par une démonstration d'innocence mais par le manque de fiabilité de son accusatrice (victime ou maîtresse consentante ?) risque de renforcer la défiance des Français : à qui pouvons-nous vraiment nous fier ?

Rien, aujourd'hui ne vient contredire cette vision des Français sur leur classe politique et ses dirigeants actuels.

VOX POPULI

2011-2012 : CHANGER DE *LEADERSHIP*

Aura-t-on changé de Président, en mai 2012 ?

Quoi qu'il en soit, il apparaît nécessaire de changer de mode de gouvernance pour le prochain quinquennat.

Le style de pilotage social rejeté est lisible. Dès 2010, le CCA en a fait le portrait : **non aux hussards**, aux égocrates solitaires (75 %) et passeurs en force de ruptures brutales avec le passé (70 %), porteurs d'un bouleversement permanent qui déboussole (70 %).

Ce mode d'autorité conduit à la désimplication et à la démission sociale : déjà 67 % de nos concitoyens déclarent n'avoir aucune activité civique :

- **augmentation des abstentions aux élections**, en particulier chez les jeunes (la Présidentielle est encore sauvegardée grâce à *l'effet personnalité* et la certitude que c'est la seule élection qui compte, renforçant ainsi la *flash mob*) ;
- **faiblesse du militantisme**, à l'exception des causes humanitaires ;
- **syndicalisme en perte de militants** et déshérence des questions sociales : leur absence d'influence, de fait, dans le débat sur la réforme des retraites en 2010 en est le dernier symptôme.

Les défauts rédhibitoires de personnalité

« Qu'est-ce qui vous ferait renoncer à voter pour son favori ? » demande un sondage[1] :

- sans surprise, l'actualité – les affaires Tron et bien sûr DSK… avant même tout jugement – fait apparaître le **harcèlement sexuel** comme une raison de rejeter un candidat, chez 89 % de nos concitoyens ;
- le **mensonge**, la fausseté de promesses non tenues, et par extension le *story telling* qui truque les analyses de situations ;
- **la magouille financière**, mais aussi tous les indices de rapacité, de privilèges indus, tous signes d'un dirigeant qui aime trop l'argent :
  - un acte de corruption serait rédhibitoire pour 82 % de nos concitoyens ;
  - un compte bancaire à l'étranger repousserait 50 % des Français ;
  - 66 % renonceraient à voter pour un candidat qui aurait passé des vacances aux frais d'un despote dans un pays non démocratique (un peu moins les jeunes que la moyenne) ;
- les dérapages racistes et xénophobes sont impardonnables pour 75 % et la pensée sexiste pour 77 % : plus encore de femmes renonceraient à voter pour un candidat coupable de ces provocations ;
- **les défauts ou vices personnels**, mais seulement s'ils apparaissent susceptibles d'influencer la capacité de décision présidentielle :
  - l'alcoolisme est inacceptable pour 72 % ;
  - et la consommation de drogue pour 75 %, surtout pour les électrices, mais un peu moins chez les jeunes ;
- l'infidélité conjugale, en revanche, relevant de la stricte vie privée, n'empêcherait pas 76 % d'électeurs de voter pour leur favori.

1. Sondage Harris Interactive pour M6-MSN-RTL, du 7 au 10 juin 2011, sur 1 389 individus de *l'access panel*, de 18 ans et plus.

Ces sondages récents confirment les analyses socioculturelles du CCA : **l'évaluation d'un(e) candidat(e) fait primer la morale plus que la compétence et l'expérience.**

Les femmes apparaissent plus sévères encore sur ces critères éthiques, de même que les catégories sociales populaires d'ouvriers et employés.

Quel profil de *leader* ?

Quel profil serait attractif, mobilisateur, pour le prochain quinquennat ? (Observatoire CCA)

C'est un autre style de gouvernance

Il remobilisera en rassurant, pour que l'énergie ne soit pas paralysée par la peur. On parlera de *slow management* (que ce soit en politique ou en direction d'entreprises) dont le principe directeur serait « *qui va piano va sano* », à l'inverse de la *galopade sarkozienne*. Une majorité de Français souhaite un *tempo réformiste*, sans rupture, progressif, pas à pas (70 %), sans décalage brutal avec les acquis du passé (70 % aussi), fondé sur une écoute et une concertation véritables dans un dialogue réel et des débats ouverts de *wikicitoyenneté*.

Cela pour une sortie de crise « pas à pas et mots à mots ».

C'est un autre style de leadership politique

Il restaurera la foi dans les décideurs qui conditionnent notre vie à long terme.

Selon les études de styles de vie du CCA :

- **la première qualité exigée sera la solidarité du (de la) dirigeant(e) suprême avec ses concitoyens :** un lien de complicité, de coopération qui unit un *skipper* à son équipage, un guide de montagne à sa cordée. Personne ne sera abandonné, quelles que soient sa productivité relative, sa faiblesse personnelle : l'opposé exact de la philosophie *Kho-Lanta* ;
- **la deuxième sera l'honnêteté**, dimension éthique qui inclut la dimension intellectuelle de la sincérité et la dimension matérielle de l'intégrité ;
- **la troisième sera la proximité**, qui n'est pas seulement affaire de paraître populiste mais surtout d'écoute, d'empathie et de compassion (partager les vécus et les soucis). La « normalité » revendiquée par François Hollande en est une des expressions ;
- **La quatrième sera l'énergie courageuse.** Elle est déjà le meilleur héritage de Nicolas Sarkozy et peut-être son meilleur atout pour accomplir un second mandat.

La compétence comme l'expérience (arguments classiques de valorisation ou dévalorisation) n'apparaissent plus critères décisifs pour les Français. Car ceux qui s'en réclament démontrent-ils une réussite et une adhésion supérieures ?

Les cartes sociologiques sont sur la table ; à chacun de jouer sa main.

Interactivité

Voulez-vous exprimer votre opinion sur ce thème, sur les évolutions passées, sur les scénarios alternatifs et sur la tendance sociale ?

Nous vous donnons rendez-vous sur notre site internet où vous pourrez voter et comparer votre opinion à celle d'autres lecteurs. Connectez-vous à : http://www.agorascope.com/sesame/17leader

Publications des auteurs

SOCIOLOGIE DES STYLES DE VIE

CATHELAT (Bernard) : *Styles de vie,* Tome 1, *Cartes et Portraits* ; Tome 2 : *Courants et Scénarios*, Éditions d'Organisation, Paris, 1985.

CATHELAT (Bernard), CATHELAT (Monique) : *Panorama des styles de vie 1960-90,* Éditions d'Organisation, Paris, 1991.

CATHELAT (Bernard), MERMET (Gérard) : *Vous et les Français*, Éditions Flammarion, Paris, 1993.

CATHELAT (Bernard), dir., avec l'équipe du CCA : collection Foreseen de tendances prospectives sociales, Denoël et Plon :

- *Quelles élites pour le* XX*e siècle ?,* collection Foreseen de tendances prospectives sociales, Denoël, 1997.
- *De l'homo sapiens à l'homme interactif,* collection Foreseen de tendances prospectives sociales, Denoël, 1998.
- *L'Impératif moral,* collection Foreseen de tendances prospectives sociales, Denoël, 1998.
- *Le Retour des clans,* collection Foreseen de tendances prospectives sociales, Denoël, 1998.
- *La Soif d'émotion,* collection Foreseen de tendances prospectives sociales, Plon, 1999.
- *Du corps machine à la pensée harmonique,* collection Foreseen de tendances prospectives sociales, Plon 1999.
- *Les Nouveaux Horizons de la consommation,* collection Foreseen de tendances prospectives sociales, Plon, 1999.
- *L'Alternative des valeurs féminines,* collection Foreseen de tendances prospectives sociales, Plon, 1999.
- *Les Screenagers,* collection Foreseen de tendances prospectives sociales, Plon, 2000.
- *Le Défi de l'humain,* collection Foreseen de tendances prospectives sociales, Plon, 2001.

ESSAIS SOCIOLOGIQUES

EBGUY (Robert) : *La France en culottes courtes. Pièges et Délices de la société de consolation,* Éditions Lattès, Paris, 2002.

EBGUY (Robert) : *Je hais le développement personnel*, Éditions Eyrolles, Paris, 2007 et 2008.

BURKE (Mike), SARDA (Pierre) : *The Silent Revolution*, Bridwater Press, 2006.

BURKE (Mike), SARDA (Pierre) : *Émergences des valeurs féminines dans l'entreprise*, De Boeck 2007.

CCA et invités : *CCA Hub Socio Trends*, blog d'actualité sociologique : ccateam.blog.lemonde.fr/

MÉTHODE SOCIOLOGIQUE

CATHELAT (Bernard) : *Sociostyles Système, méthodologie sur l'étude des styles de vie au CCA,* Éditions d'Organisation, Paris, 1990.

– version anglaise : *Sociostyles, The New Life-Styles Classification System for Identifying and Targeting Consumers and Markets,* Kogan Page, Londres, 1993.

– version américaine : *Socio-Life Styles Marketing, The New Science of Identifying, Classifying and Targeting Consumers,* Probus Publishing, Chicago, 1994.

COMMUNICATION

CATHELAT (Bernard), CADET (André) : *Publicité et Société*, Éditions Payot, Paris, 1969.

CATHELAT (Bernard), QUÉNARD (Denis) : « Telle publicité, telle société », article *in La Nef*, n° 59, 1er trimestre 1976.

CATHELAT (Bernard), EBGUY (Robert) : *Styles de pub : 60 manières de communiquer*, Éditions d'Organisation, Paris, 1990.

GOUVERNANCE

BURKE (Mike) : *Les Styles de vie des cadres et des entreprises. Portraits de famille*, Inter Éditions, 1982 et 1990.

– *À chacun son style d'entreprise*, Inter Éditions, 1987.

– *Styles de pouvoir*, Éditions Dunod, 1992.

– *Valeurs féminines : le pouvoir de demain*, Éditions Village Mondial, 1998.

– *Émergence des valeurs féminines dans l'entreprise. Une Révolution en marche*, éditions De Boeck, 2007.

ROMANS, CONTES, CHANSONS ET BRÈVES

EBGUY (Robert) : *Lobotomé*, Éditions Sens et Tonka, Paris, 2002.

– *Mon Quartier. Les évadés de la vie*, Éditions Sens et Tonka, Paris, 2005.

– *Pépites de café*, Éditions Bernard Pascuito, Paris, 2007 et 2009.

Index

35 heures 326

A

activiste 130
agriculture raisonnée 46
alicament 107
aliment 89
alimentation 90
alternance 170
amour 136
apparence 338
appauvrissement 30
apprentissage 170
Arthus Bertrand, Yann 357
Assange, Julien 130
assimilation 55, 56, 243
association 303
assurance maladie 326
audiovisuel 260
auto-entrepreneur 200, 217
autonomie 51
autoproduction 101, 102
autorité sociale 221
avatar 121
aveu 118
avortement 76

B

bac 172
Badinter, Robert 79
bâtard 136
bébé médicament 85
bénévole 300
BEP 172
Besancenot, Olivier 350, 358
biactif 200
Big Brother 117, 119, 121
bio 108
bioéthique 75, 80, 81
blog 52
bonheur 35
bonus 44
Bové, José 358
BTS 172
burn out 211

C

campagne présidentielle 11
campus 189
CAP 172
capitalisme 44, 62
casse sociale 225
casser 31
catch marketing 125
CCA 15, 17
CDD 197
CDI 197
célébrité 117
charisme 338
chasseur nomade 202
Chirac, Jacques 54, 59, 314, 348, 357
chirurgie esthétique 90
chômage 29, 30, 58, 170, 196
chômeur 198
cités 58
citizen watchers 124
citoyen 174, 181, 200
civilisation 166
civisme 28
clan 51, 137, 282
classe moyenne 208
classe politique 355
climat social 28
cloud computing 115
CNIL 131
coach 293
cogestion 218
Cohn-Bendit, Daniel 358

colère 31
collège 172
communautarisme 51, 57, 253, 332
communauté 36, 51, 141
  ethnoculturelle 55
communication 48
concubinage 140
concurrence 329
confiance 36
Conseil supérieur de l'Audiovisuel 267
conservatisme 57, 148
consommateur 199
consommation 37
contraception 76
contre-pouvoir 307
coopérativisme 297
corporate spirit 218
corporation 215
corps 75, 89, 99
cosmopolitisme 61
couple 135, 139
crise 26, 60, 214, 243, 298
  financière 58
critique 49
CSA Voir Conseil supérieur de l'audiovisuel
CSG 330
cuisine française 98
cuisinier 98
cursus 189

D

de Gaulle, Charles 325, 340
débat 11, 15, 49
déclassement 30
déconsommation 100
décroissance 46
défiance 36, 293
délinquance 58, 317
délocalisation 44, 96, 230, 285
déontologie 81
dérégulation 31, 124, 202
désaudience 50
développement durable 46
diététique 89
diplôme 171
discrimination positive 55
dividendes 44
divorce 139, 140
don d'organe 78
données personnelles 122
DRH 30, 38, 207
drogue 89, 90, 94, 99
  synthèse 94
droite 58
droits de l'homme 174, 286
dynastie 138

E

e.ami 51
école 172
  grande 172
  publique 174
écologie 45, 174, 286
économie 280
Éducation nationale 171
Église catholique 77
egocrate 30
e-learning 183
élection présidentielle 11, 25
élites 270
emploi 28, 29, 45, 58, 195
  précaire 30
employabilité 171, 201, 213
employé 200
énergie 47, 91
enfant 135, 136, 142
  adopté 136
  socialisation 175
enjeux sociaux 25
enquêtes chiffrées 21
entraide 297
entreprise 209, 216
équipier 63
État 36, 44, 56, 279, 284, 288
État-providence 28, 62, 65, 216, 298, 325
ethnique 30
étranger 54, 55
études
  qualitatives 21
  sociologiques 15
euro 44
Europe 41, 243, 284
euthanasie 79
expert 49
extrême droite 32, 58, 65
extrême gauche 32, 65

F

Fabius, Laurent 338
Facebook 52, 121, 129, 268
famille 135
  recomposée 140
fast food 90
fécondation *in vitro* Voir FIV
fécondité 75
Ferry, Luc 267
fichage 130
fichier 119
FIV 76
flexibilité 35, 39, 198
fooding 108
formation 58, 172
forum 52, 304
fracture
  sociale 349
  socio-économique 30
François Mitterrand 261
fratrie 137
Front national 54, 56, 314, 322
frontière 55
frugalité 100

G

geek 49, 53, 115
géolocalisation 124
Giscard d'Estaing, Valéry 343
globalisation 41, 42, 223
globalisation Voir mondialisation
green-tech 46
Guéant, Claude 56

H

handicap 80
héritage 136
Hessel, Stéphane 33, 357
homosexualité 80
horreur économique 45
Hulot, Nicolas 95, 110, 350

I

identité nationale 181, 238
immigration 54, 55, 238, 251
immigrés 44, 55
inégalités 32, 45, 58
innovation 189
insécurité 57, 59, 314
instruction 171
intégration 55, 56, 183, 252
intellectuel 50
intelligence collective 50
intérim 197
internet 38, 49, 50, 114, 116, 227, 262, 264, 270, 289, 304
interruption volontaire de grossesse Voir IVG
intimité 113, 114, 138
islam 243
isolationnisme 43, 44, 285
  protectionniste 54
IVG 76

J

jeunes 58
jeunisme 78
Jospin, Lionel 59, 63, 314, 349
journaliste 50, 270
Justice 322

L

laïcité 243
laxisme 61
Le Pen, famille 56
Le Pen, Jean-Marie 59, 349
Le Pen, Marine 32, 322
leader 293
leadership 14, 337
  autocrate 341
  mutique 341
  passeur 342
  prophétique 341
libéralisme 280
liberté 114
licenciement 44
lien social 52
lycée 172

M

Mai 68 143, 177, 214, 295
maladie 89
management 207
manager 208
mariage 136, 139
marketing 37

matérialisme 61
maternage 167
matriarcat 136
médecin 49
Medef 211
média 48, 293
    alternatif 51
médias 260
médiateur 293
    de la République 300, 304
médicament 89
méfiance 41, 54
    anti-immigrés 351
Mélenchon, Jean-Luc 357
mentalité d'assistés 328
mère porteuse 77
mérite 182
métier 171, 173
microcosme 36, 285
microcosmes 265, 332
Mitterrand, François 54, 59, 63, 79, 326, 346
mixité sociale 243
MMS 52
mobilité 35, 39, 189, 197, 208
mode de vie 61
modèle scandinave 330
modèle social français 215, 293, 325
modernité 294
mondialisation 60, 61, 211, 230, 279, 282
    culturelle 280
    politique 281
Morin, Edgar 45
morosité 347
multiculturalisme 54, 243
multinationale 38, 210, 224, 230
musulman 56
mutualisme 297

N

nationalisme 42, 287
Netexplorateur 24
news magazines 261
notable 294
nourriture 90
nouvelles technologies (NTIC) 114, 183
nucléaire 47
nutriment 93
nutrition 89

O

Observatoire des styles et prospectives de vie 17
ONG 332
opinion publique 13, 294
optimisme 26
opting out 118
oubli 130

P

Pacs 140, 143, 147
panoptique 122
parité 159
partage
    équitable 45
patriarcat 136
patronat 211
pauvres, nouveaux 32
pauvreté 58
PC 49
pédagogue 294
peine de mort 79
people 117, 266
pessimisme 26, 27
petites et moyennes entreprises Voir PME
petits boulots 197
peur 95
pilori médiatique 318
pionniers 140
pirates-hackers 128
PME 38, 226, 230
podcasting 49
police 315
    de proximité 300, 314
politique internationale 283
politiques 293
Pompidou, Georges 342
populisme 243
potentiel humain 196
pouvoir 260
pouvoir d'achat 28, 29, 35, 58, 195, 351
précaire 198
précarité 30, 39, 197, 208, 210, 216
précaution
    principe de 97
préférence nationale 285, 287
Président 11, 14
prévention 322

principe actif 99
privacy Voir vie privée
privatisation 31
prix 45, 58
procréation assistée 76
productivité 207
professeur 50, 171
profilage 130
progrès 27, 43, 279
prospective de vie 13, 28, 65
protectionnisme 44, 287
PS 323
publicité 38

Q

qualité de vie 27, 35
quotidiens 260

R

racisme 57, 243
radio 260, 261
réalité augmentée 184
rédicive 318
rééducation 322
réforme 61
régimes spéciaux 326
relais
    d'opinion 294
    social 294, 300
répression 322
réseau social 49, 50, 51, 115, 121, 304, 332
réseaux sociaux 265
résignation 334
ressources humaines 198, 207
retraites 326
révolte 32, 212, 293
révolution 31
risque écologique 58
risques 27
RMI 326
Rocard, Michel 54, 330
Roms 56
Royal, Ségolène 60, 338, 355
RSA 326
rupture 61

S

salaire 44
sang 135
Sarkozy, Nicolas 14, 25, 34, 46, 54, 60, 177, 238, 314, 355
scénario 65
    d'avenir 13, 59
    sortie de crise 61
scepticisme 295
science 89
secret 121
secteur public 45
sécuritaire 247
sécurité 28, 31, 57
sécurité répressive 351
Sécurité Sociale 326, 330
segmentation sociale 65
services publics 28
sexe 159
sexualité 75
Simm, enquête 21
slow food 108
smartphone 49
social medias 52, 266
société
    choix 59
    désarticulée 295
    projet 59
société de transparence 267
socio-styles de vie 28
socio-trend 25
solidarité 136, 140, 221
sondages 20, 295
souveraineté 287
stabilité 218
storytelling 50, 118
Strauss-Kahn, Dominique 31, 266, 338
streaming 49
stress 27, 196, 197
style de vie 34
supranational 287
surveillance 121
Système D 296

T

taylorisme 216
tchat 52
technologie numérique 48
télé-réalité 117
télévision 260

temps partiel 197
tendance 13, 25
Toile Voir internet
TPE 226
traçabilité 121
traçage 130
tracking 50
transparence 49, 122
travail 28, 39, 208
  précaire 213
travailleur 201, 209
Trente Glorieuses 294
très petites entreprises Voir TPE
tribu 137
twitt 52
Twitter 268

U

ultralibéralisme 39, 44, 60, 61, 201, 211, 279
  culture 143
UMP 56, 323
union libre 140
université 172
utopie 141

V

valeurs 180
Ve République 14
Veil, Simone 76, 160, 357
VGE Voir Giscard d'Estaing, Valéry
Viagra 78
vidéosurveillance 115, 121
vie 91
  privée 113, 266
  publique 113
vie quotidienne 12
violence 32
vitalité 89, 91
VOD 49
voyou 58

W

warrior 62
web Voir internet
web-culture 51, 289
welfare state 330
whistleblowers 130
wikicitoyenneté 332
Wikileaks 129, 130
world company 38, 224, 230, 279

X

xénodéfiance 31, 54
xénophobie 55, 56, 57
XXIe siècle 27

Table des matières

Biographie des auteurs du cercle Sésame 5

Sommaire 7

Avant-propos 11

FRANÇAIS, QUE VOULEZ-VOUS ? 11

FRANÇAIS, QUELLES SONT VOS OPTIONS ? 12

FRANÇAIS, À QUEL LEADERSHIP ASPIREZ-VOUS ? 14

FRANÇAIS, QUE DITES-VOUS ? 14

FRANÇAIS, EXPRIMEZ-VOUS ! 15

Un certain regard : CCA 17

PARTI PRIS 17

- Voir et comprendre pour agir 17
- Un regard global 19
- Un regard en mouvement 19
- Un regard segmentant 20
- Microscope, lunettes et jumelles 20

ACTUALITÉ ET PROSPECTIVE 22

- La cartographie de l'archipel social 22
- Les courants du changement 22

UNE RÉALITÉ SOCIALE VIRTUELLE 23

NETEXPLORATEUR 24

Chapitre 1
La France cabossée 25
Tendances 2011>2012 de la société française

Toile de fond 26

Un tsunami de pessimisme 26
Constantes encore depuis 15 ans 26
Un pessimisme structurel depuis 1995 27
2011-2012 : une dynamique d'aggravation du trou noir sociologique 29
La faute de qui ? 30
Un potentiel explosif 31

Facettes de mode de vie 34

Un changement de cap et d'objectif de style de vie 34
Un bonheur au ralenti 35
Un bonheur recentré 35
Un bonheur microcentré 36
Un bonheur plus psychologique 37
Le nouveau wikiconsommateur 37
Un contre-pied à la DRH « Kho-Lanta » 38

Facettes socio-économiques 40

Ouverture sur le monde : jeu de dupe ? 40
Le désamour européen 41
La détestation mondialiste 41
Vers l'isolationnisme ? 42
L'ultralibéralisme en question 44
L'écologie banalisée 45
Polémiques 47

Facettes médiatiques 48

Une révolution dans la communication et les médias 48
Révolution technoculturelle 48
Que croire ? Une nouvelle sociologie de la vérité 49
Qui croire ? Une nouvelle hiérarchie des émetteurs 50
La guerre des médias 50
Enrichissement et confusion du réel : cap sur la « virtu-réalité » 51

FACETTES SOCIOLOGIQUES 54
UNE RADICALISATION DE XÉNODÉFIANCE 54
De l'ouverture à la méfiance culpabilisée 54
De la méfiance à la dénonciation 54
La xénodéfiance devient politiquement correcte 56
Une nouvelle insécurité 57

FACETTE SOCIO-POLITIQUE 59
OÙ VA-T-ON, COMME ÇA ? 59
En fil rouge depuis 1990 : l'absence de projet de société prospectif 59
Et l'avenir, avec qui ? 66

À LA CROISÉE DES CHEMINS 67
ENJEUX 2012-2020 67
Le scénario ultralibéral 67
Principes directeurs de ce scénario 67
Le scénario infralibéral 70
La balle au centre 71

PÔLE INTIMITÉ

CHAPITRE 2
À qui est mon corps ? 75
Les enjeux de la bioéthique

HÉRITAGE 75
LA RECONQUÊTE DU CORPS 75
Un territoire disputé entre la personne et la société 75
Procréer à volonté 76
Disposer de son corps 77
Le droit de vie et de mort 79
L'acceptation des corps atypiques 79

À LA CROISÉE DES CHEMINS 81
QUESTION DE BIOÉTHIQUE 81
Enjeux de pouvoirs 81
Scénario de privatisation du corps 81

Scénario de resocialisation du corps 82
Vers quels styles de corps en 2020 ? 82

VOX POPULI 84

CECI EST MON CORPS 84
Oui aux mères porteuses ? 84
Polémique autour des « bébés médicaments » 85
Oui à l'euthanasie 85

CHAPITRE 3
Vitalité obligatoire ! 89
Aliments, médicaments, drogues et autres carburants du corps et de la santé

HÉRITAGE 90

DES ÉNERGIES NATURELLES AUX CARBURANTS ARTIFICIELS 90
Du corps-destin au corps-choisi 90
Des ressources naturelles aux baguettes magiques artificielles 91
De la vie à la vitalité 91
Côté garde-manger 93
Côté droguerie 93
Côté atelier biomécanique 94

À LA CROISÉE DES CHEMINS 94

BUSINESS OU SANTÉ ? 94
Enjeux sociaux 95

ALTERNATIVES 96
Vers un scénario de techno-vitalité industrialisée ? 96
Vers un scénario alternatif de bio-vitalité ? 99

VERS QUELS STYLES DE NOURRITURE EN 2020 ? 104

VOX POPULI 106

CAP SUR LA MICRO-ÉCOLOGIE 106
Manger riche ou naturel ? 106
Stress à tous les étages 107
La contestation naturaliste 107
Bio-motivations et bio-réalité 108
La France divisée 109
Vers une micro-écologie de mode de vie 110

CHAPITRE 4
Tout dire ou tout cacher ? ... 113
La vie privée face à la société de transparence

HÉRITAGE ... 113

DE LA SOCIÉTÉ DU SECRET À LA SOCIÉTÉ DE TRANSPARENCE ... 113
À la conquête d'une bulle privée ... 114
L'œil numérique de Big Brother ... 114
La dictature de la transparence ... 116
Les missionnaires de Big Brother ... 117
L'identité numérique du caméléon ... 119

À LA CROISÉE DES CHEMINS ... 121

BIG BROTHER EST-IL CONTRÔLABLE ? ... 121
Quatre modèles de société ... 121
Quelle vie privée en 2020 ? Scénarios pour demain ... 122
Quelles transparences de vie en 2020 ? ... 127

VOX POPULI ... 128

LA LOI OU LE MAQUIS ... 128
La tentation du maquis numérique ... 129
Le risque de wikilisation de la société ... 130
L'anonymat remonte à la bourse des valeurs ... 130
Des choix politiques ... 131

PÔLE FAMILLE

CHAPITRE 5
Famille de sang ou famille de cœur ? ... 135
Couple, enfants : un chantier en reconstruction

HÉRITAGE ... 135

LA FAMILLE GÉNÉTIQUE : NATURELLE OU SOCIALE ? ... 135
Le déterminisme du sang et de l'alliance ... 135
La famille génétique ne tient plus la distance ... 139
La famille génétique devient précaire ... 140

L'ALTERNATIVE COMMUNAUTAIRE ... 140

À la croisée des chemins 141
Famille Lego ou famille pyramide ? 141
Le droit en retard sur les pratiques 142
Plus loin vers la famille Lego ? 143
Scénario : « MyFamily » 144
Scénario alternatif de retour aux familles pyramides 147
Vers une famille communautaire ? 149
Quels styles de famille en 2020 ? 150

Vox populi 152
La famille, ultime refuge 152
Mais quelle famille ? 152
Vers une famille « virtu-réelle » 154
Une diversification des relations familiales 154
Les familles alternatives virtu-réelles 155

Chapitre 6
Mars et Vénus en balance 159
Pour une nouvelle conception du masculin et du féminin

Héritage 159
Une société à cloche-pied 159
La France mauvais élève 159

À la croisée des chemins 161
Parité égalitaire de statut ou métissage socioculturel ? 161
Un scénario de « parité statutaire » 161
Un scénario complémentaire de « parité socioculturelle » 162
Les valeurs ont un sexe 163
Vous avez dit « féminin, masculin » ? 163
Quel style de sexualisation sociale en 2020 ? 164
Le modèle social masculin vire à l'échec 165
Un nouveau modèle culturel est à remodeler 166
Que peut changer un rééquilibrage féminisé ? 166

Vox populi 167
Un besoin de maternage 167

CHAPITRE 7

Bien faite, bien pleine ou bien formatée ? 169

L'équation éducation, instruction, formation

HÉRITAGE 169

DE L'ÉDUCATION À L'EMPLOYABILITÉ 169

Mutations d'objectifs 170

Mutations de responsabilités 173

L'école aux orties 174

La faute de qui ? 177

À LA CROISÉE DES CHEMINS 179

FORMER LA PERSONNE OU LE TRAVAILLEUR ? 179

Vers un scénario d'école communautaire ? 179

Vers un scénario d'école civique ? 181

Vers un scénario de « self formation » ? 183

Quelles scolarités pour 2020 ? 185

VOX POPULI 188

L'ÂNE DE BURIDAN 188

Un job d'abord !... visent les parents 188

Mais le bonheur ?... visent les travailleurs 190

PÔLE TRAVAIL

CHAPITRE 8

Travailleur jetable ou auto-entrepreneur ? 195

Le contrat de travail en miettes

HÉRITAGE 195

CYCLONE SUR L'EMPLOI 195

L'emploi : angoisse majeure des Français 195

Un vécu démobilisateur 196

DE LA SÉCURITÉ AU KLEENEX 196

De la mobilité choisie à la mobilité forcée 196

L'ère du travailleur « Kleenex » 197

À la croisée des chemins 199

CDI ou nouveaux contrats de travail ? 199

Enjeux de société 199

Alternatives 200

Vers un scénario de travailleur « à l'encan » ? 200

Vers un scénario alternatif de travailleur « biactif » ? 202

Quels styles d'emplois en 2020 ? 203

Vox populi 204

Pour un travail motivé 204

L'argent n'est pas tout 204

Vers la performance par la sécurisation ? 205

Chapitre 9

Équipier ou galérien ? 207

La DRH en crise sur les navires-entreprises

Héritage 207

Le nerf de la productivité est à bout 207

« Kho-Lanta » pour tous au quotidien 207

Une mutation du travail monstrueuse ? 208

Une DRH à risques 210

C'est un enjeu politique 212

À la croisée des chemins 213

Amorce d'un progrès de civilisation ou feu de paille utopique ? 213

Quatre enjeux en question 214

Tripalium ou épanouissement ? 214

Travaux forcés à perpète ou temps libéré ? 215

Reconnaissance sociale ou déclassement ? 215

Flottabilité ou précarité ? 216

Alternatives 217

Vers un scénario de DRH « challenge » ? 217

Vers un scénario alternatif de DRH « concorde » ? 217

Quels styles d'entreprise pour 2020 ? 219

VOX POPULI 220
UNE HIÉRARCHIE À RÉINVENTER 220
Patron ? Le guide plutôt que le hussard 220
Leadership ? Mascu-féminin plutôt que masculin 221
DRH ? Le pack de rugby plutôt que le Kho-Lanta compétitif 221

CHAPITRE 10
World Company, et après ? 223
Le match : multinationales contre PME

HÉRITAGE 223
LA STRATÉGIE SUMO 223
Vive la mondialisation ! 223
Toujours plus grand, plus gros, plus mondial 223
Le culte du global perd ses fidèles 224

À LA CROISÉE DES CHEMINS 224
GLOBALISER OU RECENTRER ? 224
David ou Goliath ? 225
Quels styles d'entreprises encourager d'ici 2020 ? 228
PROFIT PAR LA PUISSANCE OU LA MOTIVATION ? 230

VOX POPULI 230
GOLIATH LE MAL-AIMÉ 230
Alchimie : de l'esprit d'équipe au profit 231

PÔLE SOCIÉTÉ

CHAPITRE 11
Qui est Français en 2011 ? 237
Intégration, assimilation, communautarisme ou apartheid

LES FAITS 237

HÉRITAGE 238
DU TRANSIT À L'INSTALLATION 238

Droit du sang et droit du sol ... 239
Une double dynamique économique et culturelle ... 239
La valse-hésitation ... 241
Le glissement communautariste ... 241
Un joker démagogique ... 242
État de l'opinion française ... 242
L'identité française en question ... 245
Alternative : quel modèle d'intégration ? ... 247
Vers un scénario d'intégration en melting pot ? ... 247
Vers un scénario d'intégration par salad bowl ? ... 248
Quels styles d'intégration d'ici 2020 ? ... 250

Vox populi ... 251
L'intégration en question ... 251
Parole aux sondages : une intégration réticente, limitative ... 251
Parole au cœur ... 253

Chapitre 12
Le dogme ou le tchat ? ... 259
Les médias du XXe siècle menacés par le web du XXIe

Héritage ... 260
Voir, entendre et comprendre ... 260
L'ère des médias dogmatiques ... 260
L'ère des médias choisis ... 261
L'ère des médias interactifs ... 262

Actualité ... 263
Le tsunami du web ... 263
Le web : un métamédia, le média des médias ... 263
Révolution culturelle ... 264

À la croisée des chemins ... 269
Guerre de civilisations ... 269
Enjeux de survie ... 269
Alternatives ... 271
Tranches de vie médiatique 2020 ... 273

VOX POPULI 276
PLACE AUX WIKIMÉDIAS 276
Le web est dans les mœurs 276
Une redistribution des fonctions médias 276
Une dynamique « web.ego » 277
L'AVENIR DES MÉDIAS EST-IL UNE QUESTION POLITIQUE ? 277

CHAPITRE 13
Démondialisation ? 279
De la planète au village

HÉRITAGE 279
L'UTOPIE DE PROGRÈS PAR LA MONDIALISATION 279
La globalisation imposée 279
La mondialisation contestée 281
Haro sur la mondialisation 282
Le retrait 283
La tentation du « protect'isolement » 285

À LA CROISÉE DES CHEMINS 286
OUVERTURE OU REPLI ? 286
ALTERNATIVE 286
Vers un scénario de France bunker ? 286
Vers un scénario de France interactive ? 288
Quels territoires de vie pour 2020 ? 289

CHAPITRE 14
Help ! Qui va m'aider ? 293
L'urgence des médiateurs sociaux

HÉRITAGE 294
GRANDEUR ET DÉCADENCE DES RELAIS SOCIAUX INTERMÉDIAIRES 294
La gloire des petits notables 294
Décadence des relais d'opinion 294
La médiation des médias 295
Un système en panne d'embrayage 295
Le système D contre le vide 296

À la croisée des chemins 299

Médiateurs fonctionnaires ou citoyens ? 299

Pédagogie sociale 299

Alternatives 300

Vers des médiateurs sociaux professionnalisés ? 300

Vers une médiation d'amateurs motivés ? 300

Quels styles de médiateurs d'ici 2020 ? 301

Vox populi 303

Les médiateurs virtuels 303

Que fleurissent mille associations ! 303

La médiation 2.0 303

À la carte 305

Médiateurs sociaux à la carte 305

Quels profils de médiateurs sociaux ? 305

Cinq profils de médiateurs sociaux 306

De la sociologie à la politique 308

PÔLE GOUVERNANCE

Chapitre 15

L'éducation ou le bâton ? 313

La loi et l'ordre en question

Héritage 313

De la maman éducative au père fouettard 313

Le père sévère 313

De la providence maternaliste à la répression ! 313

Zéro tolérance 315

À la croisée des chemins 317

Carotte ou bâton ? 317

Le réel et l'imaginaire 317

Discours et performances 317

Alternatives 318

Vers un scénario d'ordre « maxi-répressif » ? 318
Vers un scénario « pacificateur » ? 319
Quels styles de loi et d'ordre vers 2020 ? 320

VOX POPULI 321

SURVEILLER ET PUNIR ! 321
Justice : peut mieux faire ! 322
Police et Justice : pour quoi faire ? 322

CHAPITRE 16
Le cocon ou la jungle ? 325
Le « modèle social français » en péril

HÉRITAGE 325

GRANDEUR ET DÉCADENCE DU MATERNAGE SOCIAL 325
Principes fondateurs… et exceptions 325
La providence confirmée 326
La providence contestée 327
La providence débrayée 327

À LA CROISÉE DES CHEMINS 328

ÉTAT MATERNANT OU MAUVAISE MÈRE ABANDONISTE ? 328
Philosophie ou économie ? 328
État-providence : cap au sud ou au nord ? 329
Alternatives 330
Quels styles de protection sociale pour 2020 ? 332

VOX POPULI 334

RÉSIGNATION 334
Diagnostic 334
Remèdes 334
Régime 335

CHAPITRE 17
À qui confier les clés ? 337
Quel style de Président(e) pour piloter la France ?

LA PRÉSIDENCE EN MUTATION PERMANENTE 337
De la République au tribun 337

De la personnalité à la méthode ... 338
De la gouvernance au leadership ... 338

HÉRITAGE ... 340

GALERIE DE NOS ANCÊTRES GOUVERNANTS ... 340
Un modèle de leadership « tutélaire » ... 340
Un modèle de leadership « passeur » ... 342
Un modèle de leadership « tech'novateur » ... 343
Un modèle de leadership « florentin » ... 346
Un modèle de leadership « statique » ... 348
Le modèle actuel : un leadership « fonceur » ... 350

ÉTAT DES LIEUX ... 350
Une remobilisation en échec : Nicolas Sarkozy (2007-2011) ... 350
Les racines de la défiance ... 351
Déni de confiance envers les gouvernants ... 355

VOX POPULI ... 359

2011-2012 : CHANGER DE LEADERSHIP ... 359
Les défauts rédhibitoires de personnalité ... 360
Quel profil de leader ? ... 361

Publications des auteurs ... 363

SOCIOLOGIE DES STYLES DE VIE ... 363

ESSAIS SOCIOLOGIQUES ... 363

MÉTHODE SOCIOLOGIQUE ... 364

COMMUNICATION ... 364

GOUVERNANCE ... 364

ROMANS, CONTES, CHANSONS ET BRÈVES ... 364

Index ... 365

Table des matières ... 371

Composé par : Sandrine Escobar

Dépôt légal : novembre 2011 - N° d'éditeur : 4368 - IMPRIMÉ EN FRANCE - Imprimeur n° 12810
Achevé d'imprimer le 24 octobre 2011 sur les presses de l'imprimerie « La Source d'Or » - 63039 Clermont-Ferrand

Dans le cadre de sa politique de développement durable,
La Source d'Or a été référencée IMPRIM'VERT® par son organisme consulaire de tutelle.
Cet ouvrage est imprimé - pour l'intérieur - sur papier offset "Amber Graphic" 90 g
provenant de la gestion durable des forêts, des papeteries Arctic Paper dont les usines
ont obtenu les certifications environnementales ISO 14001 et E.M.A.S.

PEFC/10-31-2008